Plotly로 시작하는
인터랙티브
데이터 시각화
in **R** & **파이썬**

Plotly로 시작하는 인터랙티브 데이터 시각화 in R & 파이썬

1판 1쇄 발행 2023년 12월 5일

지은이 이기준
펴낸이 장성두
펴낸곳 주식회사 제이펍

출판신고 2009년 11월 10일 제406-2009-000087호
주소 경기도 파주시 회동길 159 3층 / **전화** 070-8201-9010 / **팩스** 02-6280-0405
홈페이지 www.jpub.kr / **투고** submit@jpub.kr / **독자문의** help@jpub.kr / **교재문의** textbook@jpub.kr

소통기획부 김정준, 이상복, 김은미, 송영화, 권유라, 송찬수, 박재인, 배인혜, 나준섭
소통지원부 민지환, 이승환, 김정미, 서세원 / **디자인부** 이민숙, 최병찬

기획 권유라 / **진행** 김은미 / **교정·교열** 윤미현 / **내지편집** 북아이 / **표지디자인** 최병찬
용지 타라유통 / **인쇄** 해외정판사 / **제본** 일진제책사

ISBN 979-11-92987-37-8 (93000)
값 32,000원

제이펍은 독자 여러분의 아이디어와 원고를 기다리고 있습니다. 책으로 펴내고자 하는 아이디어나 원고가 있는
분께서는 책의 간난한 개요와 차례, 구성과 지은이/옮긴이 약력 등을 메일(submit@jpub.kr)로 보내주세요.

Plotly로 시작하는

인터랙티브
데이터 시각화
in **R** & **파이썬**

이기준 지음

Jpub 제이펍

차 례

PART I   데이터 시각화의 기초

CHAPTER 1   데이터 시각화란?   3

PART II   Plotly 시각화의 기초

CHAPTER 2   Plotly로 시각화하기   19

요즘 구축되는 시스템에 빠지지 않고 요구되는 기능은 시스템의 전반적인 운영 상황을 모니터링하기 위한 대시보드입니다. 이 대시보드에는 다양한 정보가 표현되기 때문에 전체 데이터를 한눈에 파악하기 위해서는 반드시 효과적인 시각화가 필요합니다. 하지만 이 데이터 시각화는 그동안데이터적 관점이 아닌 디자인적 관점에서 만들어졌기 때문에 그래픽 디자이너들이 많이 작업했습니다. 그래픽 디자이너들이 만들어내는 대시보드는 예쁘게 보일 수는 있으나 데이터들이 나타내는스토리를 표현하는 데 어려움이 있습니다. 특히 사용자의 반응에 따라 데이터를 보여주는 동적 시각화는 디자이너의 시각보다는 데이터 분석가의 시각이 더 필요합니다. 따라서 데이터 분석가들이 직접 동적 시각화를 디자인하는 것이 더 효과적이겠지만, 동적 시각화까지 잘하는 데이터 분석가는 유니콘 같은 존재였습니다.

이 책은 데이터를 관리하는 전문가들이 직접 동적 데이터 시각화를 할 수 있는 지름길을 안내함으로써 전문적인 동적 데이터 시각화가 가능한 데이터 분석가로 성장하는 데 도움을 줄 수 있을것입니다. 이렇게 데이터 분석가가 되고자 하는 분들과 더욱 수준 높은 데이터 분석가로 발돋움하고자 하는 분들에게 필독서로 추천합니다.

김경신, (주)천명시스템 대표이사

데이터 분석의 마지막 단계는 종종 통계적 통찰을 시각적으로 전달하는 것입니다. 이 책은 바로이 주제에 초점을 맞춰, R과 파이썬을 사용한 인터랙티브한 데이터 시각화에 대해 상세하고 명확하게 설명해줍니다.

'어떻게'를 넘어 '왜'에 대한 충실한 설명이 이 책의 특별한 점입니다. 바이올린 플롯을 예로 들자면, 바이올린 플롯이 다른 차트들의 한계를 극복하기 위해 고안된 이유를 명확히 설명하고 있습니다. 이러한 콘셉트와 데이터 구조의 적합성을 상세히 이해하게 해주며, 단순한 사용법 이상의 실용적인 지식을 제공합니다. 그 결과, 읽는 이가 자신의 분석에 맞는 최적의 시각화 방법을 선택할 수 있게 됩니다. 그렇기에 '시각화 사전'이라고 부르기에 손색이 없습니다.

이 책은 R과 파이썬 언어를 통해 Plotly라는 인기 있는 시각화 라이브러리의 다양한 기능을 깊이 있게 탐구합니다. 여기에는 다양한 차트와 그래프 생성에 필요한 코드 예시뿐만 아니라, 어떻게 효과적으로 조합할 수 있는지에 대한 실질적인 조언도 포함되어 있습니다. Plotly는 단순한 차트를 넘어 인터랙티브 차트를 생성할 수 있어, 차트가 대시보드로 진화하는 중요한 단계를 경험할 수 있습니다. 이 책을 통해 데이터 분석가는 분석 엔지니어로의 역량 확장이 가능하다는 것을 깨닫게 될 것입니다.

데이터 시각화에 깊은 이해를 원하는 모든 이에게 강력하게 추천합니다. R과 파이썬의 기본적인 문법과 데이터 처리 방법을 알고 있다면, 이 책을 통해 데이터 시각화의 다음 단계로 나아갈 수 있습니다. 이 책을 완독하고 나면, 단순한 데이터 시각화를 넘어 효과적인 의사소통과 인사이트 도출을 위한 강력한 도구를 손에 넣을 것입니다.

박찬엽, 팟캐스트 및 유튜브 '데이터홀릭' 운영자(박박사), (주)커널로그 CTO

이 책은 인터랙티브 그래프 시각화 패키지인 Plotly를 깊이 있고 완벽하게 이해하고자 하는 독자를 위한 친절한 안내서입니다. 단순히 Plotly의 여러 기능을 나열해놓은 것이 아니라, 함수들의 각 옵션을 꼼꼼하게 설명한 후 결과들을 비교해줌으로써 개념을 확실하게 이해시켜줍니다. 입문자에게는 차근차근 따라 해보며 공부할 수 있는 자습서 역할을, 전문가에게는 각 옵션의 내용이 체계적으로 정리된 귀중한 참고 자료가 될 것입니다.

또한, 기본 그래프를 넘어 서브플롯 배치, 이중 축, 색상 조정 등과 같은 중급 및 고급 시각화 테크닉을 포함하고 있습니다. 특히 대시보드 제작 시 자주 활용되는 레이더 차트, 생키 차트, 게이지 차트, 지도 시각화 등의 그래프를 철저히 다루어, 실제 업무에 즉시 투입될 수 있는 지식을 제공합니다. 마지막에 소개되는 대시보드 제작까지 차근차근 따라가면 여러분의 시각화 실력이 어느새 몰라보게 늘어나 있을 것입니다.

이삭, 유튜브 '슬기로운 통계생활' 운영자

인류가 처음 쓰기 시작한 문자는 모두 상형문자였습니다. 그만큼 인간은 숫자보다 그림에 더 친숙하다는 것입니다. 데이터 분석의 산출물로 사용되는 표는 숫자만으로 표현되어 있고, 도표나 그래프에는 숫자와 도형을 모두 사용합니다. 이는 표보다 도표나 그래프가 훨씬 더 정보 전달력이 크다는 것을 의미합니다.

이 책은 정보 전달력이 큰 다양한 형태의 동적 시각화 결과물을 Plotly 패키지를 사용하여 산출하는 방법을 아주 친철하고도 자세하게 안내합니다. 인터랙티브 데이터 시각화를 처음 접하는 모든 사람에게 필독서로 추천합니다. 또한 오픈소스 R과 파이썬을 사용하여 어느 정도 데이터 분석을 수행할 수 있는 사람들도 본인들의 데이터 분석 역량을 확장시킬 수 있을 것입니다.

정성원, (주)데이타솔루션 상무이사, 빅데이터 러닝센터 센터장

강찬석(LG전자)

국내에서 출간된 유일한 Plotly 관련 저서로서, 시각화에 대한 예시를 효과적으로 잘 전달합니다. 특히 Plotly를 활용한 다양한 시각화 방법론을 주변에서 볼 수 있는 데이터셋을 예시로 잘 보여줍니다. 현업에서 데이터를 다루면 시각화에 대한 고민을 하게 되는데, 이 책에서 전달하는 내용을 잘 숙지한다면 조금 더 효과적으로 전달하는 방법을 알게 될 것이라 생각합니다.

김민규(큐셀네트웍스)

이 책을 통해 Plotly를 배우고 나면, 직접 데이터를 시각화해보는 것뿐만 아니라 만들어진 결과물을 블로그나 웹사이트에 임베딩해 훨씬 퀄리티 있는 글을 작성해보거나 Dash 프레임워크로 직접 웹사이트를 구축한 뒤 나만의 시각화 홈페이지를 만들어보는 것까지 가능합니다. 단순한 게시판보다 멋진 데이터 기반의 사이트로 자신만의 포트폴리오를 구성할 수 있습니다. 한 권의 책을 통해 정말 멋진 일들이 가능해집니다. 아직 많이 다루지 않은 라이브러리와 프레임워크를 설명하고 있어서 매우 흥미로웠습니다.

김용현(Microsoft MVP)

Plotly를 활용한 데이터 시각화를 다루는 국내의 몇 안 되는 도서입니다. R과 파이썬으로 Plotly를 활용하는 매우 실용적인 방법을 알려줍니다. 꼼꼼하게 기술된 좋은 도서입니다. Plotly가 주목받고 있는 만큼 국내 독자에게 좋은 반응이 있기를 바랍니다.

박조은(오늘코드)

Plotly는 미려한 시각화분만 아니라 인터랙티브한 기능과 편리성으로 첫눈에 마음을 사로잡았던 시각화 도구입니다. 특히나 plotly.express는 코드 몇 줄로 화려하면서 동적인 그래프를 마법처럼 만들어줍니다. 현실 속 데이터가 시각화되어 현업에서 인사이트를 얻는 데 도움이 될 것입니다. 많은 분이 이 책과 만날 수 있기를 바랍니다.

사지원(카카오모빌리티)

업무를 하면서 본인의 생각이나 노력한 결과를 다른 사람에게 전달하는 것은 매우 중요합니다. 그렇기에 멋진 시각화를 통해 상대방이 결과를 더욱 잘 이해할 수 있다면 그 효과는 배가 됩니다. 이 책은 쉽고 빠르게 시각화를 만드는 데 도움이 됩니다. 이 책에서 제공하는 시각화 방법만 익혀도 매우 유용할 것입니다. 지금까지 Matplotlib 정도만 사용했는데 파이썬에서도 이렇게 좋은 시각화 패키지가 있다는 것을 이번 기회에 알았습니다. 감사합니다.

이현수(글래스돔코리아)

Plotly를 처음 알게 된 것은 웹 애플레케이션에서 자바스크립트로 구현된 차트를 보았을 때입니다. 실무적으로 논문이나 책에 삽입하는 정적인 시각화 이미지보다는 웹 페이지에 게시하여 사용자가 컨트롤할 수 있는 인터랙티브 시각화를 사용할 일이 더 많기 때문에 아마 많은 분에게 유용할 것이라 생각합니다. 예제를 통해 R과 파이썬에서 Plotly를 사용하는 방법을 자세히 배울 수 있어서 좋았습니다. 특히 R과 파이썬 코드를 테두리로 구별해서 표시한 것이 도움이 되었습니다.

지남현(LG전자)

기본서이자 실무서로도 손색이 없습니다. R과 파이썬을 모두 다루는 저에게 두 가지 방법으로 예제를 다뤄준 저자님에게 감사함을 전하고 싶습니다. 단순히 Plotly 활용 방법이 아닌 원리를 알려줘서 좋았습니다. Plotly 속성은 상당히 많고 복잡합니다. 하지만 이 책은 홈페이지보다 더 깔끔하게 정리해주고 있어서 앞으로 매우 유용하게 활용할 수 있을 것 같습니다. 또한, 실전에 필요한 대부분의 예를 다루고 있어서 나중에 쿡북처럼 이용할 수도 있을 것 같습니다. 정식으로 Plotly를 공부하지 않고 홈페이지와 구글링을 통해 코드 조각을 작성해왔는데, 이번 기회를 통해 Plotly 사용에 대한 자신감을 얻었습니다.

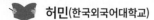 **허민**(한국외국어대학교)

Plotly를 사용한 지 2년 정도 되었는데 이렇게 많은 기능이 있다는 것에 놀랐습니다. 라이브러리의 주요 속성값이 상세하게 정리되어 있어 레퍼런스로 활용하기에 좋습니다. 두 종류의 데이터를 반복하여 Plotly 대부분의 기능을 실습할 수 있도록 안배된 구성이 인상적입니다. 동일한 데이터를 반복하여 들여다보는 과정을 통해 시각화 본질을 자연스럽게 고민할 수 있었습니다. 특히 부록에서 다룬 Dash 앱으로 대시보드를 구현하는 과정은 이 책의 화룡점정으로, 배운 내용을 정리하는 데 큰 도움이 되었습니다. Plotly 학습에 완벽한 책이 아닐까 싶을 정도로 Plotly 대부분의 기능을 구체적으로 쉽게 전달해주어 만족스러웠습니다.

시작하며 _____

"어? 이거 막대그래프네!"

몇 해 전이었다. 집에서 보고 자료를 검토하던 필자를 보며 초등학교 4학년 아들이 말했다. 요즘 수학 시간에 배우는 내용이라고 하며, "아빠는 이런 거 하는 사람이었어?"라고 덧붙였다. 가만 생각해보면 필자도 초등학교 때 막대그래프와 원그래프 그리는 방법을 배웠던 기억이 난다. 또 생각해보면 중고등학교 때 배운 2차, 3차방정식 그래프도 사실 데이터 시각화의 일종이라고 볼 수 있겠다.

이런 데이터 시각화는 다양한 보고 문서에서, 신문 기사에서, 자신이 투자한 주식 현황에서, 심지어는 인스타그램이나 블로그에서도 다양한 정보들이 담겨 제공되고 있다. 이렇게 데이터 시각화는 우리가 오랫동안 배워왔고 지금도 항상 접하고 있는 개념이다.

지금까지 전문 디자이너의 손을 통해 만들어지던 데이터 시각화는 컴퓨터 사양이 높아지고 다양한 툴과 패키지가 개발되면서 더 이상 디자이너의 산물이 아닌 일반인의 영역으로 넘어오기 시작했다. 특히 R과 파이썬을 사용한 데이터 처리와 분석이 크게 대중화되면서 많은 사람들이 직접 처리하고 분석한 자신의 데이터를 다른 사람들에게 전달하는 데 신경 쓰기 시작했다. 여기에 매우 효과적인 수단이 데이터 시각화라는 것이 인식되기 시작하면서 데이터 시각화에 대한 관심과 중요성이 높아졌다. 이를 방증하듯 최근 데이터 분석용으로 주목받는 태블로Tableau나 파워 BIPower BI와 같은 툴들이 데이터 시각화 능력을 대대적으로 홍보하고 있다.

R과 파이썬의 기초를 다루는 책에서 시각화에 대한 내용이 빠지는 경우는 없다. 하지만 이 책들을 보면 두 가지 궁금증이 든다. 첫 번째는 모든 사람들이 중요하게 다루고 있는 시각화인데 입문서를 뗀 다음에 볼 수 있는 시각화 전문서가 드물다는 것이다. 물론 시각화를 전문적으로 다루고 있

는 책이 없는 것은 아니지만 대부분 시각화에 대한 기초적 이론과 원리를 다루고 있다. 따라서 그 이론과 원리에 충실한 시각화를 직접 만들어내는 코드를 담아 실전에서 바로 쓸 수 있는 시각화 전문서는 드물다. 두 번째 궁금증은 R과 파이썬에 대한 거의 모든 책에서 다루고 있는 시각화는 보고 자료나 인쇄물에 주로 들어가는 정적 시각화 패키지인 ggplot2와 Matplotlib을 다루고 있다는 것이다. 이들 패키지의 결과가 매우 훌륭하다는 것에는 이견이 없다. 하지만 결정적인 단점이 존재한다. 최근 데이터 사이언스에서 데이터 엔지니어링으로 전반적인 분위기가 넘어가고 있고, 데이터 분석 결과를 사용자가 자유자재로 활용하기 위한 대시보드가 주목받기 시작했다. 하지만 기존 ggplot2와 Matplotlib에서 만든 시각화는 웹상에서 실행되는 대시보드에 적합하지 않다. 그래도 여전히 대다수의 책에서는 정적 시각화만을 다루고 있고, 동적 시각화를 다루는 책은 거의 없다.

이 책은 이 두 가지 질문에 답하기 위해 시작했다. 필자가 어려움을 겪는다면 다른 사람들도 분명 어려움을 겪을 것이라고 생각했다.

많은 책에서 수박 겉핥기처럼 다루어지던 데이터 시각화는 생각보다 범위가 넓고 깊이가 깊다. 이를 보다 상세하게 실무에서 사용할 수 있을 정도의 깊이로 설명하는 책이 하나 정도는 있으면 좋겠다고 생각했다. 또한 모든 책에서 다루고 있는 정적 시각화 외에 동적 시각화를 사용하고자 하는 사람들에게 길잡이가 되는 책도 하나쯤은 필요하다고 생각했다.

필자가 Plotly를 처음 접한 것은 2017년이었던 것으로 기억한다. R의 Shiny로 데이터 분석 대시보드를 만들다가 처음 접하게 된 Plotly는 '이렇게 번거로운 패키지가 있나?'라는 생각이 들 정도로 불편했지만, Plotly로 만든 대시보드의 결과는 번거로움을 잊기에 충분했다. 하지만 교보문고와 아마존Amazon을 아무리 뒤져봐도 Plotly의 세계로 인도하는 인도자를 찾기가 어려웠다. 2020년부터 Plotly를 다루는 책들이 나오기 시작했지만 아직도 Plotly를 제대로 설명하는 책은 찾아보기 어렵고, 특히 한글로 된 Plotly 책은 아직 없는 듯하다.

이 책을 처음 기획했을 때 Plotly 홈페이지에서 제공하는 매뉴얼과 R과 파이썬으로 작성된 원서 한 권씩을 놓고 시작했다. 그때는 그 두 권의 책밖에 참고할 책이 없었다. 그것도 절반은 Shiny와 Dash 플랫폼에 대한 설명이라 정작 Plotly에 대한 설명은 매우 적었다. 솔직히 말하자면 Plotly를 전문적으로 다룬 책으로는 아마존 원서를 통틀어도 이 책만한 볼륨은 없으리라 생각한다.

물론 이 책이 Plotly를 얼마나 잘 설명하고 있는지 아직 자신이 없다. 뭔가 비교 대상이 있어야 설명이 잘된 건지, 또는 어떤 부분을 보완해야 할지 점검할 수 있는데 아직은 비교할 대상이 없다. 하지만 이 책을 시작으로 Plotly가 좀 더 대중화되기를 바란다. 물론 Plotly가 아직 ggplot2나 Matplotlib처럼 데이터 시각화의 대세 패키지는 아닐지 몰라도 동적 데이터의 시각화 패키지에서는 대세 패키지가 되리라고 확신한다.

이 책이 나올 때까지 많은 분의 도움이 있었다. 제이펍 장성두 대표님, 권유라, 김은미 편집자님, 그리고 디자이너, 교정자에게 감사드린다. 이젠 멀리서 응원해주시는 김창환 교수님, 황수찬 교수님, 통계센터에서 겉돌던 필자를 끌어내주신 강성국 소장님, 아는 것도 경험도 적은 실장을 받쳐주고 있는 정보화실 이은영, 박재민, 최미영, 김종형 선생님, 항상 많은 도움을 주시는 김경신 대표님, 천종섭 상무님, 이동구 대표님, 윤여운 대표님, 새로운 견문을 넓혀주는 이원호 선생님, 조재동 실장님, 조재영 실장님, 개인정보보호위원회 이병남 국장님, KT 강상원 부장님, 이인영 부장님, 자주 만나지 못해도 항상 마음은 옆에 있는 동호, 남흥, 주호, 인철, 필자와 함께 취업률 데이터와 씨름하며 고민을 같이했던 SKY 친구들에게 감사를 전한다. 마지막으로 내 인생을 함께하는 장모님, 찬진, 준우, 그리고 멋진 아내 지현에게 감사를 전하고, 병상에서 외로이 투병 중이신 어머님께 사랑한다는 말을 전한다.

이기준 드림

R과 파이썬의 기초 지식을 습득한 다음 좀 더 공부하기를 원하는 학생, 실무에서 데이터를 처리하고 보고 자료에 처리한 자료를 시각화하고 싶은 직장인, 대시보드의 설계와 구현에 동적 시각화가 필요한 데이터 엔지니어, 줄리아Julia, 자바스크립트Javascript, F# 등을 사용하여 동적 시각화를 구현하고자 하는 사용자에게 조금 더 깊이 있는 데이터 시각화를 설명하기 위해 이 책을 기획하였다. 그래서 데이터 시각화의 이론과 원리보다는 최근 대시보드 구현과 관련해 Plotly 동적 시각화와 구현에 필요한 실제 코드 위주로 구성하였다.

이 책에서 사용하는 샘플 데이터는 코로나19 데이터와 대학 취업률, 삼성전자 주식 가격 데이터다. 또한 사용자의 실무 능력을 최대한 배양시키기 위해 깔끔하게 전처리된 데이터 대신 인터넷에서 다운로드한 파일을 그대로 사용하였다.

최근 데이터 분석과 시각화에 많은 언어가 사용되고 있지만 대부분의 사람들이 사용하는 언어는 R과 파이썬으로 수렴한다. R은 주로 학문 연구 분야에서 많이 사용되고, 파이썬은 데이터 분석의 결과로 다양한 상품을 만드는 데이터 엔지니어링에서 많이 사용된다. 이 책은 R과 파이썬을 모두 설명하기 때문에, 이 책을 효과적으로 사용하기 위해서는 R 또는 파이썬의 데이터 처리에 대한 기초 지식이 필요하다. 샘플로 제시한 예제는 R과 파이썬 각각의 코드를 모두 수록했지만, 그 시각화 결과는 유사하기 때문에 R과 파이썬 중 한 가지를 제시하였다.

이 책은 최근 동적 시각화로 주목받고 있는 동적 시각화 패키지 Plotly로 데이터를 시각화하는 방법을 코드 위주로 설명하지만, 이와 더불어 데이터 시각화를 만드는 데 고려해야 할 사항이나 Plotly로 대시보드를 만드는 플랫폼인 Dash와 Shiny를 사용하는 방법까지 다루고 있다. Dash를 사용해 대시보드를 만드는 과정에서는 약간의 HTML과 CSS 기초 지식이 있으면 좋다.

또 Plotly는 R과 파이썬 외에도 줄리아, 자바스크립트, F#, 매트랩MATLAB 언어를 지원한다. 이 책에서 설명하는 속성과 속성값은 공통적으로 사용되기 때문에 이들 언어로 Plotly를 활용하는 데에도 유용하다. 따라서 이들 언어에서의 Plotly 사용 매뉴얼로 참조할 수도 있다.

데이터 시각화는 그 결과에 대한 판단이 매우 주관적이기 때문에 청중에 따라 그 품질을 다르게 느낄 수 있다. 따라서 좋은 시각화를 만들기 위해서는 이 책에서 제시하는 여러 가지 방법을 적절하게 구성하는 경험을 많이 쌓아야 한다. 다만 이 책에서 설명하는 Plotly의 많은 기능들은 Plotly가 제공하는 것 중 일부에 불과하기 때문에 Plotly 홈페이지에서 설명하는 다양한 기능에 대한 추가적인 공부가 필요하다.

대상 독자

이 책은 R이나 파이썬의 입문서를 통해 기초 지식을 습득한 독자를 대상으로 한다. 일반적인 입문서에서도 데이터 시각화를 다루지만 기본적인 사용법과 정적 시각화에 그치는 경우가 많다. 이 책은 전문적인 데이터 시각화를 만들고 싶은 독자가 대상이다.

R과 파이썬의 기초 지식을 습득한 독자
R과 파이썬의 기초 지식을 설명하는 입문서에서도 데이터 시각화를 다룬다. 그러나 입문서들은 R과 파이썬의 기본적인 데이터 처리 방법부터 시각화 작업, 심지어는 머신러닝 이론과 실현 코드까지 다룬다. 따라서 입문서에서 시각화의 기초 지식을 습득한 독자가 더 깊이 있는 시각화를 만드는 데 이 책이 도움이 될 수 있다. 이 책에서 소개하는 다양한 시각화 종류는 일반적인 입문서에서 다루지 않기 때문에 데이터 시각화를 더욱 폭넓게 공부할 수 있을 것이다.

실무에서 다양한 시각화가 필요한 직장인
실무에서 분석한 데이터를 사용하여 보고서나 프레젠테이션을 만드는 직장인들은 다양한 데이터 시각화를 사용한다. 이 책을 통해 데이터 스토리텔링에 적절한 데이터 시각화 종류를 선택하고, 원하는 방식대로 만들 수 있다. 또한 상사가 질문하는 여러 상황에 대처하기 위해 소규모의 대시보드를 구축할 수도 있다.

대시보드의 설계와 구현에 동적 시각화가 필요한 데이터 사이언티스트나 엔지니어

다양한 데이터를 자유자재로 살펴볼 수 있어 최근에 많이 사용되는 대시보드에는 많은 데이터 시각화가 들어간다. 주로 웹에서 구현되는 대시보드는 다양한 사용자 반응형 서비스를 사용할 수 있는데, 주로 자바나 자바스크립트를 사용하여 구현하던 사용자 반응형 서비스를 Plotly에서 쉽게 구현할 수 있다. 따라서 R과 파이썬을 사용하여 대시보드의 설계와 구현이 필요한 데이터 엔지니어에게 데이터 시각화의 다양한 선택지를 제공한다.

Plotly를 사용하고자 하는 줄리아, 자바스크립트, F#, 매트랩 언어 사용자

이 책에서 설명하는 Plotly의 다양한 속성과 속성값은 줄리아, 자바스크립트, F#, 매트랩에서도 같이 사용되기 때문에 이들 언어에서 동적 시각화의 구현을 위해 Plotly를 사용하고자 하는 사용자는 속성과 속성값을 참조하는 참고서적으로 사용하면 된다.

책의 구성

이 책은 크게 4부로 나뉘어져 있으며, 본문 14장과 부록 2장으로 구성되어 있다.

1부는 **데이터 시각화의 기초**로 데이터 시각화란 무엇인지, 왜 필요한지 그 중요성에 대해 설명하고, 역사적으로 중요한 데이터 시각화를 소개한다.

2부는 **Plotly 시각화의 기초**로 Plotly의 기초 개념과 Plotly로 그리는 다양한 시각화에서 공통적으로 사용되는 속성들에 대해 설명한다. 즉, Plotly로 시각화를 그리기 위해 필수적으로 알아야 하는 트레이스trace와 레이아웃layout, 서브플롯subplot의 개념, 그리고 Plotly에서 제공하는 많은 트레이스와 레이아웃의 속성 중 공통적으로 사용되는 속성에 대해 설명하고 그 결과를 살펴본다. 또한 동일한 Plotly 객체의 다양한 코딩 방법을 제시하여 코딩 스타일에 대한 사용자 선택의 폭을 넓혀준다.

3부는 **Plotly 시각화의 실전**으로 Plotly를 실무에서 사용하기 위해 데이터 시각화의 목적에 따라 Plotly 시각화 방법들을 구분하여 소개한다. **7장 관계와 분포의 시각화**에서는 데이터 간의 관계성과 분포를 전반적으로 살펴보는 데 사용하는 산점도scatter chart, 버블 차트bubble chart, 히스토그램histogram, 박스 플롯box plot, 바이올린 플롯violin plot을 그리는 방법을 코드와 실행 결과를 사용하여 소개한다. **8장 비교와 구성의 시각화**는 데이터 간의 비교를 위해 사용하는 시각화와 데이터의 세부 구성 현황을 살펴보기 위한 시각화로 막대그래프, 비율 막대그래프, 롤리팝 그래프lollipop graph, 레이더 차트rader chart, 덤벨 차트dumbbell chart, 파이 차트pie chart의 작성 방법을 코드와 실행 결과를 사용하여 소개한다. **9장 시간과 흐름의 시각화**에서는 주로 시계열 데이터의 시각화에 사용되는 선 그래프를 위주로 Plotly에서 시계열 시각화를 위해 제공하는 특수 기능을 소개한다. 또 시계열 데이터가 많이 사용되는 주가 그래프를 그리는 방법과 퍼널 차트funnel chart, 폭포수 차트waterfall chart, 생키 다이어그램Sankey diagram에 대해 코드와 실행 결과를 사용하여 소개한다. **10장 지수와 지도의 시각화**는 다른 시각화 패키지에서 제공하지 않는 인디케이터indicator 시각화와 지도를 사용해 데이터를 시각화는 방법에 대해 코드와 실행 결과를 사용하여 소개한다.

4부는 **Plotly 시각화**의 활용으로 Plotly에서 제공하는 버튼 컨트롤, 드롭다운dropdown 버튼 컨트롤, 슬라이더sliders 컨트롤의 생성과 구현 방법에 대해 코드와 실행 결과를 사용하여 소개한다. 이 컨트롤들을 사용하여 대시보드까지는 아니어도 시각화 자체에서 사용할 수 있는 데이터 필터링을 제공할 수 있다. 또한, 동적 데이터 시각화 툴인 Plotly를 잘 사용하기 위해 Plotly에서 제공하는 각각의 메뉴를 소개하고, Plotly를 여러 사람과 공유할 수 있도록 오프라인 이미지 저장 방법과 웹을 통한 배포 방법을 소개한다. 또한 Plotly와는 별개로 효과적인 시각화를 만들기 위해 고려해야 하는 사항을 제시한다.

부록 A에서는 Plotly의 기능을 극대화할 수 있도록 파이썬의 Dash 패키지와 R의 Shiny 패키지로 대시보드를 설계하고 만드는 기초적인 과정을 소개한다.

부록 B에서는 파이썬에서 Plotly를 구현하는 또 다른 방법인 plotly.express의 사용 방법에 대해 plotly.com에서 제공하는 함수 레퍼런스와 샘플 코드 위주로 소개한다.

이 책에서 사용하는 기술

언어

이 책에서는 데이터 처리와 분석을 위해 많이 사용되는 R과 파이썬을 사용하는데, R과 파이썬 중하나의 언어만 알아도 읽을 수 있도록 책을 구성하였다. 또 Dash 패키지와 Shiny 패키지를 사용하여 대시보드를 만들기 위해서는 HTML과 CSS 문법에 대한 기초 지식이 있으면 좋겠지만 꼭 필요하지는 않다. 이 책을 효과적으로 활용하기 위해서는 R 또는 파이썬 언어로 데이터를 처리할 수 있는 기본 지식이 필요하다.

프레임워크

이 책에서는 동적 시각화 패키지로 Plotly를 사용한다. Plotly는 R과 파이썬에서 사용이 가능한 패키지로, 무료로 배포되고 있으며 R과 파이썬 모두 공식 패키지 설치 방법으로 설치가 가능하다. 또한 부록에서는 Dash 패키지도 사용한다. 파이썬의 경우 공식 패키지 설치 방법인 PIP_{package installer for Python}를 사용하여 설치할 수 있고, R의 경우 깃허브_{GitHub}에서 제공하는 Dash 패키지를 설치할 수 있다.

기타

동적 시각화를 웹에 배포하기 위해 plotly.com에서 제공하는 차트 스튜디오_{chart studio}(https://chart-studio.plotly.com)를 사용하며, 지도를 그리기 위해 맵박스_{Mapbox}(https://mapbox.com/) 플랫폼을 사용하는 방법에 대해 소개한다.

개발 및 실행 환경

이 책에서 제시된 R과 파이썬 샘플 코드는 다음 환경에서 검증되었다.

통합 개발 환경: 이 책의 샘플 코드는 R스튜디오와 주피터 노트북_{Jupyter Notebook}, 비주얼 스튜디오 코드_{Visual Studio Code}를 사용하였고 상세한 패키지와 버전 정보는 다음과 같다.

▶ R

```
— Session info ————————————————————————————
 setting      value
 version      R version 4.2.2 (2022-10-31 ucrt)
 os           Windows 10 x64 (build 19044)
 system       x86_64, mingw32
 ui           RStudio
 language (EN)
 collate      Korean_Korea.utf8
 ctype        Korean_Korea.utf8
 tz           Asia/Seoul
 rstudio      2022.07.1+554 Spotted Wakerobin (desktop)
 pandoc       2.18 @ C:/R/RStudio/RStudio-2022.07.1+554/bin/
quarto/bin/tools/ (via rmarkdown)

— Packages ————————————————————————————————
 package               * version date (UTC) lib source
 dash                  * 0.9.3   2023-01-05 [1] Github
(plotly/dashR@c91e503)
```

```
dashCoreComponents     * 1.10.0  2020-05-06 [1] CRAN (R 4.2.2)
dashHtmlComponents     * 1.0.3   2020-05-06 [1] CRAN (R 4.2.2)
dplyr                  * 1.0.10  2022-09-01 [1] CRAN (R 4.2.2)
forcats                * 0.5.2   2022-08-19 [1] CRAN (R 4.2.2)
ggplot2                * 3.4.0   2022-11-04 [1] CRAN (R 4.2.2)
lubridate              * 1.9.0   2022-11-06 [1] CRAN (R 4.2.2)
plotly                 * 4.10.1  2022-11-07 [1] CRAN (R 4.2.2)
purrr                  * 1.0.1   2023-01-10 [1] CRAN (R 4.2.2)
raster                 * 3.6-14  2023-01-16 [1] CRAN (R 4.2.2)
readr                  * 2.1.3   2022-10-01 [1] CRAN (R 4.2.2)
readxl                 * 1.4.1   2022-08-17 [1] CRAN (R 4.2.2)
remotes                * 2.4.2   2021-11-30 [1] CRAN (R 4.2.2)
sf                     * 1.0-9   2022-11-08 [1] CRAN (R 4.2.2)
sp                     * 1.5-1   2022-11-07 [1] CRAN (R 4.2.2)
stringr                * 1.5.0   2022-12-02 [1] CRAN (R 4.2.2)
tibble                 * 3.1.8   2022-07-22 [1] CRAN (R 4.2.2)
tidyr                  * 1.2.1   2022-09-08 [1] CRAN (R 4.2.2)
tidyverse              * 1.3.2   2022-07-18 [1] CRAN (R 4.2.2)
timechange             * 0.2.0   2023-01-11 [1] CRAN (R 4.2.2)
tqk                    * 0.1.2   2021-03-28 [1] Github
(mrchypark/tqk@00daffd4)
zoo                    * 1.8-11  2022-09-17 [1] CRAN (R 4.2.2)
```

▶ 파이썬

```
-----
FinanceDataReader  0.9.50
dash               2.7.1
Matplotlib         3.6.3
numpy              1.24.1
pandas             1.5.3
plotly             5.13.0
session_info       1.0.0
sklearn            1.2.1
statsmodels        0.13.5
-----
Ipython            8.8.0
jupyter_client     7.4.9
jupyter_core       5.1.3
notebook           6.5.2
-----
python 3.11.1 (tags/v3.11.1:a7a450f, Dec  6 2022, 19:58:39) [MSC v.1934 64 bit (AMD64)]
Windows-10-10.0.19044-SP0
```

사전 지식

이 책에서는 Plotly로 동적 시각화를 만들기 위해 R과 파이썬을 사용하였다. 이 책을 효과적으로 활용하기 위해서는 R 또는 파이썬으로 데이터를 처리하기 위한 기초 지식이 필요하다. 따라서 R이나 파이썬을 처음 접하는 독자라면 R 또는 파이썬으로 데이터를 처리하는 입문서를 먼저 살펴볼 것을 권장한다. 또 부록에서 제시한 대시보드 실습을 위해서는 HTML, CSS 문법에 대한 기초 지식이 있다면 효과적이다.

예제 코드

 이 책에서 다루는 예제 데이터와 소스 코드는 필자의 티스토리 블로그(https://2stndard. tistory.com/notice/174)에 공유되어 있다(QR 코드를 찍으면 바로 연결된다). 책에서 제시하는 예제를 따라 하기 위해 데이터 파일과 소스 파일을 다운로드해 사용하면 된다.

기타 안내

앞서 언급한 바와 같이 이 책의 모든 예제는 R과 파이썬으로 구현하였다. 다만 책에서 제시한 실행 결과는 R과 파이썬을 번갈아 수록하였기 때문에 수록되지 못한 R과 파이썬의 실행 결과는 수록된 실행 결과와 다소 차이가 있을 수 있다. 또한 이 책에 수록한 실행 결과의 대부분은 2도 인쇄(흑색과 별색)에 맞게 구성되었기 때문에 책에 수록된 실제 코드의 실행 결과와 색상이 다를 수 있다. 내용의 이해를 돕기 위해 일부 그림에 QR 코드를 삽입하였다. 파이썬 코드에서 사용한 백슬래시(\)는 줄바꿈 문자로 다음 줄과 연결된다는 의미이며, 부록 B에서 사용한 코드는 Plotly 홈페이지(https://plotly.com/)에서 제공한 코드를 사용했다.

데이터 시각화의 기초

우리는 모든 사람의 행동이 기록되어 데이터화되는 데이터 기반 시대에 살고 있다. 데이터는 분석, 모델링, 예측 과정을 거쳐 사용자들에게 유용한 분석 결과로 만들어져 다시 사용자들에게 제공된다. 이렇게 폭발적으로 급증하는 데이터를 어떻게 활용하는지가 학문과 기업의 경쟁력이 되고 있으며 이 능력을 키우기 위해 끊임없이 노력하고 있다.

이렇게 분석된 데이터는 여러 가지 방법으로 대중에게 제공된다. 매우 효율적으로 사용되는 방법이 데이터 시각화다. 데이터 시각화data visualization는 데이터 분석 결과를 사람들이 이해하기 쉽도록 다양한 그래픽 요소를 사용하여 데이터의 특성을 표현하는 방법이다. 이러한 데이터 시각화를 효과적으로 사용하려면 무작정 그래프를 그리기보다는 데이터 시각화가 무엇이고, 어떤 응용에 적합하며, 어떤 내용을 전달할 수 있는지 먼저 이해한 후 자신이 필요한 데이터 시각화가 무엇인지 잘 선택해야 한다.

1부에서는 데이터 시각화란 무엇이고, 데이터 시각화의 이점과 데이터 시각화로 표현할 수 있는 것이 무엇인지 알아본다. 또한, 역사적으로 유명한 시각화를 통해 역사적으로 잘 활용된 사례에 대해 살펴본다.

CHAPTER 1 데이터 시각화란?

데이터 시각화란?

언어와 문자는 의사를 전달하는 가장 명확한 수단이다. 지금까지 수천 년 동안 인류는 자신의 생각을 언어와 문자로 상대방에게 전달하였다. 과거에는 데이터가 충분하지 않았기 때문에 자신의 생각을 뒷받침하는 소량의 데이터를 언어와 문자로 전달하는 것이 가능했다. 하지만 지금과 같이 수많은 데이터가 자신의 생각을 설득하는 근거로 사용되는 시대에서는 짧은 문자나 언어로 이를 표현할 수 없다. 게다가 인간은 시각적 자극에 매우 민감하다. 따라서 주장의 근거가 되는 데이터를 시각적으로 표현하는 것은 상대방을 설득하는 데 매우 효과적이다.

데이터 시각화는 데이터 또는 정보를 시각적으로 전달하기 위한 표현 기법을 의미한다. 데이터 시각화의 목표는 데이터 또는 정보가 가지는 의미를 상대에게 명확하고 효과적으로 전달하여 상대방을 설득하는 것이다. 일반적으로 데이터는 표, 플롯, 그래프로 구성된 차트, 인포그래픽infographic, 다이어그램 또는 지도map의 형태로 시각화된다. 예를 들어, 제품의 판매량과 날씨의 상관관계, 지역별 판매량의 추세, 1년 중 판매가 집중되는 기간 등을 그래프나 표로 표현함으로써 비즈니스 의사 결정에 도움을 준다.

최근에는 데이터 시각화로 단순히 정보를 전달하는 차원을 넘어서 스토리텔링storytelling까지 구현되고 있으며, 예술의 경지에까지 이르고 있다. 결국, 데이터 시각화는 데이터 기반의 커뮤니케이션 기능이 가장 우선이지만, 창의적이고 보기 좋게 구성하는 것도 매우 중요해지고 있다는 의미다.

무엇보다도 데이터 시각화는 데이터의 시각적 표현을 통해 데이터에 내재된 패턴과 상관관계를 쉽게 파악할 수 있어 비즈니스 의사 결정 프로세스에 긍정적인 영향을 준다. 비즈니스 환경에서 데이

터 분석과 시각화의 활용 사례는 다음과 같다.[1]

- **데이터 간의 상관관계**: 데이터 시각화는 독립변수와 종속변수 간의 상관관계correlation를 쉽게 식별할 수 있다. 이와 같은 상관관계 파악은 비즈니스 의사 결정에 큰 도움을 준다.
- **시간 경과에 따른 추세**: 추세의 시각화는 데이터 시각화의 매우 효율적인 응용 분야다. 과거와 현재의 정보 없이 미래를 예측하는 것은 불가능하기 때문에 시간 경과에 따른 추세는 우리가 어디에 있었고 잠재적으로 어디로 가고 있는지 알 수 있는 중요한 정보가 된다.
- **빈도**: 빈도frequency는 시간 경과에 따른 추세와 밀접하게 관련된 요소로, 데이터가 얼마나 자주, 그리고 많이 발생하는지를 의미한다. 고객이 구매하는 비율, 빈도, 구매 시점을 조사하면 잠재적인 신규 고객이 다양한 마케팅 및 고객 확보 전략에 어떻게 반응할지 쉽게 알 수 있다.
- **시장 조사**: 데이터 시각화는 다양한 시장 정보를 이용하여 관심을 집중해야 하는 대상과 멀리해야 하는 대상에 대한 통찰력을 제공한다. 대상별로 정리된 판매량 데이터를 다양한 차트와 그래프로 나타냄으로써 시장 속 잠재된 기회를 정확히 전망할 수 있다.
- **위험 및 보상**: 데이터 시각화가 없다면 복잡한 스프레드시트와 숫자를 해석해야 하므로 가치 및 **위험 메트릭스**risk metrics를 살펴보는 데 전문 지식이 필요해진다. 그러나 정보가 시각화되면 위험에 따른 조치가 필요한 영역과 대응이 필요하지 않은 영역을 정확히 찾아낼 수 있다.
- **시장 대응**: 대시보드dashboard로 구현된 대화형 데이터 시각화를 통해 변화하는 데이터에서 쉽고 빠르게 정보를 얻을 수 있다. 이에 따라 기업은 실수를 방지할 수 있는 정보를 얻고 변화하는 환경에 신속하게 대응할 수 있다.

인간의 두뇌는 동시에 7가지 이상의 데이터를 처리할 수 없다고 한다.[2] 정리되지 않은 데이터, 이해하기 어렵게 표현된 데이터는 우리에게 단순한 문자와 숫자들의 집합이라는 것 외에는 별다른 의미가 없다. 이것이 데이터 시각화가 필요한 가장 큰 이유다.

이제 의사 결정을 위해 수천 행의 스프레드시트를 샅샅이 뒤지던 시대는 끝났다.

---

1   출처: https://analytiks.co/importance-of-data-visualization/
2   George A. Miller, The Magical Number Seven, Plus or Minus Two Some Limits on Our Capacity for Processing Information, Psychological Review, Vol. 101, No. 2, 343-352, 1955

1.1 데이터 시각화의 필요성

우리는 많은 데이터 속에서 살고 있다. 매일 아침 핸드폰 알람이 울리면서 시작되는 하루는 아침 기상 시간부터 데이터로 기록된다. 출근과 등교를 위해 길을 나서자마자 우리를 찍는 CCTV, 버스나 지하철을 타면서 사용하는 교통카드의 탑승 기록, 회사와 학교에 도착하면서 찍는 출근 카드, 컴퓨터를 켜면서 생성되는 각종 로그 기록들….

우리의 존재 자체가 데이터로 기록되는 시대에 살고 있다. 자신이 알게 모르게 발생하는 데이터들은 모두 기록되고 분석되어 다시 우리의 생활 속으로 들어온다. 쇼핑 패턴이 분석되어 날아오는 마케팅 메일, 자주 보는 동영상의 패턴을 분석해 추천하는 유튜브 추천 영상, 내비게이션의 경로 추천 등이 대표적인 예이다.

최근 한 컨설팅 기관에서는 하루에 디지털 공간에서만 생산되는 데이터의 양이 2ZB(제타바이트, 10^{21})를 넘는다는 추정치를 내놓으면서, 데이터가 현대의 금광이라고 표현하기도 했다. 당신에게 데이터가 주어진다면 이 데이터를 어떻게 사용하겠는가? 당신은 데이터와 얼마나 대화가 가능한가? 이렇게 세상의 모든 것이 데이터로 기록되는 세상에서 우리는 이 데이터를 얼마나 사용하고 있는가?

수많은 데이터를 사용하여 의사 결정까지 가기 위한 단계를 살펴보면 그림 1-1과 같다. 이처럼 데이터를 다루고, 모델링하고, 분석하고, 예측하는 일련의 과정을 **데이터 과학**data science이라고 한다. 그림 1-1과 같이 데이터 과학은 먼저 데이터를 수집하고, 전처리하고, 클리닝cleaning하는 과정을 거친다. 이후 탐색적 데이터 분석 단계와 모델링을 통해 분석 및 예측을 진행하고, 분석 결과를 문서화하기 위한 시각화 단계로 마무리된다. 이 과정에서 데이터 시각화는 **탐색적 데이터 분석**exploratory data analysis, EDA 단계와 마지막 문서화 단계에서 필요하다.

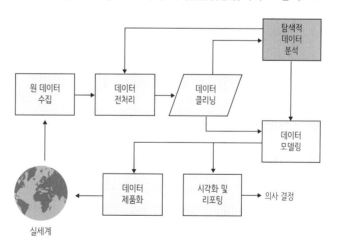

그림 1-1 **데이터 과학 프로세스**[3]

---

3 출처: https://en.wikipedia.org/wiki/Data_visualization

빅데이터 시대의 기업들은 비즈니스 과정에서 데이터를 수집하고 해석하여 데이터가 알려주는 통찰력을 만들어내기 위해, 비즈니스의 첫 번째 과정부터 데이터를 활용할 수 있는 능력을 지닌 사람들을 필요로 한다. 이 역량은 누구나 배양할 수 있으며, 직원들이 이 역량을 강화할 수 있도록 기업들도 많은 지원을 하고 있다. 데이터 기반의 의사 결정이 비즈니스 성과를 크게 향상시키는 중요한 요인으로 작용하고 있다.[4]

이렇게 비즈니스 환경에서 효율적인 의사 결정을 하기 위해서는 수많은 데이터 사이에서 당신이 발견한 무언가를 일목요연하게 정리하여 누군가에게 이야기하고 설득할 수 있어야 한다. 이렇게 데이터를 요약하고 분석하여 청중이 알기 쉽게 정리한 결과를 적절한 양식으로 작성하여 전달하는 능력을 **데이터 리터러시**data literacy라고 한다. 데이터 리터러시는 빅데이터 시대를 살아야 하는 현대인에게 매우 중요한 소양이 되었다.

이렇듯 데이터 리터러시가 비즈니스 성과를 내는 데 중요한 요소임에도 불구하고, 이 역량이 충분히 발휘되는 기업은 많지 않다. 글로벌 기업의 직원들 21%만이 데이터 리터러시를 완벽히 활용할 수 있다는 설문 결과[5]가 보고되었다. 최고 경영진의 75%는 데이터가 비즈니스 의사 결정에 중요한 역할을 한다고 밝혔지만, 코로나19 팬데믹 이후 데이터 활용이 늘었다고 답한 비즈니스 리더는 30%에 불과했다.[6]

이처럼 기업 비즈니스에 데이터가 점점 중요해졌지만, 데이터를 잘 활용할 수 있는 능력을 지닌 전문가는 아직도 부족한 상황이다. 이는 데이터를 분석하고 해석하는 능력을 배양하는 것이 아직 늦지 않았다는 의미다.

1.2 왜 데이터 시각화를 해야 하는가?

미국에는 '천 마디의 말보다 한 번 보는 게 더 낫다(One look is worth a thousand words)'라는 격언이 있다. 이 말은 20세기 초 미국의 한 신문 광고에 게재되면서 유명해졌는데, 사실 공자의 화의능달만언(畵意能達萬言)에서 유래했다고 전해지기도 한다. 이 문구는 데이터 시각화가 왜 필요한지 가장 잘 말해주고 있다. 결국 데이터 시각화를 해야 하는 이유는 공자 시대부터 강조되어왔다고 해도 과언이 아니다.

---

4   출처: https://hbr.org/2020/02/boost-your-teams-data-literacy
5   출처: https://www.accenture.com/content/dam/accenture/final/a-com-migration/r3-3/pdf/pdf-118/accenture-the-human-impact-data-literacy.pdf
6   출처: https://www.cityam.com/exclusive-pandemic-has-exposed-lack-of-data-literacy-amid-growing-digital-skills-gap/

그림 1-2 시각화 신문 광고[7]

데이터 시각화는 데이터 클리닝, 데이터 구조의 탐색, 이상값 및 비정상적인 그룹의 탐지, 추세 및 클러스터 식별, 로컬 패턴 발견, 모델링 출력, 평가 및 결과를 확인하는 데 효과적인 도구다. 특히 데이터 과학의 첫 번째 단계로 제시되는 탐색적 데이터 분석 과정에서 데이터 시각화는 반드시 수행해야 하는 과정이다.

탐색적 데이터 분석 과정에서 데이터 시각화는 데이터의 비정상분포, 결측값, 이상값 등 통계 및 모델로는 알아내기 어려운 부분을 쉽게 파악할 수 있다. [표 1-1]의 데이터와 그림은 모두 동일한 평균, 표준편차, 상관계수correlation coefficient를 가지는 데이터들이다. 수치로만 확인하면 13가지 데이터셋은 모두 같은 분포를 갖고 있는 것으로 생각된다. 하지만 이들 데이터를 시각화하면 그 형태가 각각 다르다는 것을 쉽게 알 수 있다.

표 1-1 13가지 데이터셋

dataset	X평균	Y평균	X표준편차	Y표준편차	상관계수
away	54.3	47.8	16.8	26.9	-0.0641
bullseye	54.3	47.8	16.8	26.9	-0.0686
circle	54.3	47.8	16.8	26.9	-0.0683
dino	54.3	47.8	16.8	26.9	-0.0645
dots	54.3	47.8	16.8	26.9	-0.0603
h_lines	54.3	47.8	16.8	26.9	-0.0617

---

7   출처: https://en.wikipedia.org/wiki/A_picture_is_worth_a_thousand_words

표 1-1 13가지 데이터셋(표 계속)

dataset	X평균	Y평균	X표준편차	Y표준편차	상관계수
high_lines	54.3	47.8	16.8	26.9	-0.0685
slant_down	54.3	47.8	16.8	26.9	-0.0690
slant_up	54.3	47.8	16.8	26.9	-0.0686
star	54.3	47.8	16.8	26.9	-0.0630
v_lines	54.3	47.8	16.8	26.9	-0.0694
wide_lines	54.3	47.8	16.8	26.9	-0.0666
x_shape	54.3	47.8	16.8	26.9	-0.0656

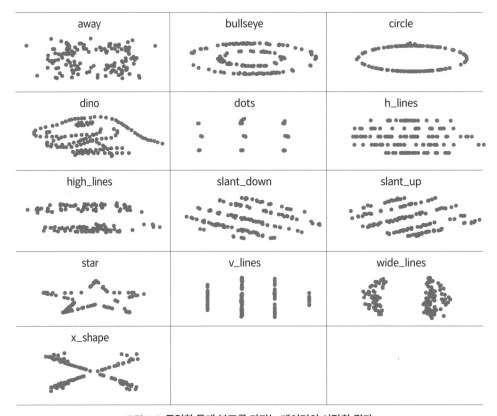

그림 1-3 동일한 통계 분포를 가지는 데이터의 시각화 결과

데이터 시각화를 통해 얻을 수 있는 이점은 다음과 같다.

데이터 이해가 편리

데이터 시각화는 우리가 데이터를 해석하기 위해 수많은 데이터 사이를 헤매지 않도록 도와준다. 데이터의 전반적인 분포, 상관, 패턴을 쉽게 파악할 수 있어 데이터를 이해하고 해석하기가 쉽다. 이러한 이유로 각종 보고서에 데이터 시각화를 많이 사용하고, 이를 통해 보고서 작성자의 의견을 쉽게 전달할 수 있다. 따라서 판매 보고서든 마케팅 전략이든 데이터 시각화는 기업으로 하여금 더 나은 분석 의사 결정을 유도하고, 이것은 결국 기업의 수익성을 높이는 데 도움이 된다.

빠른 의사 결정

인간은 문자보다 시각적 이미지를 60,000배 빠르게 인식한다고 한다.[8] 따라서 차트, 플롯, 그래프 등으로 전달되는 데이터 시각화 이미지는 문자로 그 내용을 확인하고 인식하는 것보다 훨씬 더 빠르고 쉽게 이해할 수 있다. 한 연구에서 시각적 이미지와 문자를 혼합한 발표자는 문자만 사용하는 발표자보다 17% 더 설득력이 있는 것으로 나타났다. 미네소타 대학교University of Minnesota의 또 다른 연구에서는 시각적 이미지가 있는 발표자는 청중을 설득하는 데 43% 더 효과적이라고 발표하였다.[9] 또 와튼 스쿨Wharton School은 데이터 시각화로 비즈니스 회의를 최대 24%까지 단축할 수 있다고 발표하였다.[10] 이러한 시각적 데이터의 빠른 해석 능력 덕분에 데이터 시각화는 의사 결정 프로세스의 속도를 크게 향상시키는 핵심 요소가 되었다.

청중의 주의력과 집중력 향상

데이터 분석 과정에서 사용되는 다양한 지표는 통계적 지식이 부족한 청중이 이해하기 매우 어렵다. 이러한 지표를 많이 사용하면 데이터에 대한 설명을 듣는 청중은 주의력과 집중력이 저하되어 발표자의 주장에 쉽게 설득되지 않는다. 따라서 통계적 지식이 없는 청중도 데이터를 쉽게 이해할 수 있는 도구가 필요하고, 이에 가장 좋은 도구가 데이터 시각화다. 간결하게 디자인되고 알아보기 쉬운 데이터 시각화는 청중의 주의력과 집중력을 향상시켜 발표자가 말하고자 하는 내용을 쉽고 빠르게 이해할 수 있게 한다.

데이터 패턴의 파악

데이터들은 패턴을 가지고 있다. 패턴이 강한 데이터일수록 데이터의 예측 능력이 높아지기 때문에 비즈니스 환경에서 매우 좋은 데이터가 된다. 이 때문에 데이터가 가지는 패턴을 쉽게 찾아내기 위한 많은 방법이 제시되었다. 사실 데이터 시각화는 데이터 계산 외에 그래픽 카드를 통한 이미지 계산까지 해야 하므로 컴퓨팅 파워가 지금과 같이 높지 않을 때는 통계적 방법만을 활용하여 소량의 데이터에서 패턴을 찾아낼 수밖에 없었다. 하지만 앞선 그림에서도 볼 수 있듯이 데이터 시각화는 통계적 분석이 찾아낼 수 없는 패턴까지 찾아낼 수 있고, 이 패턴을 매우 직관적으로 확인할 수 있어 통계적 지식이 없는 사람도 쉽게 데이터를 이해할 수 있게 도와준다.

8   출처: https://oit.williams.edu/files/2010/02/using-images-effectively.pdf
9   출처: https://www.amanet.org/articles/using-visual-language-to-create-the-case-for-change/
10 출처: https://blog.csgsolutions.com/15-statistics-prove-power-data-visualization

- **이상치 및 오룻값 검출**

  데이터 시각화는 앞선 패턴 파악과 유사하게 통계적 방법으로는 찾아낼 수 없고 효과적으로 전달할 수도 없는 이상치outlier와 오룻값을 명확하고 직관적으로 제시할 수 있다.

- **데이터 스토리텔링**

  데이터 스토리텔링은 최근에 많이 주목받는 데이터 시각화 방법으로, 보통 대시보드를 통해 전달된다. 발표자가 자신의 데이터를 전달하는 과정을 시각적 자료로 구성함으로써 청중이 데이터를 차근차근 이해하도록 이끌어 가는 과정을 데이터 스토리텔링이라 한다. 스토리텔링에 사용되는 시각적 자료는 가급적 난순하게 작성하는 게 효과적이나. 스토리를 통해 전달하는 데이터는 개별적으로 생성된 여러 개의 데이터 시각화보다 훨씬 효과적이다.

- **비즈니스 인사이트**

  경쟁적인 비즈니스 환경에서 최고경영자의 적절한 비즈니스 의사 결정은 기업의 생존을 위한 가장 중요한 능력이다. 과거의 경영진들은 이러한 의사 결정을 감이나 직관 등의 주관적 의지에 따라 결정하였다. 하지만 최근의 경영진들은 이러한 의사 결정을 위해 감이나 직관이 아닌 많은 데이터를 탐색하고 분석하는 과정에서 얻어지는 객관적 증거와 통찰을 중요하게 생각한다. 이 과정에서 데이터 시각화는 매우 중요한 자료로 활용할 수 있다.

1.3 데이터 시각화로 무엇을 표현하는가?

데이터 시각화는 수많은 데이터의 특성을 한눈에 볼 수 있도록 만드는 과정이다. 그렇다면 데이터 시각화는 데이터의 무엇을 표현하고 어떤 특성들을 나타낼 수 있는가? 우리는 초등학교 시절부터 데이터 시각화를 배워왔다. 지금도 초등학교 4학년 학생은 1학기 수학 교과서에서 막대그래프를 사용하여 데이터를 표현하는 방법을 배운다. 그래서인지 데이터 시각화에서 많이 쓰는 방법은 막대그래프이며, 때에 따라서 선 그래프, 파이 차트(원그래프) 등도 흔히 사용되고 있다. 데이터 시각화를 하기 전에 먼저 데이터 시각화로 무엇을 표현하고 어떤 데이터 시각화 방법을 쓸 것인지를 결정해야 한다. 일반적으로 데이터의 분포, 비교, 추세, 구성, 상관, 지리를 표현하는 데 데이터 시각화가 효과적으로 활용된다(QR 코드 참고).

- **분포**

  분포distribution는 데이터들이 전반적으로 어떻게 또는 얼마나 흩어져 있는지를 파악하기 위해 사용된다. 보통 분포를 나타내기 위해 사용되는 데이터는 요약된 데이터가 아닌 원 데이터raw data를 사용하는 것이 일반적이다. 분포 시각화를 통해 수치로 보이는 평균, 중윗값, 범위, 분산, 표준편차를 더욱 직관적으로 파악할 수 있다는 장점을 가진다. 전체 데이터 스펙트럼을 보고 관련되거나 관련되지 않은 데이터 포인트를 시각화하는 데에도 도움이 될 수 있다.

- **비교**

  비교comparison는 특정 변수의 변화에 따른 값들의 차이를 확인하기 위해 사용되는 데이터 시각화 방법이다. 비교에 사용되는 변수나 범주가 적을 경우는 막대그래프나 선 그래프 등으로 표현이 가능하고, 비교에 사용되는 변수의 양이 많아지면 **히트맵**heat map과 같은 방식이 사용된다.

- **추세**

  추세trend는 일반적으로 시간의 흐름에 따른 값의 변화를 표현하는 방법이다. 보통 선 그래프를 사용하여 표현하는데 막대그래프를 사용하는 경우도 많이 있다. 추세의 시각화를 통해 데이터의 전반적인 증감 현황을 쉽게 파악할 수 있고 계절성과 같은 부가적인 정보도 파악할 수 있다.

- **구성**

  구성composition은 전체에 대한 비율(백분율)을 시각적으로 표현하는 데 사용된다. 보통 원그래프 또는 막대그래프를 통해 표현되며, 시장 점유율과 같은 데이터를 시각화하는 데 많이 사용된다.

- **상관**

  상관은 종속변수와 독립변수로 정의되는 데이터를 시각화함으로써 종속변수와 독립변수 간의 전체적인 분포가 어떤 관계를 맺고 있는지를 보여준다. 상관 시각화는 일반적으로 산점도를 통해 표현된다.

- **지리**

  지리geographic는 데이터를 지도나 약도 위에 표현함으로써 지역 간의 데이터의 차이를 보여주는 시각화 방법이다.

1.4 유명한 데이터 시각화 사례

데이터 시각화는 동서양을 막론하고 매우 오래전부터 사용된 방법이다. 우리나라에서도 '백 번 듣는 것보다 한 번 보는 것이 낫다'는 의미의 '백문이 불여일견'이라는 속담을 통해 보는 것에 대한 시각적 요소의 중요성이 강조되어 왔다. 오래전부터 사용된 데이터 시각화는 인류 역사의 중요한 시점을 표현하거나 중요한 의사결정에 활용됐다. 인류 역사에서 빛나는 데이터 시각화는 어떤 것이 있는지 알아보자.

나폴레옹의 러시아 원정에 대한 미나드 다이어그램

미나드 다이어그램 Minard diagram은 나폴레옹의 러시아 원정 과정(1812-1813)에서 프랑스 군대가 입은 손실을 시각화했다. 미나드 다이어그램은 병사의 수를 선 두께로 표현하고 있는데 옅은 색 선은 출정 시 병사 수이고, 검은색 선은 후퇴 시 병사 수이다. 나폴레옹의 프랑스 군대가 얼마나 처참하게 패배했는지 한눈에 알 수 있다. 예일 대학교의 저명한 통계학 교수인 에드워드 터프티Edward Tufte는 이를 '지금까지 그려진 것 중 최고의 통계 그래픽'이라고 일컬었다.[11]

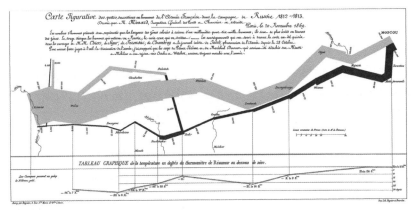

그림 1-4 나폴레옹의 러시아 원정 시각화[12]

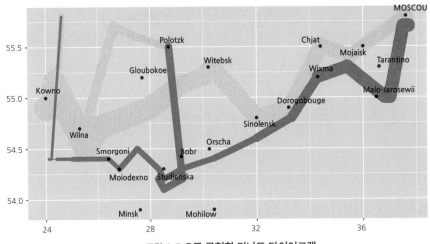

그림 1-5 R로 구현한 미나드 다이어그램

---

11 Tufte, Edward (1983). The Visual Display of Quantitative Information. Cheshire, Connecticut: Graphics Press. ISBN 0-9613921-4-2.

12 출처: https://en.wikipedia.org/wiki/Charles_Joseph_Minard

나이팅게일의 로즈 다이어그램

나이팅게일은 '나이팅게일 선서'로 유명한 간호사다. 하지만 나이팅게일을 검색해보면 간호사이자 통계학자라는 사실을 알 수 있다. 나이팅게일은 1853년에 발발한 크림 전쟁에 간호사로 참전했다. 전쟁의 부상자를 치료하는 과정에서 숨진 많은 병사가 총상으로 인한 사망이 아닌 열악한 위생 환경으로 인한 전염병이 원인이라는 것을 알아냈다. 이 결과를 다양한 통계와 **로즈 다이어그램**Rose diagram이라는 데이터 시각화를 통해 영국 정부를 설득하였고, 40%에 이르던 영국군 부상자의 사망률을 2%까지 낮추는 데 큰 역할을 하였다.

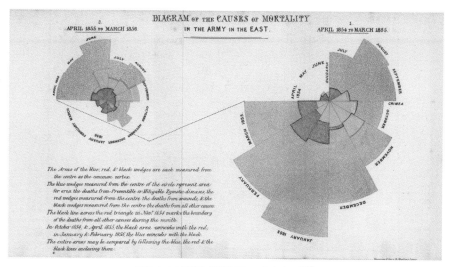

그림 1-6 **나이팅게일의 로즈 다이어그램**[13]

영국의 콜레라 발병 지도

1854년에 영국 런던의 중심 지역 웨스트민스터Westminster의 소호Soho 지역에서 대규모 콜레라가 발병했다. 이 당시 소호 지역은 산업화로 인해 인구가 급격히 늘었지만 사회 인프라의 미비로 위생 시설이 적절히 갖추어지지 못했다. 특히 하수도 시스템의 부재는 사람들의 생활 환경을 심하게 오염시킨 원인이 되었고, 이런 상황에서 1832년과 1849년에 콜레라가 발병해 영국에서 총 14,137명이 사망했다. 당시에는 세균이 병의 원인이 될 수 있다는 사실을 몰랐던 시기였기 때문에 콜레라의 원인을 엉뚱한 곳에서 찾고 있었다. 이때 영국의 의사였던 존 스노John Snow는 콜레라가 특정 상수도 펌프를 중심으로 발병한다는 사실을 파악하고, 수인성 전염병이라는 사실을 증명하기 위해 상

---

13   출처: https://en.wikipedia.org/wiki/Florence_Nightingale

수도 주변의 사망자수를 표기한 지도를 만들었다. 이 지도를 통해 지역 이사회를 설득해 콜레라의 주원인으로 지목된 상수도 펌프를 폐쇄하는 성과를 이룸으로써 콜레라를 효과적으로 차단하였다.

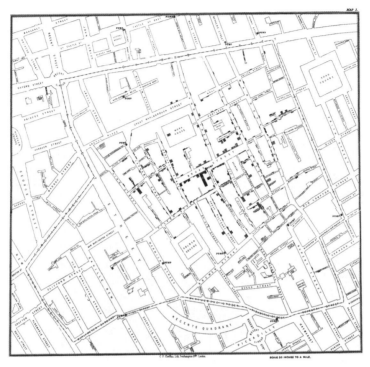

그림 1-7 **영국의 콜레라 발병 지도**[14]

새로운 역사 차트

새로운 역사 차트A New Chart of History는 18세기 영국의 수학자인 조지프 프리스틀리Joseph Priestley가 쓴 '역사와 일반 정책에 관한 강의Lectures on History and General Policy'에 대한 보충 자료로, 1769년에 만든 역사의 타임라인에 대한 시각화이다. 새로운 역사 차트는 두 가지 타임라인을 제공한다. 첫 번째 타임라인은 역사상 주요 인물들을 중심으로 한 700년간의 일대기 차트Chart of Biography이며, 두 번째 타임라인은 역사에 걸쳐 동시대에 존재한 주요 제국과 문화의 영향에 중점을 둔다.

---

14 출처: https://en.wikipedia.org/wiki/1854_Broad_Street_cholera_outbreak

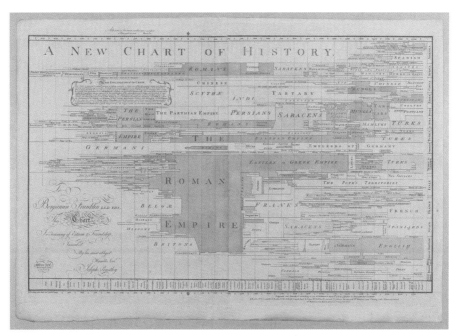

그림 1-8 새로운 역사 차트[15]

1.5 차트, 플롯, 그래프

시각화를 수행하다 보면 흔히 만나는 용어가 차트, 플롯, 그래프이다. 일반적으로 차트는 파이 차트, 도넛 차트, 플롯은 박스 플롯, 바이올린 플롯, 그래프는 선 그래프, 막대그래프 등이 있다. 하지만 막대그래프, 막대 차트와 같이 혼용해서 쓰는 경우도 있다. 그렇다면 차트와 플롯, 그래프의 차이는 무엇일까?

사실 어디에도 이 세 가지 용어의 차이를 명확하게 구분해놓은 정의는 찾기 어렵다. 혹시 정확한 정의를 찾는다면 필자에게도 알려주길 바란다. 그리고 그 범위나 종류도 명확히 구분되어 있지 않다. 이 책에서도 정확히 구분하지는 않는다. 하지만 나름대로 다음과 같이 정의해보도록 하겠다. 이 정의는 필자의 경험에 의해 내린 자체 정의로 학문적 검증이 되지 않은 것임을 밝힌다. 그래서 이 책에서도 차트, 플롯, 그래프 등의 용어가 혼용된다.

차트chart는 특정 문제에 대해 여러 청중을 대상으로 브리핑하기 위해 문자, 숫자, 그래프, 플롯 등

---

15 출처: https://en.wikipedia.org/wiki/A_New_Chart_of_History

을 활용하여 만든 자료를 뜻한다. 컴퓨터를 활용한 프레젠테이션이 시행되기 이전에 큰 종이에 사람이 직접 손으로 작성해서 만드는 것을 차트라고 할 수 있다. 이 차트에는 문제를 설명하기 위해 필요한 다양한 정보들이 표현되어 있다. 따라서 차트는 시각화의 가장 큰 정의라고 할 수 있겠다.

플롯plot은 주로 데이터의 위치를 직접 표현하는 시각화 방법이다. 사실 'plot'이라는 영어 단어의 뜻 중에는 '종이나 지도에 어떤 것의 위치나 움직임에 대한 표시'라는 의미가 있다. 결국 데이터에 대한 점을 찍는 시각화를 의미하는 것으로, 데이터 자체에 대한 특별한 통계 처리 없이 데이터가 가진 성질을 그대로 표현하는 시각화 방법이다. 플롯으로 가장 대표적인 것이 산점도라 불리는 스캐터 플롯이다. 박스 플롯의 경우도 박스의 형태로 표현했지만, 사실 그 표현 대상이 각 이산형 변수에 속한 전체 데이터 위치이기 때문에 플롯으로 표기하는 것으로 보인다.

그래프graph는 수학적 이론에서 그 정의를 찾을 수 있다. 수학적 정의상 그래프는 일부 객체들의 쌍들이 서로 연관된 객체의 집합을 이루는 구조로, 점과 점들을 잇는 선으로 구성된 구조다.[16] 이 정의에 가장 가까운 시각화가 선 그래프이다. 사실 막대그래프도 선이 막대로 표현되었다고 본다면 역시 데이터의 점과 축까지 선(막대)으로 이어진 그래프라고 볼 수 있다.

참고로 시각화에 많이 사용되는 용어가 또 있다. 바로 **다이어그램**diagram이다. 다이어그램의 사전적 정의는 정보를 조율, 묘사, 추상화하여 2차원 기하학 모델로 시각화하는 기술[17]이다. 다이어그램은 다이어그램 일러스트레이션과 같은 용어로도 표현되는데 그래픽, 기술적 드로잉, 표 정보 등의 기술적 유형의 집합과 데이터의 성질을 표현하기 위해 선, 화살표 등의 시각적 고리들로 연결된 형태의 유형을 포괄한다. 주요 다이어그램의 유형으로 순서도flowchart, 벤다이어그램Venn diagram, 차트, 표table 등이 있다.

---

16 출처: https://ko.wikipedia.org/wiki/그래프_(그래프_이론)
17 출처: https://ko.wikipedia.org/wiki/다이어그램

Plotly 시각화의
기초

세상에 존재하는 그 어떤 훌륭한 도구라도 한계와 불편함은 있기 마련이다. 각종 데이터 분석 언어나 툴에서 데이터를 시각화하는 데 사용되는 도구인 시각화 라이브러리도 마찬가지이다. 파이썬에서 시각화에 가장 많이 사용되는 Matplotlib이나 seaborn, R에서 가장 많이 사용되는 ggplot2와 같은 라이브러리도 그 한계와 불편성이 존재한다. 특히 이들 라이브러리의 공통적인 한계와 불편성은 시각화 생성 시 설정된 내용만 알려줄 수 있다는 것이다. 시각화를 더 자세히 살펴보거나, 포인트 위로 마우스를 가져가 정보를 찾거나, 필터를 추가할 수는 없다. 이와 같은 한계는 최근 PC나 모바일 웹에서 많이 제공되는 대시보드에서 큰 단점이 된다.

이러한 단점을 극복하기 위해 개발된 시각화 라이브러리가 Plotly 라이브러리이다. Plotly 라이브러리는 사용자가 고품질의 대화형 웹 기반 시각화나 정적 시각화를 만들 수 있도록 자바스크립트인 plotly.js를 기반으로 구축한 오픈소스 라이브러리이다. 파이썬이나 R 외에도 줄리아Julia, 매트랩MATLAB 등의 언어나 툴에서도 사용이 가능하다. 기본적인 인터페이스는 모든 언어들에서 대동소이하기 때문에 하나의 언어에 대한 Plotly 사용법만 익히면 나머지 언어에 대한 사용법도 자연스럽게 익힐 수 있다.

2부에서는 Plotly로 동적 시각화를 구성하는 속성 구조에 대해 설명한다. 특히 동적 시각화를 구성하는 데 가장 핵심적인 구조인 data 속성의 trace에 대한 공통적인 속성들을 설명하고, 시각화에 부가적인 정보를 제공하기 위한 layout 속성에 대해 설명한다. 마지막으로 Plotly 시각화를 효과적으로 사용하기 위해 부분적 시각화를 동시에 표시하는 서브플롯subplot의 구현 방법에 대해 설명한다.

## CHAPTER 2

Plotly로 시각화하기

데이터 분석을 다루는 많은 교육 과정이나 서적에서 데이터의 시각화는 R의 경우 R베이스R base 나 ggplot2 패키지를 사용하는 방법, 파이썬의 경우 Matplotlib이나 seaborn 패키지를 사용하는 방법을 주로 설명한다. 이러한 방법들은 데이터 시각화 방법이 간단하고 그 품질이 좋은 편이라 많이 사용되고 있지만, 정적Static 시각화라는 한계를 가진다. 정적 시각화는 대부분 이미지로 저장되며 문서나 인쇄물에 많이 사용되고 웹에 게시되는 이미지로 사용된다. 그렇기 때문에 대부분 PNG, JPG, PDF 등의 벡터 혹은 픽셀 이미지 파일로 제공된다. 정적 데이터 시각화는 데이터 분석가의 의도에 맞춰 작성되기 때문에 데이터 분석가의 데이터 분석 관점에 의존적일 수밖에 없으며, 시각화를 사용하는 사용자의 의도에 따른 해석은 매우 제한될 수밖에 없다.

이러한 제한점을 극복하기 위해 사용되는 데이터 시각화 방법이 동적dynamic 시각화, 혹은 인터랙티브interactive 시각화라고 하는 방법이다. 이 동적 시각화는 시각화를 사용하는 사용자의 의도에 따라 데이터를 다각적 관점에서 살펴볼 수 있다는 점이 특징이다. 사용자의 의도에 따라 데이터가 동적으로 변동되어야 하므로 인쇄물 형태의 매체에서 사용이 어렵고 웹을 통해 사용되어야 그 장점을 충실히 살릴 수 있다. 그동안 R에서는 동적 시각화를 위해 rbokeh, highcharter 등이 사용되었고, 파이썬에서는 bokeh, hvplot 등이 사용되었다. 하지만 R과 파이썬 모두에서 사용되는 Plotly 패키지가 등장하여 R과 파이썬의 동적 시각화 패키지 시장에서 매우 빠르게 사용자층을 넓혀가고 있다.

정적 시각화와 동적 시각화 중에서 어느 것이 더 효용성이 있는지는 단언할 수 없다. 데이터 시각화가 사용되는 매체, 데이터 시각화를 보는 대상, 데이터 시각화에서 보여주고자 하는 스토리에 따라서 정적 시각화를 사용해야 할 때와 동적 시각화를 사용해야 할 때를 적절히 선택해야 한다.

2.1 Plotly란?

Plotly는 캐나다 몬트리올에 본사를 두고 있는 데이터 시각화 전문 회사의 이름이다. 이 회사는 2012년 처음 실립되었는데 데이터 전문 분석 도구와 데이터 시각화 전문 도구를 개발하여 보급한다. Plotly는 이 책에서 설명할 R과 파이썬의 Plotly 패키지 외에도 R, 파이썬, 줄리아 등의 개발도구에서 사용할 수 있는 데이터 대시보드 플랫폼인 Dash를 비롯해 Dash 플랫폼으로 개발된 웹페이지 배포 툴인 Dash 엔터프라이즈Dash Enterprise, Plotly를 기반으로 온라인 동적 시각화를 만드는 차트 스튜디오 등의 서비스를 제공하고 있다. 이 중 가장 유명한 제품이 회사의 이름에서도 나타나듯이 Plotly 시각화 패키지이다.

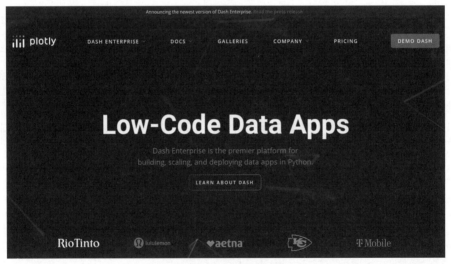

그림 2-1 **Plotly 홈페이지**

Plotly 패키지는 R, 파이썬, 줄리아, 자바스크립트, F#, 매트랩 등의 다양한 언어에서 사용이 가능하도록 각각의 언어에 바인딩되는 패키지를 개발하여 제공하고 있다. Plotly에서 제공하는 데이터 시각화는 산점도, 선 그래프와 같은 기본 차트basic chart, 박스 플롯, 히스토그램과 같은 통계 차트statistical chart, 히트맵, 삼각 플롯ternary plot과 같은 과학 차트scientific chart, 시계열 차트time series chart, 캔들스틱 차트와 같은 재무 차트financial chart 등의 다양한 차트와 플롯을 제공한다.

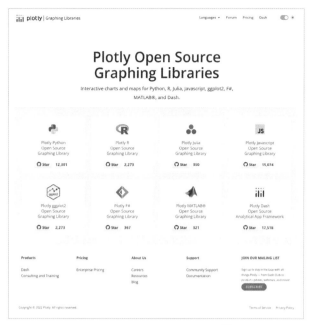

그림 2-2 **Plotly 패키지 홈페이지**[18]

다음의 R 그래픽 패키지 다운로드 현황에서 보이듯이, 여전히 R에서 가장 많이 사용되고 있는 그래픽 패키지는 ggplot2이다. 하지만 Plotly는 2021년 하반기부터 다운로드가 늘고 있고, ggplot2를 제외한 다른 그래픽 패키지보다는 압도적인 다운로드 수를 보이고 있다.

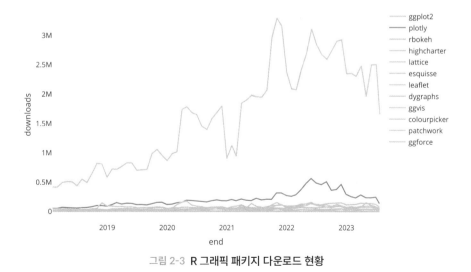

그림 2-3 **R 그래픽 패키지 다운로드 현황**

---

18 출처 : https://plotly.com/graphing-libraries/

Plotly의 다운로드 수 증가는 파이썬에서도 유사한 흐름을 보인다. 그림 2-4에서 보이듯이 파이썬에서 많이 사용되는 시각화 패키지 중 가장 다운로드 수가 많은 것은 역시 Matplotlib이다. 하지만 Matplotlib을 제외하면 2022년 중순까지만 해도 seaborn 패키지의 다운로드 수가 가장 많았으나 이후 Plotly가 seaborn과 대등하거나 오히려 더 다운로드가 많은 날이 상당히 눈에 띈다. 하지만 파이썬에서 동적 시각화를 지원하는 bokeh나 hvplot보다는 월등히 많은 다운로드를 보인다. 결국 파이썬에서도 동적 시각화에서는 Plotly가 가장 많이 사용되는 패키지이다.

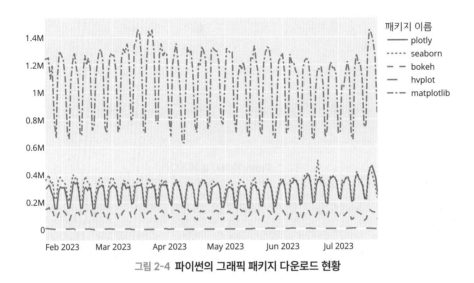

그림 2-4 파이썬의 그래픽 패키지 다운로드 현황

2.2 예제 데이터 Import와 전처리

먼저 Plotly를 사용하여 시각화를 실습하는 데 필요한 데이터셋 두 가지를 전처리하겠다.

COVID-19 데이터셋

첫 번째 데이터셋은 2020년 1월부터 기록된 전 세계 국가의 코로나19 발병 관련 데이터이다. 이 데이터는 깃허브GitHub에서 전 세계 코로나19 데이터를 배포하는 OWIDOpen World in Data의 'COVID-19 Dataset by Our World in Data'를 사용한다.[19] 이 데이터는 온라인으로 매일 업데이트되기 때문에 다운로드 시점에 따라 시각화 결과가 이 책과 다소 달라질 수 있다.[20]

---

19 https://covid.ourworldindata.org/data/owid-covid-data.csv
20 필자의 블로그(https://2stndard.tistory.com/notice/174)에 업로드된 데이터를 활용하면 책과 동일한 결과를 얻을 수 있다.

OWID에서 제공하는 데이터를 활용하여 4개의 데이터셋을 만든다. 첫 번째 데이터셋은 OWID에서 제공하는 원본 데이터를 가져와 로딩하는 원본 데이터셋으로 `df_covid19` 데이터프레임에 저장한다. `df_covid19` 데이터프레임은 2020년 1월 1일부터 기록되어 있기 때문에 데이터가 다소 많다. 따라서 이 데이터 중에 최근 100일간의 데이터와 한국과 각 대륙 데이터만을 필터링해 두 번째 데이터셋인 `df_covid19_100` 데이터프레임으로 저장한다. 세 번째 데이터셋은 100일간의 데이터셋을 넓은 형태의 데이터셋으로 변환한 `df_covid19_100_wide` 데이터프레임이다. 네 번째는 2년 넘게 기록된 COVID-19 데이터셋의 각종 데이터에 대해 국가별 요약 통계치를 산출한 `df_covid19_stat` 데이터프레임이다.

▶ R

```
## R code
## 데이터 전처리를 위한 패키지 설치 및 로딩[21]
if(!require(tidyverse)) {
  install.packages('tidyverse')
  library(tidyverse) }

if(!require(readxl)) {
  install.packages('readxl')
  library(readxl) }

if(!require(readr)) {
  install.packages('readr')
  library(readr) }

if(!require(lubridate)) {
  install.packages('lubridate')
  library(lubridate) }

## 1. covid19 원본 데이디셋 로딩
## covid19 데이터 로딩(파일을 다운로드받은 경우)
df_covid19 <- read_csv(file = "데이터파일저장경로/owid-covid-data.csv",
                  col_types = cols(date = col_date(format = "%Y-%m-%d")
                  )
)

## 2. 전체 데이터셋 중 최근 100일간의 데이터를 필터링한 df_covid19_100 생성
df_covid19_100 <- df_covid19 |>
## 한국 데이터와 각 대륙별 데이터만을 필터링
```

---

21 맥 OS에서 `fribidi.h` 관련 오류가 난다면 홈브루(Homebrew) 프로그램을 사용하여 `fribidi` 패키지를 설치한 후 사용하면 된다 (`$ brew install fribid`).

```
filter(iso_code %in% c('KOR', 'OWID_ASI', 'OWID_EUR', 'OWID_OCE', 'OWID_NAM', 'OWID_SAM',
                       'OWID_AFR')) |>
  ## 읽은 데이터의 마지막 데이터에서 100일 전 데이터까지 필터링
  filter(date >= max(date) - 100) |>
  ## 국가명을 한글로 변환
  mutate(location = case_when(
    location == 'South Korea' ~ '한국',
    location == 'Asia' ~ '아시아',
    location == 'Europe' ~ '유럽',
    location == 'Oceania' ~ '오세아니아',
    location == 'North America' ~ '북미',
    location == 'South America' ~ '남미',
    location == 'Africa' ~ '아프리카')) |>
  ## 국가 이름의 순서를 설정
  mutate(location = fct_relevel(location, '한국', '아시아', '유럽', '북미', '남미', '아프리카',
                                '오세아니아')) |>
  ## 날짜로 정렬
  arrange(date)

## 3. df_covid19_100을 한국과 각 대륙별 열로 배치한 넓은 형태의 데이터프레임으로 변환
df_covid19_100_wide <- df_covid19_100 |>
  ## 날짜, 국가명, 확진자와, 백신접종완료자 데이터만 선택
  select(date, location, new_cases, people_fully_vaccinated_per_hundred) |>
  ## 열 이름을 적절히 변경
  rename('date' = 'date', '확진자' = 'new_cases', '백신접종완료자' =
           'people_fully_vaccinated_per_hundred') |>
  ## 넓은 형태의 데이터로 변환
  pivot_wider(id_cols = date, names_from = location,
              values_from = c('확진자', '백신접종완료자')) |>
  ## 날짜로 정렬
  arrange(date)

## 4. covid19 데이터를 국가별로 요약한 df_covid19_stat 생성
df_covid19_stat <- df_covid19 |>
  group_by(iso_code, continent, location) |>
  summarise(인구수 = max(population, na.rm = T),
            전체사망자수 = sum(new_deaths, na.rm = T),
            백신접종자완료자수 = max(people_fully_vaccinated, na.rm = T),
            인구백명당백신접종완료율 = max(people_fully_vaccinated_per_hundred, na.rm = T),
            인구백명당부스터접종자수 = max(total_boosters_per_hundred, na.rm = T)) |>
  ungroup() |>
  mutate(십만명당사망자수 = round(전체사망자수 / 인구수 *100000, 5),
         백신접종완료율 = 백신접종완료자수 / 인구수)

## 여백 설정을 위한 변수 설정
margins_R <- list(t = 50, b = 25, l = 25, r = 25)
```

```
## 파이썬의 코드에서 사용한 백슬래시(\)는 줄바꿈 문자로 다음 줄과 연결된다는 의미임
## 필요한 라이브러리 로딩
import pandas as pd
from datetime import datetime, timedelta
from pandas.api.types import CategoricalDtype
pd.set_option('mode.chained_assignment', None)

## 1. covid19 원본 데이터셋 로딩
## covid19 데이터 로딩
df_covid19 = pd.read_csv("데이터파일저장경로/owid-covid-data.csv")

## 2. 전체 데이터셋 중 최근 100일간의 데이터를 필터링한 df_covid19_100 생성
##df_covid19['date']를 datetime으로 변환
df_covid19['date'] = pd.to_datetime(df_covid19['date'], format="%Y-%m-%d")

## 대륙 데이터와 최종 데이터로부터 100일 전 데이터 필터링
df_covid19_100 = df_covid19[(df_covid19['iso_code'].isin(['KOR', 'OWID_ASI', 'OWID_EUR',
'OWID_OCE', 'OWID_NAM', 'OWID_SAM', 'OWID_AFR']))
& (df_covid19['date'] >= (max(df_covid19['date']) - timedelta(days = 100)))]

## 대륙명을 한글로 변환
df_covid19_100.loc[df_covid19_100['location'] == 'South Korea', "location"] = '한국'
df_covid19_100.loc[df_covid19_100['location'] == 'Asia', "location"] = '아시아'
df_covid19_100.loc[df_covid19_100['location'] == 'Europe', "location"] = '유럽'
df_covid19_100.loc[df_covid19_100['location'] == 'Oceania', "location"] = '오세아니아'
df_covid19_100.loc[df_covid19_100['location'] == 'North America', "location"] = '북미'
df_covid19_100.loc[df_covid19_100['location'] == 'South America', "location"] = '남미'
df_covid19_100.loc[df_covid19_100['location'] == 'Africa', "location"] = '아프리카'

## 이산형 변수 설정
ord = CategoricalDtype(categories = ['한국', '아시아', '유럽', '북미', '남미',
'아프리카','오세아니아'], ordered = True)

df_covid19_100['location'] = df_covid19_100['location'].astype(ord)

## date로 정렬
df_covid19_100 = df_covid19_100.sort_values(by = 'date')
## 3. df_covid19_100을 한국과 각 대륙별 열로 배치한 넓은 형태의 데이터프레임으로 변환
df_covid19_100_wide = df_covid19_100.loc[:,['date', 'location', 'new_cases',
'people_fully_vaccinated_per_hundred']].rename(columns={'new_cases':'확진자',
'people_fully_vaccinated_per_hundred':'백신접종완료자'})

df_covid19_100_wide = df_covid19_100_wide.pivot(index='date', columns='location',
                                 values=['확진자', '백신접종완료자']).\
                                 sort_values(by = 'date')
```

```
df_covid19_100_wide.columns = ['확진자_한국', '확진자_아시아', '확진자_유럽', '확진자_북미',
'확진자_남미', '확진자_아프리카', '확진자_오세아니아', '백신접종완료자_한국',
'백신접종완료자_아시아', '백신접종완료자_유럽', '백신접종완료자_북미',
'백신접종완료자_남미', '백신접종완료자_아프리카', '백신접종완료자_오세아니아']

## 4. covid19 데이터를 국가별로 요약한 df_covid19_stat 생성
df_covid19_stat = df_covid19.groupby(['iso_code', 'continent', 'location'], dropna=True).agg(
    인구수 = ('population', 'max'),
    전체사망자수 = ('new_deaths', 'sum'),
    백신접종자완료자수 = ('people_fully_vaccinated', 'max'),
    인구백명당백신접종완료율 = ('people_fully_vaccinated_per_hundred', 'max'),
    인구백명당부스터접종자수 = ('total_boosters_per_hundred', 'max')).reset_index()

df_covid19_stat['십만명당사망자수'] = round(df_covid19_stat['전체사망자수'] /
                        df_covid19_stat['인구수'] * 100000, 5)

df_covid19_stat['백신접종완료율'] = df_covid19_stat['백신접종자완료자수'] / \
df_covid19_stat['인구수']

## 여백 설정을 위한 변수 설정
margins_P = {'t' : 50, 'b' : 25, 'l' : 25, 'r' : 25}
```

대학 학과 취업률 데이터셋

최근 청년층 실업 문제가 사회적 문제로 대두됨에 따라 대학 졸업생의 취업률은 매우 중요하게 활용되는 데이터이다. 특히 대학 입학을 앞둔 수험생이나 학부모에게 대학 진학을 위한 학과 선택에 있어 매우 중요하고, 대학 입장에서는 학생들의 진로 지도를 위해 중요하게 사용되는 데이터이다. 이 데이터는 교육통계서비스 홈페이지에서 제공한다.[22]

취업률 데이터셋을 다음과 같이 로딩하고 전처리한다.

▶ R

```
## 대학 학과 취업률 데이터 로딩, read_excel 실행 중 경고 메세지는 코드 실행에 무관함
df_취업률 <- read_excel('데이터저장경로/2021년 학과별 고등교육기관 취업통계.xlsx',
                ## '학과별' 시트의 데이터를 불러오는데,
                sheet = '학과별',
                ## 앞의 13행을 제외하고
                skip = 13,
                ## 첫 번째 행은 열 이름으로 설정
```

---

22 해당 데이터는 교육통계서비스 홈페이지(https://kess.kedi.re.kr/contents/dataset?itemCode=04&menuId=m_02_04_03_02&tabId=m3)에서 다운로드받거나 필자의 블로그(https://2stndard.tistory.com/notice/174)에서 다운로드받을 수 있다.

```
                          col_names = TRUE,
                          ## 열의 타입을 설정, 처음 9개는 문자형으로, 다음 79개는 수치형으로 설정
                          col_types = c(rep('text', 9), rep('numeric', 79)))

## df_취업률에서 첫 번째부터 9번째까지의 열과 '계'로 끝나는 열을 선택하여 다시 df_취업률에 저장
df_취업률 <- df_취업률 |>
  select(1:9, ends_with('계'), '입대자')

## df_취업률에서 졸업자가 500명 이하인 학과 중 25% 샘플링
df_취업률_500 <- df_취업률 |>
  filter(졸업자_계 < 500) |>
  mutate(id = row_number()) |>
  filter(row_number() %in% seq(from = 1, to = nrow(df_취업률), by = 4))

## 열 이름을 적절히 설정
names(df_취업률_500)[10:12] <- c('졸업자수', '취업률', '취업자수')
```

▶ **파이썬**

```
## 파이썬 코드
## 대학 학과 취업률 데이터 로딩
df_취업률 = pd.read_excel("데이터파일저장경로/2021년 학과별 고등교육기관 취업통계.xlsx",
                          ## '학과별' 시트의 데이터를 불러오는데,
                          sheet_name = '학과별',
                          ## 앞의 13행을 제외하고
                          skiprows=(13),
                          ## 첫 번째 행은 열 이름으로 설정
                          header = 0)
## df_취업률에서 첫 번째부터 9번째까지의 열과 '계'로 끝나는 열을 선택하여 다시 df_취업률에 저장
df_취업률 = pd.concat([df_취업률.iloc[:, 0:8],
                      df_취업률.loc[:, df_취업률.columns.str.endswith('계')],
                      df_취업률.loc[:, '입대자']],
                      axis = 1
)
## df_취업률에서 졸업자가 500명 이하인 학과 중 25% 샘플링
df_취업률_500 = df_취업률.loc[(df_취업률['졸업자_계'] < 500)]
df_취업률_500 = df_취업률_500.iloc[range(0, len(df_취업률_500.index) , 4)]
df_취업률_500 = df_취업률_500.rename(columns = {'졸업자_계':'졸업자수', '취업률_계':
                                              '취업률', '취업자_합계_계':'취업자수'})
```

2.3 Plotly 시작하기

이제 본격적으로 Plotly를 사용해보자. R과 파이썬 내부에서 표현되는 Plotly의 구조, Plotly 패키지 설치, Plotly를 사용하기 위한 속성과 속성값, 속성값의 설정 방법을 살펴봄으로써 Plotly 시각화가 어떻게 구성되고 표현되는지를 살펴보겠다.

Plotly 구조

Plotly 객체는 plotly.js에서 정의된 JSON 스키마로 저장된다. 이 스키마는 트리 형태로 구성되어 있는데 각 노드는 속성attribute으로 불리는 값을 갖게 되고 이들 속성이 모여서 전체 그림을 구성한다.

Plotly 객체 트리의 최고 레벨 속성은 `data`, `layout`, `frame`의 세 가지 속성이다. 이 세 가지 속성의 하위 속성들을 설정하여 시각화를 구성한다. 이들 속성들은 단말 노드인 리프 노드가 되거나, 다시 부모 속성과 자식 속성으로 구성되는 트리 형태의 JSON 구조로 구성된다. 이 구성은 R과 파이썬이 동일하지만 그 구성 방법은 다소 다르다.

▶ R

R에서는 Plotly 구조를 구성하기 위해서 먼저 `plot_ly()`를 사용하여 Plotly 객체를 초기화해야 한다. 이후 다음과 같은 세 가지 방법을 사용하여 Plotly 시각화를 구성할 수 있다.

첫 번째 방법은 `add_trace()`와 `layout()`을 사용하는 방법이다. 이 두 가지 함수를 사용하기 위해서는 먼저 `plot_ly()`로 초기화된 Plotly 객체에 `add_trace()`를 사용하여 `data`의 하위 속성들을 구성하고 `layout()`을 사용하여 `layout`의 하위 속성들을 구성한다.

두 번째 방법은 이 함수들을 사용하지 않고 `plot_ly()`에 직접 `data`와 `layout` 속성들을 설정할 수 있다. 이 방법은 Plotly 구조를 plotly.js 형태의 JSON 구조가 아닌 매개변수argument의 형태로 설정해야 하기 때문에 구현하는 데 어려움이 있다.

세 번째 방법은 `add_trace()` 대신 **트레이스**trace 종류에 따라 제공되는 `add_*()`의 트레이스 전용 함수(`add_markers()`, `add_lines()`, `add_bars()` 등)를 사용하여 `data` 속성들을 구성하고, `layout()`을 사용하여 `layout` 속성들을 설정한다.

▶ **파이썬**

파이썬에서 Plotly를 설명하기 위해서는 먼저 Plotly에서 제공하는 라이브러리의 종류를 이해해야한다. Plotly에서는 파이썬을 위한 라이브러리로 **plotly.graph_objects**와 **plotly.express**의 두 가지 라이브러리 모듈을 제공한다. 기본적으로 plotly.graph_objects 모듈이 Plotly에서 제공하는 모든 기능을 사용하는 정규 방법이다. 하지만 plotly.graph_objects에서 제공하는 수많은 속성 중에 자주 사용되는 속성과 이들 속성을 매개변수화하여 다소 쉬운 인터페이스로 설계한 함수들로 구성한 모듈이 plotly.express이다.

plotly.express에서 제공하는 함수들은 plotly.graph_objects보다 직관적이고 사용하기 쉽다. Plotly는 `data` 속성과 `layout` 속성이 루트 노드인 속성들의 트리 구조로 구현하기 때문에 이들 구조를 파악하는 것이 매우 중요하고, 그 양도 많고 구조도 복잡하다. plotly.express에서 제공하는 함수들은 이 속성들을 하위 속성들이 존재하는 트리 형태로 구성하지 않고 모두 매개변수의 형태로 설정하는 방법을 사용하기 때문에 일반적 함수의 사용과 비슷해 사용하기 쉽다는 장점이 있다. 또 plotly.graph_objects의 함수들보다 코드의 길이가 매우 짧아진다는 장점도 있다.

하지만 plotly.express는 결정적인 몇 가지 단점이 있다. 첫 번째 단점은 `mesh`나 `isosurface`와 같은 3차원 시각화는 아직 plotly.express에서 지원하지 않는다는 것이다. 두 번째는 여러 개의 트레이스를 가지는 서브플롯이나 다중 축의 사용, 여러 개의 트레이스를 가지는 패싯facet과 같은 시각화는 plotly.express로 생성하는 데 다소 어렵다는 것이다. 따라서 plotly.express로 다소 복잡한 Plotly 객체를 생성하는 데에는 한계가 있어 plotly.graph_objects의 함수들을 사용하여 보완해주어야 한다. 또 plotly.graph_objects에서 제공하는 함수와 plotly.express에서 제공하는 함수의 속성이 다소 차이가 있기 때문에 사용이 간편하긴 하지만 plotly.express를 사용할 때는 사용법을 잘 확인해야 한다.[23]

plotly.graph_objects 모듈로 Plotly 객체를 만들기 위해 먼저 Plotly 객체를 초기화해야 한다. 이를 위해 plotly.graph_objects의 `Figure()`를 사용하여 Plotly 객체를 초기화하여 생성한다.

이렇게 초기화된 Plotly 객체에 `data`, `layout` 속성을 할당하기 위해 `plotly.graph_objects.add_trace()`와 `plotly.graph_objects.update_layout()`을 사용한다.

---

23 이 책에서는 plotly.graph_objects 위주로 설명한다. plotly.express 사용법은 https://plotly.com/python-api-reference/를 참조하기 바란다.

Plotly 속성 설정

Plotly는 시각화 생성을 위한 다양한 속성 데이터를 트리 형태로 구조화한 JSON 객체라고 앞에서 소개하였다. 따라서 Plotly를 구성하는 데 사용하는 함수들은 대부분 이 속성 데이터를 트리 구조의 JSON 객체로 구조화하는 데 사용한다. 이렇게 속성 데이터를 트리 형태로 구조화하는 방법은 R과 파이썬이 유사하지만 약간의 차이가 있다.

▶ **R**

R에서 Plotly의 속성 트리를 만들기 위해서는 리스트 데이터 타입을 사용한다. 리스트 데이터 타입은 벡터와는 다소 다른데, 벡터는 구성하는 원소들의 데이터 타입이 모두 같아야 하지만 리스트는 구성하는 원소들의 데이터 타입이 서로 다를 수 있다. 특히 Plotly에서 사용하는 리스트는 원소의 이름이 붙은 네임드 리스트_named list_를 사용한다.

R에서 네임드 리스트를 만들기 위해서는 `list()`를 사용하면 되는데 속성명에 '=' 기호를 사용하여 속성값을 할당해준다. 속성값은 또 다시 벡터나 리스트로 설정이 가능한데, 이 기능을 사용해 Plotly의 전체 트리 구조를 만드는 데 사용한다. Plotly에서 특정 속성의 하위 속성들이 존재하면 해당 하위 속성들을 다시 `list()`를 사용하여 네임드 리스트로 구성한다.

예를 들어 `layout = list(title = list(text = '타이틀 제목'))` 코드는 `layout`에 리스트를 할당하는데, 이 리스트는 속성명이 `title`이고 속성값은 다시 리스트로 구성된 속성값을 가진다. 결국 하위 속성인 `title` 속성, 이 `title` 속성의 하위 속성인 `text` 속성값을 '타이틀 제목'으로 설정한다.

이렇게 구성된 Plotly 객체의 속성과 속성값은 `.`을 사용한 속성값의 구조적 경로_path_를 통해 접근할 수 있다. 앞서 예를 들었던 `layout = list(title = list(text = '타이틀 제목'))` 코드에서 바로 접근하려면 `layout.title.text`를 사용하면 된다. 이 방법을 사용하여 Plotly 객체의 속성값을 추출하거나 해당 속성값을 즉시 바꿀 수 있다.

▶ **파이썬**

파이썬에서 Plotly의 속성 트리를 만드는 것은 R보다 다소 복잡하다. 파이썬에서 속성 트리를 만드는 데 사용하는 데이터 타입은 딕셔너리이다. 하지만 하나의 속성에 여러 개의 딕셔너리가 구성되어야 하는 경우는 다시 파이썬의 리스트로 구성한다. 결국 속성값들의 집합을 만드는 것은 딕셔너리를 사용하지만 딕셔너리의 집합은 리스트를 사용한다는 것이다.

파이썬에서 딕셔너리를 구성하는 방법도 두 가지인데, Plotly에서는 이 두 가지 방법을 모두 지원한다.

첫 번째 방법은 '{}(중괄호)' 기호를 사용하는 방법이다. 이 방법은 속성명을 지정할 때 반드시 인용부호(작은따옴표 혹은 큰따옴표)를 사용해야 하고 할당 기호로 ':'를 사용한다.

두 번째 방법은 dict()를 사용한다. dict()는 '{}'와는 달리 속성명을 지정할 때 인용부호를 사용하지 않아도 되고 할당 기호로 '='를 사용한다.

이렇게 속성명과 속성값으로 구성된 딕셔너리 여러 개를 하나의 속성에 할당할 때는 리스트 데이터 타입을 사용한다. 리스트 데이터 타입은 '[](대괄호)'로 묶어준다.

Plotly 설치와 로딩

Plotly를 사용하기 위해서는 먼저 R과 파이썬에 Plotly 패키지와 라이브러리를 설치하여야 한다. Plotly 패키지에는 자체적으로 실행할 수 있는 HTML 파일과 시각화를 작성하는 데 필요한 소스 파일이 포함되어 있다.

▶ R

R에서 Plotly는 이미 공식 CRAN에 등록되어 있기 때문에 install.packages()를 사용하여 설치할 수 있다. 설치한 이후 R에서 library()나 require()로 Plotly 패키지를 로딩하고 사용할 수 있다. 다음과 같이 패키지를 설치하고 로딩할 수 있다.

```
if(!require(plotly)) {          ## Plotly 로딩이 안 되면
  install.packages('plotly')    ## Plotly  패키지 설치
  library(plotly)               ## Plotly 패키지 로딩
}
```

▶ 파이썬

파이썬에서 Plotly를 설치하기 위해서는 pip를 다음과 같이 실행하여 설치한다.

```
$ pip install plotly     ## pip를 사용해 Plotly 설치
```

또는 콘다에서 다음과 같이 실행하여 설치한다.

```
$ conda install -c plotly plotly  ## conda를 사용해 Plotly 설치
```

위와 같이 Plotly 라이브러리를 설치하였다면 파이썬에서 Plotly를 사용하기 위해 라이브러리를 다음과 같이 로딩하여야 한다. 뒤에서 다시 설명하겠지만 파이썬에서 Plotly를 사용하는 방법으로 plotly.graph_objects와 plotly.express의 두 가지 모듈이 제공된다.

```
## 파이썬에서 Plotly 라이브러리 모듈 로딩
import plotly.graph_objects as go
import plotly.express as px
```

Plotly 초기화

Plotly를 사용하기 위해서 가장 먼저 해야 하는 것은 Plotly 객체의 초기화이다. 이는 R과 파이썬에서 모두 수행해야 하는 과정이다. Plotly 객체를 초기화하면 plotly.js에서 사용될 수 있는 JSON 객체가 생성된다. 이 객체에 다양한 시각화 속성들을 추가함으로써 전체 시각화를 완성한다.

▶ R

R에서 Plotly를 초기화하기 위해 `plot_ly()`를 사용한다. `plot_ly()`는 특별한 매개변수 없이 사용이 가능하지만 일반적으로 사용할 데이터프레임을 바인딩하는 경우가 많다. tidyverse에서 제공하는 `%>%`나 R베이스에서 제공하는 `|>`를 사용하여 `plot_ly()`에 사용할 데이터프레임을 바인딩하거나 `plot_ly()`의 매개변수로 데이터프레임을 바인딩하면 초기화된 Plotly 객체가 생성된다.

```
## R에서 Plotly 객체 초기화
df_covid19_100 |>
  plot_ly()
```

▶ 파이썬

파이썬에서 Plotly를 초기화하기 위해서는 plotly.graph_objects의 `Figure()`를 사용한다. 앞서 R에서는 Plotly를 초기화할 때 사용하는 데이터프레임을 바인딩했지만 파이썬에서는 초기화할 때 데이터프레임을 바인딩하지 않는다. 하지만 plotly.express 모듈 함수는 해당 함수에서 사용하는 데이터프레임을 Plotly 객체에 바인딩하는 기능을 지원한다.

```
## 파이썬에서 Plotly 객체 초기화
import plotly.graph_objects as go

fig = go.Figure()
fig.show()
```

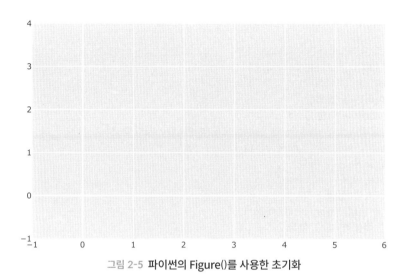

그림 2-5 **파이썬의 Figure()를 사용한 초기화**

data 속성

Plotly 구조의 첫 번째 레벨 속성인 data 속성은 시각화를 통해 표현해야 할 데이터와 그 표현 방식을 설정하는 속성이다. data 속성은 데이터를 표현하는 트레이스를 구성하는 세부 속성들을 말하고, 트레이스는 Plotly로 시각화할 수 있는 그래픽적 데이터 표현 방법이다. Plotly에서는 scatter, pie, bar 등의 40개가 넘는 트레이스를 제공한다.

40여 가지 트레이스 중에 사용하고자 하는 트레이스를 추가하기 위해서는 R과 파이썬 모두 add_trace()를 사용하는데, add_trace()를 사용하기 위해서는 반드시 type 속성으로 트레이스 종류를 설정해야 한다. 하지만 type을 설정하지 않더라도 X축과 Y축에 바인딩된 변수들을 계산하여 자동으로 설정하기도 하고, 각각의 트레이스에 특화된 개별 함수를 사용한다면(예를 들어 R의 add_lines()나 파이썬의 plotly.express.line() 등) type 속성을 사용할 필요는 없다.

▶ R

R에서 data 속성은 plot_ly()나 add_trace()를 사용하여 설정한다. data 속성의 첫 번째 레벨 속성들은 바로 =을 사용하여 속성값을 할당하지만, 해당 속성이 하위 속성으로 구성되는 컨테이

너 속성이라면 R의 기본 데이터 타입인 리스트 타입으로 묶어 설정한다.

다음 코드는 plot_ly()를 사용하여 data 속성을 설정하는 코드이다. data 속성의 첫 레벨 속성인 type, x, y는 바로 속성값을 설정하지만 컨테이너 속성인 marker와 line은 list()를 사용하여 리스트로 구성된 속성값이 설정되었다. 이 과정에서 하나 주의해야 할 것은 x, y 설정에서 '~' 기호를 사용한다는 것이다. 이 의미는 추후 설명한다.

```
## 긴 형태의 100일 코로나19 데이터에서
df_covid19_100 |>
  ## 한국 데이터만을 필터링
  filter(iso_code == 'KOR') |>
  ## scatter 트레이스의 markers와 lines 모드의 Plotly 시각화 생성
  plot_ly(type = 'scatter', mode = 'markers+lines',
      ## X, Y 축에 변수 매핑
      x = ~date, y = ~new_cases,
      ## 마커 색상 설정
      marker = list(color = '#264E86'),
      ## 라인 색상과 대시 설정
      line = list(color = '#5E88FC', dash = 'dash')
      )
```

이 코드의 data 속성 트리 구조를 도식화하면 다음 그림과 같다.

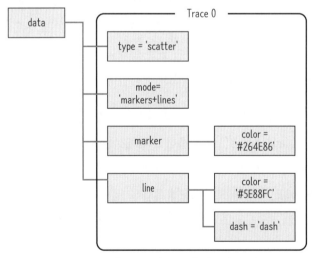

그림 2-6 R 샘플 코드의 data 속성 트리 구조

▶ **파이썬**

파이썬에서도 data 속성 설정을 위해 Plotly 초기화 함수인 plotly.graph_objects의 Figure()와 add_trace()를 사용하는 두 가지 방법이 있다.

plotly.graph_objects의 Figure()로 data 속성을 설정하기 위해서는 먼저 plotly.graph_objects 라이브러리를 go로 임포트하고 go.Figure()의 data 매개변수인 data 속성들로 구성된 딕셔너리를 할당한다.

다음 코드는 Figure()를 사용하여 R로 만든 시각화와 동일한 시각화를 만드는 파이썬 코드이다. 하지만 앞의 R 코드에서는 scatter 트레이스의 markers+lines로 mode를 설정해 하나의 트레이스로 설정했지만, 파이썬 코드에서는 markers와 lines 두 개의 트레이스로 구성하였다.

```
## Plotly 초기화 함수로 data 속성값 설정
go.Figure(
    ## data 키워드로 data 속성의 설정임을 명시
    data = [{
        ## scatter 트레이스의 markers 속성 설정
        'type' : 'scatter', 'mode' : 'markers',
        ## X, Y 축에 변수 매핑
        'x' : df_covid19_100.loc[df_covid19_100['iso_code'] == 'KOR', 'date'],
        'y' : df_covid19_100.loc[df_covid19_100['iso_code'] == 'KOR', 'new_cases'],
        ## 마커 색상 설정
        'marker' : {'color' : '#264E86'}
        },
        ## scatter 트레이스의 lines 속성 설정
        {'type' : 'scatter', 'mode' : 'lines',
        ## X, Y 축에 변수 매핑
        'x' : df_covid19_100.loc[df_covid19_100['iso_code'] == 'KOR', 'date'],
        'y' : df_covid19_100.loc[df_covid19_100['iso_code'] == 'KOR', 'new_cases'],
        ## 라인 색상과 대시 설정
        'line' : {'color' : '#5E88FC', 'dash' : 'dash'}
        }
    ]).show()
```

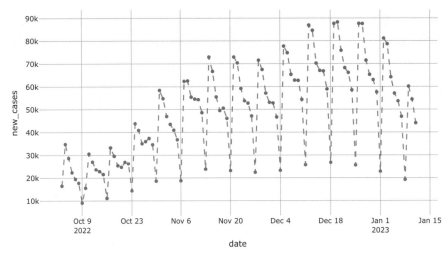

그림 2-7 **R의 Figure()를 사용한 data 속성 설정**

앞의 파이썬 코드로 구현한 **data** 속성의 트리 구조를 도식화하면 다음 그림과 같다.

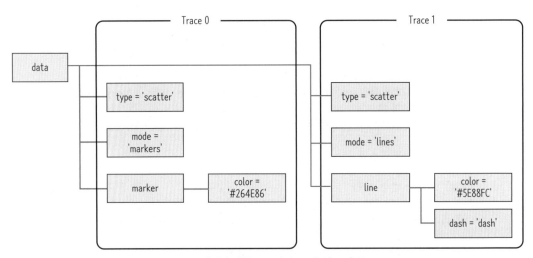

그림 2-8 **파이썬 샘플 코드의 data 속성 트리 구조**

layout 속성

layout 속성은 데이터를 표현하는 트레이스와 관련되지 않는 시각화의 나머지 속성들을 정의하기 위한 최상위 속성이다. **layout**에서 설정할 수 있는 속성은 시각화의 차원 축(2차원, 3차원), 여백, 제목, 축, 범례legend, 컬러 바(색 범례), 주석annotation 등이다. **layout** 속성들은 하위 속성들로 구성 되어 있고, 이들 하위 속성들은 리프 노드로 구성된 속성도 있지만 다시 하위 속성으로 구성된 컨 테이너 속성도 있다.

R에서 `layout` 속성을 설정하기 위해서는 `layout()`을 사용한다. 다만 `layout()`을 사용하기 위해서는 Plotly 객체가 있어야 한다. 다음 코드는 앞서 그린 시각화에 `layout` 속성인 `title` 속성으로 시각화 제목, `xaxis` 속성으로 X축 설정, `yaxis` 속성으로 Y축 설정, `margin` 속성으로 여백 설정을 하고 있다. 이 중 `xaxis`와 `yaxis` 속성은 각각의 하위 속성이 있기 때문에 다시 리스트로 묶어서 설정하였다.

```
df_covid19_100 |>
  filter(iso_code == 'KOR') |>
  plot_ly(type = 'scatter', x = ~date, y = ~new_cases,
          mode = 'markers+lines',
          marker = list(color = '#264E86'),
          line = list(color = '#5E88FC', dash = 'dash')
          ) |>
  layout(                                   ## layout 속성의 설정
    title = "코로나19 발생 현황",            ## 전체 제목 설정
    xaxis = list(title = "날짜", showgrid = F), ## X축 layout 속성 설정
    yaxis = list(title = "확진자수"),          ## y축 layout 속성 설정
    margin = margins_R)                     ## 여백 설정
```

▶ 파이썬

파이썬에서 `layout` 속성의 설정은 `data` 속성과 같이 두 가지 방법이 제공되는데 `Figure()`를 사용하는 방법과 `update_layout()`을 사용하는 방법이 있다. `Figure()`에서의 설정은 `data` 속성의 설정과 같이 `layout` 속성들로 구성된 딕셔너리를 `layout` 매개변수에 할당한다.

다음 코드는 앞서 그린 시각화에 `layout` 속성을 설정하는 파이썬 코드이다. `title` 속성으로 시각화 제목을 설정하였고, 컨테이너 속성인 `xaxis`, `yaxis` 속성에 그 하위 속성들로 구성된 딕셔너리를 할당하였다. 또 `margin` 속성은 미리 설정된 딕셔너리로 설정하였다.

```
fig = go.Figure(
    data = {
        'type' : 'scatter',
        'mode' : 'markers+lines',
        'x' : df_covid19_100.loc[df_covid19_100['iso_code'] == 'KOR', 'date'],
        'y' : df_covid19_100.loc[df_covid19_100['iso_code'] == 'KOR', 'new_cases'],
        'marker' : {'color' : '#264E86'},
        'line' : {'color' : '#5E88FC', 'dash' : 'dash'}
    },
```

```
layout = { ## layout 속성의 설정
    'title' : "코로나19 발생 현황", ## 전체 제목 설정
    'xaxis' : {'title' : "날짜", 'showgrid' : False}, ## X축 layout 속성 설정
    'yaxis' : {'title' : "확진자수"}, ## y축 layout 속성 설정
    'margin' : margins_P ## 여백 설정
})

fig.show()
```

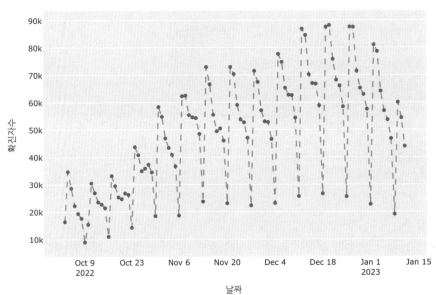

그림 2-9 **파이썬의 layout 속성 설정**

frame 속성

frame 속성은 Plotly의 애니메이션 기능과 관련된 속성값을 설정하는 노드이다. 이 책에서는 다루지 않겠다.

Plotly 구조 확인

앞서 언급했다시피 Plotly는 JSON 형태의 데이터 타입으로 구성된다. 따라서 Plotly로 만들어진 데이터는 그래프 형태로 시각화할 수도 있지만 Plotly 데이터 구조를 직접 볼 수도 있다. 이 구조를 확인하면 Plotly의 속성 설정을 이해하는 데 도움을 받을 수 있다.

R에서 Plotly의 구조를 확인하기 위해서는 `plotly_json()`을 사용한다.

```r
df_covid19_100 |>
  filter(iso_code == 'KOR') |>
  plot_ly(type = 'scatter', x = ~date, y = ~new_cases,
          mode = 'markers+lines',
          marker = list(color = '#264E86'),
          line = list(color = '#5E88FC', dash = 'dash')) |>
  plotly_json(jsonedit = FALSE)    ## Plotly 구조 출력
## {
##   "visdat": {
##     "23343ea57d14": ["function () ", "plotlyVisDat"]
##   },
##   "cur_data": "23343ea57d14",
##   "attrs": {
##     "23343ea57d14": {
##       "x": {},
##       "y": {},
##       "mode": "markers+lines",
##       "marker": {
##         "color": "#264E86"
##
##
##          중  략
##
##   "highlight": {
##     "on": "plotly_click",
##     "persistent": false,
##     "dynamic": false,
##     "selectize": false,
##     "opacityDim": 0.2,
##     "selected": {
##       "opacity": 1
##     },
##     "debounce": 0
##   },
##   "ShinyEvents": ["plotly_hover", "plotly_click", "plotly_selected", "plotly_relayout",
"plotly_brushed", "plotly_brushing", "plotly_clickannotation", "plotly_doubleclick",
"plotly_deselect", "plotly_afterplot", "plotly_sunburstclick"],
##   "base_url": "https://plot.ly"
## }
```

▶ 파이썬

파이썬에서는 print()를 사용하여 데이터 구조를 확인할 수 있다.

```python
fig = go.Figure(
    data = [
    {
      'type' : 'scatter',
      'mode' : 'markers+lines',
      'x' : df_covid19_100.loc[df_covid19_100['iso_code'] == 'KOR', 'date'],
      'y' : df_covid19_100.loc[df_covid19_100['iso_code'] == 'KOR', 'new_cases'],
      'marker' : {'color' : '#264E86'},
      'line' : {'color' : '#5E88FC', 'dash' : 'dash'}
    }])

print(fig) ## Plotly 구조 출력
## Figure({
##     'data': [{'line': {'color': '#5E88FC', 'dash': 'dash'},
##               'marker': {'color': '#264E86'},
##               'mode': 'markers+lines',
##               'type': 'scatter',
##               'x': array([datetime.datetime(2022, 10, 3, 0, 0),
##                           datetime.datetime(2022, 10, 4, 0, 0),
##                           datetime.datetime(2022, 10, 5, 0, 0),
##                           datetime.datetime(2023, 1, 10, 0, 0),
##                           datetime.datetime(2023, 1, 10, 0, 0),
##
##                             중 략
##                             중 략
##
##     'layout': {'template': '...'}
## })
```

3

트레이스

앞에서 Plotly 객체의 구조에 대해 살펴보았다. Plotly 객체는 plotly.js가 시각화해주는 JSON 형태의 데이터 구조체일 뿐이다. 따라서 Plotly를 사용하여 시각화한다는 것은 `data`, `layout`, `frame` 속성값들을 설정하여 JSON 구조를 만드는 것이다. 이 중 `data` 속성은 트레이스로 구성되어 데이터를 시각화하는 가장 핵심적 요소가 된다.

3.1 트레이스 생성

데이터를 시각화하기 위해서는 점이나 막대나 원과 같은 특정한 도형으로 데이터를 표현해야 한다. 이렇게 데이터를 시각화한 도형 레이어를 트레이스라고 한다. 그렇다면 이 트레이스의 크기, 색상 등과 같은 세부적인 속성들을 설정할 수 있어야 하는데, 트레이스의 세부적인 특성을 설정하는 속성이 앞서 설명한 `data` 속성이다. 즉 트레이스는 특정 데이터 집합을 도형으로 표현하기 위해 필요한 `data` 속성의 집합이고, 이 트레이스들을 적절하게 구성함으로써 Plotly를 만들게 된다.

Plotly를 잘 이해하기 위해서는 이 트레이스를 잘 이해해야 한다. 앞서 설명한 바와 같이 트레이스는 데이터를 시각화하기 위한 그래픽적 표현 방법이지만, 같은 그래픽적 표현 방법이라 하더라도 여러 개의 트레이스로 구분될 수 있다. 예를 들어 남성과 여성으로 구성된 데이터를 산점도로 표시한다고 했을 때 그 점이 표현하는 데이터의 특성, 즉 남자와 여자의 특성에 따라 각각의 `data` 속성들로 구성된 두 개의 트레이스로 구성할 수 있다. 이렇게 구성된 남자와 여자의 트레이스는 각각의 `data` 속성에 따라 크기나 색상들이 달리 표현되고 범례와 호버hover에 의해서 구분된다.

Plotly에서 data 속성을 추가하는 것은 Plotly의 초기화 함수를 사용하는 방법과 트레이스 추가 함수를 사용하는 두 가지 방법이 있다.

R의 plot_ly()나 파이썬의 Figure()와 같은 Plotly 초기화 함수에서 data 속성을 구성하여 Plotly 객체를 만들 수 있다. 하지만 이 방법은 함수의 코드 길이가 길어지고 리스트와 딕셔너리의 괄호들이 많아져서 매우 복잡해진다.

따라서 이 방법보다는 add_trace()를 사용하여 초기화된 Plotly 객체에 트레이스를 추가하는 방법이 많이 사용된다.

▶ R

R에서 트레이스를 만들기 위해서는 먼저 plot_ly()로 초기화된 Plotly 객체에 add_trace()나 add_markers(), add_bars()와 같이 특정 트레이스 전용 함수를 사용한다. add_markers(), add_bars()와 같이 특정 트레이스 전용 함수를 사용할 때는 해당 함수명에 이미 트레이스의 종류가 설정되어 있기 때문에 바로 해당 트레이스에 관련된 data 속성을 설정한다. 하지만 add_trace()의 경우는 모든 트레이스 추가에 사용되는 함수이기 때문에 type 속성을 사용하여 먼저 어떤 형태의 트레이스인지 설정해야 한다.

add_trace()이든 각각의 트레이스 전용 함수이든 한 가지 주의해야 할 점은 plot_ly()의 초기화 때 바인딩된 데이터프레임의 열을 속성값으로 할당한다면 반드시 열 이름 앞에 '~' 기호를 붙여줘야 한다는 것이다. 만약 c()를 사용하여 직접 벡터형 변수를 할당한다면 '~' 기호 없이 할당할 수 있다.

```
df_취업률_500 |>
  filter(졸업자수 < 500) |>
  plot_ly() |>         ## Plotly 초기화
  ## scatter 트레이스에 makers 모드 설정
  add_trace(type = 'scatter', mode = 'markers',
            x = ~졸업자수, y = ~취업자수,
            ## marker 사이즈와 색상 설정
            marker = list(size = 3, color = 'darkblue'))
```

▶ 파이썬

파이썬에서 트레이스를 설정하기 위해서는 먼저 plotly.graph_objects를 사용할 것인지, 아니면 plotly.express를 사용할 것인지를 결정해야 한다. 여기서는 plotly.graph_objects를 사용해서

Plotly를 그리는 두 가지 방법을 설명한다.

plotly.graph_objects를 사용하여 Plotly를 그리는 첫 번째 방법은 add_trace()에 data의 하위 속성들을 딕셔너리로 구성하여 설정하는 방법이다. add_trace()는 data 속성값들을 딕셔너리로 구성하여 할당하고, 이 딕셔너리가 여러 개라면 data 속성값들의 딕셔너리를 리스트로 묶어 할당한다. 각각의 딕셔너리는 먼저 type 속성을 사용하여 어떤 타입의 트레이스인지 설정하고 해당 트레이스에 관련한 data 속성들을 설정한다.

```
## Plotly 초기화
fig = go.Figure()

fig.add_trace({ ## 트레이스 추가
    'type' : 'scatter', ## scatter 트레이스
    'mode' : 'markers', ## markers 모드
    'x' : df_취업률_500['졸업자수'], 'y' : df_취업률_500['취업자수'],
    'marker' : { 'size' : 3, 'color' : 'darkblue'} ## marker 크기와 색상 설정
})

fig.show()
```

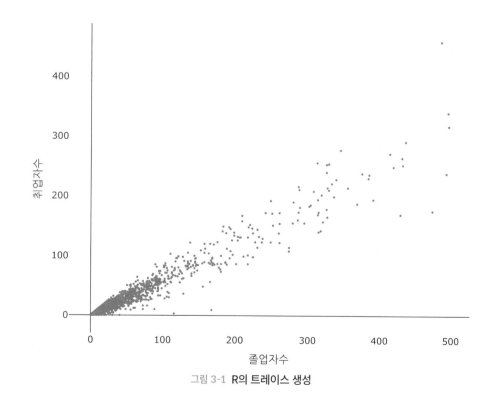

그림 3-1 R의 트레이스 생성

두 번째 방법은 add_trace()의 매개변수로 plotly.graph_objects에서 제공하는 각각의 트레이스 함수를 사용하는 것이다. plotly.graph_objects에서 제공하는 각각의 트레이스 함수는 약 90여 개이다. 이들을 다 외울 수는 없으니 Plotly 홈페이지에서 확인하여 사용하면 된다. 이 함수들을 사용하여 트레이스를 구성하는 방법으로 두 가지 방법이 제공된다.

첫째, scatter 트레이스를 추가하는 함수인 go.Scatter()를 사용하여 트레이스를 구성하는 것으로, 트레이스 구성에 필요한 data 속성값들을 {}를 사용하여 딕셔너리로 설정하는 방법이다.

```
fig = go.Figure()

fig.add_trace(go.Scatter(
    { ## data 속성들로 구성되 딕셔너리 정의
    'mode' : 'markers',
    'x' : df_취업률_500['졸업자수'], 'y' : df_취업률_500['취업자수'],
    'marker' : {'size' : 3, 'color' : 'darkblue'}
    } ## {} 사용
))

fig.show()
```

둘째, data 속성값을 매개변수의 형태로 설정하는 방법이다. 앞서 {}를 사용할 때와 다른 것은 전체를 묶어주는 딕셔너리를 구성하지 않는다는 것이다. 또 {}의 형태로 속성명과 속성값을 할당할 때는 속성명에 인용부호를 사용하고 할당 기호로 ':'을 사용하지만, 매개변수 형태로 설정할 때는 전체 구조를 딕셔너리로 묶어줄 필요가 없으며 속성명 선언에 인용부호를 사용하지 않고 할당 기호로 '='을 사용한다는 것이다. 다만 매개변수 형태로 설정하는 속성에 다시 세부 속성들이 포함되어야 한다면 딕셔너리를 구성해 설정하여야 하는데, 앞선 '{}'를 사용하여 딕셔너리를 설정할 수도 있고 dict() 함수를 사용하여 매개변수 형태로 설정할 수도 있다. 여러 가지 면에서 {}보다는 매개변수 형태의 설정이 편리하기 때문에 3장 이후부터는 매개변수 형태의 설정법을 사용하도록 하겠다.

```
fig = go.Figure()

fig.add_trace(go.Scatter( ## 매개변수 형태의 속성 할당 방법 사용
  mode = 'markers',
  x = df_취업률_500['졸업자수'], y = df_취업률_500['취업자수'],
  marker = dict(size = 3, color = 'darkblue') ## dict() 사용
))

fig.show()
```

3.2 트레이스의 공통 속성

Plotly에서는 40여 개가 넘는 트레이스를 제공한다. 그 트레이스마다 사용되는 속성들이 다르지만, 공통으로 사용되는 속성들이 있다. 각각의 트레이스에서 공통으로 사용되는 대표적인 속성들은 다음과 같다.

표 3-1 트레이스의 공통 속성

속성	속성 설명	파이썬 속성값(R 속성값)
name	트레이스 이름 설정. 설정된 이름은 범례와 호버에 표출	문자열
visible	트레이스의 표출 여부 결정. legendonly의 경우 트레이스는 표시하지 않고 범례만 표시	True(TRUE)|False(FALSE)| "legendonly"
showlegend	범례를 표현할지 결정	논릿값
opacity	트레이스의 투명도 설정	0부터 1까지의 수치
x	X축의 설정	수치의 list, 넘파이 array, 팬더스 series 또는 strings, datetimes(dataframe 열, list, vector)
y	Y축의 설정	수치의 list, 넘파이 array, 팬더스 series 또는 strings, datetimes(dataframe 열, list, vector)
text	각각의 (x, y) 좌표에 해당하는 문자열 설정. 만약 단일 문자열이 설정되면 모든 데이터에 같은 문자열이 표시되고 문자열 배열이 설정되면 각각의 데이터에 해당하는 문자열이 표시됨. 만약 hoverinfo에 text가 포함되고 hovertext가 설정되지 않는다면 text 속성은 hover 라벨로 표시됨	문자열 또는 문자열 배열
textposition	text 속성값이 (x, y) 위치에서 표시되는 위치 설정	"top left"| "top center" | "top right" | "middle left" | "middle center" | "middle right" | "bottom left" | "bottom center" | "bottom right"
texttemplate	각각의 포인트에 나타나는 정보를 표시하기 위한 템플릿. textinfo 속성에 오버라이드 됨. 변수는 %{변수명}의 형태로 설정이 가능하고 숫자 포맷은 d3-format 문법을 사용하여 설정함	문자열 또는 문자열 배열

표 3-1 트레이스 공통 속성(표 계속)

속성			속성 설명	파이썬 속성값(R 속성값)
hovertext			각각의 (x, y)에 관련된 호버의 text 개체를 설정. 만약 단일 문자열이 설정되면 모든 포인트에 대해 같은 문자가 표시되고, 문자 배열이 설정되면 각각의 (x, y)에 해당하는 문자열이 표시됨. hovertext가 보이려면 hoverinfo 속성에 text가 포함되어야 함	문자열 또는 문자열 배열
hoverinfo			호버에 어떤 트레이스 정보가 표시되는지 결정. 만약 none이나 skip이 설정되면 호버에 아무것도 표시되지 않지만 none이 설정되면 호버 이벤트는 계속 발생됨	"x", "y", "z", "text", "name" 의 문자열이나 +를 사용한 조합문자열 또는 "all", "none", "skip".
hovertemplate			호버 박스에 나타나는 정보에 사용되는 템플릿 문자열	문자열 또는 문자열 배열
xaxis			트레이스의 X좌표와 2차원 X축 간의 참조 설정. 만약 x가 설정되면 X축은 layout.xaxis를 참조하고 x2가 설정되면 layout.xaxis2를 참조하게 됨	subplotid
yaxis			트레이스의 Y좌표와 2차원 Y축 간의 참조 설정. 만약 y가 설정되면 Y축은 layout.yaxis를 참조하고 y2가 설정되면 layout.yaxis2를 참조하게 됨	subplotid
textfont	color		문자의 색 설정	색상이나 색상 배열
	family		문자의 HTML 폰트 설정	문자열 또는 문자열 배열
	size		문자의 크기 설정	0부터 1까지의 수치나 수치배열
hoverlabel	align		호버 문자 박스 안의 문자 컨텐츠 수평 정렬 설정	"left" | "right" | "auto"
	bgcolor		호버 라벨의 배경색 설정	색상이나 색상 배열
	bordercolor		호버 라벨의 경계선 색 설정	색상이나 색상 배열
	font	color	호버 라벨의 문자 색 설정	색상이나 색상 배열
		family	호버 라벨의 문자 HTML 폰트 설정	문자열 또는 문자열 배열
		size	호버 라벨의 문자 크기 설정	0부터 1까지의 수치나 수치 배열

type

트레이스 설정에 있어 가장 중요한 속성이 type 속성이다. type 속성은 데이터를 표현할 트레이스의 종류를 설정하기 때문에 시각화의 가장 중요한 형태를 결정하는 속성이다. Plotly에서 지원하는 주요 트레이스는 다음과 같다.

- **산점도 타입**: scatter, scattergl

- **막대 타입**: bar, funnel, waterfall
- **집계된 막대 타입**: histogram
- **1차원 분포 타입**: box, violin
- **2차원 밀도 분포 타입**: histogram2d, histogram2dcontour
- **매트릭스 타입**: image, heatmap, contour
- **주가 타입**: olhc, candlestick

mode

mode는 타입이 scatter인 스캐터 타입의 트레이스에서 사용하는 속성이다. 스캐터 타입의 트레이스는 점, 선, 문자를 사용하여 데이터를 표현한다. 따라서 스캐터 차트를 그릴 때는 세 가지 타입의 표현 방법 중 어떤 것을 사용할지를 설정해야 한다. 이것을 설정하는 속성이 mode이다. mode는 다음의 네 가지가 있는데 none을 제외한 세 가지 mode는 '+' 기호를 사용하여 여러 개의 mode를 동시에 사용할 수 있다. 여기서 하나 주의해야 하는 것은 '+' 기호의 앞뒤에 공백이 있으면 공백 이후의 mode는 반영되지 않는다는 것이다.

표 3-2 **트레이스 mode의 종류**

mode	설명
markers	데이터를 점으로 표시
lines	데이터를 서로 이어주는 선으로 표시
text	데이터를 문자열로 표시
none	데이터를 표시하지 않음

x, y

트레이스 중 2차원 **데카르트 좌표계**Cartesian coordinate system를 사용하는 트레이스에서 X, Y축에 데이터를 매핑하는 속성이 x, y이다. 데카르트 좌표계를 사용하는 트레이스에서 가장 기본적으로 사용되는 속성이며 하위 속성이 없는 리프 노드 속성이다.

▶ R

R에서 x, y에 할당 가능한 변수는 데이터프레임 열, 리스트, 벡터 등이다. 할당할 때 주의해야 할 것은 plot_ly() 초기화 시 바인딩된 데이터프레임의 열을 사용한다면 반드시 '~' 기호를 열 이름 앞에 붙여줘야 한다.

```
df_취업률_500 |>
  plot_ly() |>
  add_trace(type = 'scatter', mode = 'markers',
            x = ~졸업자수, y = ~취업자수)  ## X, Y 축에 매핑되는 변수 설정
```

▶ 파이썬

파이썬에서는 x, y 속성에 리스트list, 넘파이 배열Numpy array, 수치형 팬더스 시리즈pandas series, 수치형 시리즈series, 문자열strings, 날짜와 시간형datetimes 등을 설정할 수 있다. plotly.graph_objects는 R과 같이 go.Figure()의 초기화에 사용할 데이터프레임을 바인딩하지 않기 때문에 x, y에 데이터프레임 열을 설정할 때는 데이터프레임 열을 인덱싱한 리스트나 시리즈로 사용하여야 한다.

```
fig = go.Figure()

fig.add_trace({
  'type' : 'scatter', 'mode' : 'markers',
  'x': df_취업률_500['졸업자수'], ## X, Y 축에 매핑되는 변수 설정
  'y': df_취업률_500['취업자수']})

fig.show()
```

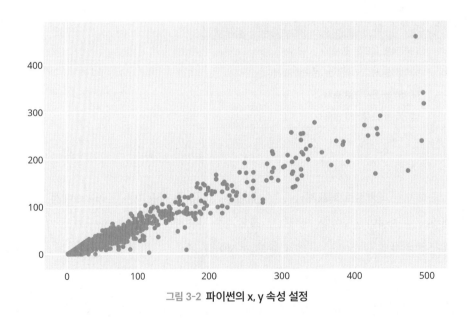

그림 3-2 **파이썬의 x, y 속성 설정**

name

Plotly의 모든 트레이스는 각각의 고유한 이름을 가진다. 이 이름이 name 속성이다. name은 Plotly 에서 범례와 호버에 해당 데이터를 표시하기 위해 사용된다. 따라서 범례에 의해 색상이나 크기로 데이터를 구분하기 위해서는 각각의 고유한 name 속성이 설정되어야 한다.

▶ R

R에서는 name 속성을 사용하여 하나의 add_trace() 함수로 여러 개의 트레이스를 생성할 수 있다. R은 파이썬과 달리 name에 단일 문자열을 할당할 수도 있고 데이터프레임의 열, 문자열 리스트, 문자열 벡터를 설정할 수 있다. 만약 단일 문자열을 할당한다면 add_trace()로 생성된 트레이스는 하나의 이름을 가지는 단일 트레이스로 생성된다. 그러나 name을 데이터프레임의 열, 리스트, 벡터를 설정한다면 name 데이터의 그룹에 따라 여러 개의 트레이스로 분리된다. 따라서 데이터프레임의 열, 리스트, 벡터로 name을 설정한다면 표시되는 모든 데이터에 name값이 설정되어야 한다. 다음 코드에서 보면 name 속성에 df_취업률_500 데이터프레임의 대계열 열을 할당하였다. 대계열 값은 총 7개인데, x, y에 매핑된 졸업자 수, 취업자수에 의해 표시되는 모든 데이터들은 대계열 7개 중에 하나의 값을 가진다. 따라서 표시되는 모든 데이터는 name 속성에 따라 7개의 트레이스로 분리되어 생성된다.

```
df_취업률_500 |>
  plot_ly() |>
  add_trace(type = 'scatter', mode = 'markers',
            x = ~졸업자수, y = ~취업자수,
            name = ~대계열)    ## name 속성 설정
```

▶ 파이썬

파이썬에서 name 속성을 사용하는 것은 R보다는 다소 번거롭다. 파이썬에서 name에 설정이 가능한 데이터 타입은 단일 문자열string만이다. 따라서 표시되는 데이터를 그 특성에 따라 구분하기 위해서는 데이터의 특성값에 따라 add_trace()를 사용하여 트레이스를 추가해야 한다. 이때 각각 데이터의 특성을 잘 반영하는 트레이스 이름을 name 속성에 설정하여야 한다.

만약 데이터가 넓은 형태로 구성되어 있다면 각각의 열별로 add_trace()를 사용하여 트레이스를 추가하는 방식으로 사용할 수 있다. 만약 데이터가 긴 형태로 구성되어 있다면 groupby()를 사용하여 데이터를 그룹화하고, 그룹화된 데이터를 add_trace()로 추가해주는 방식으로 사용할 수 있다.

하지만 plotly.express에서 제공하는 함수들은 R과 같이 name에 데이터프레임 열을 설정할 수 있어 다소 간단히 설정할 수 있다.

다음의 코드는 df_취업률_500의 학과별 졸업자 수와 취업자수를 시각화할 때 그 학과의 대계열 값에 따라 트레이스를 분리하여 추가하는 코드이다. df_취업률_500 데이터프레임을 대계열로 그룹화하고, for 루프를 사용하여 각각의 서브 그룹들에 대해 add_trace()로 트레이스를 추가한다. 이때 각각의 트레이스 이름을 name 속성으로 지정한다.

```python
fig = go.Figure()

for 대계열, group in df_취업률_500.groupby('대계열'):
    fig.add_trace({
        'type' : 'scatter', 'mode' : 'markers',
        'x': group['졸업자수'], 'y': group['취업자수'],
        'name' : 대계열}) ## name 속성 설정

fig.show()
```

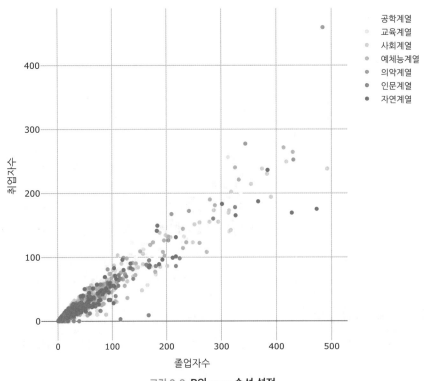

그림 3-3 R의 name 속성 설정

opacity, alpha

opacity는 투명도를 설정하는 속성이다. 투명도는 0부터 1 사이의 값을 가지는데 0은 투명하고 1은 불투명하다. 여기서 하나 주의해야 할 점은 opacity가 설정되는 위치이다. opacity는 marker 속성의 하위 속성으로 설정할 수도 있고, 트레이스 속성의 리프 노드로 설정할 수도 있다. marker의 하위 속성으로 설정되면 각각의 마커에 대한 투명도이기 때문에 마커가 서로 겹치는 부분의 투명도가 서로의 영향을 받게 된다. 그러나 트레이스 속성의 리프 노드로 설정되면 해당 트레이스 전체에 대한 투명도로 설정되기 때문에 데이터가 겹치는 부분에 서로의 영향을 받지 않는다. 만약 marker의 투명도를 설정하게 된다면 가급적 opacity의 값은 0.5 이하로 설정하는 것이 바람직하다. 그래야 2개 이상의 데이터가 겹칠 때 효과를 나타낼 수 있다.

반면 투명도는 alpha를 사용하여 설정할 수도 있다. 다만 alpha는 각각의 색상 채널에 투명도가 적용된다. 따라서 marker의 내부 색에 alpha 속성값을 설정하면 내부 색에만 투명도가 설정된다. 만약 외곽선이 존재한다면 이 선의 색상에는 alpha 속성이 영향을 주지 않기 때문에 외곽선들은 투명도가 설정되지 않는다.

다음은 marker 내에서 설정한 opacity와 marker 밖에서 설정한 opacity의 결과를 보여주는 R과 파이썬 코드이다.

▶ R

```
df_취업률_500 |> plot_ly() |>
  add_trace(type = 'scatter', mode = 'markers',
          x = ~졸업자수, y = ~취업자수,
          ## marker 내부에서 opacity 설정
          marker = list(opacity = 0.3, color = 'darkblue'))

df_취업률_500 |> plot_ly() |>
  add_trace(type = 'scatter', mode = 'markers',
          x = ~졸업자수, y = ~취업자수,
          marker = list(color = 'darkblue'),
          ## marker 외부에서 opacity 설정
          opacity = 0.3)
```

```
#########################
fig = go.Figure()

fig.add_trace({
  'type' : 'scatter', 'mode' : 'markers',
  'x': df_취업률_500['졸업자수'], 'y': df_취업률_500['취업자수'],
  ## marker 외부에서 opacity 설정
  'opacity' : 0.3}) ## opacity를 0.3으로 설정

fig.show()

#########################
fig = go.Figure()

fig.add_trace({
  'type' : 'scatter', 'mode' : 'markers',
  'x': df_취업률_500['졸업자수'], 'y': df_취업률_500['취업자수'],
  ## marker 내부에서 opacity 설정
  'marker' : {'opacity' : 0.3}}) ## opacity를 0.3으로 설정

fig.show()
```

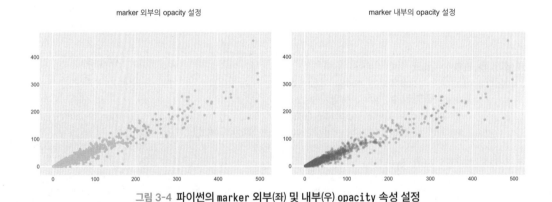

그림 3-4 파이썬의 marker 외부(좌) 및 내부(우) opacity 속성 설정

showlegend

showlegend는 범례를 표기할지 여부를 설정하는 논릿값(TRUE/FALSE) 속성으로 리프 노드 속성
이기 때문에 바로 속성값을 설정한다. 이 속성은 각각의 트레이스에 사용되면 해당 트레이스에 대
한 범례의 표시를 제어하고 layout 속성에서 사용되면 전체 범례의 표시를 제어할 수 있다.

R

R에서는 showlegend 속성을 TRUE 또는 FALSE로 설정함으로써 범례를 표시하거나 없앨 수 있다.

```
df_취업률_500 |>
  plot_ly() |>
  add_trace(type = 'scatter', mode = 'markers',
            x = ~졸업자수, y = ~취업자수, name = ~대계열,
            showlegend = FALSE)  ## showlegend를 FALSE로 설정
```

파이썬

파이썬에서도 showlegend 속성을 True 또는 False로 설정함으로써 범례를 표시하거나 없앨 수 있다.

```
fig = go.Figure()

for 대계열, group in df_취업률_500.groupby('대계열'):
    fig.add_trace({
        'type' : 'scatter', 'mode' : 'markers',
        'x': group['졸업자수'], 'y': group['취업자수'],
        'name' : 대계열,
        'showlegend' : False}) ## showlegend를 False로 설정

fig.show()
```

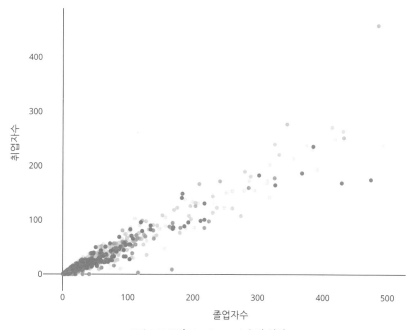

그림 3-5 R의 showlegend 속성 설정

데이터값 표시: text, textposition, texttemplate

데이터 시각화에서 데이터는 다양한 그래픽적 기하 도형으로 표현되기 때문에 데이터의 정확한 값을 측정하는 데 어려움이 있다. 이를 보완하기 위해 표시되는 각각의 데이터 트레이스에 데이터 값을 표기하는 경우가 많다. Plotly에서 지원하는 대부분의 트레이스는 text 속성을 사용해서 트레이스에 데이터값을 표시할 수 있다. 또 textposition과 texttemplate를 사용하여 표시되는 값의 위치나 표현 형태를 설정할 수도 있다.

1 text

data 하위 속성 중 text 속성은 트레이스에 표시되는 문자열을 지정하는 속성이다. 이 속성은 하위 속성값을 가지지 않는 리프 노드 속성이기 때문에 단일 문자열을 지정하여 모든 데이터에 동일한 문자열이 표시되게 하거나 각각의 데이터에 1:1 매칭되는 고유한 문자열 배열을 설정해 각 데이터에 따른 문자열을 표시해줄 수도 있다.

▶ R

R에서 text 속성에 할당할 수 있는 데이터는 단일 문자열이나 데이터프레임의 문자형 열, 문자형 리스트, 문자형 벡터이다. text에 단일 문자열을 할당하면 모든 데이터에 같은 문자열이 표시되고 데이터프레임의 문자형 열, 문자형 리스트, 문자형 벡터가 설정되면 각각의 데이터에 1:1로 매핑된 문자열이 표시된다. 만약 Plotly 초기화 때 바인딩된 데이터프레임의 열을 사용한다면 ~를 붙여주어야 한다.

```
## 긴 형태의 100일간 코로나19 데이터 중에
df_covid19_100 |>
  ## 국가명으로 그룹화
  group_by(location) |>
  ## 확진자수의 합계를 new_cases로 산출
  summarise(new_cases = sum(new_cases)) |>
  ## X축을 location, Y축과 text를 new_case로 매핑
  plot_ly() |>
  add_trace(type = 'bar',  ## bar 트레이스 설정
            x = ~location, y = ~new_cases,
            text = ~new_cases)  ## 텍스트 설정
```

▶ 파이썬

파이썬에서 text 속성에는 문자열 또는 문자열 배열을 할당할 수 있다. 앞서 name 속성에는 문자열 배열을 설정할 수 없었기 때문에 name에 따라 add_trace()를 각각 사용했지만, text 속성은 문자열 배열을 사용할 수 있기 때문에 표현되는 데이터에 1:1로 매핑되는 문자열을 표시할 수 있다.

```
fig = go.Figure()

## 긴 형태의 100일간 코로나19 데이터를 국가명으로 그룹화,
## 확진자수의 합계를 new_cases로 산출하여 temp에 저장
temp = df_covid19_100.groupby('location').agg(new_cases = ('new_cases', 'sum'))

fig.add_trace({
    'type' : 'bar', ## bar 트레이스 설정
    'x': temp.index, 'y': temp['new_cases'],
    'text' : temp['new_cases'] ## 텍스트 설정
})

fig.show()
```

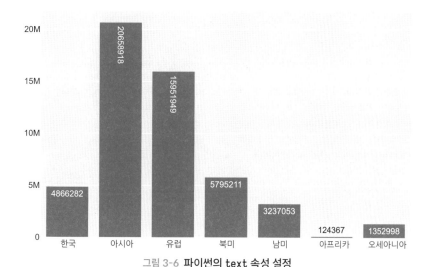

그림 3-6 **파이썬의 text 속성 설정**

❷ textposition

textposition은 text의 위치를 설정하는 속성이다. textposition은 리프 노드 속성으로 inside, outside, auto, none의 네 가지 플래그 문자열 중 하나를 설정한다. inside는 막대의 안쪽에 텍스트를 위치시킨다. 이 경우 막대의 너비와 표시되는 텍스트의 길이에 따라 가로로 표시되거나 세로로 표시될 수도 있다. outside는 막대 끝의 바깥에 텍스트를 위치시키는데 가로로 표시되며 막대너비에 맞게 폰트나 크기가 조절된다. 또한 outside의 경우 막대가 쌓이는 stack형 막대그래프에서는 inside와 동일하게 표시된다. auto는 Plotly에서 자동으로 계산된 형태로 텍스트가 표시된다. none은 텍스트가 표시되지 않는다.

다음은 R에서 textposition의 설정에 따른 결과를 보여준다. 설명한 바와 같이 막대의 너비에 따라 문자열이 가로 혹은 세로로 표시된다.

```
#####################################
df_covid19_100 |>
  group_by(location) |>
  summarise(new_cases = sum(new_cases)) |>
  plot_ly() |>
  add_trace(type = 'bar', x = ~location, y = ~new_cases, text = ~new_cases,
            ## textposition을 'inside'로 설정
            textposition = 'inside')

#####################################
df_covid19_100 |>
  group_by(location) |>
  summarise(new_cases = sum(new_cases)) |>
  plot_ly() |>
  add_trace(type = 'bar', x = ~location, y = ~new_cases, text = ~new_cases,
            ## textposition을 'outside'로 설정
            textposition = 'outside')

#####################################
df_covid19_100 |>
  group_by(location) |>
  summarise(new_cases = sum(new_cases)) |>
  plot_ly() |>
  add_trace(type = 'bar', x = ~location, y = ~new_cases, text = ~new_cases,
            ## textposition을 'auto'로 설정
            textposition = 'auto')

#####################################
df_covid19_100 |>
  group_by(location) |>
  summarise(new_cases = sum(new_cases)) |>
  plot_ly() |>
  add_trace(type = 'bar', x = ~location, y = ~new_cases, text = ~new_cases,
            ## textposition을 'none'으로 설정
            textposition = 'none')
```

▶ 파이썬

다음은 파이썬에서 textposition의 설정에 따른 결과를 보여준다. 설명한 바와 같이 막대의 너비에 따라 문자열이 가로 혹은 세로로 표시된다.

```
temp = df_covid19_100.groupby('location').agg(new_cases = ('new_cases', 'sum'))

########################################
fig = go.Figure()

fig.add_trace({
    'type' : 'bar', 'x': temp.index, 'y': temp['new_cases'],
    'text' : temp['new_cases'],
    'textposition' : 'inside'}) ## textposition을 'inside'로 설정

fig.show()

########################################
fig = go.Figure()

fig.add_trace({
    'type' : 'bar', 'x': temp.index, 'y': temp['new_cases'],
    'text' : temp['new_cases'],
    'textposition' : 'outside'}) ## textposition을 'outside'로 설정

fig.show()

########################################
fig = go.Figure()

fig.add_trace({
    'type' : 'bar', 'x': temp.index, 'y': temp['new_cases'],
    'text' : temp['new_cases'],
    'textposition' : 'auto'}) ## textposition을 'auto'로 설정

fig.show()

########################################
fig = go.Figure()

fig.add_trace({
    'type' : 'bar', 'x': temp.index, 'y': temp['new_cases'],
    'text' : temp['new_cases'],
    'textposition' : 'none'}) ## textposition을 'none'으로 설정

fig.show()
```

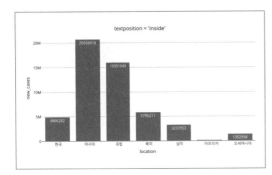
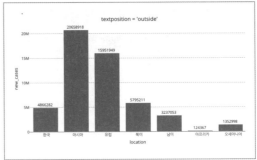
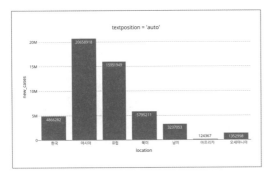
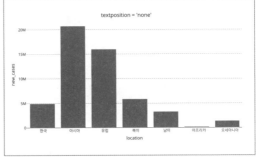

그림 3-7 R의 textposition 속성 설정(나라별 코로나19 확진자 수)

❸ texttemplate

texttemplate 속성은 텍스트가 표시되는 형태를 설정하는 속성이다. texttemplate 속성으로 표시되는 문자열을 설정할 수도 있고 텍스트가 표시되는 포맷을 설정할 수도 있다.

표시 문자열에 x, y와 같은 트레이스의 속성값을 변수로 표시해야 한다면 %{속성이름}의 형태로 속성값을 변수로 포함시킬 수 있다. %{속성이름}으로 설정된 부분은 해당 데이터의 속성값으로 대체되어 표시된다. 앞선 textposition의 코드에서 x, y, text의 세 가지 속성을 사용했다. 이 경우 texttemplate에서 사용할 수 있는 속성은 %{x}, %{y}, %{text}의 세 가지이다.

이 속성값에 대한 표시 형식을 설정하고자 한다면 %{속성이름:포맷}의 형태로 사용할 수 있다. 포맷의 지정 방식은 자바스크립트의 d3 format[24]을 사용한다. 예를 들어, 표시할 텍스트 수치를 천 단위 콤마가 포함된 포맷으로 설정하고자 한다면 %{text:,}로 설정하고, 소수점 아래 둘째 자리까지 표기한다면 %{text:2f}로 설정할 수 있다.

---

24 https://github.com/d3/d3-format/tree/v1.4.5#d3-format

다음은 texttemplate 속성을 사용하여 **확진자수:** 를 표기한 후 확진자 수를 표시하는데, 천 단위 콤마를 포함한 포맷으로 표시하는 R과 파이썬 코드이다.

▶ R

```
df_covid19_100 |>
  group_by(location) |>
  summarise(new_cases = sum(new_cases)) |>
  plot_ly() |>
  add_trace(type = 'bar', x = ~location, y = ~new_cases, text = ~new_cases,
            textposition = 'inside',
            texttemplate = '확진자수:%{text:,}')  ## texttemplate를 설정
```

▶ 파이썬

```
fig = go.Figure()

fig.add_trace({
    'type' : 'bar', 'x': temp.index, 'y': temp['new_cases'],
    'text' : temp['new_cases'], 'textposition' : 'inside',
    'texttemplate' : '확진자수:%{text:,}'}) ## texttemplate를 설정

fig.show()
```

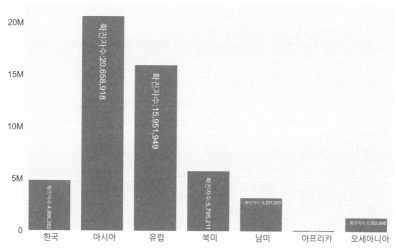

그림 3-8 **파이썬의 texttemplate 속성 설정**(나라별 코로나19 확진자 수)

호버: hoverinfo, hovertext, hovertemplate

Plotly와 같은 동적 시각화에서는 대부분 데이터가 표시된 점이나 선에 마우스 포인터가 위치하면 해당 위치의 데이터에 대한 정보가 표시된다. Plotly에서는 이렇게 데이터의 정보를 표시하는 말풍선을 **호버**_{hover}라고 한다. 호버를 설정하는 속성들은 여러 가지가 있지만 모두 hover로 시작한다. 호버는 트레이스의 종류마다 표시되는 호버의 정보가 다르기 때문에 각각의 트레이스마다 설정하는 항목도 다르다. 하지만 대부분의 트레이스에서 공통으로 사용되는 호버 설정 속성들은 다음과 같다.

❶ hoverinfo

hoverinfo 속성은 호버에 표시되는 데이터 정보를 설정하는 속성으로 x(X축 좌푯값), y(Y축 좌푯값), z(Z축 좌푯값), text(hovertext 속성값), name(트레이스 이름), none(호버 제거), skip(생략)이 사용될 수 있고 각각은 +로 조합하여 여러 개를 동시에 적용할 수 있다.

다음은 hoverinfo 속성을 y로 설정하여 호버값에 Y축 값만 표시되도록 설정한 R과 파이썬 코드이다.

▶ R

```
df_취업률_500 |>
  plot_ly() |>
  add_trace(type = 'scatter', mode = 'markers',
            x = ~졸업자수, y = ~취업자수,
            hoverinfo = 'y')  ## hoverinfo 설정
```

▶ 파이썬

```
fig = go.Figure()

fig.add_trace({
    'type' : 'scatter', 'mode' : 'markers',
    'x': df_취업률_500['졸업자수'], 'y': df_취업률_500['취업자수'],
    'hoverinfo' : 'y'}) ## hoverinfo 설정

fig.show()
```

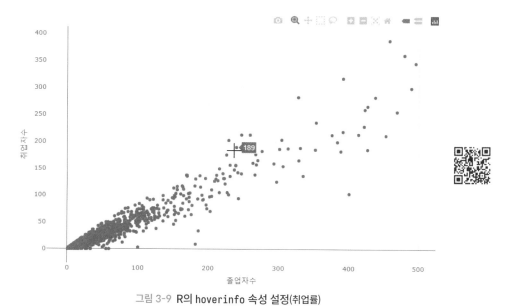

그림 3-9 R의 hoverinfo 속성 설정(취업률)

❷ hovertext

hovertext 속성은 호버에 표시되는 문자열을 설정하는 속성이다. 이 속성에는 단일 문자열이나 문자열 배열을 설정할 수 있다. 단일 문자열을 설정하면 모든 데이터에 모두 같은 문자열이 호버에 표시된다. 반면 문자열 벡터를 설정하면 표시되는 데이터와 연관된 문자열을 호버에 표시해준다. hovertext에 설정된 문자열이 호버에 표시되기 위해서는 반드시 hoverinfo 속성에 text가 포함되어야 한다.

다음은 호버에 기본적으로 표시되는 졸업자 수와 취업자수 외에 해당 학과의 중계열, 소계열 정보를 추가로 표시해주는 R과 파이썬 코드이다.

▶ R

hovertext 속성에 문자열을 설정하기 위해서 paste0()나 paste()를 사용할 수 있다. 여기서 하나 주익할 것은 text 설정과 같이 paste0()나 paste()에 데이터프레임 열을 사용한다면 '~'을 열 이름 앞이 아닌 paste0()나 paste() 앞에 붙여야 한다는 것이다. 만약 paste0()나 paste()를 사용하지 않고 바로 데이터프레임 열을 사용한다면 여전히 열 앞에 ~을 사용해야 한다.

```
df_취업률_500 |>
  plot_ly() |>
  add_trace(type = 'scatter', mode = 'markers',
            x = ~졸업자수, y = ~취업자수,
            ## hovertext의 설정
            hovertext = ~paste0('중계열:', 중계열, '\n', '소계열:', 소계열))
```

▶ 파이썬

파이썬에서 hovertext 속성으로 표시할 데이터와 문자열을 하나의 문자열로 만들고, 이 문자열을 설정해준다.

```
fig = go.Figure()

fig.add_trace({
    'type' : 'scatter', 'mode' : 'markers',
    'x': df_취업률_500['졸업자수'], 'y': df_취업률_500['취업자수'],
    ## hovertext의 설정
    'hovertext' : '중계열:'+ df_취업률_500['중계열']+'<br>'+'소계열:'+df_취업률_500['소계열']
    })

fig.show()
```

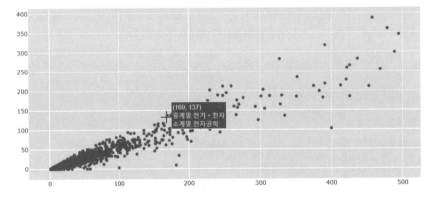

그림 3-10 **파이썬의 hovertext 속성 설정(취업률)**

❸ hovertemplate

hovertemplate는 호버에 표시되는 정보와 표시 형식을 결정하는 템플릿 포맷을 설정하는 속성이다. 이 속성은 앞서 설명한 texttemplate와 유사하게 설정한다.

호버에 트레이스의 속성값을 변수로 표시해야 한다면 **%{속성이름}**의 형태로 속성값을 변수로 포함할 수 있다. **%{속성이름}**으로 설정된 부분은 해당 데이터의 속성값으로 대체되어 표시된다.

이 속성값에 대한 표시 형식을 설정하고자 한다면 **%{속성이름:포맷}**의 형태로 사용할 수 있다. 포맷의 지정 방식은 자바스크립트의 d3 format을 사용한다. 예를 들어, 표시할 텍스트로 X축의 값 수치, 형식을 천 단위 콤마가 포함된 포맷으로 설정하고자 한다면 **%{x:,}**로 설정하고, 소수점 아래 둘째 자리까지 표기한다면 **%{x:2f}**로 설정할 수 있다.

앞서 설명한 hovertext와 hovertemplate는 모두 호버에 표시되는 정보를 설정한다는 동일한 기능을 가지고 있다. 하지만 몇 가지 차이점이 있다.

첫 번째 차이점은 hovertext가 호버 우측에 트레이스 이름을 표시하지 않지만, hovertemplate는 트레이스 이름을 표시한다. 만약, hovertemplate에서 트레이스 이름을 제거하기 위해서는 <extra><\extra>를 붙여준다.

두 번째는 hovertemplate에서는 d3 format으로 표시되는 데이터의 형태를 쉽게 표시할 수 있지만 hovertext에서는 데이터의 포맷 설정 기능을 제공하지 않는다.

세 번째는 hovertext에서는 표시하는 변수에 특별한 제한이 없지만 hovertemplate에서는 속성으로 설정된 속성값만 변수로 사용할 수 있다.

다음은 호버에 "졸업자:", X축 값, "취업자:", Y축의 값, "대계열:", 대계열 값을 차례대로 표시하는 R과 파이썬 코드이다.

▶ R

```
df_취업률_500 |>
  plot_ly() |>
  add_trace(type = 'scatter', mode = 'markers',
            x = ~졸업자수, y = ~취업자수, hovertext = ~대계열,
            ## hovertemplate의 설정
            hovertemplate = ' 졸업자:%{x}, 취업자:%{y}, 대계열:%{hovertext}')
```

▶ 파이썬

```
fig = go.Figure()

fig.add_trace({
    'type' : 'scatter', 'mode' : 'markers',
    'x': df_취업률_500['졸업자수'], 'y': df_취업률_500['취업자수'],
    'hovertext' : df_취업률_500['대계열'],
    ## hovertemplate의 설정
    'hovertemplate' : ' 졸업자:%{x}, 취업자:%{y}, 대계열:%{hovertext}'})

fig.show()
```

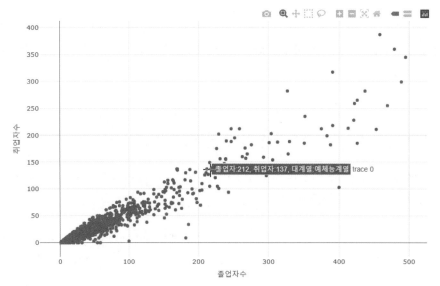

그림 3-11 R의 hovertemplate 속성 설정(취업률)

layout 속성

지금까지 **data** 속성을 사용하여 데이터를 표현하는 트레이스 구성 방법에 대해 알아보았다. 반면 Plotly에서 트레이스와 직접적으로 연관되지 않는 다양한 시각화 속성들도 있는데 이를 **layout** 속성이라고 한다. **layout** 속성으로 다음과 같은 시각화 요소들을 설정할 수 있다.

- 전체 플롯의 크기dimension와 여백margin
- 전체 플롯의 템플릿, 테마, 폰트, 색상, 호버, 모드바mode bar의 기본 설정
- 제목과 범례의 위치 설정
- 컬러 바와 연관된 색상 축color axis 설정
- 다중 트레이스가 사용되는 서브플롯의 다양한 타입 설정
- annotations, shapes, images와 같은 데이터와 관련없는 시각화 설정
- updatemenus, sliders와 같은 사용자와 상호작용하는 컨트롤 설정

4.1 **layout** 속성 설정

R에서 **layout** 속성을 설정하기 위해서는 **layout()**을 사용한다. Plotly 객체를 **layout()**의 첫 번째 매개변수로 할당하여야 하고, 이후 설정하고자 하는 **layout** 속성들을 설정함으로써 전체 **layout**을 설정하게 된다. 속성을 할당하는 방법은 **add_trace()**와 동일하다.

파이썬에서는 Plotly 객체에 plotly.graph_objects의 `update_layout()`을 사용하여 `layout` 속성을 설정한다. 속성을 할당하는 방법은 plotly.graph_objects의 `add_trace()`와 동일하다.

4.2 layout 공통 주요 속성

`layout`은 대체로 대부분의 속성들에 공통으로 적용되지만 특정 트레이스에서만 사용되는 속성들도 있다. `layout`의 공통 속성들 중에 주요 속성은 `title`, `color`, `axis`, `legend`, `margin` 등이 있다.

제목 설정

Plotly의 제목title을 설정하는 속성은 `title`이다. `title`은 `layout`의 첫 레벨 속성이며, `title`의 주요 속성은 다음과 같다.

표 4-1 `layout`의 `title` 속성

속성			속성 설명	파이썬 속성값(R 속성값)
title	font	color	제목 글자 색상 설정	문자열
		family	제목 글자 HTML 폰트 설정	폰트명
		size	제목 글자 크기 설정	1 이상의 수치
	pad	b	제목의 아래 패딩 여백 설정	수치
		l	제목의 왼쪽 패딩 여백 설정	수치
		r	제목의 오른쪽 패딩 여백 설정	수치
		t	제목의 윗쪽 패딩 여백 설정	수치
	text		제목의 텍스트 설정. 제목의 텍스트는 title 자체 속성으로도 설정 가능	문자열
	x		xref로부터의 X축 위치 설정	0부터 1 사이의 수치
	xanchor		제목의 수평 정렬 설정	`"auto"` | `"left"` | `"center"` | `"right"`
	xref		X축의 위치 설정 기준. container는 plot의 전체, paper는 플로팅 영역	`"container"` | `"paper"`
	y		xref로부터의 Y축 위치 설정	0부터 1 사이의 수치
	yanchor		제목의 수직 정렬 설정	`"auto"` | `"top"` | `"middle"` | `"bottom"`
	yref		Y축의 위치 설정 기준. container는 plot의 전체, paper는 플로팅 영역	`"container"` | `"paper"`

이 속성은 다른 속성과는 조금 다른 성질이 있다. 원칙적으로 `title`은 `layout`의 첫 레벨 속성으로 세부 속성들의 컨테이너 역할을 하는 속성 이름이다. 하지만 `title`은 리프 노드 속성으로도 사용이 가능하다. `title`에 설정되는 값이 `title`의 세부 속성에 대한 리스트나 딕셔너리라면 컨테이너 노드 속성으로 취급되고, 문자열이 설정되면 리프 노드 속성으로 취급되어 설정된 문자열이 시각화 전체 제목으로 설정되는 동적 속성이다.

앞선 `title`의 속성 중 제목의 폰트 설정과 관련된 하위 속성은 `font`, `family`, `size`의 세 가지 속성뿐이다. 하지만 플롯 제목은 색상이나 굵기, 기울여 쓰기 등 다양한 설정이 필요하다. Plotly에서는 제목과 같은 문자열을 꾸미기 위해 HTML 텍스트 태그를 지원한다. 하지만 전체 HTML 태그 중 다음의 6가지 HTML 텍스트 태그만을 지원한다.

표 4-2 **font에서 설정 가능한 HTML 태그**

HTML 태그	설명
`<b></b>`	볼드체 설정
`<i></i>`	이탤릭체 설정
` `	줄바꿈 설정
`<sup></sup>`	위 첨자 설정
`<sub></sub>`	아래 첨자 설정
`<a href='url'></a>`	하이퍼링크 설정

▶ R

R에서 `title` 속성을 설정하기 위해서는 `layout()`에서 `title` 키워드에 `title` 하위 속성들의 리스트를 설정한다. 앞서 설명한 것처럼 `title`에 바로 문자열을 설정한다면 `title.text`에 문자열을 설정한 것과 동일한 효과가 있다. 하지만 이 방법은 단순히 제목 문자열만 설정할 수 있을 뿐 `title`의 다른 하위 속성들까지 설정할 수 없다는 단점이 있다.

다음 코드는 `title` 속성을 설정하는 R 코드이다. **text**에 제목으로 사용할 문자열을 설정하였는데 `<b></b>`를 사용하여 볼드체로 설정하였고 x 속성으로 x축 방향의 위치를 전체의 중간(0.5), xanchor와 yanchor를 center와 top으로 설정하여 제목의 상세 위치를 설정하였다.

```
R_layout_scatter <- df_취업률_500 |>
  filter(졸업자수 < 500) |>
  plot_ly() |>
  add_trace(type = 'scatter', mode = 'markers',
            x = ~졸업자수, y = ~취업자수) |>
  ## title 속성의 설정
  layout(title = list(text = '<b>졸업자 대비 취업자수</b>',
                      x = 0.5, xanchor = 'center', yanchor = 'top'))

R_layout_scatter
```

▶ **파이썬**

다음 코드는 title 속성을 설정하는 파이썬 코드이다.

파이썬에서 title 속성을 설정하기 위해서는 update_layout()에서 title 키워드에 title 하위 속성들을 리스트로 설정한다. R과 같이 title에 바로 문자열을 설정한다면 title.text에 문자열을 설정한 것과 동일한 효과가 있고, 딕셔너리를 사용해서 제목의 세부 항목을 설정할 수도 있다.

text에 제목으로 사용할 문자열을 HTML 태그를 사용하여 볼드체로 설정하였고 x 속성으로 x축 방향의 위치를 전체의 중간(0.5), xanchor와 yanchor를 center와 top으로 설정하여 제목의 상세 위치를 설정하였다. R과 다른 부분은 title의 x 속성의 경우 R은 기본값이 0.5로 따로 설정하지 않아도 중간으로 위치하지만, 파이썬에서는 왼쪽 끝에 위치한다는 것이다.

```
fig_scatter = go.Figure()

fig_scatter.add_trace({
    'type' : 'scatter', 'mode' : 'markers',
    'x' : df_취업률_500['졸업자수'], 'y' : df_취업률_500['취업자수'],
    'marker' : {'color' : 'darkblue'}})

fig_scatter.update_layout(
    ## dict()를 사용한 title 속성의 설정
    title = dict(text = "<b>졸업자 대비 취업자수</b>",
                x = 0.5, xanchor = 'center', yanchor = 'top'))

fig_scatter.show()
```

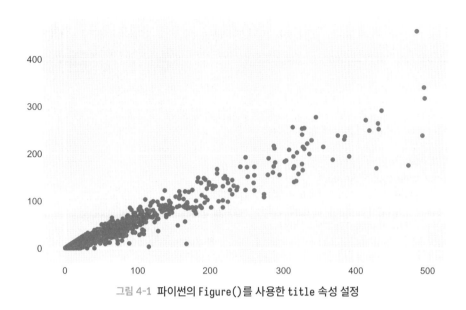

졸업자 대비 취업자수

그림 4-1 파이썬의 Figure()를 사용한 title 속성 설정

Plotly가 HTML 텍스트 태그를 일부만 지원함으로써 문자열 스타일링에 한계가 있다. 하지만 <span>을 사용하는 HTML inline 속성을 지원하기 때문에 CSS_{Cascade Style Sheet} 스타일을 사용하여 문자열의 세부 설정이 가능하다.

다음 코드는 HTML inline 속성을 사용하여 제목 문자열 스타일을 설정한 R과 파이썬 코드이다. 졸업자 대비 취업률이라는 문자열에서 졸업자의 크기를 15, 컬러를 red, 볼드체(bold), 취업자의 크기를 15, 컬러를 blue, 볼드체(bold), 대비는 크기 10으로 설정하였다. 다음 코드에서 폰트 크기에 대한 <span> 설정은 15포인트로 맨 앞에서 설정되고 맨 마지막의 </span>으로 끝나기 때문에 취업자에서 설정하지 않아도 앞에서 설정된 15포인트가 적용된다.

▶ R

```
R_layout_scatter |>
## title의 HTML inline 설정
## 아래 코드 중 text = 다음의 따옴표("") 안의 HTML inline 코드는
## 한 줄로 입력되어야 함
layout(title = list(text = "<span style = 'font-size:15pt'><span style = 'color:red;fontweight:
bold;'> 졸업자</span> <span style = 'font-size:10pt'> 대비</span><span style =
'color:blue;font-weight:bold;'>취업자</span></span>", x = 0.5, xanchor = 'center', yanchor
= 'top'))
```

▶ **파이썬**

파이썬도 <span>을 사용하는 HTML inline 속성을 사용하여 CSS 스타일의 세부 설정이 가능하다. 다음의 파이썬 코드는 앞의 go.Scatter()로 생성한 산점도 Plotly 객체를 사용하여 go.Figure()로 초기화하고 update_layout()을 사용하여 제목 문자열을 CSS inline으로 설정한 코드이다.

```
fig_scatter_temp = go.Figure(fig_scatter)

## title의 HTML inline 설정
fig_scatter_temp.update_layout(
    title = {'text' : "<span style = 'font-size:15pt'> \
<span style = 'color:red;font-weight:bold;'>졸업자</span> \
<span style = 'font-size:10pt'> 대비</span> \
<span style = 'color:blue;font-weight:bold;'>취업률</span></span>",
    'x' : 0.5, 'xanchor' : 'center', 'yanchor' : 'top'})

fig_scatter_temp.show()
```

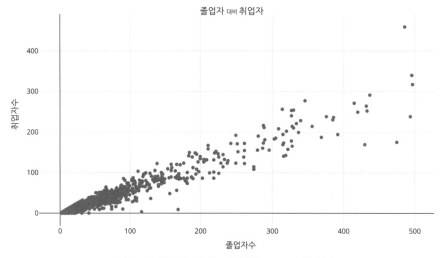

그림 4-2 **R의 HTML inline을 통한 title 속성 설정**

색 설정

layout에서 플롯의 배경색이나 플롯에서 사용되는 전반적인 색 스케일을 설정하는 주요 속성은 다음과 같다.

표 4-3 layout의 색 속성

속성	속성 설명	파이썬 속성값(R 속성값)
paper_bgcolor	플롯이 그려지는 용지의 배경색 설정	색상값
plot_bgcolor	X축과 Y축 사이의 플로팅 영역의 배경색 설정	색상값

Plotly에서 사용하는 색에 대한 설정은 색 이름, 16진수로 설정된 RGB값, rgb() 함수를 사용한 RGB값이 주로 사용된다. 이외에도 hsl()을 사용하여 색조, 채도, 명도값을 사용하거나, hsv()를 사용하여 색조, 채도, 명도값을 사용할 수도 있다. 색 이름을 사용할 경우에는 W3.org에서 제공하는 CSS 색 이름을 사용한다.[25]

다음 코드는 앞서 그린 산점도의 페이퍼 배경색과 플롯 배경색을 lightgray로 바꾸어주는 R과 파이썬 코드이다.

▶ R

```
R_layout_scatter <- R_layout_scatter |>
  ## 페이퍼 배경색과 플롯 배경색의 설정
  layout(paper_bgcolor = 'lightgray', plot_bgcolor = 'lightgray')

R_layout_scatter
```

▶ 파이썬

```
## 페이퍼 배경색과 플롯 배경색의 설정
fig_scatter.update_layout(paper_bgcolor = 'lightgray', plot_bgcolor = 'lightgray')
fig_scatter.show()
```

---

25 출처: https://www.w3schools.com/cssref/css_colors.asp

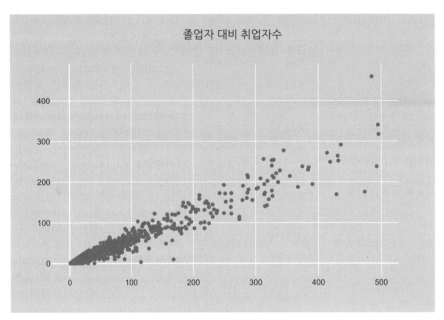

그림 4-3 **파이썬의 색 속성 설정**

축 설정

Plotly에서 축xaxis, yaxis은 트레이스에 따라 다른 이름으로 불린다. X, Y축을 사용하는 2차원 데카르트 좌표계에서는 xaxis와 yaxis, 3차원 트레이스에서는 scene, 극좌표계polar coordinate system에서는 polar, 삼각축 좌표계ternary coordinate system에서는 ternary, 지형 좌표계geo coordinate system에서는 geo, Mapbox 좌표계에서는 mapbox, 색 좌표계color coordinate system에서는 coloraxis로 사용된다. 이 중 2차원 데카르트 좌표계에서 사용되는 xaxis와 yaxis의 주요 속성은 다음과 같다.

표 4-4 **layout의 축 속성**

속성		속성 설명	파이썬 속성값(R 속성값)
xaxis(yaxis)	automargin	주 눈금라벨과 플롯 간의 자동 간격 설정	"height", "width", "left", "right", "top", "bottom"이나 +를 사용한 조합 또는 논릿값
	autorange	입력 데이터와 관련된 축의 범위 설정 여부	True | False | "reversed"
	autotypenumbers	strict는 트레이스의 수치 문자열을 수치로 변환하지 않고 문자열로 사용하고 convert types은 수치 문자열을 수치로 변환하여 사용	"convert types" | "strict"

표 4-4 layout의 축 속성(표 계속)

속성		속성 설명	파이썬 속성값(R 속성값)
xaxis(yaxis)	categoryarray	축에 표현될 이산형 변수의 순서 설정	수치의 list, 넘파이 array, 팬더스 series 또는 strings, datetimes(dataframe 열, list, vector)
	categoryorder	이산형 변수의 순서 설정 방법 설정	"trace" | "category ascending" | "category descending" | "array" | "total ascending" | "total descending" | "min ascending" | "min descending" | "max ascending" | "max descending" | "sum ascending" | "sum descending" | "mean ascending" | "mean descending" | "median ascending" | "median descending"
	color	축 라인, 폰트, 눈금, 그리드 등 축에 관련된 전반적 색상 설정	색상값
	domain	전체 플롯에서의 비율로 변환된 축의 범위 설정	list
	dtick	축에서의 눈금 간격 설정	수치나 좌표상의 변량값
	fixedrange	축 범위를 고정. 고정값을 사용하면 줌이 되지 않음	논릿값
	gridcolor	그리드 라인의 색상 설정	색상값
	gridwidth	그리드 라인의 두께 설정	0 이상의 수치
	linecolor	축 선의 색상 설정	색상값
	linewidth	축 선의 두께 설정	0 이상의 수치
minor	dtick	보조 눈금의 간격 설정	수치나 좌표상의 변량값
	gridcolor	보조 눈금의 그리드 색상 설정	색상값
	gridwidth	보조 눈금의 그리드 두께 설정	0 이상의 수치
	nticks	보조 눈금의 총 개수 설정	정수
	showgrid	보조 눈금의 그리드 표시 여부 설정	논릿값
	tick0	보조 눈금의 시작값 설정	수치나 좌표상의 변량값
	tickcolor	보조 눈금의 눈금 색상 설정	색상값
	ticklen	보조 눈금의 눈금 길이 설정	0 이상의 수치
	tickmode	보조 눈금의 눈금 모드 설정	"auto" | "linear" | "array"
	ticks	보조 눈금의 표시 위치 설정	"outside" | "inside" | ""
	tickvals	보조 눈금의 표시값 설정	수치의 list, 넘파이 array, 팬더스 series 또는 strings, datetimes(dataframe 열, list, vector)
	tickwidth	보조 눈금의 눈금 두께 설정	0 이상의 수치

표 4-4 layout의 축 속성(표 계속)

속성		속성 설명	파이썬 속성값(R 속성값)
	mirror	플로팅 영역의 반대편에 축선과 축 눈금을 미러링 할지 여부 설정	True | "ticks" | False | "all" | "allticks"
	nticks	축에 표시할 눈금의 최대 개수 설정	0 이상의 정수
	position	플로팅 공간에서의 축의 위치 설정	0부터 1사이의 수치
	range	축의 범위 설정	리스트
	rangebreaks bounds	축 단질 구간의 상한과 하힌값 설정	리스트
	dvalue	values 아이템의 크기 설정(밀리 세컨 단위)	0 이상의 수치
	enabled	축 단절을 사용할지 여부 설정	논릿값
	pattern	절단 구간의 패턴 설정	"day of week" | "hour" | ""
	values	축 단절과 관련한 축상의 값 설정	리스트
	rangemode	범위 모드의 설정	"normal" | "tozero" | "nonnegative"
	separatethousands	천단위 구분자 사용 여부 설정	논릿값
	showdividers	이산형 변수 간의 나눔선 사용 여부 설정	논릿값
xaxis(yaxis)	showexponent	지수형 수치 표시 여부 설정	"all" | "first" | "last" | "none"
	showgrid	그리드 라인의 표시 여부 설정	논릿값
	showline	축 선 표시 여부 설정	논릿값
	showspikes	스파이크 선의 표시 여부 설정	논릿값
	showticklabels	눈금 라벨 표시 여부 설정	논릿값
	showtickprefix	눈금 라벨 접두어 표시 여부 설정	"all" | "first" | "last" | "none"
	showticksuffix	눈금 라벨 접미어 표시 여부 설정	"all" | "first" | "last" | "none"
	side	축 표시 위치 설정	"top" | "bottom" | "left" | "right"
	spikecolor	스파이크 선 색상 설정	색상값
	spikedash	스파이크 선 대시 설정	문자열
	spikemode	스파이크 선 모드 설정	"toaxis", "across", "marker" 또는 "+"를 사용한 조합
	tick0	눈금 시작 값 설정	수치나 좌표상의 변량값
	tickangle	눈금 표시 각도 설정	각돗값
	tickcolor	눈금 색상 설정	색상값

표 4-4 `layout`의 축 속성(표 계속)

속성		속성 설명	파이썬 속성값(R 속성값)
xaxis(yaxis)	tickfont	color	눈금 라벨 색상 설정	색상값
		family	눈금 라벨 폰트 설정	폰트명
		size	눈금 라벨 크기 설정	0 이상의 수치
	tickformat		눈금 라벨의 d3 포맷 설정	문자열
	tickformatstops	dtickrange	줌 레벨에 의해 표시될 눈금 라벨의 범위 설정	리스트
		enabled	줌 레벨에 의해 표시될 눈금 라벨 범위 사용 여부	논릿값
		value	줌 레벨에 의해 표시될 눈금 라벨의 d3 포맷 설정	문자열
	ticklabelmode		눈금 라벨 모드 설정	"instant" | "period"
	ticklabeloverflow		눈금 라벨이 그래프 영역을 넘어갈 때 모드 설정	"allow" | "hide past div" | "hide past domain"
	ticklabelposition		눈금 라벨 위치 설정	"outside" | "inside" | "outside top" | "inside top" | "outside left" | "inside left" | "outside right" | "inside right" | "outside bottom" | "inside bottom"
	ticklen		눈금 길이 설정	0 이상의 수치
	tickmode		눈금 모드 설정	"instant" | "period"
	tickprefix		눈금 라벨 접두어 설정	문자열
	ticksuffix		눈금 라벨 접미어 설정	문자열
	ticks		눈금 표시 위치 설정	"outside" | "inside" | ""
	ticktext		tickvals에 매칭되는 눈금 표시 문자열 설정	수치의 list, 넘파이 array, 팬더스 series 또는 strings, datetimes(dataframe 열, list, vector)
	tickvals		축에 표시할 눈금 설정	수치의 list, 넘파이 array, 팬더스 series 또는 strings, datetimes(dataframe 열, list, vector)
	tickwidth		눈금 두께 설정	0 이상의 수치

표 4-4 layout의 축 속성(표 계속)

속성			속성 설명	파이썬 속성값(R 속성값)
xaxis(yaxis)	title	color	축 제목 색상 설정	색상값
		font family	축 제목 폰트 설정	폰트명
		size	축 제목 크기 설정	0 이상의 수치
		standoff	축과 그래프 간의 거리 설정	0 이상의 수치
		text	축 제목 설정	문자열
	type		축 타입 설정	"-" | "linear" | "log" | "date" | "category" | "multicategory"
	visible		축 표시 여부 설정	논릿값
	zeroline		0값이 표시되는 축 선 표시 여부 설정	논릿값
	zerolinecolor		0값이 표시되는 축 선 색상 설정	색상값
	zerolinewidth		0값이 표시되는 축 선 두께 설정	0 이상의 수치

❶ 축 제목, 원점 선, 그리드의 설정

축의 제목을 설정하기 위해서는 xaxis, yaxis의 하위 속성인 title을 사용하여 설정한다. 플롯의 전체 제목 설정에 사용했던 title과 동일한 하위 속성을 가진다. 또 전체 제목 설정과 같이 title은 리프 노드 속성으로도 사용될 수 있고 하위 속성을 담는 컨테이너 속성으로도 사용될 수 있다.

2차원 좌표계를 사용하는 시각화에서는 가급적 원점부터 데이터를 표시하여 데이터의 왜곡을 줄이는 것이 좋다고 알려져 있다. 이렇게 원점부터 데이터를 표시할 때 원점을 지나는 X, Y축의 선을 강조할 필요가 있다면 zerolinecolor, zerolinewidth로 설정이 가능하다.

2차원 좌표계에서 수평선과 수직선으로 축의 데이터 표현을 도와주는 보조선을 그리드grid라고 한다. Plotly에서는 그리드를 설정하는 속성인 gridcolor, gridwidth를 사용하여 설정이 가능하다.

다음 코드는 축 제목, 원점 선, 그리드를 설정하는 R과 파이썬의 코드이다. X축 설정에서 title 설정은 하위 속성을 설정하는 list()와 dict()를 사용하여 설정하였고, Y축 설정에서 title의 설정은 리프 노드 속성으로도 설정하는 방법을 사용하였다. 축 제목은 HTML 태그를 이용하여 볼드체와 아래 첨자를 설정하였다. 또 xaixs와 yaxis의 첫 번째 레벨로서 color를 설정하면 선, 글자, 두께, 그리드 색상의 기본값을 설정하게 된다. 이 외에 원점 선 색(zerolinecolor)을 black, 원점 선 두께(zerolinewidth)를 3, 그리드 색(gridcolor)을 gray, 그리드 두께(gridwidth)를 1로 설정하였다.

▶ R

```
R_layout_scatter <- R_layout_scatter |>
  layout(xaxis = list(
        title = list(text = '<b>학과 졸업자수</b><sub>(명)</sub>'), ## 정상적 방법
        color = 'black', zerolinecolor = 'black', zerolinewidth = 3,
        gridcolor = 'gray', gridwidth = 1),
        yaxis = list(
        title = '<b>학과 취업자수</b><sub>(명)</sub>', ## 약식 방법
        color = 'black', zerolinecolor = 'black', zerolinewidth = 3,
        gridcolor = 'gray', gridwidth = 1)  ## 약식 방법
        )

R_layout_scatter
```

▶ 파이썬

```
fig_scatter.update_layout(
    xaxis = dict(
        title = dict(text = '<b>학과 졸업자수</b><sub>(명)</sub>'), ## 정상적 방법
        color = 'black', zerolinecolor = 'black', zerolinewidth = 3,
        gridcolor = 'gray', gridwidth = 1),
    yaxis = dict(
        title = '<b>학과 취업자수</b><sub>(명)</sub>', ## 약식 방법
        color = 'black', zerolinecolor = 'black', zerolinewidth = 3,
        gridcolor = 'gray', gridwidth = 1))

fig_scatter.show()
```

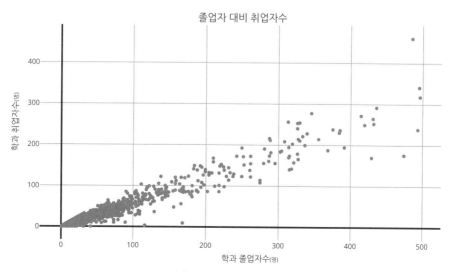

그림 4-4 R의 축 제목, 원점 선, 그리드 속성 설정

❷ 눈금 라벨, 눈금 간격 설정

축 설정에서 많이 사용되는 것이 바로 눈금에 대한 설정이다. 특히 눈금 라벨과 눈금 간격을 어떻게 설정하는가에 따라 제공하는 정보가 매우 달라진다.

Plotly에서 눈금 라벨과 눈금 간격 등의 세부적 설정은 tickmode, tick0, nticks, dtick, ticktext, tickvals 등의 속성을 이용해 설정할 수 있다. 이 속성들은 모두 xaxis와 yaxis의 리프 노드 속성이기 때문에 바로 속성값을 설정한다.

tickmode는 눈금이 표시되는 방법을 설정한다. tickmode는 auto, linear, array의 세 가지 속성값을 가진다. auto는 nticks 속성값으로 설정된 개수만큼 자동으로 눈금이 표시된다. linear는 tick0에서부터 dtick만큼의 간격으로 눈금이 표시된다. array는 tickvals와 ticktext에 설정된 배열만큼 눈금이 표시된다.

다음은 xaxis를 array 모드로 하여 ticktext와 tickvals를 사용해 눈금 라벨과 눈금 간격을 설정하였다. 눈금에 사용하는 라벨은 숫자 대신 숫자가 의미하는 텍스트를 사용해 사용자에게 추가적 정보를 줄 수 있도록 설정하였다. yaxis는 linear 모드로 하고, tick0와 dtick을 사용하여 설정하는 R과 파이썬 코드이다.

▶ R

```
R_layout_scatter <- R_layout_scatter |>
  layout(xaxis = list(
        tickmode = 'array',    ## tickmode를 "array"로 설정
        ticktext = c('소규모', '중규모', '대규모'),  ## ticktext 설정
        tickvals = c(100, 300, 400)),  ## tickvals 설정
        yaxis = list(
        tickmode = 'linear',  ## tickmode를 "linear"로 설정
        tick0 = 100,    ## tick0 설정
        dtick = 100))   ## dtick 설정

R_layout_scatter
```

▶ 파이썬

```
fig_scatter.update_layout(
    xaxis = dict(tickmode = 'array', ## tickmode를 "array"로 설정
            ticktext = ('소규모', '중규모', '대규모'), ## ticktext 설정
            tickvals = (100, 300, 400) ## tickvals 설정
    ),
```

```
    yaxis = dict(tickmode = 'linear', ## tickmode를 "linear"로 설정
                 tick0 = 100, ## tick0 설정
                 dtick = 100) ## dtick 설정
)

fig_scatter.show()
```

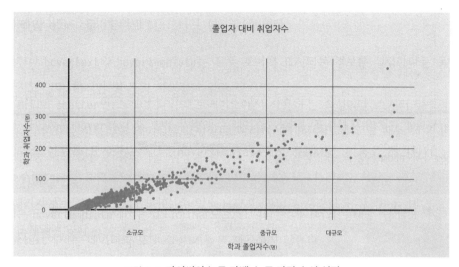

그림 4-5 **파이썬의 눈금 라벨, 눈금 간격 속성 설정**

❸ 축 범위 설정

Plotly는 트레이스에 할당된 데이터들이 모두 표현되도록 각각의 축의 범위를 자동으로 설정한다. 하지만 시각화하다 보면 축의 일부를 강조하거나 확대하기 위해 전체 축 범위 중 일부의 범위로 한정하여 데이터를 표현해야 하는 경우가 있다. 이렇게 축의 범위를 한정하거나 설정할 때 사용하는 속성이 range와 rangemode이다.

또 Plotly는 range에 관련된 rangeslider나 rangeselector와 같이 축 범위 설정과 관련된 컨트롤을 제공하는데 이는 9장 '시간과 흐름의 시각화'에서 자세히 설명한다.

range는 표현하고자 하는 축의 최솟값과 최댓값으로 구성된 배열이나 벡터를 사용하여 축의 범위를 설정해주는 속성이다. range 속성을 사용하여 줌인이나 줌아웃과 유사한 효과를 낼 수 있다.

rangemode는 축 범위에 대한 효과를 설정하는 속성으로 normal, tozero, nonnegative의 세 가지

속성값을 가진다. `normal`은 Plotly의 기본값으로 데이터가 표현되는 전체를 축의 범위로 설정한다. `tozero`는 축의 시작점을 0부터 시작하도록 설정하고, `nonnegative`는 축에서 음수의 범위를 표시하지 않도록 설정한다.

다음은 X축과 Y축의 `range`와 `rangemode`를 설정하는 R과 파이썬의 코드이다. X축은 0부터 350까지, Y축은 0부터 300까지로 설정하고, X축의 `rangemode`는 `nonnegative`로, Y축의 `rangemode`는 `tozero`로 설정하였다. 만약 `range`와 `rangemode`의 설정이 서로 배치되는 경우에는 `range` 속성이 우선한다. 눈금 라벨과 축과의 거리가 너무 가까워지면 `margin` 속성의 `pad` 속성을 사용하여 약간의 여백을 주면 된다.

▶ R

R에서 `range` 속성을 설정하기 위해 `c()`를 사용하여 최솟값과 최댓값으로 구성된 벡터를 설정하였다.

```
R_layout_scatter |>
  layout(xaxis = list(range = c(0, 350),  ## X축의 range 설정
                      rangemode = 'nonnegative'),  ## X축의 rangemode 설정
         yaxis = list(range = c(0, 300),  ## Y축의 range 설정
                      rangemode = 'tozero'), ## Y축의 rangemode 설정
         margin = list(pad = 5))
```

▶ 파이썬

파이썬에서 `range` 속성을 설정하기 위해서는 리스트나 튜플을 사용하여 최솟값과 최댓값으로 구성된 벡터를 설정한다. 리스트를 사용한다면 `[]`로 최솟값과 최댓값을 묶고, 튜플을 사용한다면 `()`로 최솟값과 최댓값을 묶어준다.

```
fig_scatter = go.Figure(fig_scatter)

fig_scatter.update_layout(
  xaxis = dict(range = (0, 350), ## 튜플을 사용한 X축의 range 설정
               rangemode = 'nonnegative'), ## X축의 rangemode 설정
  yaxis = dict(range = [0, 300], ## 리스트를 사용한 Y축의 range 설정
               rangemode = 'tozero'), ## Y축의 rangemode 설정
  margin = dict(pad = 5)
)

fig_scatter.show()
```

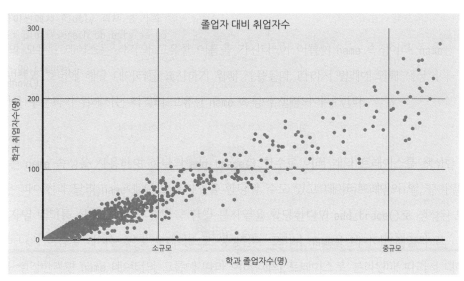

그림 4-6 **R의 축 범위 속성 설정**

범례 설정

layout()에서 범례 설정과 관련된 속성은 showlegend와 legend이다.

showlegend는 범례를 표시하거나 제거하는 속성인데 add_trace()에서도 설정이 가능하다. add_trace()에서 설정하면 해당 트레이스의 범례가 설정되고, layout()에서 설정하면 전체 범례가 설정 된다.

legend는 범례를 설정하기 위한 하위 속성들의 컨테이너 속성이다. legend로 설정이 가능한 주요 속성은 다음과 같다.

표 4-5 **layout의 범례 속성**

속성			속성 설명	파이썬 속성값(R 속성값)
showlegend			범례를 표시할 것인지 설정	논릿값
legend	bgcolor		범례 배경색 설정	색상값
	bordercolor		범례 경계선 색 설정	색상값
	borderwidth		범례 경계선 두께 설정	0 이상의 수치
	entrywidth		범례의 두께 설정	0 이상의 수치
	font	color	범례 문자색 설정	색상값
		family	범례 문자 폰트 설정	폰트명
		size	범례 문자 크기 설정	1 이상의 수치

표 4-5 layout의 범례 속성(표 계속)

속성			속성 설명	파이썬 속성값(R 속성값)
legend	orientation		범례의 표시 방향 설정	"v" | "h"
	title	font	color	범례 제목 폰트색 설정	색상값
			family	범례 제목 폰트 설정	폰트명
			size	범례 제목 크기 설정	1 이상의 수치
		side		범례 제목 위치 설정	"top" | "left" | "top left"
		text		범례 제목 문자열 설정	문자열
	traceorder		범례 순서 설정	"reversed" | "grouped", "reversed+grouped" | "normal"
	valign		텍스트에 연관된 심벌의 수직 정렬 설정	"top" | "middle" | "bottom
	x		범례의 X축 위치	-2에서 3까지의 수치
	xanchor		범례의 수평 위치 앵커 설정	"auto" | "left" | "center" | "right"
	y		범례의 X축 위치	-2에서 3까지의 수치
	yanchor		범례의 수평 위치 앵커 설정	"auto" | "top" | "middle" | "bottom"

다음은 넓은 형태로 구성된 코로나19의 확진자 수 데이터프레임을 사용하여 선형 차트를 그리는 R과 파이썬 코드이다. 대륙별로 저장된 열을 add_trace()를 사용해 총 4개의 트레이스로 추가하였고, 이 중 아시아 트레이스에는 showlegend를 FALSE로 설정하여 아시아 트레이스의 범례를 제거하였다. 또 layout에서 범례의 방향을 가로 방향, 범례의 테두리 색을 회색, 테두리 두께를 2, x와 y의 위치를 0.95, xanchor를 right로 설정했다.

▶ R

```
## 초기화 및 한국 확진자 선 scatter 트레이스 생성
R_layout_line <- df_covid19_100_wide |>
  plot_ly() |>
  add_trace(type = 'scatter', mode = 'lines',
            x = ~date, y = ~확진자_한국, name = '한국')

## 아시아 확진자 선 scatter 트레이스 추가
R_layout_line <- R_layout_line |>
  add_trace(type = 'scatter', mode = 'lines',
            x = ~date, y = ~확진자_아시아, name = '아시아', showlegend = FALSE)

## 유럽 확진자 선 scatter 트레이스 추가
R_layout_line <- R_layout_line |>
  add_trace(type = 'scatter', mode = 'lines',
```

```
                    x = ~date, y = ~확진자_유럽, name = '유럽')

## 북미 확진자 선 scatter 트레이스 추가
R_layout_line <- R_layout_line |>
  add_trace(type = 'scatter', mode = 'lines',
              x = ~date, y = ~확진자_북미, name = '북미')

## 범례 layout 설정
R_layout_line <- R_layout_line |>
  layout(title = list(text = '<b>대륙별 신규 확진자수 추이</b>',
                      x = 0.5, xanchor = 'center', yanchor = 'top'),
        legend = list(orientation = 'v', bordercolor = 'gray', borderwidth = 2,
                      x = 0.95, y = 0.95, xanchor = 'right')
  )

R_layout_line
```

▶ **파이썬**

```
## 초기화
fig_line = go.Figure()

## 한국 확진자 선 scatter 트레이스 생성
fig_line.add_trace({
    'type' : 'scatter', 'mode' : 'lines',
    'x' : df_covid19_100_wide.index, 'y' : df_covid19_100_wide['확진자_한국'],
    'name' : '한국'
})

## 아시아 확진자 선 scatter 트레이스 추가
fig_line.add_trace({
    'type' : 'scatter', 'mode' : 'lines',
    'x' : df_covid19_100_wide.index, 'y' : df_covid19_100_wide['확진자_아시아'],
    'name' : '아시아' , 'showlegend' : False
})

## 유럽 확진자 선 scatter 트레이스 추가
fig_line.add_trace({
    'type' : 'scatter', 'mode' : 'lines',
    'x' : df_covid19_100_wide.index, 'y' : df_covid19_100_wide['확진자_유럽'],
    'name' : '유럽'
})

## 북미 확진자 선 scatter 트레이스 추가
fig_line.add_trace({
    'type' : 'scatter', 'mode' : 'lines',
```

```
        'x' : df_covid19_100_wide.index, 'y' : df_covid19_100_wide['확진자_북미'],
        'name' : '북미'
})

## 범례 layout 설정
fig_line.update_layout(
    title = dict(text = '대륙별 신규 확진자수 추이', x = 0.5,
                 xanchor = 'center', yanchor = 'top'),
    legend = dict(orientation = 'v', bordercolor = 'gray', borderwidth = 2,
                  x = 0.95, y = 0.95, xanchor = 'right'),
    showlegend = True)

fig_line.show()
```

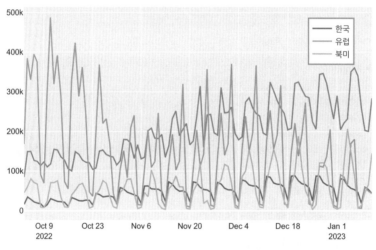

그림 4-7 **파이썬의 범례 속성 설정**

여백 설정

layout의 하위 속성 중 여백 설정과 관련된 속성은 margin이다. margin은 컨테이너 속성으로 설정되는 여백으로 플롯이 표시되는 면적과 전체 플롯 경계선과의 여백을 말한다. 여백 설정에 사용되는 세부 속성은 다음과 같다.

표 4-6 **layout의 여백 속성**

속성		속성 설명	파이썬 속성값(R 속성값)
margin	b	아래쪽 여백 설정	0 이상의 수치
	l	왼쪽 여백 설정	0 이상의 수치
	r	오른쪽 여백 설정	0 이상의 수치
	t	위쪽 여백 설정	0 이상의 수치

다음은 여백 설정을 위한 R과 파이썬 코드이다.

▶ **R**

```
R_layout_line <- R_layout_line |>
  ## 여백 설정
  layout(margin = list(t = 50, b = 25, l = 25, r = 25))

R_layout_line
```

▶ **파이썬**

```
fig_line.update_layout(
    ## 여백 설정
    margin = dict(t = 50, b = 25, l = 25, r = 25)
)

fig_line.show()
```

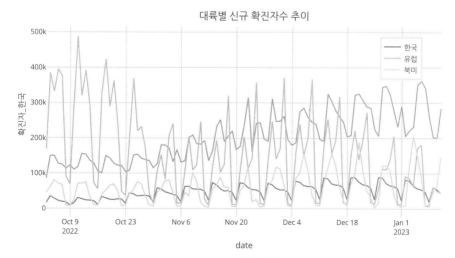

그림 4-8 **R의 여백 설정**

플롯 크기 설정

layout에서 전체 플롯 크기의 설정을 위해서는 autosize, height, width의 세 가지 속성이 주로 사용된다. autosize는 사용자가 정의하지 않은 레이아웃의 너비 또는 높이를 자동으로 설정하는 논릿값을 설정한다. 그리고 height와 width는 전체 플롯 레이아웃의 높이와 너비를 설정하는 속성으로 사용자가 크기를 결정할 수 있다.

표 4-7 layout의 크기 속성

속성	속성 설명	파이썬 속성값(R 속성값)
width	플롯의 너비 설정	10 이상의 수치
height	플롯의 높이 설정	10 이상의 수치

다음은 세로로 긴 플롯 사이즈를 설정하는 R과 파이썬 코드이다.

▶ R

```
R_layout_scatter |>
  ## 플롯 사이즈 설정
  layout(width = 450, height = 700)
```

▶ 파이썬

```
## 플롯 사이즈 설정
fig_scatter_temp.update_layout(width = 450, height = 700)

fig_scatter_temp.show()
```

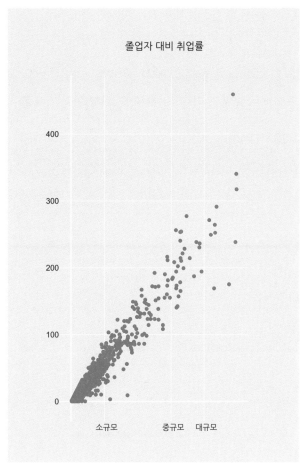

그림 4-9 **파이썬의 플롯 크기 속성 설정**

폰트 설정

layout에서 플롯 전체적으로 적용되는 문자열의 설정과 관련된 속성은 font이다. font는 다음과 같은 세 개의 세부 속성을 설정할 수 있다. 특히 이 font 속성은 문자열과 관련된 많은 속성들이 공통으로 사용되는 속성이다. 하지만 layout의 첫 레벨로 font 설정은 Plotly 전반적으로 적용되는 폰트를 설정하게 된다.

표 4-8 **폰트의 세부 속성**

속성		속성 설명	파이썬 속성값(R 속성값)
font	color	폰트 색상 설정	색상값
	family	폰트 이름 설정	폰트 이름
	size	폰트 크기 설정	0 이상의 수치

다음은 플롯 전체에 적용되는 폰트 설정에 대한 R과 파이썬 코드이다.

▶ **R**

전체적인 폰트의 설정은 다음과 같다. ggplot2에서는 한글 폰트의 설정에 다소 어려움이 있었지만, Plotly에서는 `family` 속성에 바로 폰트 이름을 설정하면 쉽게 한글 폰트를 사용할 수 있다.

```r
R_layout_line <- R_layout_line |>
  ## 폰트 설정
  layout(font = list(family = "나눔고딕", color = 'blue', size = 12))

R_layout_line
```

▶ **파이썬**

파이썬에서 문자열에 대한 폰트 설정 코드는 다음과 같다. 폰트명은 OS에 설치된 폰트명을 사용하고 색상과 크기를 설정하였다.

```python
fig_line.update_layout(font = dict(family = "나눔고딕", color = 'blue', size = 15))

fig_line.show()
```

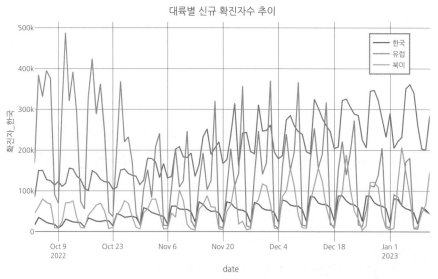

그림 4-10 **R의 폰트 설정**

서브플롯

데이터를 시각화할 때 하나의 시각화에 여러 개의 데이터 트레이스를 표시해야 하는 경우가 매우 빈번하게 발생한다. 보통 이런 경우 각각의 데이터를 구별하기 위해 색상, 크기, 라인 타입 등과 같은 다양한 그래픽적 특성을 사용하여 데이터를 구분한다. 하지만 구분되어야 하는 데이터가 많은 경우 데이터 구분 속성을 알아보기 힘들거나 일부 구간에 서로 중복되어 인식하기 어려울 수 있다. 이를 **오버플로팅**overplotting이라고 한다. 이런 경우 각각의 데이터들을 따로 떼어내어 작은 시각화를 만들어주면 오버플로팅을 해소할 수 있다.

Plotly에서도 이렇게 여러 개의 작은 플롯을 만드는 기능을 서브플롯이라는 이름으로 지원한다. 서브플롯은 동일한 트레이스를 사용하는 플롯으로 구성할 수도 있고, 서브플롯마다 서로 다른 타입의 트레이스를 사용해서 서로 다른 여러 개의 트레이스로 구성할 수도 있다.

5.1 서브플롯 생성과 제목 설정

Plotly에서 서브플롯을 생성하기 위해서 사용하는 함수는 R의 경우 `subplot()`, 파이썬의 경우 plotly.subplots 모듈의 `make_subplots()`이다. 앞서 `data`와 `layout`의 경우 R과 파이썬이 유사한 방법을 사용했지만 서브플롯에서는 두 언어 간 구현 방식이 다소 다르다.

서브플롯 사용 시 하나 주의해야 할 부분은 서브플롯의 경우 서브플롯을 담는 전체 플롯과 여러 개의 서브플롯으로 구성된다는 것이다. `layout` 속성을 사용하여 플롯의 레이아웃을 설정하면

이 속성은 전체 플롯에도, 또는 서브플롯에도 적용될 수 있는데, 이때는 전체 플롯에 우선 적용되고 서브플롯에는 적용되지 않는다. 예를 들어 플롯의 제목을 설정하는 **title**의 경우 세부 서브플롯들의 제목과 전체 플롯의 제목이 모두 layout의 title 속성으로 설정된다. 하지만 서브플롯에 layout의 title로 세부 설정을 한다고 해도 결국은 전체 제목으로 설정된다는 것이다. 하지만 xaxis나 yaxis의 경우는 축의 참조값을 사용하여 서브플롯에 해당하는 축을 각각 설정할 수 있다.

▶ **R**

R에서 Plotly가 서브플롯을 구현하는 방식은 먼저 서브플롯에 사용될 각각의 Plotly 객체를 생성하고 이 객체들을 subplot()으로 전체 플롯을 구성한다. subplot()에서는 Plotly 객체뿐 아니라 ggplot2로 만들어진 객체도 서브플롯으로 구성할 수 있다.

또한 subplot()에서 사용되는 매개변수들은 앞서 add_trace()나 layout()과 같이 속성들의 리스트가 아닌 함수의 매개변수 형태로 사용한다. R에서 서브플롯을 설정할 때 중요한 것이 nrows이다. nrows는 서브플롯의 행의 개수를 설정하는 매개변수인데 nrows가 설정되면 전체 서브플롯의 수에 따라 자동으로 열의 수가 결정된다.

subplot()의 주요 매개변수는 다음과 같다.

```
subplot(…, nrows = 1, widths = NULL, heights = NULL, margin = 0.02, shareX = FALSE, shareY =
FALSE, titleX = shareX, titleY = shareY, which_layout = "merge")
```

- …: Plotly나 ggplot2 객체 이름, 리스트, tibble
- **nrows**: 서브플롯의 행의 개수
- **widths**: 각 서브플롯의 0부터 1사이의 상대적 열 너비
- **heights**: 각 서브플롯의 0부터 1사이의 상대적 열 높이
- **margin**: 0부터 1 사이의 단일 수치나 4개의 수치(왼쪽, 오른쪽, 위, 아래)로 된 여백
- **shareX**: X축을 공유할지에 대한 논릿값
- **shareY**: Y축을 공유할지에 대한 논릿값
- **titleX**: X축의 제목을 남길지에 대한 논릿값
- **titleY**: Y축의 제목을 남길지에 대한 논릿값
- **which_layout**: 어떤 플롯의 레이아웃에 적용할지 결정. 기본값은 "merge"로 뒤 플롯의 레이아웃 옵션이 앞 옵션보다 우선함을 의미

다음은 대륙별 확진자 수의 선 그래프를 서브플롯으로 구성하는 코드이다. 먼저 전체적인 Plotly 객체를 초기화하고 이 초기화된 객체를 사용하여 한국, 아시아, 유럽, 북미, 남미, 오세아니아, 아프리카의 Plotly 객체를 각각 생성한다. 이 객체들을 subplot()을 사용하여 서브플롯으로 만들어주고 서브플롯의 layout을 설정하였다.

```r
## 서브플롯 생성을 위한 기본 Plotly 객체 생성
p_line_wide <- df_covid19_100_wide |> plot_ly()

## 첫 번째 서브플롯 생성
p1 <- p_line_wide |>
  add_trace(type = 'scatter', mode = 'lines', x = ~date,
            y = ~확진자_한국, name = '한국') |>
  layout(title = '한국',
         xaxis = list(tickfont = list(size = 10)),
         yaxis = list(title = list(text = '확진자수')))

## 두 번째 서브플롯 생성
p2 <- p_line_wide |>
  add_trace(type = 'scatter', mode = 'lines', x = ~date,
            y = ~확진자_아시아, name = '아시아') |>
  layout(title = '아시아',
         xaxis = list(tickfont = list(size = 10)),
         yaxis = list(title = list(text = '확진자수')))

## 세 번째 서브플롯 생성
p3 <- p_line_wide |>
  add_trace(type = 'scatter', mode = 'lines', x = ~date,
            y = ~확진자_유럽, name = '유럽') |>
  layout(title = '유럽',
         xaxis = list(tickfont = list(size = 10)),
         yaxis = list(title = list(text = '확진자수')))

## 네 번째 서브플롯 생성
p4 <- p_line_wide |>
  add_trace(type = 'scatter', mode = 'lines', x = ~date,
            y = ~확진자_북미, name = '북미') |>
  layout(title = '북미',
         xaxis = list(tickfont = list(size = 10)),
         yaxis = list(title = list(text = '확진자수')))

## 다섯 번째 서브플롯 생성
p5 <- p_line_wide |>
  add_trace(type = 'scatter', mode = 'lines', x = ~date,
            y = ~확진자_남미, name = '남미') |>
  layout(title = '남미',
```

```
              xaxis = list(tickfont = list(size = 10)),
              yaxis = list(title = list(text = '확진자수')))

## 여섯 번째 서브플롯 생성
p6 <- p_line_wide |>
  add_trace(type = 'scatter', mode = 'lines', x = ~date,
            y = ~확진자_아프리카, name = '아프리카') |>
  layout(title = '아프리카',
         xaxis = list(tickfont = list(size = 10)),
         yaxis = list(title = list(text = '획진자수')))

## 일곱 번째 서브플롯 생성
p7 <- p_line_wide |>
  add_trace(type = 'scatter', mode = 'lines', x = ~date,
            y = ~확진자_오세아니아, name = '오세아니아') |>
  layout(title = '오세아니아',
         xaxis = list(tickfont = list(size = 10)),
         yaxis = list(title = list(text = '확진자수')))

## 전체 서브플롯 구성
subplots <- subplot(p1, p2, p3, p4, p5, p6, p7, nrows = 3) |>
  layout(title = '최근 100일간 코로나19 확진자수', ## 전체 제목 설정
         margin = margins_R  ## 전체 여백 설정
         )

subplots
```

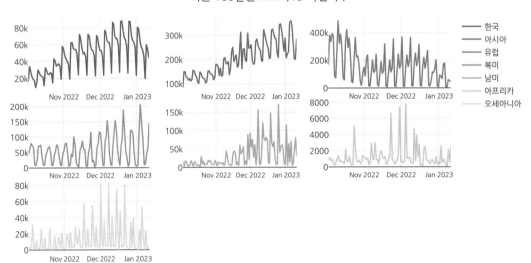

그림 5-1 R의 서브플롯 설정

앞의 subplot()에서 주의 깊게 보아야 하는 것은 제목의 설정이다. 앞의 코드에서 각각의 서브플롯을 만들 때 layout의 title 속성을 사용하여 제목을 설정하였다. 하지만 결과적으로 서브플롯에서는 세부 서브플롯들의 제목들이 반영되지 않는다. 앞서 설명했듯이 title과 같이 전체 플롯과 서브플롯에 공통으로 적용되는 속성들은 전체 플롯 적용이 우선되기 때문에 이 코드에서는 결국 전체 플롯의 제목이 '한국'에서 '아시아'로, '아시아'에서 '유럽'으로 바뀌어 최종적으로 마지막 layout의 title인 '최근 100일간 코로나19 확진자수'로 설정된다. 만약 마지막 layout에서 title 속성이 설정되지 않는다면 마지막 title 속성인 '아프리카'로 제목이 설정된다. 제대로 된 서브플롯의 제목을 설정하기 위해서는 add_annotations()를 사용하여 주석을 제목처럼 붙여주어야 한다.

또 앞의 예와 같이 서브플롯이 몇 개 되지 않을 때는 각각 Plotly 객체를 만들어주고 subplot()으로 묶어 전체 서브플롯으로 만들어주는 것이 가능하겠지만, 서브플롯이 많을 때는 이러한 작업이 매우 어려워진다. 특히 긴 형태의 데이터프레임이라면 각각의 서브플롯을 만들기 위해 데이터를 필터링하고 Plotly 객체를 만들어야 하기 때문에 매우 번거로운 작업이 수반된다.

이럴 경우는 group_by()로 데이터프레임을 그룹화하고 .(마침표)를 사용하여 그룹화된 데이터 그룹별로 Plotly 객체를 만드는 방식으로 간단히 서브플롯을 만들어줄 수 있다.

이때 do를 사용하여 각각의 그룹화된 데이터 그룹별 Plotly 객체를 만들어주는 코드를 적용하여야 한다. 다음 코드는 group_by()와 do를 사용하여 서브플롯을 만드는 코드인데 각각의 서브플롯에 add_annotations()를 사용하여 서브플롯의 제목을 설정하였다.

```
df_covid19_100 |>
  ## 국가명으로 그룹화
  group_by(location) |>
  ## 그룹화한 각각의 데이터 그룹들에 적용할 코드 설정
  do(
    ## 각 그룹화한 데이터를 사용해 Plotly 객체 생성
    p = plot_ly(.) |>
      ## line 모드의 scatter 트레이스 추가
      add_trace(type = 'scatter', mode = 'lines',
                ## X, Y축에 변수 매핑, color를 설정
                x = ~date, y = ~new_cases, name = ~location) |>
      add_annotations(x = 0.5 , y = 1.02, text = ~location,
                      showarrow = F, xref='paper',
                      yref='paper', xanchor = 'center') |>
      ## layout으로 X, Y축을 설정
      layout(xaxis = list(tickfont = list(size = 10)),
```

```
            yaxis = list(title = list(text = '확진자수')))
) |>
## 생성된 Plotly 객체들을 subplot 생성
subplot(nrows = 3, margin = 0.04) |>
## 생성된 subplot의 layout 설정
layout(showlegend = TRUE,
       title = '최근 100일간 코로나19 확진자수',
       margin = margins_R) -> subplots

subplots
```

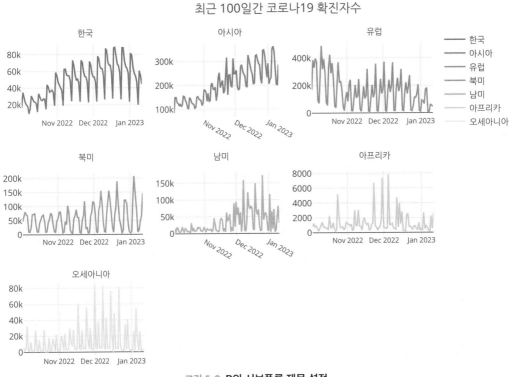

그림 5-2 R의 서브플롯 제목 설정

▶ **파이썬**

파이썬에서 서브플롯을 만들기 위해서는 Figure()가 아닌 make_subplots()로 초기화하는데, 이 과정에서 서브플롯의 전체적인 구조를 설정해야 한다. 서브플롯을 만들기 위해 가로, 세로로 몇 개의 서브플롯을 배치할지 결정한 다음 row, col 매개변수로 설정해 서브플롯의 구조를 초기화해야 한다.

`make_subplots()`의 주요 매개변수는 다음과 같다.

```
make_subplots(rows=1, cols=1, shared_xaxes=False, shared_yaxes=False, start_cell='top-left',
print_grid=False, horizontal_spacing=None, vertical_spacing=None, subplot_titles=None,
column_widths=None, row_heights=None, specs=None, insets=None, column_titles=None, row_
titles=None, x_title=None, y_title=None, figure=None, **kwargs)
```

- **rows, cols**: 서브플롯의 행과 열의 개수
- **shared_xaxes, shared_yaxes**: X, Y축을 공유할지에 대한 논릿값
- **horizontal_spacing, vertical_spacing**: 각 서브플롯의 가로, 세로 간격
- **subplot_titles**: 각 서브플롯 제목의 설정
- **column_widths, row_heights**: 서브플롯의 너비와 높이
- **specs**: 서브플롯 타입에 대한 설정
- **x_title, y_title**: 서브플롯들의 아래와 왼쪽에 표기할 타이틀

다음은 대륙별 확진자 수의 선 그래프를 서브플롯으로 구성하는 코드이다. 먼저 plotly.subplots 에서 `make_subplots()`를 임포트하고, 이를 사용하여 가로, 세로 3개씩의 서브플롯으로 구성되는 Plotly 객체를 초기화한다. 다음으로 서브플롯에 들어갈 트레이스를 만드는데 각각의 트레이스에 `row`와 `col` 속성을 사용하여 서브플롯에서의 위치를 지정한다. 파이썬에서는 R과는 달리 각각의 서브플롯의 제목을 설정할 수 있다. 다만 각 서브플롯의 `layout` 설정에서 제목을 설정하는 것이 아닌 `make_subplots()`의 매개변수로 각 서브플롯 제목을 `subplot_titles`를 사용하여 설정한다.

```python
## 서브플롯 생성을 위한 라이브러리 임포트
from plotly.subplots import make_subplots

## 서브플롯 생성을 위한 기본 Plotly 객체 생성
fig_subplot = make_subplots(
    rows=3, cols=3,
    ## 서브플롯 제목 설정
    subplot_titles = ('한국', '아시아', '유럽', '북미', '남미', '아프리카', '오세아니아'))

## 첫 번째 서브플롯 생성
fig_subplot.add_trace({
    'type' : 'scatter', 'mode' : 'lines',
    'x': df_covid19_100_wide.index, 'y': df_covid19_100_wide['확진자_한국'],
    'name':'한국'},
    row=1, col=1)
```

```python
## 두 번째 서브플롯 생성
fig_subplot.add_trace({
    'type' : 'scatter', 'mode' : 'lines',
    'x': df_covid19_100_wide.index, 'y': df_covid19_100_wide['확진자_아시아'],
    'name':'아시아'},
    row=1, col=2)

## 세 번째 서브플롯 생성
fig_subplot.add_trace({
    'type' : 'scatter', 'mode' : 'lines',
    'x': df_covid19_100_wide.index, 'y': df_covid19_100_wide['확진자_유럽'],
    'name':'유럽'},
    row=1, col=3)

## 네 번째 서브플롯 생성
fig_subplot.add_trace({
    'type' : 'scatter', 'mode' : 'lines',
    'x': df_covid19_100_wide.index, 'y': df_covid19_100_wide['확진자_북미'],
    'name':'북미'},
    row=2, col=1)

## 다섯 번째 서브플롯 생성
fig_subplot.add_trace({
    'type' : 'scatter', 'mode' : 'lines',
    'x': df_covid19_100_wide.index, 'y': df_covid19_100_wide['확진자_남미'],
    'name':'남미'},
    row=2, col=2)

## 여섯 번째 서브플롯 생성
fig_subplot.add_trace({
    'type' : 'scatter', 'mode' : 'lines',
    'x': df_covid19_100_wide.index, 'y': df_covid19_100_wide['확진자_아프리카'],
    'name':'아프리카'},
    row=2, col=3)

## 일곱 번째 서브플롯 생성
fig_subplot.add_trace({
    'type' : 'scatter', 'mode' : 'lines',
    'x': df_covid19_100_wide.index, 'y': df_covid19_100_wide['확진자_오세아니아'],
    'name':'오세아니아'},
    row=3, col=1)

fig_subplot.update_layout(title=dict(text = "최근 100일간 코로나19 확진자", x = 0.5))

fig_subplot.show()
```

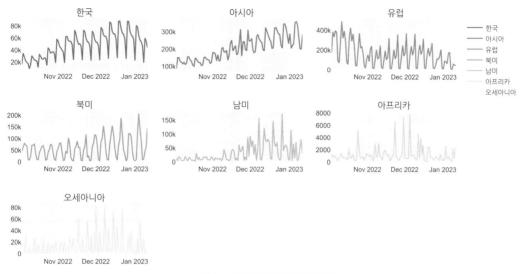

그림 5-3 **파이썬의 서브플롯 생성**

5.2 서브플롯 범례 설정

앞의 예에서 서브플롯으로 사용되는 플롯들에 세부 제목을 붙여줌으로써 각각의 서브플롯에 대한 의미를 부여하였다. 그렇기 때문에 우측에 나타나는 범례가 큰 의미는 없다. 범례의 표시 여부는 layout의 showlegend 속성값으로 결정된다.

다음은 서브플롯의 범례를 없애는 R과 파이썬 코드이다.

▶ R

```
subplots |>
  ## 범례는 제거
  layout(showlegend = FALSE)
```

▶ 파이썬

```
## 범례는 제거
fig_subplot.update_layout(showlegend = False)

fig_subplot.show()
```

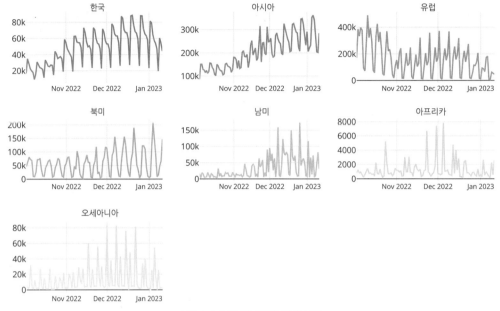

그림 5-4 **R의 서브플롯 범례 설정**

5.3 서브플롯 배치와 편집

서브플롯은 일반적으로 행렬의 수만큼 격자형으로 배치하는 것이 일반적이다. 그러나 서브플롯에 표현되는 데이터의 특성에 따라 격자형 배치가 아닌 사용자 정의형 배치를 사용해야 할 때도 있다. Plotly에서는 서브플롯의 크기나 위치를 편집하는 기능을 제공한다. 이 경우도 R과 파이썬에서의 설정 방법이 약간 다르다.

▶ R

기본적으로 서브플롯에 포함되는 플롯들의 크기는 서브플롯에 설정된 행과 열의 수에 따라 전체 높이와 너비를 동일한 비율로 공유한다. 하지만 이 비율은 `heights`, `widths`를 사용하여 변경할 수 있는데, 각각의 플롯 크기를 변경함으로써 플롯들의 위치와 크기를 사용자가 원하는 대로 편집할 수 있다. `heights`와 `widths`는 전체 플롯의 높이와 너비를 1로 보고 상대적인 크기를 설정하며, 여러 개의 `heights`와 `widths`가 필요하다면 `c()`를 사용하여 벡터로 만들어야 한다.

서브플롯을 원하는 대로 배치하고 크기를 설정하기 위해서는 서브플롯이 배치되는 방향을 잘 고려해야 한다. 앞서 살펴본 서브플롯의 경우 p1부터 p7까지를 순서대로 `subplot()`의 매개변수로 설정했다. 그리고 `nrows`를 3으로 설정했기 때문에 7개의 플롯을 표시하기 위해서는 자동으로 열의 수가 3으로 설정된다. 전체 플롯을 9개로 등분하고 각각의 매개변수 호출 순서대로 행 방향으로 배치하게 된다. 전체 플롯을 9등분 하기 때문에 2개는 빈 공간으로 남게 된다. 만약 빈 공간을 마지막 행에 두지 않고 원하는 위치에 두고자 한다면 원하는 위치에 `plotly_empty()`로 빈 Plotly 객체를 설정해준다.

앞의 예에서는 1행에 p1(한국), p2(아시아), p3(유럽), 2행에 p4(북미), p5(남미), p6(아프리카)가 배치되고 마지막 행에는 하나 남은 p7(오세아니아)이 1열에 배치되며 나머지 2열은 비게 된다. 만약 p1 플롯을 좀 부각하기 위해서는 다음과 같이 설정할 수 있다.

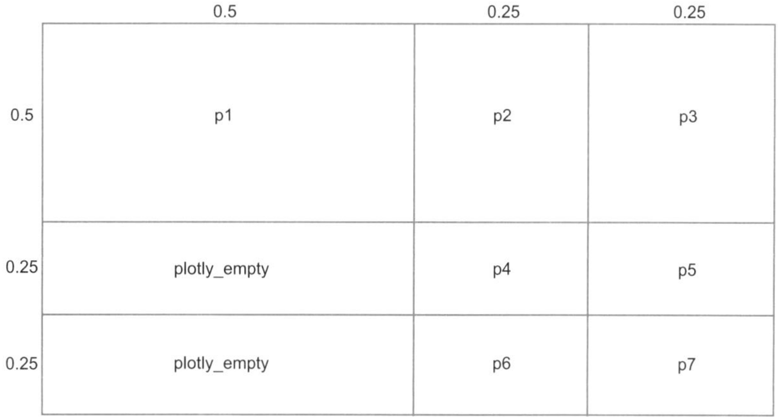

그림 5-5 **서브플롯의 배치**

전체 9개의 서브플롯 공간의 높이와 넓이를 0.5, 0.25, 0.25로 각각 설정한다. 그러면 앞의 그림과 같이 길이와 너비가 각각 설정된 9개의 서브플롯 공간이 생기는데 여기서 비워둘 공간은 `plotly_empty()`를 사용하고 각각의 위치에 들어갈 Plotly 객체를 `subplot()`에서 배치한다.

```
subplot(
  p1, p2, p3, plotly_empty(), p4, p5, plotly_empty(), p6, p7,
  ## 서브플롯은 3개의 열로 설정
  nrows = 3,
  ## 서브플롯간의 여백 설정
  heights = c(0.5, 0.25, 0.25),
  widths = c(0.5, 0.25, 0.25),
  margin = 0.04) |>
  ## 범례는 제거
  layout(showlegend = TRUE,
```

```
## 전체 제목 설정
title = '최근 100일간 코로나19 확진자수',
## 전체 여백 설정
margin = margins_R)
```

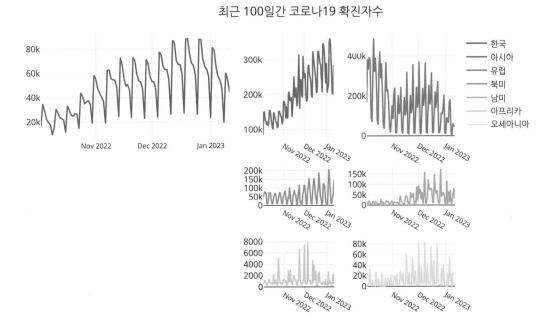

그림 5-6 **R의 서브플롯 크기와 배치 설정 ①**

앞의 서브플롯을 보면 한국 플롯이 크게 표현되어 강조되는 효과를 내기는 했지만 같은 행, 같은 열에 있는 플롯들은 한쪽으로 길게 표시되어 약간 어색해 보인다. 이것은 subplot()을 중첩시켜 해결할 수 있다. subplot()을 중첩시켜 사용한다는 것은 subplot()으로 완성된 서브플롯을 다시 subplot()으로 배열한다는 것이다.

다음은 한국을 위에 길게 표현하고 아래에 6개의 플롯을 2행으로 배열하는 예이다. 다음에서는 p1(한국)과 p2부터 p7까지의 플롯을 하나의 Plotly로 생성하여 이 두 개의 플롯을 다시 subplot()으로 붙여주는 코드이다.

```
subplot(
  ## 아래의 nrows가 2이기 때문에 맨 위 열에 p1 하나를 위치시킴
  p1,
  ## subplot()으로 p2부터 p7까지를 묶어 하나의 플롯으로 만듬
  subplot(p2, p3, p4, p5, p6, p7,
```

```
        ## 서브플롯은 2개의 열로 설정함으로써 2행 3열 서브플롯 생성
        nrows = 2),
  ## 전체 서브플롯은 2열로 구성
  nrows = 2
) |>
  ## 범례 추가
  layout(showlegend = TRUE,
        ## 전체 제목 설정
        title = '최근 100일간 코로나19 확진자수',
        ## 전체 여백 설정
        margin = margins_R)
```

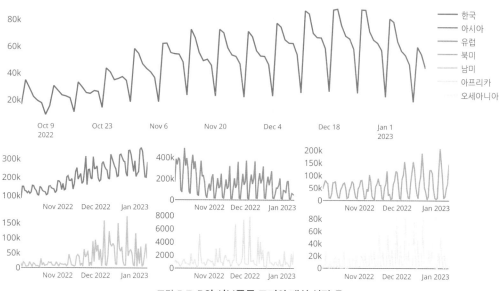

그림 5-7 **R의 서브플롯 크기와 배치 설정 ②**

▶ **파이썬**

파이썬에서도 R과 같이 서브플롯의 행과 열의 높이와 너비를 설정하는 방법을 사용할 수 있다. 그리고 또 하나의 방법을 제공하는데 make_subplots()에서 specs를 사용하여 서브플롯의 위치와 크기를 편집할 수 있다.

다음은 서브플롯의 행과 열의 높이와 너비를 설정하는 방법이다. 행의 높이를 설정하기 위해서는 row_heights, 열의 너비를 설정하기 위해서는 column_widths를 사용하는데 행과 열의 수에 맞게 각각의 서브플롯에 대한 행과 열의 높이와 너비가 설정되어야 한다. 높이와 너비는 전체 값을 1로 설정하여 상대적 높이와 너비를 설정한다. 다음에서는 행의 높이를 [0.5, 0.25, 0.25], 열의 너비를 [0.5, 0.25, 0.25]로 설정하였다.

```python
from plotly.subplots import make_subplots

fig_subplot = make_subplots(
    rows=3, cols=3,
    column_widths = [0.5,0.25,0.25], ## 열 방향 너비 설정
    row_heights = [0.5,0.25,0.25], ## 행 방향 너비 설정
    subplot_titles = ('한국', '아시아', '유럽', '', '북미', '남미', '', '아프리카',
                      '오세아니아'))

fig_subplot.add_trace({
    'type' : 'scatter', 'mode' : 'lines',
    'x': df_covid19_100_wide.index, 'y': df_covid19_100_wide['확진자_한국'],
    'name':'한국'},
    row=1, col=1)

fig_subplot.add_trace({
    'type' : 'scatter', 'mode' : 'lines',
    'x': df_covid19_100_wide.index, 'y': df_covid19_100_wide['확진자_아시아'],
    'name':'아시아'},
    row=1, col=2)

fig_subplot.add_trace({
    'type' : 'scatter', 'mode' : 'lines',
    'x': df_covid19_100_wide.index, 'y': df_covid19_100_wide['확진자_유럽'],
    'name':'유럽'},
    row=1, col=3)

fig_subplot.add_trace({
    'type' : 'scatter', 'mode' : 'lines',
    'x': df_covid19_100_wide.index, 'y': df_covid19_100_wide['확진자_북미'],
    'name':'북미'},
    row=2, col=2)

fig_subplot.add_trace({
    'type' : 'scatter', 'mode' : 'lines',
    'x': df_covid19_100_wide.index, 'y': df_covid19_100_wide['확진자_남미'],
    'name':'남미'},
    row=2, col=3)

fig_subplot.add_trace({
    'type' : 'scatter', 'mode' : 'lines',
    'x': df_covid19_100_wide.index, 'y': df_covid19_100_wide['확진자_아프리카'],
    'name':'아프리카'},
```

```
    row=3, col=2)

fig_subplot.add_trace({
    'type' : 'scatter', 'mode' : 'lines',
    'x': df_covid19_100_wide.index, 'y': df_covid19_100_wide['확진자_오세아니아'],
    'name':'오세아니아'},
    row=3, col=3)

fig_subplot.update_layout(title=dict(text = "최근 100일간 코로나19 확진자", x = 0.5))

fig_subplot.show()
```

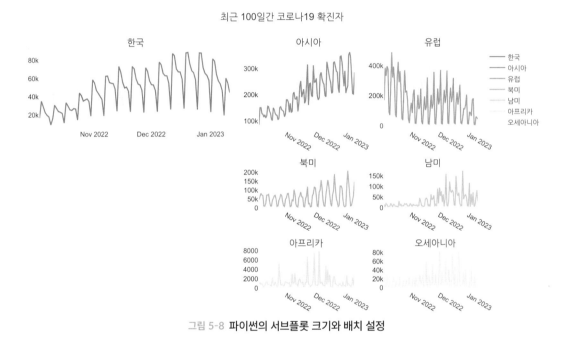

그림 5-8 파이썬의 서브플롯 크기와 배치 설정

두 번째 방법은 specs를 사용하는 방법이다. specs는 서브플롯별로 옵션을 설정하는 매개변수로써 rows와 cols로 만들어지는 2차원 서브플롯 그리드에 일치하는 리스트로 구성된다.

specs로 해당 서브플롯 그리드 셀의 길이(rowspan)와 너비(colspan)을 설정한다. 셀의 길이와 너비는 셀 단위의 크기를 설정하는데, 예를 들어 특정 서브플롯이 2칸의 행, 3칸의 열 크기를 사용한다면 colspan이 3, rowspan이 2로 설정된 딕셔너리로 해당 셀을 설정해야 한다. 만약 셀을 비워야한다면 None 키워드를 사용한다.

다음은 한국의 서브플롯을 상단 2행, 3열의 크기로 설정하고 나머지 서브플롯을 배치하는 파이썬 코드이다. 여기서 colspan과 rowspan이 모두 1로 설정된다면 설정을 생략하고 {}만 표기하는 것도 가능하다.

```python
from plotly.subplots import make_subplots

fig_subplot = make_subplots(
    rows=4, cols=3,
    ## specs를 사용한 서브플롯 구성 설정
    specs = [
        [{'colspan' : 3, 'rowspan' : 2}, None, None],
        [None, None, None],
        [{}, {}, {}],
        [{}, {}, {}]
    ],
    subplot_titles = ('한국', '아시아', '유럽', '북미', '남미',
                      '아프리카', '오세아니아'))

fig_subplot.add_trace({
    'type' : 'scatter', 'mode' : 'lines',
    'x': df_covid19_100_wide.index, 'y': df_covid19_100_wide['확진자_한국'],
    'name':'한국'},
    row=1, col=1)

fig_subplot.add_trace({
    'type' : 'scatter', 'mode' : 'lines',
    'x': df_covid19_100_wide.index, 'y': df_covid19_100_wide['확진자_아시아'],
    'name':'아시아'},
    row=3, col=1)

fig_subplot.add_trace({
    'type' : 'scatter', 'mode' : 'lines',
    'x': df_covid19_100_wide.index, 'y': df_covid19_100_wide['확진자_유럽'],
    'name':'유럽'},
    row=3, col=2)

fig_subplot.add_trace({
    'type' : 'scatter', 'mode' : 'lines',
    'x': df_covid19_100_wide.index, 'y': df_covid19_100_wide['확진자_북미'],
    'name':'북미'},
    row=3, col=3)

fig_subplot.add_trace({
    'type' : 'scatter', 'mode' : 'lines',
    'x': df_covid19_100_wide.index, 'y': df_covid19_100_wide['확진자_남미'],
```

```
        'name':'남미'},
        row=4, col=1)

fig_subplot.add_trace({
    'type' : 'scatter', 'mode' : 'lines',
    'x': df_covid19_100_wide.index, 'y': df_covid19_100_wide['확진자_아프리카'],
    'name':'아프리카'},
    row=4, col=2)

fig_subplot.add_trace({
    'type' : 'scatter', 'mode' : 'lines',
    'x': df_covid19_100_wide.index, 'y': df_covid19_100_wide['확진자_오세아니아'],
    'name':'오세아니아'},
    row=4, col=3)

fig_subplot.update_layout(title=dict(text = "최근 100일간 코로나19 확진자", x = 0.5))

fig_subplot.show()
```

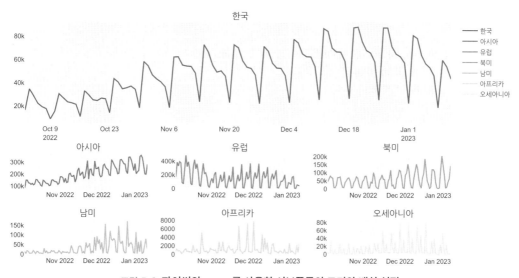

그림 5-9 **파이썬의 specs를 사용한 서브플롯의 크기와 배치 설정**

5.4 축 공유

서브플롯에서 중요하게 사용되는 속성값이 몇 개 있는데 그중 꼭 알아두어야 하는 속성값이 축 공유에 관련된 것이다. R의 경우 shareX와 shareY, 파이썬의 경우 shared_xaxes, shared_yaxes이다. 이 두 속성은 서브플롯에 표시되는 각각의 플롯에 대한 X, Y축을 공유할지 결정하는 속성이다. 이 속성값은 R의 경우 subplot()에서, 파이썬의 경우 make_subplots()에서 설정하는데 shareX나 shared_xaxes 값이 TRUE로 설정되면 같은 열의 서브플롯들의 X축은 모두 같은 스케일로 공유된다. 하지만 FALSE로 설정할 경우 모두 각각의 서브플롯에 적합한 축으로 표현되기 때문에 서브플롯별로 X축의 스케일이 달라질 수 있다. 마찬가지로 shareY나 shared_yaxes가 TRUE로 설정되면 같은 행에 표현된 서브플롯은 같은 스케일의 Y축을 공유한다.

다음은 X, Y축을 공유하는 서브플롯을 그리는 R과 파이썬 코드이다.

▶ R

```
subplot(
  p1,
  subplot(p2, p3, p4, p5, p6, p7,
          nrows = 2,
          ## shareX, shareY를 TRUE로 설정하여 축 공유
          shareX = TRUE, shareY = TRUE),
  nrows = 2, margin = 0.04
  ) |>
  layout(showlegend = TRUE,
         title = '최근 100일간 코로나19 확진자수',
         margin = margins_R)
```

▶ 파이썬

```
fig_subplot = make_subplots(
    rows=4, cols=3,
    specs = [
        [{'colspan' : 3, 'rowspan' : 2}, None, None],
        [None, None, None],
        [{}, {}, {}],
        [{}, {}, {}]
    ],
    ## shareX, shareY를 TRUE로 설정하여 축 공유
    shared_xaxes = True, shared_yaxes = True,
    subplot_titles = ('한국', '아시아', '유럽', '북미', '남미',
                      '아프리카', '오세아니아'))
```

```
fig_subplot.add_trace({
    'type' : 'scatter', 'mode' : 'lines',
    'x': df_covid19_100_wide.index, 'y': df_covid19_100_wide['확진자_한국'],
    'name':'한국'},
    row=1, col=1)

fig_subplot.add_trace({
    'type' : 'scatter', 'mode' : 'lines',
    'x': df_covid19_100_wide.index, 'y': df_covid19_100_wide['확진자_아시아'],
    'name':'아시아'},
    row=3, col=1)

fig_subplot.add_trace({
    'type' : 'scatter', 'mode' : 'lines',
    'x': df_covid19_100_wide.index, 'y': df_covid19_100_wide['확진자_유럽'],
    'name':'유럽'},
    row=3, col=2)

fig_subplot.add_trace({
    'type' : 'scatter', 'mode' : 'lines',
    'x': df_covid19_100_wide.index, 'y': df_covid19_100_wide['확진자_북미'],
    'name':'북미'},
    row=3, col=3)

fig_subplot.add_trace({
    'type' : 'scatter', 'mode' : 'lines',
    'x': df_covid19_100_wide.index, 'y': df_covid19_100_wide['확진자_남미'],
    'name':'남미'},
    row=4, col=1)

fig_subplot.add_trace({
    'type' : 'scatter', 'mode' : 'lines',
    'x': df_covid19_100_wide.index, 'y': df_covid19_100_wide['확진자_아프리카'],
    'name':'아프리카'},
    row=4, col=2)

fig_subplot.add_trace({
    'type' : 'scatter', 'mode' : 'lines',
    'x': df_covid19_100_wide.index, 'y': df_covid19_100_wide['확진자_오세아니아'],
    'name':'오세아니아'},
    row=4, col=3)

fig_subplot.update_layout(title=dict(text = "최근 100일간 코로나19 확진자", x = 0.5))

fig_subplot.show()
```

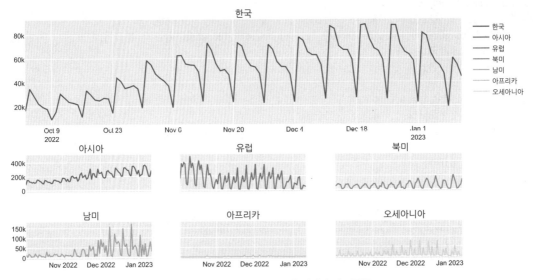

최근 100일간 코로나19 확진자

그림 5-10 **파이썬의 축 공유가 설정된 서브플롯**

6

색상 설정

데이터 시각화에서 가장 기본적이면서 중요한 것은 데이터를 어떠한 기하 도형으로 구조화하여 표현하느냐 하는 것이다. 즉 어떤 시각화 수단을 사용할 것인지에 대한 선택이 데이터를 표현하는 데 가장 중요하다는 것이다. 하지만 그 데이터 시각화를 더욱 효과적으로 표현하기 위해서 추가적으로 사용되는 것이 색상이다. 색상을 어떻게 사용하느냐에 따라 데이터 시각화에서 전달하고자 하는 핵심에 청중들을 빠르게 집중시킬 수도 있고, 집중을 완전히 흐트러뜨릴 수도 있다. 따라서 데이터를 표현하는 기하 도형의 특성을 잘 표현할 수 있는 색상으로 알맞게 사용하는 방법을 익히는 것이 매우 중요하다. 데이터 시각화에서 사용하는 색상은 크게 연속형 색상과 이산형 색상으로 나눌 수 있다.

Plotly에서 색상을 설정할 때 R과 파이썬 간에 큰 차이점이 있다.

R에서 색상을 설정할 때 트레이스 data 속성의 하위 리프 노드인 add_trace()의 매개변수로 color와 colors를 사용하거나, marker 속성의 하위 속성으로 color와 colorscale을 사용할 수 있다. 그러나 파이썬에서는 data 속성의 하위 속성인 marker 속성의 하위 속성으로 colorscale을 설정한다는 것이다. 이는 R에서 색상 구현에 사용하는 추가적인 방식이 존재하기 때문인데, R의 data 속성의 하위 리프 노드 속성으로 color에 이산형 변수가 설정되면 R은 자동적으로 이산형 변수만큼 트레이스를 분리하여 생성해준다. 만약, 이러한 트레이스 분리 기능이 적용되지 않고 전체를 단일 색상으로 설정하기 위해서는 color 속성의 설정에 I()를 사용하여야 한다. 그러나 파이썬에서는 이산형 변수로 설정한 색상에 따라 트레이스가 분리되는 방식을 지원하지 않기 때문

에 name 속성과 같이 각각의 색상에 따라 트레이스를 추가해주어야 한다.

6.1 연속형 색상

연속형 색상은 일반적으로 연속형 수치 변수에 매핑되어 색상 간의 단계 구분 없이 색상의 아날로그적 변화를 사용하여 데이터에 대한 변량값의 변화를 표현한다. Plotly에서 연속형 색상을 표현하는 방법으로 다음의 네 가지 콘셉트를 사용한다.

- **color scale**: 전체 색상의 범위와 데이터를 0에서 1까지의 범위로 정규화하고 데이터에 매핑되는 색상으로 데이터를 표현하는 방법이다. 따라서 보통의 경우 0에 해당하는 색상과 1에 해당하는 색상을 설정하고 이 사이의 색상들을 보간interpolate하여 색상을 생성한 다음 여기에 데이터를 매핑시켜 표현할 색상을 결정한다.

- **color ranges**: colorscale의 색상 범위인 0~1에 매핑될 데이터값의 범위를 설정함으로써 색상을 매핑하는 방법이다. 기본적으로 color range는 기본적으로 매핑되는 데이터의 최솟값과 최댓값으로 설정되지만 cmin, cmid, cmax 속성값을 사용해 설정할 수도 있다.

- **color bar**: Plotly에서는 연속형 색상의 범례를 표현하는 방식으로 컬러 바를 사용한다. 이 컬러 바는 전체적인 colorscale을 눈금 라벨과 눈금 표시를 사용하는 색상 범례를 말한다. 컬러 바는 레이아웃의 colorbar 속성을 사용하여 설정하거나 scatter 트레이스 marker 속성의 colorbar 속성으로 설정이 가능하다.

- **color axes**: 컬러 축은 위의 세 가지 컬러 콘셉트를 데이터와 연결한다. 기본적으로 컬러로 표현될 수 있는 속성은 그 자체적인 색상 축으로 설정되어 연결된다.

다음은 졸업자수 대비 취업자수의 scatter 트레이스에 연속형 변수인 취업률을 색상 변수로 사용하는 R과 파이썬 코드이다.

▶ R

R에서 변수를 색상에 매핑하기 위해서는 data 속성의 하위 속성인 color 속성에 색상을 매핑할 데이터프레임 열이나 벡터를 설정한다. 데이터프레임 열을 매핑할 때는 x, y 속성과 같이 '~'를 열 이름 앞에 붙여주어야 한다. 만약 전반적인 컬러 스케일을 변경하고자 한다면 두 가지 방법을 사용할 수 있다. 사용자가 직접 최솟값에 해당하는 색상과 최댓값에 해당하는 색상을 설정함으로써 변경하거나, 미리 정의된 팔레트를 사용하는 방법이 있다. 컬러 팔레트를 설정한다면 다음과 같이 colors 속성에 색상 팔레트를 설정하여 사용하면 된다.

```
df_취업률_500 |>
  filter(졸업자수 < 500) |>
  plot_ly() |>
  add_trace(type = 'scatter', mode = 'markers',
            x = ~졸업자수, y = ~취업자수,
            color = ~취업률, colors = 'Blues') |>
  ## title 속성의 설정
  layout(title = list(text = '<b>졸업자 대비 취업자수</b>',
                      x = 0.5, xanchor = 'center', yanchor = 'top'))
```

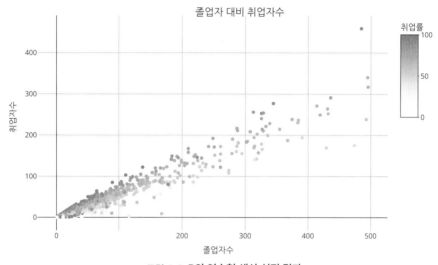

그림 6-1 **R의 연속형 색상 설정 결과**

색상의 전반적인 스케일 중 일부 스케일에만 관심이 있다면 color ranges를 설정하여 범위를 설정할 수 있다. color와 colors 속성 외에 속성을 설정하기 위해서는 파이썬과 같이 marker 속성의 세부 속성으로 설정해야 한다. 다음은 cmin과 cmax를 사용하여 color range를 50~100 사이로 설정하는 R 코드이다. marker 내부에서 colorscale을 설정하면 marker 외부에서 colors를 설정하는 것과 반대로 설정되기 때문에 reversescale을 사용하여 색상 스케일을 반전시켰다. colorbar의 title을 사용하여 컬러 바 제목과 ticksuffix를 사용하여 컬러 바의 라벨에 접미사로 %를 붙여주었다.

```
df_취업률_500 |>
  filter(졸업자수 < 500) |>
  plot_ly() |>
  add_trace(type = 'scatter', mode = 'markers',
            x = ~졸업자수, y = ~취업자수,
```

```
          marker = list(color = ~취업률, colorscale = 'Blues',
                        cmin = 50, cmax = 100,
                        colorbar = list(title = '취업률', ticksuffix = '%'),
                        reversescale = T)
) |>
## title 속성의 설정
layout(title = list(text = '<b>졸업자 대비 취업자수</b>',
                    x = 0.5, xanchor = 'center', yanchor = 'top'))
```

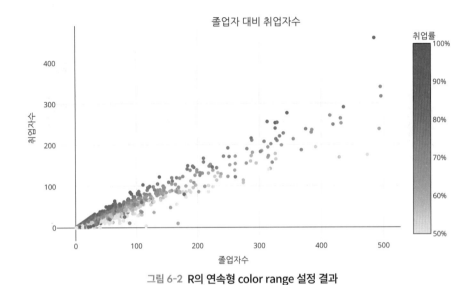

그림 6-2 R의 연속형 color range 설정 결과

앞서 설명했듯이 R의 data 하위 리프 노드 속성인 add_trace()의 매개변수로서 color 속성에 단일 색상으로 설정하려면 색상명만으로 설정이 불가하고 I()를 사용하여 색상명을 설정해야 한다. 이 방법은 color 외에 symbol 설정에도 동일하게 적용된다. 다만 marker 속성의 하위 속성으로 color를 설정할 때는 I()를 사용하지 않아도 가능하다. 다음은 marker의 색상을 darkblue로 설정하는 R 코드이다.

```
df_취업률_500 |>
  filter(졸업자수 < 500) |>
  plot_ly() |>
  add_trace(type = 'scatter', mode = 'markers',
            x = ~졸업자수, y = ~취업자수,
            color = I('darkblue'), symbol = I('circle-open')) |>
  ## title 속성의 설정
  layout(title = list(text = '<b>졸업자 대비 취업자수</b>',
                      x = 0.5, xanchor = 'center', yanchor = 'top'))
```

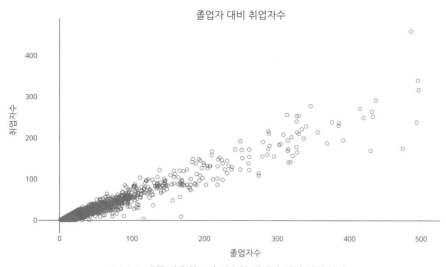

그림 6-3 I()를 사용한 R의 연속형 색상과 심벌 설정 결과

▶ 파이썬

파이썬에서 변수를 색상에 매핑하기 위해서는 data 속성의 하위 속성인 marker 속성의 하위 속성으로 color에 연속형 변수를 매핑한다. 만약 전반적인 컬러 스케일을 변경하고자 한다면 두 가지 방법을 사용할 수 있는데, 사용자가 직접 최솟값에 해당하는 색상과 최댓값에 해당하는 색상을 설정하거나 미리 정의된 팔레트를 사용하는 방법이 있다. 컬러 팔레트를 설정한다면 colorscale 속성에 색상 팔레트를 설정하여 사용할 수 있다. 다음은 color와 colorscale 속성을 사용하여 marker의 색상과 팔레트를 설정한 파이썬 코드이다.

```
fig = go.Figure()

fig.add_trace({
    'type' : 'scatter', 'mode' : 'markers',
    'x': df_취업률_500['졸업자수'], 'y': df_취업률_500['취업자수'],
    'marker' : {'color' : df_취업률_500['취업률'], 'colorscale' : 'Blues'}})

fig.show()
```

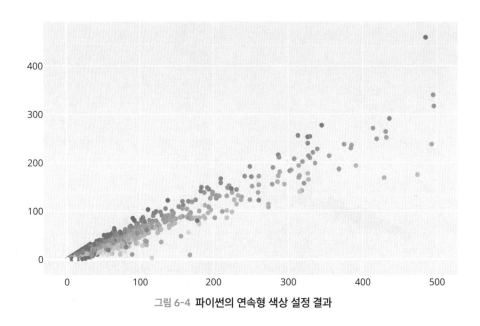

그림 6-4 **파이썬의 연속형 색상 설정 결과**

색상의 전반적인 스케일 중 일부 스케일에만 관심이 있다면 color ranges를 설정하여 범위를 설정할 수 있다. 다음은 `cmin`과 `cmax`를 사용하여 color range를 50~100 사이로 설정하는 파이썬 코드이다. `marker` 속성의 `color` 속성으로 색상값으로 매핑할 데이터를 설정하고, `colorscale`을 Blues 팔레트로 설정하였다. `reversescale`을 사용하여 색상 스케일을 반전시켰고, `colorbar`의 `title`을 사용하여 컬러 바 제목과 `ticksuffix`를 사용하여 컬러 바의 접미어로 %를 사용한다.

```
fig = go.Figure()

fig.add_trace({
    'type' : 'scatter', 'mode' : 'markers',
    'x': df_취업률_500['졸업자수'], 'y': df_취업률_500['취업자수'],
    'marker' : {'color' : df_취업률_500['취업률'], 'colorscale' : 'Blues',
            'cmin' : 50, 'cmax' : 100,
            'colorbar' : {'title' : '취업률', 'ticksuffix' : '%'},
            'reversescale' : True}})

fig.show()
```

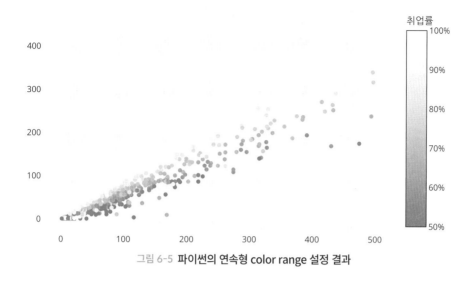

그림 6-5 **파이썬의 연속형 color range 설정 결과**

6.2 이산형 색상

이산형 색상은 일반적으로 이산형 변수에 매핑되어 색상 간의 단계 구분을 통해 데이터의 변량값을 표현한다. Plotly에서 이산형 색상을 표현하는 방법으로 다음의 두 가지 콘셉트를 사용한다.

- **color sequences**: 컬러 시퀀스는 이산형 데이터에 각각 매핑되는 색상의 리스트를 설정하는 방법이다. 이 방법은 각각의 이산형 데이터에 1:1로 매칭되는 색상을 color의 colorway에 리스트로 설정하는 방법과 Plotly에서 제공하는 팔레트를 설정하여 표현하는 방법이 있다.
- **legends**: 이산형 색상은 앞서 연속형 색상에서 사용했던 컬러 바를 사용하지 않고 색상 범례를 사용한다.

다음은 대륙별 코로나 신규 확진자 수를 bar 트레이스로 생성하는데, 이산형 변수인 대륙 변수를 색상 변수로 사용하는 R과 파이썬 코드이다.

▶ R

R에서 이산형 변수에 색상을 설정하기 위해서는 앞서 연속형 변수에서 사용했던 color 속성과 colors 속성을 사용할 수 있다. 앞서 설명한 바와 같이 add_trace()의 매개변수로 color를 이산형 변수로 설정하면 내부적으로 이산형 변수의 변량만큼 트레이스가 생성된다. 다음의 R 코드는 add_trace()의 매개변수로서 7개의 변량을 가지는 이산형 변수인 location을 설정하였는데, 이 코드는 결과적으로 7개의 bar 트레이스로 분리되어 생성된다.

```
df_covid19_100 |>
  group_by(location) |>
  summarise(new_cases = sum(new_cases)) |>
  plot_ly() |>
  add_trace(type = 'bar',
            x = ~location, y = ~new_cases,
            color = ~location, colors = 'Blues')
```

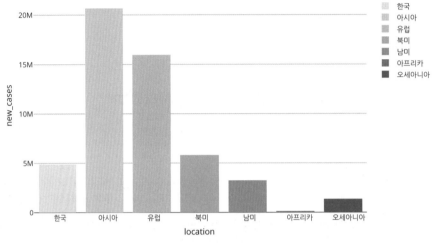

그림 6-6 R의 이산형 색상 설정 결과

colors 속성에는 이산형 변수의 각 변량에 매칭되는 색상을 설정할 수 있다. colors 속성에 c() 를 사용하여 이산형 변수의 변량 순서에 따른 색상을 문자열로 설정하면 각각의 변량, 즉 각각의 트레이스에 매칭되어 색상이 표현된다. 이 방법은 다수의 이산형 변량 중에 특정한 하나의 변량을 강조하고자 할 때 효율적으로 사용이 가능하다. 다음은 코로나19 신규 확진자 중 한국 데이터를 강조한 막대그래프를 그리는 R 코드이다.

```
df_covid19_100 |>
  group_by(location) |>
  summarise(new_cases = sum(new_cases)) |>
  plot_ly() |>
  add_trace(type = 'bar',
            x = ~location, y = ~new_cases,
            color = ~location, colors = c('darkblue', 'gray', 'gray', 'gray', 'gray',
'gray', 'gray'))
```

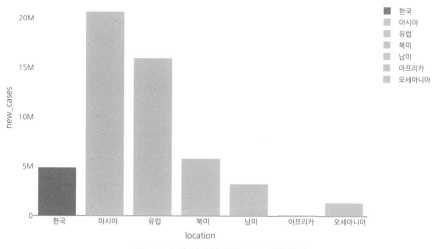

그림 6-7 **R의 이산형 강조 색상 설정 결과**

▶ **파이썬**

파이썬에서 이산형 색상을 설정하는 것은 R보다 약간 번거롭다. Plotly의 `color` 속성은 단일 색상의 문자열이나 수치형 변수만을 설정할 수 있다. 따라서 `color` 속성에 이산형 변수를 설정할 수 없기 때문에, 이산형 변수에 색상을 설정하기 위해서는 트레이스를 이산형 변수의 변량만큼 분리하고 해당 이산형 변수에 매핑되는 색상을 하나 하나 설정해야 한다. R에서는 이를 보완하기 위해 자동적으로 트레이스를 분리하는 기능을 제공하지만 파이썬에서는 이와 같은 방법을 제공하지 않기 때문에 `for` 루프 등의 방법을 사용하여 트레이스를 분리해주어야 한다. 이는 앞서 `name` 속성에서 데이터 그룹 간의 트레이스를 분리하여 `for` 루프를 사용한 것과 유사한 방법이다.

물론 `for` 루프를 사용하여 트레이스를 분리하지 않고도 이산형 변수를 연속형 변수와 같이 `color` 속성에 사용할 수 있다. 이렇게 사용하기 위해서는 먼저 이산형 변수를 수치형 변수로 변환하고 이 변수를 `marker`의 `color`에 설정하면 된다.

다음은 하나의 트레이스에 이산형 색상을 설정하는 파이썬 코드이다. 먼저 이산형 변수인 `location` 열은 수치형 변수가 아니기 때문에 `cat()` 함수를 만들어 각각의 변량값에 매칭되는 수치형 열을 만든다. 다음으로 bar 트레이스의 막대그래프를 그리는 데 `marker` 속성의 `color` 속성에 이산형 변수를 수치형으로 만든 열을 설정하고 색상 팔레트를 `Blues` 팔레트로 설정하였다.

```
fig = go.Figure()

## 이산형 변수를 수치형 변수로 변환하는 함수
```

```
def cat(row):
    key = row['location']
    value = {'한국': 0 , '아시아' : 1, '유럽' : 2, '북미' : 3, '남미' : 4, '아프리카' : 5,
            '오세아니아' : 6}.get(key)
    return value

## 시각화를 위한 데이터 전처리
temp = df_covid19_100.groupby('location').agg(new_cases = ('new_cases', 'sum')).reset_index()

## 이산형 변수 열을 사용해 수치형 변수열 생성
temp['loc_code']= temp.apply(cat, axis=1)

fig.add_trace({
    'type' : 'bar', ## bar 트레이스 설정
    'x': temp['location'], 'y': temp['new_cases'],
    ## 이산형 변수를 변환한 수치형 변수를 color로 설정
    'marker' : {'color' : temp['loc_code'], 'colorscale' : 'Blues'}, 'showlegend' : True
})

fig.show()
```

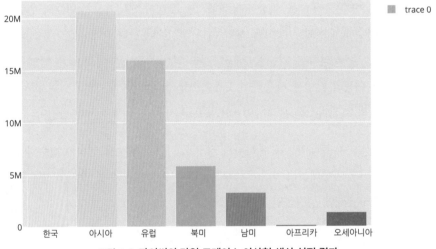

그림 6-8 **파이썬의 단일 트레이스 이산형 색상 설정 결과**

이 결과를 보면 한국과 각 대륙의 bar 트레이스가 하나의 트레이스로 구성되어 있다. 그래서 범례
가 **trace 0**이라고 명명되어 하나의 범례만 나타난다. 하지만 일반적인 사용자들은 범례에도 색상
과 각각의 대륙명이 나오길 바랄 것이다. 이를 위해서는 각각의 대륙에 따른 bar 트레이스를 그려
주어야 한다.

그런데 이렇게 트레이스를 나누어줄 때 트레이스 색상을 각각 설정해야 한다. 각각의 색상 설정은 이산형 변수에 매칭되는 딕셔너리를 설정하여 사용하거나 update_layout()의 colorway를 사용하는 두 가지 방법이 있다.

다음은 for 루프를 사용하여 각각의 트레이스를 나누고 이산형 변수에 매칭되는 색상 딕셔너리를 사용하여 한국의 데이터를 강조하는 파이썬 코드이다.

```python
fig = go.Figure()

## 이산형 변수와 색상을 매칭하는 딕셔너리 정의
colors = {'한국': 'blue' , '아시아' : 'gray', '유럽' : 'gray', '북미' : 'gray',
          '남미' : 'gray', '아프리카' : 'gray', '오세아니아' : 'gray'}

temp = df_covid19_100.groupby('location').agg(new_cases = ('new_cases', 'sum')).reset_index()

## 'location'의 그룹에 따라 for 루프
for cat, group in temp.groupby('location'):
    fig.add_trace({
        'type' : 'bar', ## bar 트레이스 설정
        'x': group['location'], 'y': group['new_cases'],
        'name' : cat,
        'marker' : {'color' : colors[cat]}
    })

fig.show()
```

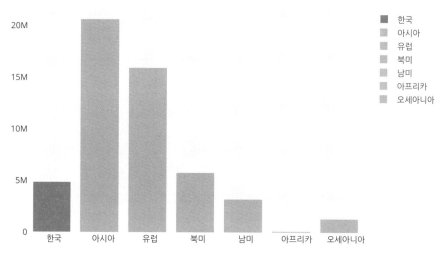

그림 6-9 **파이썬의 다중 트레이스 이산형 강조 색상 설정 결과**

이를 update_layout()의 colorway를 사용할 수 있는데 이를 사용한 파이썬 코드는 다음과 같다.

```
fig = go.Figure()

temp = df_covid19_100.groupby('location').agg(new_cases = ('new_cases', 'sum')).reset_index()

for cat, group in temp.groupby('location'):
    fig.add_trace({
        'type' : 'bar', ## bar 트레이스 설정
        'x': group['location'], 'y': group['new_cases'],
        'name' : cat
    })

fig.update_layout({'colorway' : ('blue', 'gray', 'gray', 'gray', 'gray', 'gray', 'gray')})

fig.show()
```

만약 이산형 색상의 구성을 Plotly에서 제공하는 팔레트의 색상으로 사용하고자 한다면 plotly. express에서 제공하는 color 모듈을 사용할 수 있다. Plotly에서 제공하는 팔레트 중 이산형 색상으로는 주로 qualitative 팔레트가 사용되는데 plotly.express.color.qualitative 모듈에서는 총 19 개의 컬러 팔레트를 제공한다. 이 팔레트의 색상 정보는 다음과 같은 코드로 얻어낼 수 있다.

```
import plotly.express as px

print(px.colors.sequential.Viridis)

['#440154', '#482878', '#3e4989', '#31688e', '#26828e', '#1f9e89', '#35b779', '#6ece58',
'#b5de2b', '#fde725']
```

Plotly 시각화의
실전

데이터를 효과적으로 전달하기 위해 사용되는 데이터 시각화는 전달하고자 하는 데이터의 특성과 시각화를 접하는 독자나 청중에 따라 매우 다양한 형태로 표현된다. 특히 잘 선택된 시각화 형태는 청중이 데이터를 한번에 이해하고 데이터 분석가가 전달하고자 하는 의미를 효과적으로 전달할 수 있지만, 잘못 선택된 데이터 시각화 형태는 오히려 데이터를 해석하는 데 방해가 되고 최악의 경우 데이터를 잘못 이해할 수 있기 때문에 주의깊게 선택해야 한다.

2부에서는 Plotly 시각화를 생성하기 위해 기본적으로 필요한 개념들을 살펴보았다. 2부에서 살펴본 개념들은 사용자가 표현하고자 하는 시각화의 특성에 따라 조합되어 다양한 시각화 형태를 만드는 데 사용된다. 3부에서는 2부에서 살펴본 data, layout 속성을 사용하여 데이터의 특성에 적합한 시각화를 생성하는 방법에 대해 소개한다. 특히 표현하고자 하는 데이터의 특성과 시각화 목적에 적절한 다양한 트레이스를 소개한다.

데이터 시각화 형태를 적절하게 선택하기 위해 3부에서는 데이터 분석가가 데이터를 표현하는 방식을 기준으로 '관계와 분포', '비교와 구성', '시간과 흐름', '지수와 지도'로 구분하여 데이터의 특성과 시각화 목적에 효과적으로 사용될 수 있는 시각화를 소개하고, 이들 주제에 적합한 트레이스로 Plotly 시각화를 생성하는 방법에 대해서도 살펴보겠다.

관계와 분포의 시각화

관계의 시각화는 X축 데이터와 Y축 데이터가 어떤 관계성을 보이는지를 표현한다. 따라서 관계의 시각화에서 주로 시각화하는 정보는 상관관계이다. 어떤 독립변수가 어떤 종속변수와 밀접하게 관계가 있는지에 대한 전반적인 관계를 확인할 수 있다. 관계의 시각화는 주로 산점도를 사용한다.

분포의 시각화는 전체 데이터가 어떻게 분포하는지를 전반적으로 표현한다. 보통 전체 데이터를 이산형 변수로 분류하고 이에 대한 사례수나 비율을 나타내는 시각화도 이에 속한다. 대표적인 분포의 시각화에는 산점도, 히스토그램, 박스 플롯, 바이올린 플롯 등이 있다.

7.1 산점도

산점도scatter chart는 Plotly뿐 아니라 데이터 시각화에서 사용하는 가장 기본적인 시각화 방법이다. 산점도는 X, Y축으로 구성된 **좌표계**coordinate system 위에 데이터를 점으로 표현하여 데이터의 전반적 분포를 표현하는 방법으로, 매우 간단한 시각화지만 데이터의 분포와 관계성을 파악하는 데 가장 효율적인 시각화이다. 데이터 분석을 시작할 때 대부분의 분석가들이 가장 먼저 시작하는 탐색적 데이터 분석에서 많이 활용되는 시각화이다.

산점도는 기본적으로 2차원 공간에 흩어져scattered 보이는 형태의 시각화이고, 2차원 축에 매핑되어야 하기 때문에 2개의 변수가 모두 연속형 수치 변수이어야 한다. 산점도는 **x-y 그래프**라고도 하며, 데이터가 흩어져 있는 형태를 통해 데이터의 분포와 관계를 알아보는 데 사용되는 시각화 방법이다.

산점도를 통해 살펴볼 수 있는 패턴이나 상관관계는 보통 다음의 세 가지 정도이다.[26]

- **선형 또는 비선형 상관관계**: 선형 상관관계는 데이터의 추세선이 직선을 형성하지만 비선형 상관관계는 데이터의 추세선이 곡선 또는 기타 형태를 나타낸다.
- **강한 또는 약한 상관관계**: 강한 상관관계는 데이터들이 추세선에 가깝게 분포하지만 약한 상관관계는 데이터들이 추세선에 멀리 분포해 있다.
- **양 또는 음의 상관관계**: 양의 상관관계는 추세선이 우상향(즉, x값이 증가할 때 y값이 증가)하고, 음의 상관관계는 추세선이 우하향(즉, x값이 증가할 때 y값은 감소)한다.

상관관계의 측면에서 풀어본다면 X축 변수는 독립변수이고 Y축 변수는 종속변수로 볼 수 있다. 하지만 많은 경우 종속변수를 결정하는 독립변수는 하나 이상이다. 이렇게 하나 이상의 독립변수를 표현하는 산점도는 점의 색상이나 형태, 크기 등의 시각화 속성을 독립변수에 매핑하여 표현한다. 이렇게 X축, 점의 색, 형태, 크기를 모두 사용한다면 총 4개의 독립변수로 표현되는 산점도를 그릴 수 있는 것이다. 이 중 점의 크기를 사용하는 산점도를 버블 차트라고 한다.

Plotly에서 산점도는 scatter 트레이스를 사용하여 구현한다. Plotly에서 scatter 트레이스는 단지 산점도만을 그리는 것이 아니고 X, Y 축에 좌표상으로 표시되는 선 그래프를 포함하며, 산점도와 선 그래프에 문자열을 표기하는 시각화까지 포함한다.

Plotly의 scatter 트레이스에서 사용되는 주요 속성은 다음과 같다.

표 7-1 scatter 트레이스의 주요 속성

속성			속성 설명	파이썬 속성값(R 속성값)
mode			scatter 트레이스의 그리기 모드 결정	플래그 문자열. "lines", "markers", "text"를 "+"로 조합. 또는 "none"
marker	color		마커 색상 설정	색상 또는 색상 배열
	colorscale		색 스케일 설정. marker.color가 수치형 배열일 경우에만 효과가 있음	rgb, rgba, hex, hsl, hsv, 문자형 색 이름의 배열
	line	color	마커 선 색 설정	색상 또는 색상 배열
		colorscale	마커 선의 색 스케일 설정	rgb, rgba, hex, hsl, hsv, 문자형 색 이름의 배열

---

26 https://medium.com/@paymantaei/what-is-a-scatter-plot-and-when-to-use-one-2365e774541

표 7-1 **scatter** 트레이스의 주요 속성(표 계속)

속성		속성 설명	파이썬 속성값(R 속성값)
marker	line	reversescale	True일 경우 마커 선 색상 매핑을 역순으로 변경	논릿값
		width	px 단위의 선 두께 설정	0과 같거나 큰 수치나 수치 배열
	opacity		마커 투명도 설정	0과 같거나 큰 수치나 수치 배열
	reversescale		True일 경우 마커 선 색상 매핑을 역순으로 변경	논릿값
	size		px 단위의 마커 크기 설정	0과 같거나 큰 수치나 수치 배열
	symbol		마커 형태(symbol)의 타입 설정	열거형 타입 또는 열거형 타입 배열로서, 기본 도형의 번호에 100을 더하면 -open형, 200을 더하면 -dot형, 300을 더하면 -open-dot으로 심벌 이름이 설정
line	color		선의 색 설정	색상
	dash		선의 타입 설정. 선 타입 이름 설정	`"solid"` | `"dot"` | `"dash"` | `"longdash"` | `"dashdot"` | `"longdashdot"`이나 px 단위의 점선 길이 리스트를 설정
	shape		선 모양 설정	`"linear"` | `"spline"` | `"hv"` | `"vh"` | `"hvh"` | `"vhv"`
	smoothing		shape가 spline일 경우 평활 정도 설정	0부터 1.3 사이의 수치
	width		px 단위의 선 두께 설정	0과 같거나 큰 수치
connectgaps			데이터 간의 갭을 연결할지 여부 설정	논릿값
fill			내부 색상이 채워지는 형태 설정	`"none"` | `"tozeroy"` | `"tozerox"` | `"tonexty"` | `"tonextx"` | `"toself"` | `"tonext"`
fillcolor			라인 색, 마커 색, 마커 라인 색의 내부 색상 설정	색상
fillpattern	bgcolor		패턴의 배경 색 설정	색상 또는 색상 배열
	fgcolor		패턴의 전경 색 설정	색상 또는 색상 배열
	fgopacity		패턴 전경 투명도 설정	0과 1 사이의 수치
	fillmode		marker.color가 배경으로 사용되는지 전경으로 사용되는지 설정	`"replace"` | `"overlay"`
	shape		패턴이 채워질 모양 설정	`""` | `"/"` | `"\"` | `"x"` | `"-"` | `"|"` | `"+"` | `"."`
	size		픽셀 단위로 패턴이 채워질 크기 설정	0과 같거나 큰 수치 또는 수치 배열

▶ R

R에서 산점도는 add_trace(type = 'scatter', …)나 add_markers()를 사용하여 만들 수 있다. add_markers()에서 사용하는 속성은 add_trace()에서 사용하는 속성 그대로이다. 만약 여러 개의 scatter 트레이스를 동시에 그리기 위해서는 R 자체적으로 제공하는 파이프(|>)나 tidyverse에서 지원하는 파이프(%>%)를 사용하여 scatter 트레이스를 계속 추가하여 그린다.

```
df_취업률_500 |>
  plot_ly() |>
  ## add_markers()로 marker mode의 scatter 트레이스 추가
  add_markers(x = ~졸업자수, y = ~취업자수, color = ~대계열) |>
  layout(title = list(text = '<b>졸업자 대비 취업자수</b>', font = list(color = 'white')),
         margin = margins_R,
         paper_bgcolor = 'black', plot_bgcolor = 'black',
         xaxis = list(color = 'white', ticksuffix = '명'),
         yaxis = list(color = 'white', gridcolor = 'gray', ticksuffix = '명', dtick = 100),
         legend = list(font = list(color = 'white')))
```

앞의 코드를 add_trace(type = 'scatter',)를 사용하여 작성하면 다음과 같다.[27]

```
df_취업률_500 |>
  plot_ly() |>
  ## add_trace()로 marker mode의 scatter 트레이스 추가
  add_trace(type = 'scatter', mode = 'markers',
            x = ~졸업자수, y = ~취업자수, color = ~대계열) |>
  layout(
    ## 제목 설정
    title = list(text = '<b>졸업자 대비 취업자수</b>', font = list(color = 'white')),
    margin = margins_R,  ## 여백 설정
    paper_bgcolor = 'black', plot_bgcolor = 'black',  ## 여백 설정
    xaxis = list(color = 'white', ticksuffix = '명'), ## X축 설정
    ## Y축 설정
    yaxis = list(color = 'white', gridcolor = 'gray', ticksuffix = '명', dtick = 100),
    legend = list(font = list(color = 'white')))  ## 범례 설정
```

▶ 파이썬

2장에서는 add_trace()에 data 속성을 딕셔너리로 구성하여 트레이스를 구성하였다. 이번 장부터는 이 방법보다는 add_trace()와 plotly.graph_objects에서 제공하는 각 트레이스 함수를 사용

---

27 이후 R에서 Plotly 구현은 add_trace()를 중심으로 설명하겠다.

하도록 한다.

plotly.graph_objects로 산점도를 그리기 위해서 plotly.graph_objects.Scatter()를 사용한다. 다음 코드에서와 같이 초기화된 Plotly 객체의 메서드로 add_trace()를 호출하고, add_trace()의 매개변수로 plotly.graph_objects.Scatter()를 호출한다. plotly.graph_objects.Scatter()는 scatter 트레이스에 해당하는 속성들을 매개변수처럼 =을 사용하여 속성값을 설정하는데, 만약 하위 속성이 있는 경우 {}나 dict()를 사용하여 딕셔너리를 만들어 설정한다.

다음은 2장에서 만들었던 졸업자 대비 취업자수를 plotly.graph_objects.Scatter()를 사용하여 산점도를 만드는 파이썬 코드이다. color 속성 설정을 위해 for 루프를 사용하였고, colors 딕셔너리를 만들어 대계열의 이름에 따른 정수값을 매칭해주었다. 그 이후 배경색을 검정으로 설정하고 축의 색과 그리드 컬러, 눈금 라벨 등의 layout 속성을 설정하였다.

```python
import plotly.graph_objects as go

fig = go.Figure()

## 색상 설정을 위한 딕셔너리 정의
colors = {'의약계열': 0, '인문계열': 1, '사회계열': 2, '교육계열': 3, '공학계열': 4,
          '자연계열': 5, '예체능계열': 6}

## 색상 설정을 위해 '대계열'로 그룹화해서 for 루프 사용
for cat, group in df_취업률_500.groupby('대계열'):
    ## scatter 트레이스 생성
    fig.add_trace(go.Scatter(
        mode = 'markers',
        x = group['졸업자수'], y = group['취업자수'],
        ## 트레이스 이름 설정
        name = cat,
        ## 마커 색상 설정
        marker = dict(color = colors[cat]),
        showlegend = True
    ))

    ## layout 속성 설정
fig.update_layout(
    ## 제목 설정
    title = dict(text = '<b>졸업자 대비 취업자수</b>', x = 0.5, font = dict(color =
    'white')),
    margin = margins_P, ## 여백 설정
    paper_bgcolor = 'black', plot_bgcolor = 'black', ## 배경색 설정
    ## X축 설정
    xaxis = dict(color = 'white', ticksuffix = '명', showgrid = False),
```

```
    ## Y축 설정
    yaxis = dict(color = 'white', gridcolor = 'gray', ticksuffix = '명', dtick = 100),
    legend = dict(font = dict(color = 'white'))) ## color scale 설정

fig.show()
```

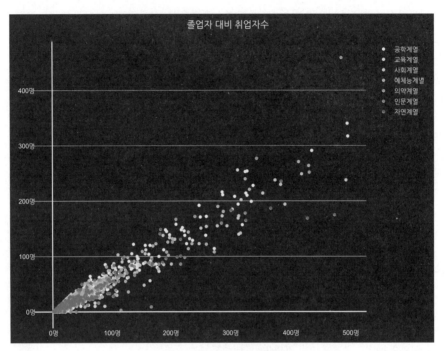

그림 7-1 **파이썬의 기본 산점도**

앞의 코드를 plotly.express로 구현하면 다음과 같다.[28] plotly.express에서 제공하는 scatter 트 레이스 함수는 scatter()이다. 속성값 딕셔너리를 설정하는 plotly.graph_objects와 달리 plotly. express의 함수들은 매개변수를 사용하는 방식으로 사용된다. 따라서 트레이스 속성 중에서 매개 변수로 지원하는 속성에만 매개변수에 허용된 값으로 전달해야 하며, 이 매개변수의 값은 **data** 속 성의 값과 다른 경우가 많기 때문에 사용하기 전에 확인이 필요하다.

```
## plotly.express 라이브러리 로딩
import plotly.express as px

## px.scatter()로 scatter 트레이스 생성
```

---

28 이후 파이썬에서 Plotly 구현은 plotly.graph_objects 중심으로 설명하겠다.

```
fig = px.scatter(df_취업률_500, x= '졸업자수', y="취업자수",
                 color = "대계열")

## layout 설정
fig.update_layout(title = dict(text = '<b>졸업자 대비 취업자수</b>',
                               x = 0.5, font = dict(color = 'white')),
                  margin = dict(t = 50, b = 25, l = 25, r = 25),
                  paper_bgcolor = 'black', plot_bgcolor = 'black',
                  xaxis = dict(color = 'white', ticksuffix = '명', showgrid = False),
                  yaxis = dict(color = 'white', gridcolor = 'gray',
                               ticksuffix = '명', dtick = 100),
                  legend = dict(font = dict(color = 'white')))

fig.show()
```

추세 산점도

산점도가 가장 효과적으로 사용되는 경우는 변수 간의 관계성을 살펴보는 것이다. 따라서 산점도에 뿌려지는 데이터에 어떤 상관관계가 있는지를 추세선으로 표시하면 데이터 간의 관계성을 좀더 확실히 알아볼 수 있다.

다음 그림과 같이 상관관계가 높을수록 추세선 주위에 데이터들이 모여있고 상관관계가 낮을수록 데이터는 추세선과 관계없이 넓게 뿌려진다. 이와 같이 상관관계의 높고 낮음을 계량화하여 비교하기 위해 상관계수를 사용한다. 보통 0.7 이상의 상관계수는 매우 강한 상관관계가 있다고 간주하고 0.5 이상의 경우 적정한 상관관계가 있다고 간주한다.[29]

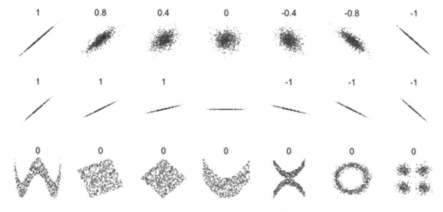

그림 7-2 상관관계와 상관계수[30]

---

29 출처: https://www.reneshbedre.com/blog/correlation-analysis-r.html
30 출처: https://en.wikipedia.org/wiki/Pearson_correlation_coefficient

▶ R

R에서 추세선을 그리는 데 가장 많이 사용하는 방법은 ggplot2에서 제공하는 geom_smooth()를 사용하는 것이다. 하지만 Plotly에서는 이런 기능을 제공하지 않는다. 따라서 선형회귀linear regression, lm나 국소회귀local regression, loess 모델을 만들어 추세선을 그려야 한다.

선형회귀 추세선 모델을 만들기 위해서는 R베이스에서 제공하는 lm()을 사용하여 상관관계를 파악하고자 하는 독립변수와 종속변수에 관한 선형회귀 모델을 만든다. 이렇게 만든 모델에 fitted()나 predict()를 사용하여 독립변수(X축)에 대응하는 종속변수(Y축)에 대한 적합치fitted value를 산출하여 이들을 이어주는 추세선을 그려준다. 만약 신뢰 구간confidence interval, CI의 표현이 필요하다면 add_ribbons()를 사용하여 그려주면 된다.

국소회귀 추세선을 Plotly로 그리는 방법은 loess()를 사용하여 국소 선형회귀 모델을 만들고 선형회귀 추세선처럼 fitted()를 사용하여 해당 모델에 대한 적합치를 Y축에 매핑함으로써 그려줄 수 있다. 다만 이 과정에서 X축 변량의 순서대로 fitted() 값을 그려야 정상적인 추세선이 나타나기 때문에 이 데이터를 정렬하기 위해 임시 데이터프레임을 생성하여 사용하였다.

```
##  선형회귀 모델 생성
lm_trend <- lm(data = df_취업률_500, 취업자수 ~ 졸업자수)

##  국소회귀 모델 생성
loess_trend <- loess(data = df_취업률_500, 취업자수 ~ 졸업자수)

##  국소회귀 모델 데이터 생성
df_loess_trend <- data.frame(X = df_취업률_500$졸업자수, Y = fitted(loess_trend)) |>
  arrange(X)

##
df_취업률_500 |>
  plot_ly(type = 'scatter', mode = 'markers') |>
  add_trace(x = ~졸업자수, y = ~취업자수, showlegend = FALSE) |>
  ##  선형회귀 데이터를 사용하여 line mode scatter 트레이스 생성
  add_trace(mode = 'lines', x = ~졸업자수, y = ~fitted(lm_trend),
            name = '선형 추세선', line = list(dash = 'dot')) |>
  ##  국소 =회귀 데이터를 사용하여 line mode scatter 트레이스 생성
  add_trace(data = df_loess_trend, mode = 'lines',
            x = ~X, y = ~Y, name = 'loess 추세선')
```

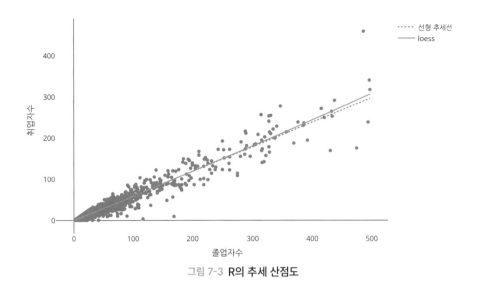

그림 7-3 **R의 추세 산점도**

추세선은 이렇게 전체적인 흐름을 보기 위해서도 그리지만 대부분 세부 그룹별로 추세선을 그리는 경우도 많다. R의 Plotly 패키지에서 자체적으로 추세선을 지원하지 않기 때문에 세부 그룹별로 추세선을 그릴 때는 ggplot2로 그린 후 Plotly로 변환하는 것이 훨씬 효율적이다. ggplot2를 Plotly로 변환하기 위해서는 `ggplotly()`를 사용한다.[31]

```
p <- df_취업률_500 |>
  ggplot(aes(x = 졸업자수, y = 취업자수, color = 대계열)) +
  geom_point() +
  ## geom_smooth로 선형회귀 추세선 추가
  geom_smooth(method = 'lm', se = FALSE) +
  ## geom_smooth로 국소회귀 추세선 추가
  geom_smooth(method = 'loess', se= FALSE, linetype = 2)

##  ggplot2 객체를 Plotly로 전환
ggplotly(p)
```

---

31 `ggplotly()`의 상세한 사용법은 부록에서 설명한다.

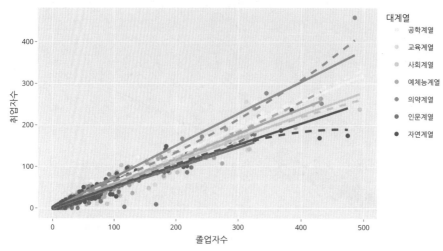

그림 7-4 ggplot2에서 변환한 추세 산점도

▶ **파이썬**

파이썬에서도 plotly.graph_objects 모듈에서는 추세선 그리는 기능을 제공하지 않는다. 따라서 R
과 같이 선형회귀 모델이나 국소 선형회귀 모델을 만들고 이 모델에 적합값을 산출하여 선을 그려
주는 방법을 사용해야 한다.

파이썬에서 회귀 모델을 만들기 위해서는 먼저 넘파이_{Numpy}와 scikit-learn 라이브러리의 `Linear
Regression` 모듈을 임포트하여 선형회귀 모델을 만든다. 이후 독립변수와 종속변수를 넘파이 배
열로 만들고 이 두 개의 배열을 `LinearRegression`으로 만든 객체의 `fit()` 메서드를 사용하여 적
합값을 생성한다. 생성된 적합값을 Y축에 매핑하고 독립변수로 사용했던 변수를 X축에 매핑하여
scatter 트레이스의 선을 그려주면 추세선이 만들어진다.

또 loess 모델을 만들기 위해서 먼저 statsmodels.api 라이브러리를 `sm`으로 임포트하고
`sm.nonparametric.lowess()`를 사용하여 각각의 독립변수 데이터에 대한 적합값으로 구성된 배
열을 산출한다. 이후 독립변수인 이 배열의 첫 번째 열을 X로, 적합값인 두 번째 열을 Y로 매핑하
여 scatter 트레이스로 선을 그려주면 추세선이 만들어진다.

```
import numpy as np
import statsmodels.api as sm # to build a LOWESS model
from sklearn.linear_model import LinearRegression

############# 선형회귀 모델
linear_regr = LinearRegression()
```

```
X = df_취업률_500['졸업자수'].values.reshape(-1,1) # 독립변수(넘파이의 배열)
Y = df_취업률_500['취업자수'].values # 종속변수(넘파이의 배열)

linear_regr.fit(X, Y) # 선형 모델의 가중치를 학습
linear_fit = linear_regr.predict(X)

############## Loess 모델
lowess_fit = sm.nonparametric.lowess(df_취업률_500['취업자수'], df_취업률_500['졸업자수'])

fig = go.Figure()

fig.add_trace(go.Scatter(
    mode = 'markers',
    x = df_취업률_500['졸업자수'], y = df_취업률_500['취업자수'],
    showlegend = False))

## 선형회귀 추세선 추가
fig.add_trace(go.Scatter(
    mode = 'lines',
    x = df_취업률_500['졸업자수'], y = linear_fit,
    name = '선형추세선',
    line = dict(dash = 'dot')))

## 국소회귀 추세선 추가
fig.add_trace(go.Scatter(
    mode = 'lines',
    x = lowess_fit[:,0], y = lowess_fit[:,1],
    name = 'loess'))

fig.show()
```

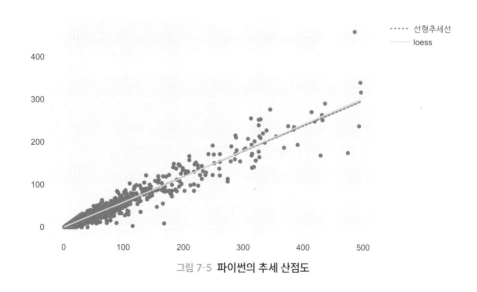

그림 7-5 **파이썬의 추세 산점도**

이렇게 각각의 회귀 모델을 만들어 추세선을 만들어주는 것이 정상적인 방법이지만 좀 복잡하다. 하지만 plotly.express에서 제공하는 scatter()는 trendline의 매개변수를 사용하여 간단히 추세선을 만들 수 있다. trendline 매개변수의 값은 ols, lowess, rolling, expanding, ewm 중에 하나가 사용된다. ols는 'ordinary least squares regression line'의 준말로 최소제곱법을 사용한 회귀선, 즉 일반적으로 말하는 선형회귀선을 말한다. 국소 선형회귀선인 lowess, 이동 평균선인 rolling, 확장 평균선인 expanding, 지수 가중 평균인 ewm을 설정할 수 있다.

```
## plotly.express.scatter()로 선형회귀 추세선 추가
fig = px.scatter(df_취업률_500, x= '졸업자수', y="취업자수",
                 color = "대계열", trendline = 'ols')

fig.show()

## plotly.express.scatter()로 국소회귀 추세선 추가
fig = px.scatter(df_취업률_500, x= '졸업자수', y="취업자수",
                 color = "대계열", trendline = 'lowess')

fig.show()
```

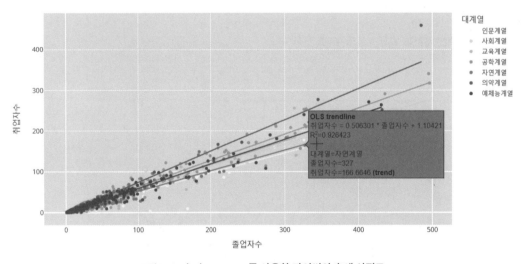

그림 7-6 **plotly.express를 사용한 파이썬의 추세 산점도**

버블 차트

버블 차트bubble chart는 풍선 차트라고도 하는데, 2차원 산점도에 표현되는 각각의 점의 크기를 추가적인 데이터 변수에 따라 다르게 표현함으로써 산점도를 3차원으로 확장할 때 사용하는 차트이다. 물론 3차원 이상의 산점도를 표현하기 위해 Z축을 사용하거나 점의 색 또는 점의 모양으로 표현할 수도 있지만, Z축을 사용할 때는 종이나 화면에 표현이 어렵고, 점의 색이나 점의 모양을 사용할 때는 3차원 변수가 연속형 변수가 아니고 이산형 변수일 때 보다 효과적이다. 하지만 3차원 변수가 연속형 변수일 때는 점의 크기로 표현하는 버블 차트가 효과적이다.

버블 차트를 사용할 때는 다음의 몇 가지 사항을 주의해야 한다. 첫 번째는 데이터가 너무 많이 표현되는 산점도에는 적절하지 않다는 것이다. 3차원 변수를 데이터 값의 크기로 표현하기 때문에 데이터가 표시되는 간격이 적절하게 확보되어야 버블 차트의 효과가 높아진다. 두 번째는 데이터가 표현되는 점의 투명도를 잘 설정해야 한다는 것이다. 투명도가 너무 짙게 설정되면 데이터들이 서로 겹치는 부분은 알아보기가 어려워질 수 있고 투명도가 너무 옅게 되면 데이터 자체를 알아보기 어려워질 수 있다. 세 번째는 점의 크기를 결정하는 3차원 변수는 음의 값을 가지지 않는 데이터가 적합하다는 것이다. 음의 값을 가지면 데이터를 표현하는 데 어려움이 있다. 네 번째로 사람의 눈은 일반적으로 원의 크기를 면적으로 인식한다고 알려져 있기 때문에 원의 크기를 결정할 때는 가급적 지름의 크기로 설정하기보다는 면적의 크기로 설정하는 것이 좋다.

Plotly로 버블 차트를 만들기 위해서는 scatter 트레이스의 `mode`를 `markers`로 설정하여 만든다. 다음은 백신 접종 완료율 대비 인구 백 명당 부스터 접종자수 산점도에 인구 십만 명당 사망자수를 점의 크기로 하는 버블 차트를 그리는 R과 파이썬 코드이다. 버블의 크기를 면적 단위로 설정하기 위해 `sizemode`를 `area`로 설정하였다.

▶ R

```
df_covid19_stat |>
  plot_ly() |>
  add_trace(type = 'scatter', mode = 'markers',
            x = ~백신접종완료율, y = ~인구백명당부스터접종자수,
            ## marker의 사이즈를 사용해 버블 차트 구현
            marker = list(size = ~십만명당사망자수, opacity = 0.5, sizemode = 'area')
  )
```

▶ 파이썬

```
fig = go.Figure()

fig.add_trace(go.Scatter(
    mode = 'markers',
    x = df_covid19_stat['백신접종완료율'],
```

```
    y = df_covid19_stat['인구백명당부스터접종자수'],
    ## marker의 사이즈를 사용해 버블 차트 구현
    marker = dict(size = df_covid19_stat['십만명당사망자수'], opacity = 0.5,
                  sizemode = 'area')
))
```

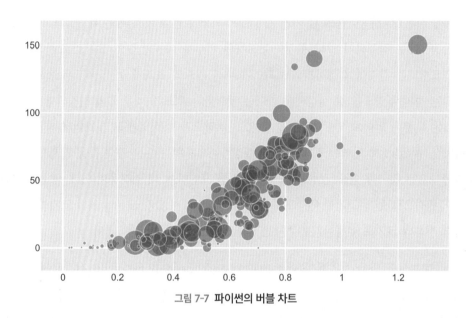

그림 7-7 **파이썬의 버블 차트**

7.2 히스토그램

히스토그램histogram은 데이터의 특정 변수 구간에 따른 사례수를 나타내는 시각화이다. 특정 변수의 일정한 구간에 몇 개의 사례가 있는지를 도수분포라 하고 이를 시각화한 것이 도수분포표, 즉 히스토그램이다. 대부분의 탐색적 데이터 분석에서 단일 연속형 변수의 분포를 시각화하는 데 가장 기본적으로 사용되는 것이 히스토그램이다.

히스토그램은 데이터의 빈도 분석, 데이터의 대칭성 분석을 확인하는 데 효과적으로 사용된다.

데이터의 빈도 분석은 값의 구간에 데이터가 집중되어 있는지 파악하는 것인데, 히스토그램에서 이 구간을 bin이라고 부른다. 데이터가 어떤 구간에 집중적으로 분포되어 있는지를 정확히 파악하기 위해서는 bin의 크기를 적절하게 설정해야 한다.

데이터 대칭성 분석은 히스토그램의 전반적 형태가 어떻게 생겼는지를 확인하는 것이다. 데이터의 전반적 분포들이 평균에서 얼마나 떨어져 있는지, 양의 방향 또는 음의 방향으로 얼마나 치우쳐 있는지를 확인할 수 있다.

히스토그램의 비대칭성은 평균이나 중앙값median과 밀접한 관계를 가진다. 일반적으로 평균이 중앙값보다 크다면 데이터는 양의 방향으로 치우친 데이터이다. 양의 치우침이 있는 데이터는 데이터의 수가 가장 많은 Peak점이 중앙값보다 작고, 중앙값은 평균보다 작다. 결국 중앙값을 기준으로 최빈값mode이 왼쪽, 평균이 오른쪽에 위치한다. 그리고 오른쪽으로 더 길게 치우쳐진 꼬리를 가지게 된다.

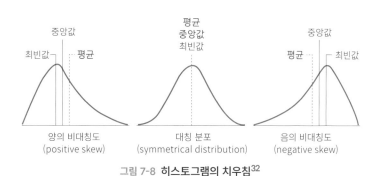

그림 7-8 **히스토그램의 치우침**[32]

히스토그램을 그릴 때 몇 가지 주의할 점이 있다.

첫 번째는 앞에서 언급한 바와 같이 bin의 개수를 잘 결정해야 한다. bin의 개수가 너무 적으면 데이터들의 분포 특성이 뭉개져서 데이터의 분포 특성을 알아내기 어렵다. 또 bin의 개수가 너무 많으면 데이터의 이상치 값들로 인해 전반적 분포를 파악하기 어렵고 데이터의 왜곡이 발생할 수 있다.

두 번째는 bin의 간격이 일정해야 한다. 맨 좌측이나 맨 우측의 긴 꼬리가 존재하는 경우 긴 꼬리 쪽을 몇 개의 bin으로 병합하여 넓은 bin으로 설정한다면 데이터의 전반적 분포를 확인할 수 없다. 따라서 가급적 데이터의 처음부터 끝까지 동일한 bin의 간격을 유지하는 것이 바람직하다.

세 번째는 히스토그램의 Y축은 0부터 시작해야 한다는 것이다. 히스토그램은 각각의 bin 구간에 따른 사례수를 표현하기 때문에 사례가 없는 구간도 표현되어야 한다. 따라서 0부터 시작하는 것이 좋다.

---

32 출처: https://en.wikipedia.org/wiki/Skewness

마지막으로 히스토그램은 bin 사이의 간격을 두지 않는 것이 일반적이다. 이것이 막대그래프와 히스토그램의 차이인데 막대그래프는 막대와의 간격을 두어 막대 간의 구별이 가능하도록 만들지만, 히스토그램은 전체적 분포를 보기 위한 것으로 중간의 빈 간격이 있으면 사례값이 없어 빈 것인지 막대의 간격인지 알 수 없다. 따라서 히스토그램의 bin 사이에는 간격을 두지 않는다. 하지만 히스토그램의 X 변수를 연속형 변수가 아닌 이산형 변수로 설정하면 Plotly는 bin 사이의 간격을 만드는데, 사실 이것은 히스토그램이라기 보다는 막대그래프로 보는 것이 맞을 것이다.

Plotly에서 히스토그램을 그리기 위해서는 histogram 트레이스를 사용한다. histogram 트레이스에서 주로 사용하는 속성은 다음과 같다.

표 7-2 **histogram 트레이스의 주요 속성**

속성		속성 설명	파이썬 속성값(R 속성값)
histfunc		histogram 트레이스의 bin 설정에 사용될 함수	`"count"` | `"sum"` | `"avg"` | `"min"` | `"max"`
histnorm		histogram 트레이스에서 사용될 정규화 타입 설정	`""` | `"percent"` | `"probability"` | `"density"` | `"probability density"`
nbinsx		원하는 X축의 bin의 최대 개수 설정	0 이상의 정수
nbinsy		원하는 Y축의 bin의 최대 개수 설정	0 이상의 정수
xbins	end	X축 bin의 마지막 값 설정	수치나 좌표계 범주 문자열
	size	X축 bin의 사이즈 설정	수치나 좌표계 범주 문자열
	start	X축 bin의 시작 값 설정	수치나 좌표계 범주 문자열
ybins	end	Y축 bin의 마지막 값 설정	수치나 좌표계 범주 문자열
	size	Y축 bin의 사이즈 설정	수치나 좌표계 범주 문자열
	start	Y축 bin의 시작 값 설정	수치나 좌표계 범주 문자열
textangle		눈금 라벨의 각도 설정	각돗값
constraintext		막대 내부 또는 외부의 텍스트 크기를 막대 자체보다 크지 않도록 제한	`"inside"` | `"outside"` | `"both"` | `"none"`
cumulative	currentbin	현재 bin이 포함되는지 제외되는지, 또는 현재 누적값에 해당 값의 절반이 포함되는지 여부 설정	`"include"` | `"exclude"` | `"half"`
	direction	누적값이 더해지는 방향 설정	`"increasing"` | `"decreasing"`
	enable	누적 히스토그램 사용 여부 설정	논릿값

다음은 각 학과의 취업률 분포를 히스토그램으로 그리는 R과 파이썬 코드이다. 히스토그램으로 표현할 단변량 변수인 취업률 변수는 X축에 매핑하고, bin의 설정을 위해 xbins 속성을 설정한다. 여기서는 bin의 시작점 속성인 start를 0, 끝점 속성인 end를 100, bin의 크기에 해당하는 size를 2.5로 설정하였다.

▶ R

R에서 히스토그램을 그리기 위해서 add_trace(type = 'histogram', …)나 add_histogram()을 사용한다.

```
## 취업률 데이터를 사용해 Plotly 객체 생성
p_histogram <- df_취업률_500 |> plot_ly()

p_histogram |>
  ## histogram trace로 X축을 취업률로 매핑, name을 취업률로 설정
  add_histogram(x = ~취업률, name = '취업률',
                ## xbins 속성 설정
                xbins = list(start = 0, end = 100, size = 2.5)) |>
  ## 제목과 여백 설정
  layout(title = '취업률 histogram', margin = margins_R)
```

▶ 파이썬

파이썬에서 히스토그램을 그리기 위해서는 plotly.graph_objects.Histogram()이나 plotly.express.histogram()을 사용한다. 여기서는 plotly.graph_objects.Histogram()을 사용하였다.

```
fig = go.Figure()

## histogram trace로 X축을 취업률로 매핑, name을 취업률로 설정
fig.add_trace(go.Histogram(x = df_취업률_500['취업률'], name = '취업률',
                           ## xbins 속성 설정
                           xbins = dict(start = 0, end = 100, size = 2.5)))
## 제목과 여백 설정

fig.update_layout(title = dict(text = '취업률 Histogram', x = 0.5))

fig.show()
```

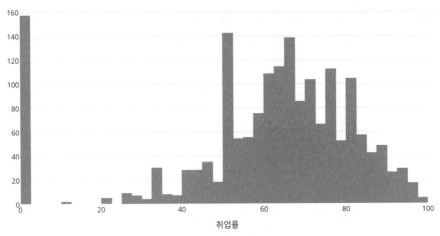

취업률 histogram

그림 7-9 R의 히스토그램

오버레이 히스토그램

히스토그램은 단일 연속형 변수에 대한 사례수를 표현하는 것이 목적이다. 하지만 몇 개의 카테고리로 그룹화한 단일 연속형 변수의 히스토그램을 겹쳐서 그리면 각각 카테고리의 분포를 한눈에 비교할 수 있다. 이러한 히스토그램을 **오버레이 히스토그램**overlay histogram이라고 한다. 오버레이 히스토그램을 사용하면 서로 중첩된 여러 모집단의 데이터 분포를 비교할 수 있다.

Plotly에서 오버레이 히스토그램을 그리기 위해서는 먼저 시각화하고자 하는 데이터에 대한 histogram 트레이스를 각각 만들어주고 layout의 barmode를 overlay로 설정해주면 그려진다. 다만 이 과정에서 서로 히스토그램이 겹쳐지기 때문에 opacity 속성을 사용하여 각각의 histogram 트레이스의 투명도를 적절히 설정해주어야 한다.

다음 코드는 학과별 취업률 히스토그램을 학위 과정별로 그린 다음 이들을 서로 겹쳐서 표현하는 오버레이 히스토그램을 그리는 R과 파이썬의 코드이다. 각각의 histogram 트레이스의 opacity는 0.4로 설정하였다.

▶ R
R에서 오버레이 히스토그램을 그리기 위해 설정하는 barmode는 layout()에서 설정해준다.

```
p_histogram <- df_취업률_500 |> plot_ly()

p_histogram |>
  ## histogram trace로 X축을 취업률로 매핑, name을 취업률로 설정
  add_histogram(x = ~취업률, color = ~과정구분,  opacity = 0.4,
           xbins = list(size = 5)) |>
  layout(title = '취업률 histogram',
       ## histogram barmode를 "overlay"로 설정
       barmode = "overlay",
       margin = margins_R)
```

▶ **파이썬**

파이썬에서 barmode의 설정은 update_layout()에서 설정한다. 각각의 histogram 트레이스의 색
상 구분을 위해 **과정구분**에 따라 그룹화한 후, for 루프를 사용하여 각각의 그룹에 대한 색상을
설정하였다.

```
fig = go.Figure()

for cat, group in df_취업률_500.groupby('과정구분'):
    fig.add_trace(go.Histogram(
        x = group['취업률'], name = cat,
        xbins = dict(size = 10), opacity=0.4))

## histogram barmode를 "overlay"로 설정
fig.update_layout(barmode='overlay', title = dict(text = '취업률 Histogram', x = 0.5))

fig.show()
```

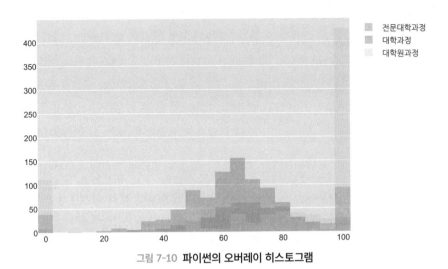

그림 7-10 **파이썬의 오버레이 히스토그램**

누적 히스토그램

누적 히스토그램cumulative histogram은 bin으로 표현되는 데이터의 사례수를 X축의 양의 방향으로 지속해 누적하여 표현하는 히스토그램을 말한다. 누적 히스토그램은 누적 빈도 곡선을 만들 수도 있고, 많은 양의 데이터에서 중앙값이나 사분위수와 같은 통계적 정보를 확인해야 할 때 유용하게 활용된다.

누적 히스토그램을 그리기 위해서는 histogram 트레이스의 속성 중 cumulative 속성의 하위 속성인 enabled를 TRUE로 설정한다. 다음은 R과 파이썬에서 누적 히스토그램을 그리는 코드이다.

▶ R

```
p_histogram <- df_취업률_500 |> plot_ly()

p_histogram |>
  add_histogram(x = ~취업률, name = '취업률',
                xbins = list(start = 0, end = 100, size = 2.5),
                ## 누적 히스토그램 설정
                cumulative = list(enabled=TRUE)) |>
  layout(title = '취업률 histogram', margin = margins_R)
```

```
fig = go.Figure()

fig.add_trace(go.Histogram(x = df_취업률_500['취업률'], name = '취업률',
                          xbins = dict(start = 0, end = 100, size = 2.5),
                          ## 누적 히스토그램 설정
                          cumulative = dict(enabled = True)))

fig.update_layout(title = dict(text = '취업률 Histogram', x = 0.5))

fig.show()
```

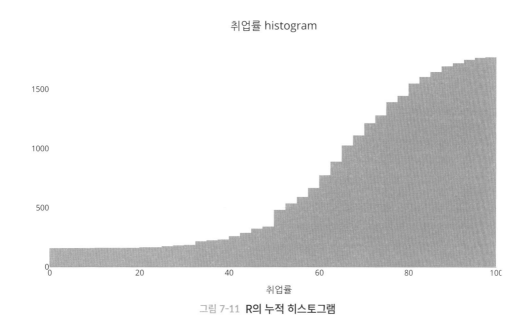

그림 7-11 **R의 누적 히스토그램**

히스토그램 함수의 사용

보통 히스토그램은 bin의 크기에 따라 설정된 범위에 속한 데이터의 사례수, 즉 데이터 카운트를 표현한다. Plotly에서도 기본적인 히스토그램은 데이터 사례수를 표현하는 방법으로 히스토그램을 그리지만, 이 값을 특정한 함수값으로 대체하는 방법도 제공한다. Plotly에서 히스토그램 함수로 제공하는 것은 사례수를 표시하는 count, bin에 속한 값의 합을 표시하는 sum, 평균을 표시하는 avg, 가장 작은 값을 표시하는 min, 가장 큰 값을 표시하는 max 등과 같은 5개이다. 히스토그램 함수는 histogram 트레이스의 histfunc 속성에 함수명을 설정함으로써 사용할 수 있다. 만약 count 이외의 함수를 사용한다면 각각의 함수에 적용되어야 하는 변수를 y 속성에 설정해주어야 한다.

다음은 대학의 각 계열별로 count, sum, avg, max 함수를 사용하는 히스토그램을 그려주는 R과 파이썬 코드이다.

▶ R

R에서 count 이외의 히스토그램 함수를 사용할 때 한 가지 주의해야 할 점은 히스토그램 함수에 적용될 y 속성은 수치형이 아닌 문자열로 설정해야 한다는 것이다.

```r
#################
p_histogram |>
  add_trace(type = 'histogram',  ## add_histogram()과 동의 함수
            x = ~대계열,
            ## 히스토그램 막대 함수를 'count'로 설정
            histfunc = 'count') |>
  layout(title = '취업률 histogram',
         yaxis = list(title = list(text = '학과수')),
         margin = margins_R)


#################
p_histogram |>
  add_trace(type = 'histogram', x = ~대계열, y = ~as.character(취업률),
            ## 히스토그램 막대 함수를 'sum'으로 설정
            histfunc = 'sum') |>
  ## Y축을 선형으로 설정
  layout(yaxis=list(type='linear',title = list(text = '취업률 합계')),
         title = '취업률 histogram',
         margin = margins_R)


#################
p_histogram |>
  add_trace(type = 'histogram', x = ~대계열, y = ~as.character(취업률),
            ## 히스토그램 막댓값을 'average'로 설정
            histfunc = 'avg') |>
  ## Y축을 선형으로 설정
  layout(yaxis=list(type='linear',title = list(text = '취업률 평균')),
         title = '취업률 histogram',
         margin = margins_R)


#################
p_histogram |>
  add_trace(type = 'histogram', x = ~대계열, y = ~as.character(취업률),
            ##히스토그램 막댓값을 'max'로 설정
            histfunc = 'max') |>
  ## Y축을 선형으로 설정
  layout(yaxis=list(type='linear',title = list(text = '취업률 최댓값')),
         title = '취업률 histogram',
         margin = margins_R)
```

파이썬에서는 `histfunc`에 히스토그램에 적용할 함수명을 설정하여 해당 함수에 대한 히스토그램을 만들 수 있다.

```python
################
fig = go.Figure()

fig.add_trace(go.Histogram(x = df_취업률_500['대계열'],
                           ## 히스토그램 막대 함수를 'count'로 설정
                           histfunc = 'count', showlegend = False))

fig.update_layout(title = dict(text = '취업률 Histogram', x = 0.5))

fig.show()

################
fig = go.Figure()

fig.add_trace(go.Histogram(x = df_취업률_500['대계열'], y = df_취업률_500['취업률'],
                           ## 히스토그램 막대 함수를 'sum'으로 설정
                           histfunc = 'sum', showlegend = False))

fig.update_layout(title = dict(text = '취업률 Histogram', x = 0.5))

fig.show()

################
fig = go.Figure()

fig.add_trace(go.Histogram(x = df_취업률_500['대계열'], y = df_취업률_500['취업률'],
                           ## 히스토그램 막댓값을 'average'로 설정
                           histfunc = 'avg', showlegend = False))

fig.update_layout(title = dict(text = '취업률 Histogram', x = 0.5))

fig.show()

################
fig = go.Figure()

fig.add_trace(go.Histogram(x = df_취업률_500['대계열'], y = df_취업률_500['취업률'],
                           ##히스토그램 막댓값을 'max'로 설정
                           histfunc = 'max', showlegend = False))

fig.update_layout(title = dict(text = '취업률 Histogram', x = 0.5))

fig.show()
```

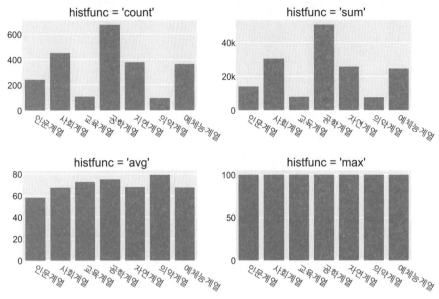

그림 7-12 **histfunc** 속성에 따른 파이썬의 히스토그램

7.3 박스 플롯

박스 플롯box plot[33]은 이산형 변수에 따른 연속된 수치형 데이터의 전체 분포를 효율적으로 보여줄 수 있는 플롯이다. 앞서 설명한 산점도는 X, Y축 모두 연속형 수치 데이터를 사용하지만, 박스 플롯은 X축에 이산형 데이터를 매핑하여 이산형 데이터로 분류되는 데이터의 전반적 분포를 시각화할 수 있다는 점에서 활용도가 크다. 또 중앙값, IQR 범위, 이상치 등의 추가적인 통계 정보를 같이 볼 수 있다는 장점이 있다.

박스 플롯으로 표현되는 상자의 중심은 중앙값이다. 중앙값은 가로선으로 표현되며 그 주위를 상자가 둘러싸고 있다. 상자의 하단과 상단은 관측값들의 25%와 75%번째 데이터의 위치를 나타낸다. 상자의 상단과 하단 범위를 벗어나면 사분위 범위의 1.5배 이내에 있는 값의 범위까지 수염whisker으로 표현된다. 수염 밖에 존재하는 값은 점으로 표기하며 이상치로 간주된다.

---

33 박스 플롯은 우리말로 상자 수염 그림, 상자 수염 차트 등으로 해석되는데 여기서는 박스 플롯으로 표현하겠다.

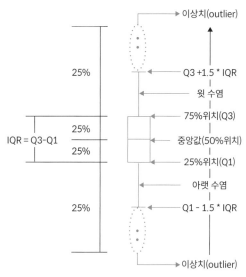

그림 7-13 **박스 플롯의 구성**

Plotly에서 박스 플롯을 생성하기 위해서는 box 트레이스를 사용한다. 다음은 box 트레이스에서 사용하는 주요 속성이다.

표 7-3 **box 트레이스의 주요 속성**

속성			속성 설명	파이썬 속성값(R 속성값)
marker	color		점 색상 설정	색상이나 색상 배열
	line	color	점 외곽선 색 설정	색상이나 색상 배열
		outliercolor	이상치 점 외곽선 색 설정	색상
		outlierwidth	이상치 점 외곽선 두께 설정	0 이상의 수치
		width	점 외곽선 두께 설정	0 이상의 수치
	opacity		점 투명도 설정	0과 1 사이의 수치나 수치 배열
	outliercolor		이상치 점 색 설정	색상
	size		점 크기 설정	0과 1 사이의 수치나 수치 배열
	symbol		점의 형태 설정	열거형 타입 또는 열거형 타입 배열로써, 기본 도형의 번호에 100을 더하면 -open형, 200을 더하면 -dot형, 300을 더하면 -open-dot으로 심벌 이름이 설정
line	color		박스 플롯 경계선 색 설정	색상
	width		박스 플롯 경계선 두께 설정	0과 1 사이의 수치나 수치 배열
boxmean			박스의 평균값 표시 설정	True(TRUE) | "sd" | False(FALSE)
boxpoints			박스 플롯에서 표시되는 데이터 점의 설정	"all" | "outliers" | "suspectedoutliers" | False

표 7-3 box 트레이스의 주요 속성(표 계속)

속성	속성 설명	파이썬 속성값(R 속성값)
notched	중앙값의 양쪽에 움푹 패인 모양 설정	논릿값
notchwidth	노치 두께 설정	0부터 0.5 사이의 수치
whiskerwidth	박스의 두께에 비례한 수염의 두께	0부터 1까지의 수치
quartilemethod	중앙값의 처리에 따른 Q1과 Q3의 계산 방법을 설정	"linear" | "exclusive" | "inclusive"
fillcolor	박스 내부 색상 설정	색상
pointpos	점들이 표시되는 위치의 박스 너비에 대한 상대적 거리	-2 이상 2 이하의 수치
jitter	점들이 표시되는 범위의 박스 너비에 대한 상대적 거리	0 이상 1 이하의 수치

다음은 대학 학과의 계열별 취업률 분포를 박스 플롯으로 그린 R과 파이썬 코드이다.

▶ R

R에서 box 트레이스를 만들기 위해서는 add_trace(type = 'box', …)를 사용하거나 add_boxplot()을 사용한다.

```
df_취업률 |>
  plot_ly() |>
  ## box 트레이스 생성
  add_boxplot(x = ~대계열, y = ~취업률_계)|>
  layout(title = list(text = '대학 계열별 취업률 분포'),
         margin = margins_R)
```

▶ 파이썬

파이썬에서는 add_trace()에 plotly.graph_objects.Box()나 plotly.express.box()를 사용한다.

```
fig = go.Figure()

## box 트레이스 생성
fig.add_trace(go.Box(
    x = df_취업률['대계열'], y = df_취업률['취업률_계']))

fig.update_layout(title = dict(text = '대학 계열별 취업률 분포', x = 0.5))

fig.show()
```

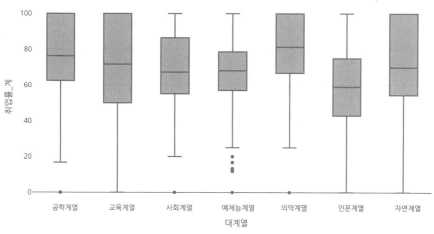

대학 계열별 취업률 분포

그림 7-14 R의 박스 플롯

평균, 표준편차가 포함된 박스 플롯

일반적으로 가장 많이 사용되지만 box 트레이스에서 제공되지 않는 요약 통계가 바로 평균mean이다. 보통 박스 플롯의 상자 안에 표시되는 가로선을 평균으로 오해하는 경우가 많은데, 이는 중앙값이다. 그래서 Plotly에서는 평균값을 표시해주는 속성인 boxmean을 제공한다. boxmean은 TRUE, sd, FALSE의 세 가지 속성값을 가질 수 있는데, TRUE, FALSE는 평균값 선을 표시하거나 표시하지 않는 논릿값이고 sd는 평균값에 표준편차가 추가로 표시되는지를 설정하는데, 설정되면 평균값과 표준편차는 점선으로 표시되며 평균값은 가로선으로, 표준편차는 마름모로 표현된다.

다음은 평균과 표준편차가 표시된 박스 플롯을 그리는 R과 파이썬 코드이다. box 트레이스의 boxmean 속성을 sd로 설정하였다. 또 중앙값과 평균을 구분하기 위해 notched 속성을 사용하여 중앙값이 표시되는 박스의 외관을 움푹 들어가도록 표현해주었다. notched는 TRUE/FALSE의 논릿값을 사용하여 표시할지 여부를 결정한다.

▶ R

```
df_취업률 |>
  plot_ly() |>
  add_boxplot(x = ~대계열, y = ~취업률_계,
              ## boxmean과 notched 설정
              boxmean = 'sd', notched = TRUE)|>
  layout(title = list(text = '대학 계열별 취업률 분포'),
         margin = margins_R)
```

```
fig = go.Figure()

fig.add_trace(go.Box(
    x = df_취업률['대계열'], y = df_취업률['취업률_계'],
    ## boxmean과 notched 설정
    boxmean = 'sd', notched = True))

fig.update_layout(title = dict(text = '대학 계열별 취업률 분포', x = 0.5))

fig.show()
```

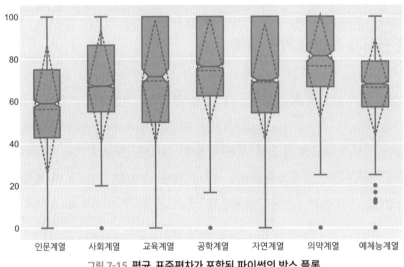

그림 7-15 평균, 표준편차가 포함된 파이썬의 박스 플롯

그룹 박스 플롯

Plotly는 여러 개의 box 트레이스를 하나의 박스 플롯으로 만들 수 있다. 이렇게 여러 개의 box 트레이스를 하나의 박스 플롯으로 그리기 위해서는 layout 속성의 boxmode 속성을 설정하면 가능하다.[34]

---

34 boxmode를 사용할 때 'Warning message'를 내는 경우가 있는데 이는 Plotly 커뮤니티 포럼에서도 적절치 않은 경고 메시지로 지적되고 있어 무시해도 무방하다.

boxmode 속성은 group과 overlay의 두 가지 속성값을 설정할 수 있다. group은 각 그룹의 박스들이 옆으로 배치되면서 전체 박스 플롯이 완성되고 overlay는 각각의 박스들이 겹쳐 그려지면서 완성된다. 다음 코드는 color로 **과정구분**을 매핑하여 group형 박스 플롯을 생성하는 R과 파이썬 코드이다.

▶ R

```
df_취업률 |>
  plot_ly() |>
  add_boxplot(x = ~대계열, y = ~취업률_계,
              ## color를 과정구분으로 매핑
              color = ~과정구분)|>
  ## boxmode를 group으로 설정
  layout(boxmode = "group", title = list(text = '대학 계열별 취업률 분포'),
         margin = margins_R)
```

▶ 파이썬

```
fig = go.Figure()

## 과정별 box 트레이스 생성
fig.add_trace(go.Box(
    x = df_취업률.loc[df_취업률['과정구분'] == '전문대학과정', '대계열'],
    y = df_취업률['취업률_계'], name = '전문대학과정'))

fig.add_trace(go.Box(
    x = df_취업률.loc[df_취업률['과정구분'] == '대학과정', '대계열'],
    y = df_취업률['취업률_계'], name = '대학과정'))

fig.add_trace(go.Box(
    x = df_취업률.loc[df_취업률['과정구분'] == '대학원과정', '대계열'],
    y = df_취업률['취업률_계'], name = '대학원과정'))

## boxmode를 group으로 설정
fig.update_layout(boxmode = 'group',
                  title = dict(text = '학위과정별 취업률 분포', x = 0.5,
                               xanchor = 'center'))
```

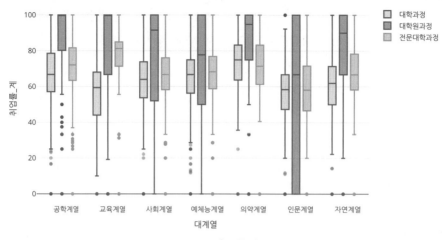

대학 계열별 취업률 분포

그림 7-16 R의 그룹 박스 플롯

지터 박스 플롯

박스 플롯은 데이터 분포를 여러 통계값을 사용하여 알아볼 수 있다는 점에서 매우 유용하지만 주의해야 할 점도 있다. 박스 플롯에는 데이터가 통계값으로 요약되기 때문에 이 요약으로 인해 잃어버리는 정보도 있다는 점이다. 가장 크게 잃어버리는 정보는 데이터의 사례가 밀집된 구간이 표현되지 않는다는 것이다. 앞선 그룹 박스 플롯과 같이 여러 데이터를 비교하는 경우 박스 플롯상에서 중앙값, 25%, 75% 값이 다른 그룹보다 높게 있더라도 그 그룹에 포함된 전체 데이터 개수가 다른 그룹보다 현저하게 적다면 이 부분을 다시 한번 검증해봐야 한다. 하지만 박스 플롯만으로는 이 부분을 알아내기가 어렵다. 이러한 단점을 보완하기 위해 실제 데이터를 흩뿌려주는 산점도를 박스 플롯에 병합하는 방법을 사용하곤 한다.

박스 플롯에 산점도를 병합하는 박스 플롯은 여전히 산점도가 가지고 있는 오버플로팅 문제가 존재한다. 이를 피하기 위해 샘플수 조정, 투명도 조정 등 여러 가지 방법을 사용할 수 있지만 가장 많이 사용되는 방법은 데이터를 좌우로 흩뿌려 주는jitter 방법이다. 이를 **지터 박스 플롯**jitter box plot이라고 한다.

Plotly에서는 boxpoints, jitter, pointpos 등의 속성을 설정하여 지터 박스 플롯을 만든다. boxpoints는 지터로 표시할 데이터의 범위를 설정하는 속성으로 전체 데이터를 표시하기 위한 all, 이상치만을 표시하기 위한 outliers, 이상치 중에서도 좀 더 극단적인 이상치에 해당하는 이상치를 부각하는 suspectedoutliers, 지터를 사용하지 않는 FALSE의 속성값을 가진다. jitter는 데이터가 흩뿌려지는 너비를 결정하는 속성으로 0부터 1까지의 값을 가진다. 0은 데이터가 흩뿌려지지 않고 중심선 위에 표시되며 1은 박스의 너비만큼의 범위에 데이터가 흩뿌려진다. `pointpos`는 데이터 점이 표시되는 위치를 설정하는데 박스의 중심에서부터 거리를 설정한다. 이 값은 -2에서 2 사이의 값을 가지는데 음수값은 박스의 좌측으로, 양수값은 박스의 우측으로 데이터가 표시되며 1은 박스 너비만큼 박스 중심에서부터 떨어진 곳에 데이터가 위치한다.

다음은 코로나19의 한국과 대륙별 일별 확진자수에 대한 지터 박스 플롯을 그리는 R과 파이썬 코드이다.

`boxpoints`는 `all`로 설정하여 데이터 전체를 표시하고, `jitter`를 0.3으로 설정하여 박스 너비의 30%에 해당하는 너비만큼 데이터가 흩뿌려지게 설정하였고, `pointpos`를 -1.8로 설정하여 박스의 좌측으로 박스 너비의 1.8배 되는 곳에 데이터가 표시되도록 설정하였다.

▶ R

```
fig <- df_covid19_100_wide |> plot_ly()

## 대륙별 확진자 box 트레이스 생성
fig <- fig |>
  add_boxplot(y = ~확진자_한국, name = '한국',
              ## boxpoints, jitter, pointpos 설정
              boxpoints = "all", jitter = 0.3, pointpos = -1.8)

fig <- fig |>
  add_boxplot(y = ~확진자_아시아, name = '아시아',
              boxpoints = "all", jitter = 0.3, pointpos = -1.8)

fig <- fig |>
  add_boxplot(y = ~확진자_유럽, name = '유럽',
              boxpoints = "all", jitter = 0.3, pointpos = -1.8)

fig <- fig |>
  add_boxplot(y = ~확진자_북미, name = '북미',
              boxpoints = "all", jitter = 0.3, pointpos = -1.8)

fig <- fig |>
  add_boxplot(y = ~확진자_남미, name = '남미',
              boxpoints = "all", jitter = 0.3, pointpos = -1.8)

fig <- fig |>
  add_boxplot(y = ~확진자_아프리카, name = '아프리카',
              boxpoints = "all", jitter = 0.3, pointpos = -1.8)

fig <- fig |>
  add_boxplot(y = ~확진자_오세아니아, name = '오세아니아',
              boxpoints = "all", jitter = 0.3, pointpos = -1.8)
```

```
fig |> layout(title = list(text = '한국 및 대륙별 일별 확진자 분포'),
              xaxis = list(title = '대륙명'),
              yaxis = list(title = '확진자수(명)'),
              margin = margins_R,
              paper_bgcolor='lightgray', plot_bgcolor='lightgray')
```

▶ 파이썬

```
fig - go.Figure()

## 대륙별 확진자 box 트레이스 생성
fig.add_trace(go.Box(
    y = df_covid19_100_wide['확진자_한국'], name = '한국',
    ## boxpoints, jitter, pointpos 설정
    boxpoints = "all", jitter = 0.3, pointpos = -1.8))

fig.add_trace(go.Box(
    y = df_covid19_100_wide['확진자_아시아'], name = '아시아',
    boxpoints = "all", jitter = 0.3, pointpos = -1.8))

fig.add_trace(go.Box(
    y = df_covid19_100_wide['확진자_유럽'], name = '유럽',
    boxpoints = "all", jitter = 0.3, pointpos = -1.8))

fig.add_trace(go.Box(
    y = df_covid19_100_wide['확진자_북미'], name = '북미',
    boxpoints = "all", jitter = 0.3, pointpos = -1.8))

fig.add_trace(go.Box(
    y = df_covid19_100_wide['확진자_남미'], name = '남미',
    boxpoints = "all", jitter = 0.3, pointpos = -1.8))

fig.add_trace(go.Box(
    y = df_covid19_100_wide['확진자_아프리카'], name = '아프리카',
    boxpoints = "all", jitter = 0.3, pointpos = -1.8))

fig.add_trace(go.Box(
    y = df_covid19_100_wide['확진자_오세아니아'], name = '오세아니아',
    boxpoints = "all", jitter = 0.3, pointpos = -1.8))

fig.update_layout(title = dict(text = '한국 및 대륙별 일별 확진자 분포', x = 0.5),
                  xaxis = dict(title = '대륙명'),
                  yaxis = dict(title = '확진자수(명)'),
                  margin = margins_P,
                  paper_bgcolor='lightgray', plot_bgcolor='lightgray')

fig.show()
```

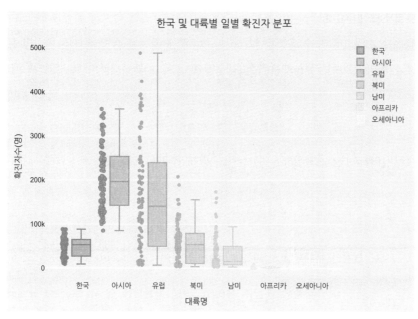

그림 7-17 **파이썬의 지터 박스 플롯**

7.4 바이올린 플롯

박스 플롯의 단점을 해결하기 위해 지터 박스 플롯을 고안하였다. 하지만 지터 박스 플롯의 경우 사례수가 많아지면 표기되는 점들이 서로 겹쳐 잘 알아보기 어려운 오버플로팅의 문제가 발생한다. 이러한 문제를 해결하기 위해 **바이올린 플롯**violin plot을 사용한다. 바이올린 플롯은 박스 플롯과 같은 유사한 방법이지만, 박스 플롯처럼 직선으로 만들어진 네모난 박스를 사용하는 것이 아니라 확률 밀도 곡선을 사용하여 바이올린과 유사한 모양을 만들어 시각화함으로써 데이터가 집중된 위치를 파악하기 쉽게 만들었다. 데이터의 양이 많아져 산점도를 겹쳐서 보여주기 어려운 경우에 사용하면 매우 효과적인 플롯이기 때문에 지터 박스 플롯의 단점을 보완할 수 있다.

다만 바이올린 플롯은 밀도 분포 곡선을 사용하다 보니 실제 값의 상한값과 하한값보다 다소 길게 표현된다는 단점이 있다.

Plotly에서 바이올린 플롯은 violin 트레이스를 사용해서 그릴 수 있고, 바이올린 플롯에서 주로 사용하는 속성은 다음과 같다.

표 7-4 violin 트레이스의 주요 속성

속성			속성 설명	파이썬 속성값(R 속성값)
marker	color		점 색상 설정	색상이나 색상 배열
	line	color	점 외곽선 색 설정	색상이나 색상 배열
		outliercolor	이상치 점 외곽선 색 설정	색상
		outlierwidth	이상치 점 외곽선 두께 설정	0 이상의 수치
		width	점 외곽선 두께 설정	0 이상의 수치
	opacity		점 투명도 설정	0과 1 사이의 수치나 수치 배열
	outliercolor		이상치 점 색 설정	색상
	size		점 크기 설정	0과 1 사이의 수치나 수치 배열
	symbol		점의 형태 설정	열거형 타입 또는 열거형 타입 배열
line	color		바이올린 플롯 경계선 색 설정	색상
	width		바이올린 플롯 경계선 두께 설정	0과 1 사이의 수치나 수치 배열
box	fillcolor		박스 내부 색상 설정	색상
	line	color	박스 외곽선 색상 설정	색상
		width	박스 외곽선 두께 설정	0 이상의 수치
	visible		박스의 표시 여부 설정	논릿값
quartilemethod			중앙값의 처리에 따른 Q1과 Q3의 계산 방법 설정	"linear" | "exclusive" | "inclusive"
fillcolor			박스 내부 색상 설정	색상
pointpos			점들이 표시되는 위치의 바이올린 너비에 대한 상대적 거리	-2 이상 2 이하의 수치
jitter			점들이 표시되는 범위의 바이올린 너비에 대한 상대적 거리	0 이상 1 이하의 수치
meanline	color		평균선 색상 설정	색상
	visible		평균선 표시 여부 설정	논릿값
	width		평균선 두께 설정	0 이상의 수치
points			데이터 점의 표시 범위 설정	"all" | "outliers" | "suspectedoutliers" | False
side			바이올린의 절반을 구성하는 밀도 함수에 대한 위치 설정	"both" | "positive" | "negative"
spanmode			밀도 함수가 계산될 데이터 공간의 범위를 설정	"soft" | "hard" | "manual"

▶ **R**

R에서 violin 트레이스를 사용하기 위해서는 add_trace(type = 'violin', …)을 사용해야 한다.
add_violin()은 제공하지 않는다.

```
df_취업률_500 |>
  plot_ly() |>
  ## violin 트레이스 추가
  add_trace(type = 'violin', x = ~대계열, y = ~취업률) |>
  layout(title = list(text = '대학 계열별 취업률 분포'),
         margin = margins_R)
```

▶ **파이썬**

파이썬에서 violin 트레이스를 사용하기 위해서는 `plotly.graph_objects.Violin()`을 사용하거나 `plotly.express.violin()`을 사용한다.

```
fig = go.Figure()

## 바이올린 trace 추가
fig.add_trace(go.Violin(
    x = df_취업률['대계열'], y = df_취업률['취업률_계']))

fig.update_layout(title = dict(text = '대학 계열별 취업률 분포', x = 0.5))
fig.show()
```

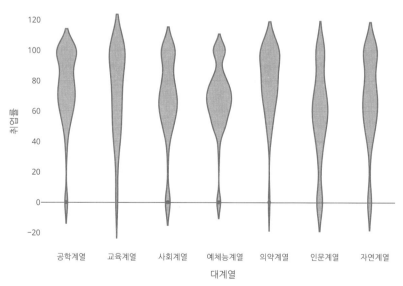

그림 7-18 **R의 바이올린 플롯**

박스 플롯과 평균선이 포함된 바이올린 플롯

바이올린 플롯은 박스 플롯과 유사한 형태를 보이지만, 박스 플롯에서 사용하는 산술 통계값의 위치가 직접적으로 표시되지는 않는다. 바이올린 플롯에 박스 플롯의 정보와 평균선을 같이 사용할 수 있는데 box와 meanline 속성을 설정하여 사용할 수 있다. 이 두 속성에는 다양한 하위 속성이 있는데 이 중 visible 속성을 TRUE로 설정하면 바이올린 플롯의 안쪽에 박스 플롯이 나타나고 평균선이 나타난다.

다음은 박스 플롯과 평균선을 포함한 바이올린 플롯을 그리는 R과 파이썬 코드이다.

▶ R

```
df_취업률_500 |>
  plot_ly() |>
  ## 바이올린 trace 추가
  add_trace(type = 'violin', x = ~대계열, y = ~취업률,
            ## 바이올린 내부 박스 표시
            box = list(visible = TRUE),
            ## 평균 선 표시
            meanline = list(visible = TRUE)) |>
  layout(title = list(text = '대학 계열별 취업률 분포'),
         margin = margins_R)
```

▶ 파이썬

```
fig = go.Figure()

## 바이올린 trace 추가
fig.add_trace(go.Violin(
    x = df_취업률['대계열'], y = df_취업률['취업률_계'],
    ## 바이올린 내부 박스 표시
    box = dict(visible = True),
    ## 평균 선 표시
    meanline = dict(visible = True)))

fig.update_layout(title = dict(text = '대학 계열별 취업률 분포', x = 0.5))

fig.show()
```

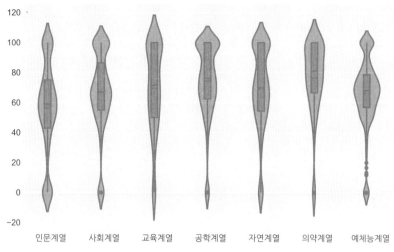

대학 계열별 취업률 분포

그림 7-19 **파이썬의 박스 플롯과 평균선이 포함된 바이올린 플롯**

분리된 바이올린 플롯

앞의 예에서 계열별 바이올린 플롯과 박스 플롯을 동시에 보여주고 있는데 여기에 중요한 두 개의 그룹을 비교하고자 한다면 바이올린 플롯과 박스 플롯을 반으로 분리하여 그릴 수도 있다.

이렇게 두 개의 바이올린 플롯을 반씩 잘라 붙이는 속성이 side이다. side는 바이올린의 양쪽을 모두 사용하는 both, 왼쪽 부분을 사용하는 negative, 오른쪽 부분을 사용하는 positive를 설정할 수 있다. 여기에 앞서 설정한 box와 meanline을 설정하면 box 트레이스와 평균선도 반으로 그려서 붙여줄 수 있다. 앞서 그렸던 대학과 전문대학의 계열별 취업률 분포에 대한 바이올린 플롯을 붙이는 R과 파이썬 코드는 다음과 같다.

▶ R

```
df_취업률_500 |>
  plot_ly() |>
  ## 대학과정을 필터링한 데이터 설정
  add_trace(data = df_취업률_500 |> filter(과정구분 == '대학과정'),
          ## 바이올린 trace로 추가
          type = 'violin', x = ~대계열, y = ~취업률, name = '대학',
          ## side, box의 설정
```

```
            side = 'positive', box = list(visible = TRUE, width = 0.5),
            ## meanline의 속성 설정
            meanline = list(visible = TRUE, width = 1)) |>
   ## 전문대학과정을 필터링한 데이터 설정
   add_trace(data = df_취업률_500 |> filter(과정구분 == '전문대학과정'),
            type = 'violin', x = ~대계열, y = ~취업률, name = '전문대학',
            side = 'negative', box = list(visible = TRUE, width = 0.5),
            meanline = list(visible = TRUE, width = 1)) |>
   ## violonemode 설정
   layout(title = list(text = '대학 계열별 취업률 분포'),
          margin = margins_R)
```

▶ 파이썬

```
fig = go.Figure()

## 전문대학과정 violin 트레이스 추가
fig.add_trace(go.Violin(
    x = df_취업률.loc[df_취업률['과정구분'] == '전문대학과정', '대계열'],
    y = df_취업률['취업률_계'], name = '전문대학',
    ## side, box, meanline 속성의 설정
    side = 'negative', box = dict(visible = True, width = 0.5),
    meanline = dict(visible = True, width = 1)))

fig.add_trace(go.Violin(
    x = df_취업률.loc[df_취업률['과정구분'] == '대학과정', '대계열'],
    y = df_취업률['취업률_계'], name = '대학',
    side ='positive', box = dict(visible = True, width = 0.5),
    meanline = dict(visible = True, width = 1)))

fig.update_layout(title = dict(text = '대학 계열별 취업률 분포', x = 0.5),
                  margin = margins_P)
```

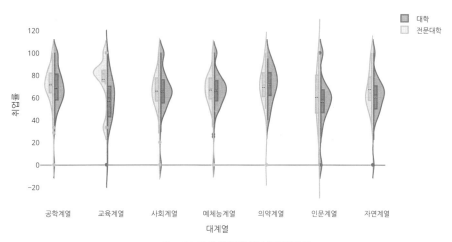

그림 7-20 **R의 분리된 바이올린 플롯**

8

비교와 구성의 시각화

비교와 구성의 시각화는 데이터를 구성하는 특정 변수의 변량에 따라 데이터값의 크기나 순서를 비교하거나 데이터의 구성 비율에 대한 시각화이다. 비교와 구성의 시각화는 다른 시각화와는 다른 두 가지의 특징이 있다.

첫 번째 특징은 시각화 그래프 내에서 한번 더 통계 처리가 필요하다는 것이다. 보통 비교의 시각화는 데이터값에 따라 시각화한 후 그 값들을 다시 정렬함으로써 시각화를 완성하게 된다. 따라서 데이터 시각화 이전이나 이후에 시각화 대상 데이터나 시각화 객체에서 정렬과 같은 통계 처리가 한번 더 일어나게 된다.

두 번째 특징은 그 관심의 대상이 데이터 자체의 값보다는 비교되는 대상 내에서의 상대적 위치에 더 쏠려 있다는 점이다. 비교되는 대상 중에 가장 값이 크거나 작은 변량이 무엇인지에 관심이 있는 시각화이다. 비교되는 대상들의 상대적 위치가 명확하게 구분되어야 하므로 비교되는 대상들이 명확하게 구분되어야 하고, 이 대상들을 명확하게 구분하기 위한 비교 변수는 이산형 변수를 사용하는 것이 일반적이다.

비교의 시각화에는 막대그래프가 많이 사용되는데 순위 막대그래프, 롤리팝 그래프, 도트 그래프 등이 많이 사용되고 구성의 시각화는 파이 차트, 선버스트 차트, 생키 다이어그램 등이 많이 사용된다.

8.1 막대그래프

막대그래프bar graph는 이산형 데이터 또는 그룹화되어 이산형으로 집계된 데이터들을 막대의 길이로 시각화하여 서로 비교하기 위해 사용되는 시각화이다. 공통 기준선에서부터 시작된 직사각형의 막대를 사용하여 각 변량의 데이터를 표현하고 막대의 길이는 데이터값에 비례한다. 같은 기준선에서 시작한 막대들이기 때문에 막대의 끝나는 위치에 따라 데이터들이 비교될 수 있다. 또 막대의 크기에 따른 데이터의 증감을 비교할 수도 있다.

막대그래프에는 그 유형에 따라 수직 막대그래프, 수평 막대그래프, 스택 막대그래프, 그룹 막대그래프로 구분된다.

수직, 수평 막대그래프는 이산형 데이터 각각의 변량에 각각 하나씩의 막대가 표시되는 식으로 우리가 흔히 알고 있는 형태의 막대그래프이다. 다만 그 막대의 표시 방향에 따라 수직 막대그래프와 수평 막대그래프로 나눌 수 있다. 보통 시각화에 사용하는 문서형 보고서는 세로 사이즈보다 가로 사이즈가 작은 경우가 많고, 스크롤이 가능한 웹 화면이라고 해도 세로 방향 스크롤은 익숙하지만 가로 방향 스크롤은 익숙하지 않다. 따라서 막대로 표현해야 할 변량이 많을 경우 **수직 막대그래프**vertical bar graph로 표현할 수 있는 범위에 한계가 있을 수밖에 없다. 그래서 막대의 폭이 너무 작아지고 X축에 표시되는 축 라벨이 겹치는 현상이 발생한다. 따라서 표현해야 할 막대가 많을 경우에는 **수평 막대그래프**horizontal bar graph를 사용하여 아래쪽으로 길게 만들면 막대의 폭도 적절히 설정 가능하고 축 라벨도 정상적으로 표현할 수 있다.

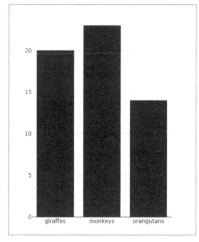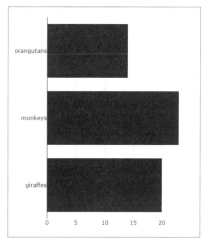

그림 8-1 **수직 막대그래프(좌)와 수평 막대그래프(우)**

스택 막대그래프와 그룹 막대그래프는 X축에 매핑된 이산형 변수들의 변량들에 추가적인 변량을 표현해야 할 때 사용하는 막대그래프이다. **스택 막대그래프**stacked bar graph는 하나의 막대를 또 다른 변수의 변량으로 구분하여 쌓아 올리는 누적 형태로 사용하는 방법이다. 스택 막대그래프는 하나의 변량에 대한 세부 변수의 구성 비율을 살펴보기 쉽다는 장점이 있다. 따라서 이 방법은 비교를 위한 시각화라기보다는 구성을 위한 시각화로도 볼 수 있다.

반면 **그룹 막대그래프**groupcd bar graph는 X축의 하나의 변량에 해당하는 또 다른 변수의 벼량만큼의 막대를 묶어 그려주는 방법이다. 따라서 이 방법은 X축의 주 변량을 구성하는 세부 변량의 크기들을 서로 비교할 수 있다는 장점이 있지만 전체 데이터를 비교하기 어렵다는 단점도 있다.

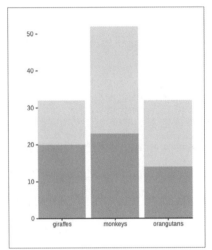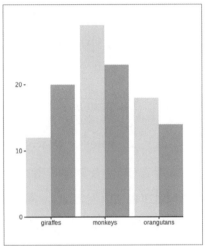

그림 8-2 **스택 막대그래프(좌)와 그룹 막대그래프(우)**

막대그래프를 그릴 때는 다음과 같이 몇 가지 주의해야 할 점이 있다.

첫 번째는 막대 사이의 간격을 잘 설정해야 한다. 앞 장에서 설명한 히스토그램은 일반적으로 연속형 변수에 대한 막대그래프이기 때문에 그 간격을 설정하지 않는다. 그 사이의 간격이 있다면 마치 연속형 변수에서 데이터가 없는 구간으로 오해될 수 있기 때문이다. 하지만 막대그래프는 이산형 데이터에 대한 그래프이기 때문에 각각의 이산형 변량들을 구분하기 위해 적절한 간격을 두어야 한다. 이 간격이 너무 좁으면 얼핏 보았을 때 데이터 변량의 구분이 어려울 수 있고 너무 넓으면 데이터 간격이 넓어 데이터 비교에 어려움이 따를 수 있다. 보통 엑셀에서 자동으로 생성되는 막대그래프는 막대 너비의 30~40% 정도의 여백을 둔다고 한다.

두 번째는 막대그래프의 경우 데이터 비교를 쉽게 하기 위해 막대의 크기대로 정렬하는 것이 좋다. 하지만 이산형 변수의 변량값 자체에 의미가 있을 때는 정렬하지 않는 경우도 많이 있다. 예를 들어 1부터 5 중에서 선택하는 리커트 척도Likert scale나 연도, 월과 같은 시간의 경우처럼 이산형 변수 자체의 순서가 있는 경우는 정렬하지 않는다.

세 번째, 막대의 기준선은 0부터 시작한다. 많은 경우 0부터 시작하는 막대그래프들의 크기 비교가 쉽지 않을 경우 기준선을 옮김으로써 비교가 도드라지게 시각화하는 경우가 있다. 예를 들어 어떤 두 개의 데이터가 하나는 98%, 하나는 99%라면 두 개의 막대 길이를 비교하기란 쉽지 않다. 그래서 기준선을 95%로 설정하여 시각화한다면 쉽게 비교될 수는 있겠지만 그 차이 때문에 사용자는 고작 1%의 차이를 매우 큰 차이로 오해하기 쉽다.

막대그래프에서 트레이스는 막대로 표현하고자 하는 하나의 이산형 변수를 x 속성으로 설정한다. 수평 막대그래프나 수직 막대그래프는 단일 이산형 변수에 따른 연속형 변수의 표현에 사용되기 때문에 하나의 bar 트레이스로 표현이 가능하다. 하지만 스택 막대그래프나 그룹 막대그래프는 추가적인 이산형 변수가 필요하기 때문에 하나 이상의 bar 트레이스를 추가해 그릴 수 있다.

Plotly에서 막대그래프를 그리기 위해서는 bar 트레이스를 사용한다. 스택 막대그래프나 그룹 막대그래프의 경우는 추가적인 bar 트레이스를 add_trace()로 추가한 후 layout 속성의 barmode를 stack이나 group으로 설정하여 스택 막대그래프나 그룹 막대그래프를 선택할 수 있다.

다음은 bar 트레이스에서 사용하는 주요 속성이다.

표 8-1 bar 트레이스의 주요 속성

속성			속성 설명	파이썬 속성값(R 속성값)
base			막대가 그려지는 기본 위치 설정	수치나 좌표상의 변량값
width			막대의 두께(축의 단위) 설정	0보다 큰 수치나 수치 배열
orientation			막대의 표시 방향 설정	"v" | "h"
marker	color		막대의 색상 설정	색상이나 색상 배열
	colorscale		색 스케일의 설정, marker.color가 수치형 배열일 경우에만 효과가 있음. colorscale은 rgb, rgba, hex, hsl, hsv, 문자형 색 이름의 배열이어야 함. 이러한 colorscale 배열 대신 팔레트 이름을 쓸 수 있음	컬러 스케일
	line	color	막대 선 색을 설정	색상이나 색상 배열
		colorscale	마커 선의 색 스케일의 설정	컬러 스케일

표 8-1 bar 트레이스의 주요 속성(표 계속)

속성		속성 설명	파이썬 속성값(R 속성값)
line	reversescale	True일 경우 막대 선 색상 매핑을 역순으로 바꿈	논릿값
	width	px 단위의 선 두께 설정	0보다 큰 수치나 수치 배열
opacity		막대의 투명도 설정	0과 1 사이의 수치나 배열
marker	bgcolor	패턴의 배경 색 설정	색상이나 색상 배열
	fgcolor	패턴의 선경 색 설정	색상이나 색상 배열
	fgopacity	패턴 전경 투명도 설정	0과 1 사이의 수치
	pattern fillmode	marker.color가 배경으로 사용되는지 전경으로 사용되는지를 설정	"replace" | "overlay"
	shape	패턴이 채워질 모양 설정	"" | "/" | "\\" | "x" | "-" | "|" | "+" | "."
	size	픽셀 단위로 패턴이 채워질 크기의 설정	0보다 큰 수치나 수치 배열
	reversescale	True일 경우, 막대 색상 매핑을 역순으로 바꿈	논릿값
insidetextanchor		박스 안쪽에 위치하는 텍스트의 위치 설정	"end" | "middle" | "start"

다음은 bar 트레이스에서 사용되는 주요 layout 속성이다.

표 8-2 bar 트레이스와 관련된 주요 layout 속성

속성	속성 설명	파이썬 속성값(R 속성값)
bargap	막대 사이의 간격 설정	0과 1 사이의 수치
bargroupgap	막대 그룹 내 막대 사이의 간격 설정	0과 1 사이의 수치
barmode	막대그래프 모드 설정	"stack" | "group" | "overlay" | "relative"
barnorm	bar 트레이스의 표준화 방법 설정	"" | "fraction" | "percent"

수직 막대그래프

다음 코드는 대학의 계열별 취업률의 평균에 대한 수직 막대그래프를 그리는 R과 파이썬의 코드이다. 대학의 계열은 총 7개의 이산형 변수이고 취업률은 0에서부터 100까지의 연속형 변수이다. 따라서 X축에는 대학의 계열을 매핑시키고 Y축에 취업률을 매핑시키는 bar 트레이스로 그릴 수 있다. 여기에 데이터를 표시하기 위해 text 속성과 textposition 속성을 설정하였고 소수점 한 자리만 표현하기 위해 texttemplate를 설정하였다. 또 Y축에 매핑되는 데이터는 백분율 데이터이기 때문에 ticksuffix 속성을 사용하여 눈금 라벨의 접미어를 %로 설정하였다.

R

R에서 bar 트레이스를 만들기 위해서는 add_trace(type = 'bar', …)를 사용하거나 add_bars()를 사용한다.

```r
df_취업률 |> group_by(대계열) |>
  summarise(취업률 = mean(취업률_계)) |>
  plot_ly() |>
  ## bar 트레이스 추가
  add_trace(type = 'bar', x = ~대계열, y = ~취업률,
            ## text와 textposition 설정
            text = ~취업률, textposition = 'inside',
            ## texttemplate 설정
            texttemplate = '%{y:.1f}') |>
  layout(title = '계열별 취업률 평균',
         ## 눈금 접미어 설정
         yaxis = list(ticksuffix = '%'),
         margin = margins_R)
```

▶ 파이썬

파이썬에서 bar 트레이스를 만들기 위해서는 add_trace()에 plotly.graph_objects.Bar()를 사용하거나 plotly.express.bar()를 사용한다.

```python
df_취업률_대계열평균 = df_취업률.groupby('대계열').agg(취업률 = ('취업률_계', 'mean'))

fig = go.Figure()

## bar 트레이스 추가
fig.add_trace(go.Bar(
    x = df_취업률_대계열평균.index, y = df_취업률_대계열평균['취업률'],
    ## text 설정
    text = df_취업률_대계열평균['취업률'],
    ## textposition, texttemplate 설정
    textposition = 'inside', texttemplate = '%{y:.1f}'))

fig.update_layout(title = dict(text = '계열별 취업률 평균', x = 0.5),
                  yaxis = dict(ticksuffix = '%'))

fig.show()
```

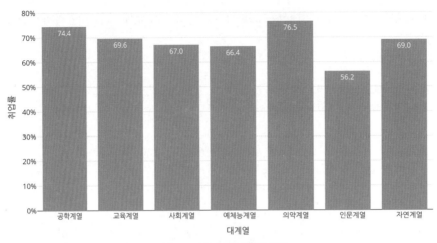

계열별 취업률 평균

그림 8-3 **R의 수직 막대그래프**

정렬 막대그래프

비교를 위해 사용하는 막대그래프는 특정한 이산형 변수에 의한 비교 데이터를 가장 높은 순서부터, 혹은 가장 낮은 순서부터 정렬하여 그릴 때 가장 효과가 크다. 앞의 취업률 막대그래프와 같이 비교에 사용되는 변수의 변량이 많지 않은 경우는 따로 정렬을 하지 않아도 데이터의 크기를 비교하기 쉽지만 사용되는 변수의 변량이 많은 경우는 데이터 크기를 비교하기 어렵다. 이러한 경우에는 막대의 순서를 데이터의 크기별로 정렬해주는 것이 데이터를 비교하는 데 효과적이다. 이렇게 막대의 순서를 정렬하기 위해서는 데이터 자체의 순서를 정렬한 후 막대그래프를 그리는 방법도 있고, Plotly에서 제공하는 막대 정렬 속성을 사용하는 방법이 있다.

Plotly의 bar 트레이스에서 막대의 순서를 정렬하기 위해 `layout`의 축(xaxis, yaxis) 속성의 하위 속성인 `categoryorder`를 사용할 수 있다. `categoryorder`에는 여러 가지 속성값이 있는데 `total ascending`과 `total descending`은 전체 데이터의 오름차순과 내림차순으로 정렬, `category ascending`과 `category descending`은 변량의 이름으로 정렬, `array`는 사용자가 원하는 정렬 순서를 `categoryarray` 속성을 사용해 지정해줄 수 있다.

다음은 코로나19 데이터셋에서 인구 백 명당 완전 백신 접종자 수가 가장 많은 10개의 국가를 막대그래프로 시각화하는 R과 파이썬 코드이다. 막대그래프를 그리기 위해서 먼저 인구 백 명당 완전 백신 접종자를 내림차순으로 정렬하여 이 중 상위 10개국에 대해 막대그래프를 그렸다. 여기서 인구수가 너무 적은 국가는 백신 접종률의 의미가 떨어지기 때문에 인구수가 천만 명 이상의 국가를 대상으로 하였고, 색상을 사용해 대륙을 표시하였다. `texttemplate`를 사용하여 표시되는 데이터에 %를 붙여주었으며, 정렬을 위해 `categoryorder`를 `total desceding`으로 설정하여 정렬하였다.

▶ R

```
## 인구수가 천만명 이상의 국가중에 인구백명당접종완료율 top 10 필터링
vaccine_top10 <- df_covid19_stat |>
  filter(인구수 > 10000000) |>
  top_n(10, 인구백명당백신접종완료율)


vaccine_top10 |>
  plot_ly() |>
  add_trace(type = 'bar',
            x = ~location, y = ~인구백명당백신접종완료율,
            color = ~continent, text = ~인구백명당백신접종완료율,
            textposition = 'outside', texttemplate = '%{text}%',
            textfont = list(color = 'black')) |>
  layout(title = '완전 백신 접종률 상위 top 10 국가',
         xaxis = list(title = '국가명', categoryorder = 'total descending'),
         yaxis = list(title = '백신접종완료율', ticksuffix = '%'),
         margin = margins_R)
```

▶ **파이썬**

파이썬의 bar 트레이스는 앞서 scatter 트레이스에서와 마찬가지로 색상을 지정하는 `color` 속성에 배열이나 리스트를 설정할 수 없다. 따라서 대륙을 색상으로 표현하기 위해 for 루프를 사용하여 각각의 대륙별로 색상을 설정한 bar 트레이스를 추가하는 형태로 만들어야 한다.

```
## 인구수가 천만명 이상의 국가중에 인구백명당접종완료율 top 10 필터링
vaccine_top10 = df_covid19_stat.loc[df_covid19_stat['인구수'] > 10000000].sort_values \
(by=['인구백명당백신접종완료율'], ascending=False).head(10).reset_index()

fig = go.Figure()

for continent, group in vaccine_top10.groupby('continent'):
    fig.add_trace(go.Bar(
        x = group['location'], y = group['인구백명당백신접종완료율'],
        name = continent,
        text = group['인구백명당백신접종완료율'], textposition = 'outside', texttemplate =
          '%{text}%',
        textfont = dict(color = 'black')))
```

```
fig.update_layout(title = dict(text = '완전 백신 접종률 상위 top 10 국가', x = 0.5),
                  xaxis = dict(title = '국가명', categoryorder = 'total descending'),
                  yaxis = dict(title = '백신접종완료율', ticksuffix = '%'),
                  margin = margins_P)

fig.show()
```

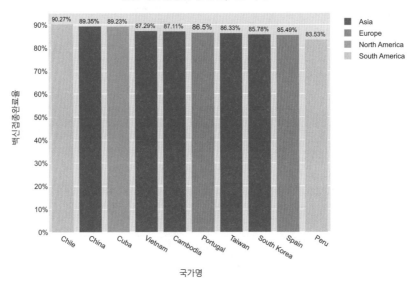

그림 8-4 **파이썬의 정렬 막대그래프**

수평 막대그래프

앞서 살펴본 전 세계 국가 중 백신 접종률 top 10은 백신 접종의 전체 현황에 대해 살펴볼 수는 있지만 각 대륙별 현황은 알아보기 어렵다. 이렇게 그룹 간의 데이터를 비교하기 위해서는 각 그룹별로 데이터를 먼저 전처리한 후 이 데이터를 사용해 시각화하는 방법을 사용해야 한다. 이번에는 각 대륙별로 그룹화된 백신 접종률 top 5를 비교해보자.

이를 위해서는 먼저 데이터를 전처리해야 한다. 각 대륙별로 그룹화하여 이 그룹별로 top 5를 산출해준다. 이 시각화는 앞선 시각화와는 몇 가지 차이가 있는데, 가장 큰 차이는 수평 막대그래프라는 점이다. 각 대륙별 top 5를 산출하면 6개 대륙 5개 국가이기 때문에 30개 국가가 산출된다. 하지만 앞에서와 같이 인구수가 너무 작은 국가를 제외하다 보니 오세아니아 대륙은 1개 국가만이 필터링되어 총 26개국이 나오게 된다. 이렇게 많은 막대를 수직 막대그래프로 표현하기에는 좌우 폭이 너무 좁다. 따라서 앞서 설명한 바와 같이 표현되는 변량의 수가 많은 막대그래프는 수평 막대그래프로 표현하는 것이 효과적이다.

Plotly에서 수평 막대그래프를 그리기 위해서는 bar 트레이스의 orientation을 h로 설정해야 한다. 또 이산형 변수를 Y축에 매핑시키고, 연속형 변수를 X축에 매핑시켜 일반적인 막대그래프의 매핑과 반대로 설정해야 한다.

R에서는 대륙의 색상으로 매핑할 변수를 생성하기 위해 순차 번호 열을 생성하였다. 이 열을 사용하여 국가를 정렬함으로써 대륙별 백신 접종률의 상위 top 5 국가들에 대한 시각화가 완성된다. 이 순차 번호 열을 Y축에 매핑했기 때문에 Y축에 표시되는 문자열을 설정하기 위해 ticktext와 tickvals 속성을 설정하였다. 그러나 파이썬에서는 대륙별로 트레이스를 생성하였기 때문에 순차 번호 열을 생성할 필요가 없다. 범례와 X축에 여유를 주기 위해 layout의 xaxis를 0부터 105까지로 설정하였다.

▶ R

```
## 대륙별 백신접종완료율 top 5 필터링
vaccine_top5_by_continent <- df_covid19_stat |>
  filter(인구수 > 10000000, !is.na(continent)) |>
  group_by(continent) |>
  top_n(5, 인구백명당백신접종완료율) |>
  arrange(continent, desc(인구백명당백신접종완료율)) |>
  ungroup() |>
  mutate(seq = as.factor(seq(1:n())))

vaccine_top5_by_continent |>
  plot_ly() |>
  add_trace(type = 'bar',
            y = ~seq, x = ~인구백명당백신접종완료율,
            color = ~continent,
            text = ~인구백명당백신접종완료율, textposition = 'outside',
            texttemplate = '%{text}%',
            textfont = list(color = 'black'),
            orientation = 'h'
  ) |>
  layout(title = '대륙별 완전 백신 접종률 상위 top 5 국가',
         xaxis = list(title = '백신접종완료율',
                      ticksuffix = '%', range = c(0, 105)),
         yaxis = list(title = '', autorange = 'reversed',
                      tickvals = ~seq, ticktext = ~location),
         margin = margins_R
  )
```

```
## 대륙별 백신접종완료율 top 5 필터링
vaccine_top5_by_continent = df_covid19_stat.loc[df_covid19_stat['인구수'] > 10000000].\
sort_values(by=['continent', '인구백명당백신접종완료율'], ascending=False).\
groupby('continent').head(5).reset_index()

fig = go.Figure()

for continent, group in vaccine_top5_by_continent.groupby('continent'):
    fig.add_trace(go.Bar(
        y = group['location'], x = group['인구백명당백신접종완료율'],
        name = continent,
        text = group['인구백명당백신접종완료율'], textposition = 'outside',
        texttemplate = '%{text}%',
        textfont = dict(color = 'black'), orientation = 'h'))

fig.update_layout(title = dict(text = '대륙별 완전 백신 접종률 상위 top 5 국가', x = 0.5),
                xaxis = dict(title = '백신접종완료율',
                            ticksuffix = '%', range = (0, 105)),
                yaxis = dict(title = '', autorange = 'reversed'),
                margin = margins_P, height = 800)
fig.show()
```

대륙별 완전 백신 접종률 상위 top 5 국가

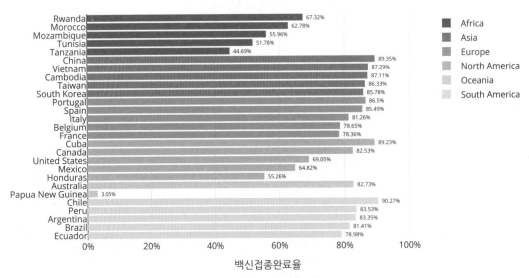

백신접종완료율

그림 8-5 R의 수평 막대그래프

그룹 막대그래프

그룹 막대그래프는 2개의 이산형 변수를 X축에 매핑하여 2개의 구분으로 그룹화된 막대그래프를 말한다. 앞에서 그린 수평 막대그래프는 대륙별로 그룹화되고 국가별로 그려져 있지만, 전체 데이터를 하나의 데이터프레임으로 만들고 표시될 순서를 열로 만들어 마치 그룹 막대그래프처럼 보이게 만든 단순 수평 막대그래프이다. 하지만 그룹 막대그래프는 일반적으로 긴 형태의 데이터보다는 넓은 형태의 데이터에 적합한 시각화이다. 각각의 열로 표현된 bar 트레이스를 여러 개 추가함으로써 그룹 막대그래프를 그린다.

다음은 대학의 계열에 따른 과정별 그룹 막대그래프를 그리는 R과 파이썬 코드이다. 우선 그룹 막대그래프를 그리기 위해서 먼저 긴 형태의 취업률 데이터프레임 중 시각화에 필요한 데이터만으로 그룹화하고 그룹별로 평균값을 산출한다. 이 데이터를 다시 넓은 형태로 만들어 '전문대학과정', '대학과정', '대학원과정'의 세 개의 열을 가지는 넓은 데이터프레임을 만든다. 이 넓은 데이터프레임의 각 열을 Y축으로 매핑하는 세 개의 bar 트레이스를 하나의 Plotly 객체에 추가해주고 `layout` 속성의 `barmode`를 `group`으로 설정해서 그룹 막대그래프를 만든다. 추가적으로 `bargroupgap`을 `0.2`로 설정해 막대 그룹 내의 막대 간의 간격을 설정하였다. 만약 `bargroupgap`이 설정되지 않는다면 막대 그룹 내의 막대들은 서로 붙어서 표현된다.

▶ R

```
## 계열별 취업률을 넓은 데이터 형태로 전처리
취업률_by_계열 <- df_취업률 |>
  group_by(과정구분, 대계열) |>
  summarise(취업률 = mean(취업률_계)) |>
  pivot_wider(names_from = 과정구분, values_from = 취업률)

취업률_by_계열 |> plot_ly() |>
  ## 과정별로 bar 트레이스 추가
  add_trace(type = 'bar', x = ~대계열, y = ~ 전문대학과정, name = '전문대학과정') |>
  add_trace(type = 'bar', x = ~대계열, y = ~ 대학과정, name = '대학과정') |>
  add_trace(type = 'bar', x = ~대계열, y = ~대학원과정, name = '대학원과정') |>
  ## barmode, bargroupgap 설정
  layout(barmode = 'group', bargroupgap = 0.2,
         title = '계열별 교육과정별 취업률 평균',
         margin = margins_R)
```

```python
## 계열별 취업률을 넓은 데이터 형태로 전처리
취업률_by_계열 = df_취업률.groupby(['과정구분', '대계열']).\
agg(취업률 = ('취업률_계', 'mean')).reset_index().\
pivot(index = '대계열', columns='과정구분', values='취업률')

fig = go.Figure()

## 과정별로 bar 트레이스 추가
fig.add_trace(go.Bar(
    x = 취업률_by_계열.index,
    y = 취업률_by_계열['전문대학과정'],
    name = '전문대학과정'))

fig.add_trace(go.Bar(
    x = 취업률_by_계열.index,
    y = 취업률_by_계열['대학과정'],
    name = '대학과정'))

fig.add_trace(go.Bar(
    x = 취업률_by_계열.index,
    y = 취업률_by_계열['대학원과정'],
    name = '대학원과정'))

## barmode, bargroupgap 설정
fig.update_layout(barmode = 'group', bargroupgap = 0.2,
                  title = '계열별 교육과정별 취업률 평균',
                  title_x = 0.5, margin = margins_P)
fig.show()
```

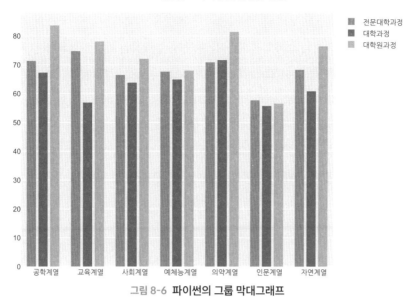

계열별 교육과정별 취업률 평균

그림 8-6 **파이썬의 그룹 막대그래프**

이중 축 막대그래프

시각화하다 보면 하나의 그래프에 여러 개의 데이터를 표현해야 하는 경우가 많다. 서로 다른 데이터를 표현하는 데 동일한 트레이스를 사용할 수도 있고 다른 트레이스를 혼용할 수도 있다. 흔하게 사용되는 경우가 막대그래프와 선 그래프를 혼용하는 경우이다. 이렇게 하나 이상의 트레이스를 사용하는 경우에는 보통 X, Y축 중 한 축의 스케일은 공유하지만 나머지 한 축은 각각의 데이터에 대한 스케일을 가질 수 있다. 따라서 추가적인 축의 설정이 필요하다. Plotly에서 기본적으로 설정되는 X축은 xaxis, Y축은 yaxis로 layout 속성에서 설정이 가능하다. 여기에 추가로 설정하는 축은 뒤에 숫자를 붙여 설정할 수 있다. X축이나 Y축에 추가적인 축 설정을 하기 위해서는 layout에서 xaxis2나 yaxis2 속성을 설정한다. 이렇게 설정된 추가 축은 해당 축을 사용하는 트레이스의 xaxis나 yaxis 속성에 layout에 설정한 추가 축의 이름을 매칭하여 서로 참조하도록 한다. Plotly는 트레이스에서 xaxis와 yaxis에 x2, y2로 설정하면 layout의 xaxis2, yaxis2에 매칭되도록 설계되어 있다.

추가적인 축이 표현되려면 overlaying과 side의 두 가지 속성에 대한 설정이 필요하다. overlaying은 기존 디폴트 축과 추가 축의 범위를 연속적으로 표시할지, 겹쳐서 표시할지를 설정하고 side는 표현되는 곳을 지정하도록 하는 방법이다.

이 중에서 축의 사례를 살펴보기 위해 앞에서 그렸던 완전 백신 접종률 상위 top 10 국가 막대그래프에 인구 10만 명당 사망자수를 점으로 표시하는 scatter 트레이스를 추가해보도록 하겠다. 백신 접종률의 Y축 스케일은 0%부터 100%까지의 스케일을 가지지만 해당 국가의 인구 10만 명당 사망자수는 0.3부터 281까지의 스케일을 가지기 때문에 추가적인 Y축이 필요하다. 따라서 인구 10만 명당 사망자수를 표시하는 scatter 트레이스의 yaxis 속성에 y2를 설정하여 추가적인 축을 사용하는 트레이스로 설정한다. scatter 트레이스에서 설정한 y2는 layout의 yaxis2에 매핑되어 사용된다. 그리고 overlaying 속성에 y를 설정하여 Y축에 오버레이되는 축이라는 점을 설정하였고 side를 right로 설정하여 yaxis2가 오른쪽에 표시되도록 설정하였다. 두 번째 Y축의 설정으로 인해 범례와의 간격이 좁아졌다. 그래서 범례를 조금 오른쪽으로 옮겨주었다.

▶ R

```
vaccine_top10 |>
  plot_ly() |>
  ## bar 트레이스 추가
  add_trace(type = 'bar',
            x = ~location, y = ~인구백명당백신접종완료율,
            color = ~continent, text = ~인구백명당백신접종완료율,
            textposition = 'outside', texttemplate = '%{text}%',
            textfont = list(color = 'black')) |>
  ## markers+text 모드인 scatter 트레이스 생성
  add_trace(type = 'scatter', mode = 'markers+text',
            ## yaxis를 "y2"로 설정
            name = '10만명당 사망자수', yaxis = "y2",
            x = ~location,
            y = ~십만명당사망자수, text = ~round(십만명당사망자수, 1),
            textposition = 'top'
)|>
  layout(title = '완전 백신 접종률 상위 top 10 국가',
         xaxis = list(title = '국가명', categoryorder = 'total descending'),
         yaxis = list(title = '백신접종완료율',
                      ticksuffix = '%'),
         ## y2 축의 설정
         yaxis2 = list(title = '인구10만명당 사망자수',
                       side = "right", overlaying = "y",
                       range = c(0, 300), ticksuffix = '명'),
         margin = margins_R,  legend = list(x = 1.1))
```

▶ 파이썬

```
fig = go.Figure()

## bar 트레이스 추가, 색상 설정을 위해 continent로 그룹화하고 for 루프 실행
```

```
for 대륙, group in vaccine_top10.groupby('continent'):
    fig.add_trace(go.Bar(
        x = group['location'], y = group['인구백명당백신접종완료율'],
        name = 대륙,
        text = group['인구백명당백신접종완료율'], textposition = 'outside',
        texttemplate = '%{text}%',
        textfont = dict(color = 'black')))

## markers+text 모드인 scatter 트레이스 생성
fig.add_trace(go.Scatter(mode = 'markers+text',
                         ## yaxis를 "y2"로 설정
                         name = '10만명당 사망자수', yaxis = "y2",
                         x = vaccine_top10['location'],
                         y = vaccine_top10['십만명당사망자수'],
                         text = round(vaccine_top10['십만명당사망자수'], 1),
                         textposition = 'top center'))

fig.update_layout(
    title = dict(text = '완전 백신 접종률 상위 top 10 국가와 십만명당 사망자수',
                 x = 0.5),
    xaxis = dict(title = '국가명', categoryorder = 'total descending'),
    yaxis = dict(title = '백신접종완료율', ticksuffix = '%'),
    ## y2 축의 설정
    yaxis2 = dict(title = '인구10만명당 사망자수',side = "right",
                  overlaying = "y", range = (0, 300), ticksuffix = '명'),
    margin = dict(r = 100, t = 50), legend = dict(x = 1.1))

fig.show()
```

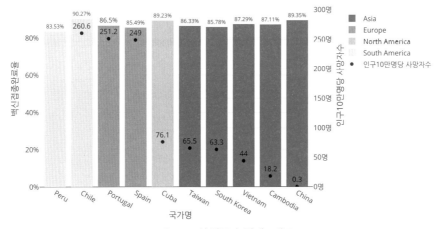

그림 8-7 **R의 이중 축 막대그래프**

백신 접종 완료율과 인구 10만 명당 사망자수를 동시에 표기해보니 포르투갈, 칠레, 스페인은 높은 백신 접종률에도 불구하고 10만 명당 200명 이상의 사망자가 나왔다. 하지만 쿠바, 우리나라, 캄보디아 등의 국가는 높은 접종률을 보이면서 10만 명당 사망자수도 낮게 나타난다.

앞서 그렸던 대륙별 완전 백신 접종률 상위 top 5 국가에 인구 10만 명당 사망률을 추가로 표시하기 위해 축을 추가하는 방법은 다음과 같다.

▶ R

```
vaccine_top5_by_continent |>
  plot_ly() |>
  ## bar 트레이스 추가
  add_trace(type = 'bar',
            y = ~seq, x = ~인구백명당백신접종완료율, color = ~continent,
            text = ~인구백명당백신접종완료율, textposition = 'outside',
            texttemplate = '%{text}%',
            textfont = list(color = 'black'), orientation = 'v'
  ) |>
  ## markers+text 모드인 scatter 트레이스 생성
  add_trace(type = 'scatter', mode = 'markers+text',
            ## xaxis를 "x2"로 설정
            name = '사망자수', xaxis = "x2",
            y = ~seq, x = ~십만명당사망자수, color = I('black'),
            text = ~round(십만명당사망자수, 1),
            textposition = 'middle right')|>
  layout(barmode = 'group',
         title = list(text = '대륙별 완전 백신 접종률 상위 top 5 국가',
                      y = 0.97, yref = 'container'),
         xaxis = list(title = '백신접종완료율', range = c(0, 105),
                      ticksuffix = '%'),
         yaxis = list(title = '', autorange = 'reversed',
                      tickvals = ~seq, ticktext = ~location),
         ## xaxis2 축의 설정
         xaxis2 = list(title = list(text = '인구10만명당 사망자수',
                                    standoff = 1),
                       side = "top", overlaying = "x",
                       range = c(0, 700), ticksuffix = '명'),
         margin = list(r = 100, t = 80),
         height = 800)
```

```python
fig = go.Figure()

## bar 트레이스 추가, 색상 설정을 위해 continent로 그룹화하고 for 루프 실행
for continent, group in vaccine_top5_by_continent.groupby('continent'):
    fig.add_trace(go.Bar(
        y = group['location'], x = group['인구백명당백신접종완료율'],
        name = continent, text = group['인구백명당백신접종완료율'],
        textposition = 'outside', texttemplate = '%{text}%',
        textfont = dict(color = 'black'), orientation = 'h'
    ))

## markers+text 모드인 scatter 트레이스 생성
fig.add_trace(
    go.Scatter(mode = 'markers+text',
               ## xaxis를 "x2"로 설정
               xaxis = "x2", name = '사망자수',
               x = vaccine_top5_by_continent['십만명당사망자수'],
               y = vaccine_top5_by_continent['location'],
               text = round(vaccine_top5_by_continent['십만명당사망자수'], 1),
               textposition = 'middle right'))

fig.update_layout(title = dict(text = '대륙별 완전 백신 접종률 상위 top 5 국가',
                               x = 0.5),
                  xaxis = dict(title = '백신접종완료율', ticksuffix = '%',
                               range = (0, 105)),
                  ## xaxis2 축의 설정
                  xaxis2 = dict(title = dict(text = '인구10만명당 사망자수',
                                             standoff = 1),
                                side = "top", overlaying = "x",
                                range = (0, 700), ticksuffix = '명'),
                  yaxis = dict(title = '', autorange = 'reversed'),
                  margin = dict(r = 100, t = 80), height = 800)

fig.show()
```

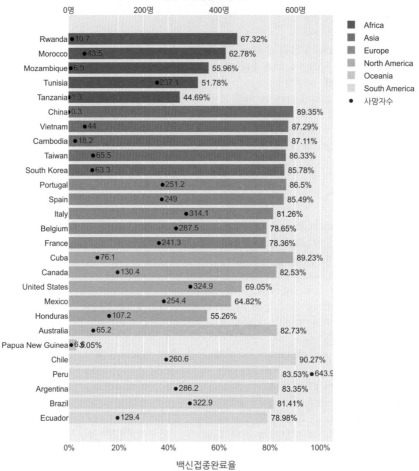

대륙별 완전 백신 접종률 상위 top 5 국가
인구10만명당 사망자수

그림 8-8 **파이썬의 이중 축 막대그래프**

8.2 비율 막대그래프

앞에서 Plotly가 지원하는 bar 트레이스의 수평(수직) 막대그래프, 그룹 막대그래프, 스택 막대그래프 세 가지 유형에 대해 살펴보았다. 하지만 막대그래프를 사용하여 변량 간의 데이터를 비교하는 것이 아닌 각 변량을 구성하고 있는 구성 성분의 비율을 살펴보기 위해서는 스택 막대그래프에 백분율을 표시함으로써 그 구성 비율을 표현할 수 있다. 이를 비율 막대그래프라고 하는데 막대 길이를 모두 동일하게(100%) 그려서 막대를 구성하는 변량의 전체 대비 비율을 표현하는 막대그래프이다. 따라서 전체 데이터값의 비교가 불가능하고 단지 그 세부 분류의 비율만을 확인할 수 있다.

비율 막대그래프를 그리기 위해서는 먼저 표현하고자 하는 변수의 각 변량 데이터를 백분율로 전처리한 후 이 비율을 bar 트레이스의 스택 막대그래프로 그려준다.

다음은 전 세계 국가들의 소득별 그룹화한 통계를 사용하여 **전체사망자수**, **백신접종자완료자수**, **인구백명당백신접종완료율**의 소득 그룹별 비율을 막대로 표시하는 R과 파이썬 코드이다. 먼저 데이터 중에 소득별 데이터만 필터링하고 행은 **전체사망자수**, **백신접종자완료자수**, **인구백명당백신접종완료율**로, 열은 High income, Low income, Lower middle income, Upper middle income을 갖도록 변환하였다. 이후 각 열의 합계값을 가지는 sum 열을 만들고 각각의 열을 sum 열로 나누어 전체에 대한 비율을 계산하였다. 이 비율로 비율 막대그래프를 그리는데, 수평 막대그래프를 그리고 barmode를 stack으로 설정하여 누적형 스택 막대그래프로 설정하였다. 이렇게 그려진 비율 막대그래프에 각 비율 텍스트를 넣어주는데 Plotly에서는 이 비율을 넣어주는 기능을 제공하지 않기 때문에 annotations를 추가하여 각각의 비율을 표기해주었다. 마지막으로 layout 속성의 tickformat을 사용하여 X축의 스케일을 백분율로 바꾸어주었다.

▶ **R**

R에서 비율 스택 막대그래프를 그릴 때는 설명한 대로 막대가 백분율로 구성된 bar 트레이스들을 추가함으로써 그릴 수 있다. 여기서는 각각의 Y 변수에 따라 그 구성비(High income, Low income, Lower middle income, Upper middle income)에 해당하는 4개의 bar 트레이스를 추가하였다. 여기에 barmode를 stack으로 설정해서 각각을 스택 막대그래프로 만들었고, 각 비율 텍스트를 표기하기 위해 add_annotations()를 사용하였다. 텍스트의 X 위치를 결정할 때 각 변량의 중간에 위치하도록 하는데 두 번째, 세 번째, 네 번째 텍스트는 앞에 표시된 변량의 누적량만큼을 더해서 X 위치를 결정하였다. 여기에 layout 속성의 xaxis, yaxis, legend, margin을 설정하였다. 이 중 legend는 가로 형태로 표현하기 위해 orientation을 h로 설정하였다. 다음 코드에서 한 가지 주의해야 할 것은 High income, Low income, Lower middle income, Upper middle income을 감싸고 있는 부호는 따옴표(')가 아닌 키보드 숫자 1의 왼쪽에 있는 백틱~backtick~(`)이다.

```
## 비율 막대그래프를 위한 데이터 전처리
df_covid19_stat |>
    filter(iso_code %in% c('OWID_HIC', 'OWID_LIC', 'OWID_LMC', 'OWID_UMC')) |>
    select(3, 5, 6, 7) |>
    pivot_longer(cols = c(2, 3, 4)) |>
    pivot_wider(names_from = location) |>
    group_by(name) |>
    mutate(sum = (`High income`+`Low income`+`Lower middle income`+
```

```r
                  `Upper middle income`)) |>
mutate(`High income` = `High income` / sum,
       `Low income` = `Low income` / sum,
       `Lower middle income` = `Lower middle income` / sum,
       `Upper middle income` = `Upper middle income` / sum) |>
plot_ly() |>
## 'High income'을 위한 bar 트레이스 추가
add_trace(type = 'bar', x = ~`High income`, y = ~name,
          name = 'High income', orientation = 'h',
          marker = list(line = list(color = 'white', width = 2))) |>
## 'Upper middle income'을 위한 bar 트레이스 추가
add_trace(type = 'bar', x = ~`Upper middle income`, y = ~name,
          name = 'Upper middle income', orientation = 'h',
          marker = list(line = list(color = 'white', width = 2))) |>
## 'Lower middle income'을 위한 bar 트레이스 추가
add_trace(type = 'bar', x = ~`Lower middle income`, y = ~name,
          name = 'Lower middle income', orientation = 'h',
          marker = list(line = list(color = 'white', width = 2))) |>
## 'Low income'을 위한 bar 트레이스 추가
add_trace(type = 'bar', x = ~`Low income`, y = ~name,
          name = 'Low income', orientation = 'h',
          marker = list(line = list(color = 'white', width = 2))) |>
## 'High income' 값 표시를 위한 주석 레이어 추가
add_annotations(xref = 'x', yref = 'y',
                x = ~`High income` / 2, y = ~name,
                text = ~paste(round(`High income`*100, 1), '%'),
                font = list(color = 'white'),
                showarrow = FALSE) |>
## 'High income' 값 표시를 위한 주석 레이어 추가
add_annotations(xref = 'x', yref = 'y',
                x = ~`High income` + `Upper middle income` / 2,
                y = ~name,
                text = ~paste(round(`Upper middle income`*100, 1), '%'),
                font = list(color = 'white'),
                showarrow = FALSE) |>
## 'High income' 값 표시를 위한 주석 레이어 추가
add_annotations(xref = 'x', yref = 'y',
                x = ~`High income` + `Upper middle income` +
                  `Lower middle income` / 2,
                y = ~name,
                text = ~paste(round(`Lower middle income`*100, 1), '%'),
                font = list(color = 'white'),
                showarrow = FALSE) |>
add_annotations(xref = 'x', yref = 'y',
                x = ~`High income` + `Upper middle income` +
                  `Lower middle income` + `Low income` / 2, y = ~name,
                text = ~paste(round(`Low income`*100, 1), '%'),
                font = list(color = 'white'),
```

```
                  showarrow = FALSE) |>
    layout(barmode = 'stack',
           title = '국가 소득 구간별 코로나19 현황',
           xaxis = list(title = '', tickformat = '.0%'),
           yaxis = list(title = ''),
           legend = list(orientation = 'h', traceorder = 'normal'),
           margin = margins_R)
```

▶ **파이썬**

파이썬에서 비율 스택 막대그래프를 그릴 때도 설명한 대로 막대가 백분율로 구성된 bar 트레이스들을 추가함으로써 그릴 수 있다. 여기서도 각각의 Y 변수(High income, Low income, Lower middle income, Upper middle income)에 따라 그 구성비에 해당하는 4개의 bar 트레이스를 추가하였다. 여기에 barmode를 stack으로 설정하였고, 각각의 비율 텍스트를 표기하기 위해 add_annotation() 을 사용하였다. add_annotation()의 속성 중 표시될 텍스트를 지정하는 text 속성은 R과는 달리 단일 문자열만 설정이 가능하기 때문에, for 루프로 각 행의 annotation을 추가하는 방법을 사용하였다. 텍스트의 X 위치를 결정할 때 각 변량의 중간에 위치하도록 하는데, 두 번째, 세 번째, 네 번째 텍스트는 앞에 표시된 변량의 누적량만큼을 더해서 X 위치를 결정하였다. 여기에 layout 속성의 xaxis, yaxis, legend, margin을 설정하였다. 이 중 legend는 가로 형태로 표현하기 위해 orientation을 h로 설정하였다.

```
## 아래의 코드에서 사용한 백슬래시(\)는 줄바꿈 문자로 다음 줄과 연결된다는 의미이다.
## 비율 막대그래프를 위한 데이터 전처리
df_covid19_stat_tmp = \
    df_covid19.groupby(['iso_code', 'location'], dropna=False).agg(
        전체사망자수 = ('new_deaths', 'sum'),
        백신접종자완료자수 = ('people_fully_vaccinated', 'max'),
        인구백명당백신접종완료율 = ('people_fully_vaccinated_per_hundred', 'max'),
    ).reset_index()

df_covid19_stat_tmp = df_covid19_stat_tmp.loc[df_covid19_stat_tmp['iso_code'].isin(
    ['OWID_HIC', 'OWID_LIC', 'OWID_LMC', 'OWID_UMC']),
    ['location', '전체사망자수', '백신접종자완료자수',
    '인구백명당백신접종완료율']].transpose()

df_covid19_stat_tmp = df_covid19_stat_tmp.rename(columns=df_covid19_stat_tmp.iloc[0]).\
drop(df_covid19_stat_tmp.index[0])

df_covid19_stat_tmp['sum'] = df_covid19_stat_tmp.sum(axis = 1)
```

```
df_covid19_stat_tmp['High income'] = \
df_covid19_stat_tmp['High income'] / df_covid19_stat_tmp['sum']

df_covid19_stat_tmp['Low income'] = \
df_covid19_stat_tmp['Low income'] / df_covid19_stat_tmp['sum']

df_covid19_stat_tmp['Lower middle income'] = \
df_covid19_stat_tmp['Lower middle income'] / df_covid19_stat_tmp['sum']

df_covid19_stat_tmp['Upper middle income'] = \
df_covid19_stat_tmp['Upper middle income'] / df_covid19_stat_tmp['sum']

fig = go.Figure()

## 'High income'을 위한 bar 트레이스 추가
fig.add_trace(go.Bar(
    x = df_covid19_stat_tmp['High income'],
    y = df_covid19_stat_tmp.index, orientation = 'h', name = 'High income',
    marker = dict(line = dict(color = 'white', width = 2))))

## 'Upper middle income'을 위한 bar 트레이스 추가
fig.add_trace(go.Bar(
    x = df_covid19_stat_tmp['Upper middle income'],
    y = df_covid19_stat_tmp.index, orientation = 'h', name = 'Upper middle income',
    marker = dict(line = dict(color = 'white', width = 2))))

## 'Lower middle income'을 위한 bar 트레이스 추가
fig.add_trace(go.Bar(
    x = df_covid19_stat_tmp['Lower middle income'],
    y = df_covid19_stat_tmp.index, orientation = 'h', name = 'Lower middle income',
    marker = dict(line = dict(color = 'white', width = 2))))

## 'Low income'을 위한 bar 트레이스 추가
fig.add_trace(go.Bar(
    x = df_covid19_stat_tmp['Low income'],
    y = df_covid19_stat_tmp.index, orientation = 'h', name = 'Low income',
    marker = dict(line = dict(color = 'white', width = 2))))

for index, row in df_covid19_stat_tmp.iterrows():
  ## 'High income' 값 표시를 위한 주석 레이어 추가
    fig.add_annotation(
    xref = 'x', yref = 'y',
    x = row['High income'] / 2, y = index,
    text = str(round(row['High income'] * 100, 1)) + '%',
    showarrow = False, font = dict(color = 'white'))
```

```
## 'Upper middle income' 값 표시를 위한 주석 레이어 추가
    fig.add_annotation(
    xref = 'x', yref = 'y',
    x = (row['Upper middle income'] / 2) + row['High income'],
    y = index, text = str(round(row['Upper middle income'] * 100, 1)) + '%',
    showarrow = False, font = dict(color = 'white'))

## 'Lower middle income' 값 표시를 위한 주석 레이어 추가
    fig.add_annotation(
    xref = 'x', yref = 'y',
    x = (row['Lower middle income'] / 2) + row['High income'] +
    row['Upper middle income'], y = index,
    text = str(round(row['Lower middle income'] * 100, 1)) + '%',
    showarrow = False, font = dict(color = 'white'))

## 'Low income' 값 표시를 위한 주석 레이어 추가
    fig.add_annotation(
    xref = 'x', yref = 'y',
    x = (row['Low income'] / 2) + row['High income'] + row['Upper middle income'] +
    row['Lower middle income'], y = index,
    text = str(round(row['Low income'] * 100, 1)) + '%',
    showarrow = False, font = dict(color = 'white'))

fig.update_layout(barmode = 'stack',
                  title = dict(text = '국가 소득 구간별 코로나19 현황', x = 0.5),
                  xaxis = dict(title = '', tickformat = '.0%'),
                  yaxis = dict(title = ''),
                  legend = dict(orientation = 'h', traceorder = 'normal'),
                  margin = margins_P)

fig.show()
```

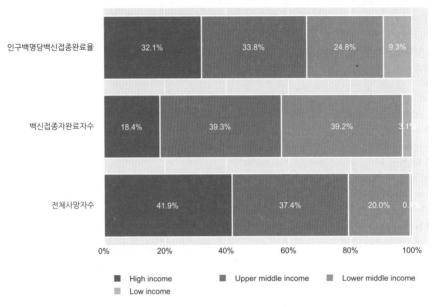

그림 8-9 **파이썬의 비율 막대그래프**

8.3 롤리팝 그래프

보통 우리가 보는 시각화는 인쇄물 형태이든 모니터 화면으로 보는 형태이든, 좌우의 확장보다는 상하의 확장에 더 유연하다. 따라서 좌우로 배치되는 막대가 많아지면 막대의 시각화가 효율적이지 않기 때문에 상하로 배치되는 수평 막대그래프의 사용이 효율적이다. 하지만 많은 변량에 대한 비교가 한눈에 들어오도록 표시하기 위해서는 세로로 긴 형태가 적절치 않은 경우가 있다. 따라서 막대의 너비를 최소화한 직선의 형태로 표현한 막대그래프를 **롤리팝 그래프**lollipop graph라고 한다.

롤리팝 그래프는 막대사탕의 상품명에서 유래된 그래프이다. 막대그래프와 유사하지만, 두께가 있는 막대가 아닌 막대사탕처럼 점과 직선을 사용하여 표현한다는 데서 유래했다. 점으로 표시된 데이터로부터 축까지 선으로 이어 데이터를 표현하는 방식의 그래프이다.

Plotly에서는 이 롤리팝 그래프를 트레이스로 제공하지는 않는다. 따라서 롤리팝 그래프를 그리기 위해서는 scatter 트레이스의 marker와 scatter 트레이스의 선이 아닌 도형 트레이스로 축까지 그려주는 것으로 만들 수 있다. 점을 그리는 scatter 트레이스는 R과 파이썬이 유사한 방법을 사용하지만 선 도형을 넣는 것에는 다소 차이가 있다. 다음은 앞에서 아시아 지역 국가들의 십만 명당 사망자수가 표현된 대륙별 백신 접종률을 롤리팝 그래프로 그린 R과 파이썬 코드이다.

▶ R

R에서 도형 트레이스의 선 그리기는 add_segments()를 사용하거나 add_annotations()의 type 속성을 line으로 설정하여 그릴 수 있다. 롤리팝 그래프를 그리기 위해서 먼저 데이터를 전처리하였다. 아시아 지역 데이터로 필터링하고 인구수도 5백만 명 이상의 국가로 한정하였다. 이 데이터를 사용하여 Plotly 객체를 초기화하였는데, 모든 트레이스에서 공통적으로 사용하는 X축 매핑을 plot_ly()에 넣어주어 추가되는 트레이스에 중복으로 설정되는 현상을 방지하였다. 그 다음 add_segments()로 수직선을 만들어주는데 xend는 X축에 매핑되는 값과 동일하게 하였고, Y축에 매핑되는 값은 선의 시작점인 y를 국가별 인구 백 명당 접종 완료율로, 선의 끝점인 yend는 0으로 설정하여 Y축까지 선이 그어지도록 설정하였다. 여기에 scatter 트레이스로 접종 완료율과 십만 명당 사망자수를 점으로 표시하였다. 마지막으로 layout을 설정하는데 title, yaxis, xaxis, yaxis2, margin, legend 속성을 설정하였다.

```r
## 롤리팝 그래프를 위한 데이터 전처리
df_lolipop <- df_covid19_stat |>
  filter(인구수 > 5000000, continent == 'Asia') |>
  arrange(desc(인구백명당백신접종완료율))

df_lolipop |>
  plot_ly(x = ~reorder(location, desc(인구백명당백신접종완료율))) |>
  ## 세그먼트 레이어 추가
  add_segments(xend = ~reorder(location, desc(인구백명당백신접종완료율)),
               y = ~인구백명당백신접종완료율,
               yend = 0, color = I('gray'),
               showlegend = FALSE) |>
  ## markers 모드인 scatter 트레이스 추가
  add_trace(type = 'scatter', mode = 'markers', name = '접종완료율',
            y = ~인구백명당백신접종완료율, color = I('darkblue')) |>
  add_trace(type = 'scatter', mode = 'markers',
            symbol = I('circle-open'),
            name = '사망자수', yaxis = "y2",
            y = ~십만명당사망자수, color = I('black'),
            text = ~round(십만명당사망자수, 1),
            textposition = 'right')|>
  layout(barmode = 'group',
         title = list(text = '아시아 국가의 백신접종률',
                      y = 0.97, yref = 'container'),
         yaxis = list(title = '백신접종완료율', range = c(0, 105),
                      ticksuffix = '%'),
         xaxis = list(title = ''),
         ## 두 번째 Y축의 설정
```

```
            yaxis2 = list(title = list(text = '인구10만명당 사망자수',
                                       standoff = 10),
                          side = "right", overlaying = "y",
                          range = c(0, 200), ticksuffix = '명'),
          margin = margins_R,
          legend = list(orientation = 'h', y = -0.5, x = 0.5,
                        yref = 'container', xanchor = 'center'),
          showlegend = T)
```

▶ **파이썬**

파이썬에서 선 도형을 그리기 위해서는 add_shape()의 type을 line으로 설정하고, X축의 시작점을 x0, 끝점을 x1, Y축의 시작점을 y0, 끝점을 y1으로 설정하여 그린다. 선의 속성을 설정하기 위해 line 속성의 하위 속성을 설정하였다. 다만 x0, x1, y0, y1은 벡터형 변수를 설정할 수 없기 때문에 for 루프를 사용하여 각각의 국가별로 선을 그려주었다. 이후 접종률과 사망자수를 표시하는 scatter 트레이스를 추가해주었고 layout 속성으로 title, xaxis, yaxis, yaxis2, margin, legend, showlegend를 설정해주었다.

```
## 롤리팝 그래프를 위한 데이터 전처리
df_lolipop = df_covid19_stat.reset_index()
df_lolipop = df_lolipop.loc[(df_lolipop['인구수'] > 5000000) &
            (df_lolipop['continent'] == 'Asia') &
            (df_lolipop['인구백명당백신접종완료율'].isna() == False)].\
sort_values(by = '인구백명당백신접종완료율', ascending=False)

fig = go.Figure()

## 라인 세그컨트 레이어를 추가
for index, row in df_lolipop.iterrows():
    fig.add_shape(type='line', xref='x', yref='y',
                  x0 = row['location'], y0=0, x1=row['location'],
                  y1=row['인구백명당백신접종완료율'],
                  line=dict(color='RoyalBlue',width=3))

## markers 모드인 scatter 트레이스 추가
fig.add_trace(go.Scatter(
    mode = 'markers', name = '접종완료율',
    x = df_lolipop['location'],
    y = df_lolipop['인구백명당백신접종완료율'],
    marker = dict(color = 'darkblue', symbol = 0, size = 8) ))

fig.add_trace(go.Scatter(
    mode = 'markers', name = '사망자수',
```

```
    x = df_lolipop['location'], y = df_lolipop['십만명당사망자수'],
    yaxis = "y2",
    marker = dict(color = 'black', symbol = 100, size = 8)))

fig.update_layout(
    title = dict(text = '아시아 국가의 백신접종률', x = 0.5),
    xaxis = dict(title = ''),
    yaxis = dict(title = '백신접종완료율', range = (0, 105),
                 ticksuffix = '%'),
    ## 두 번째 Y축의 설정
    yaxis2 = dict(title = dict(text = '인구10만명당 사망자수',
                               standoff = 10),
                  side = "right", overlaying = "y",
                  range = (0, 200), ticksuffix = '명'),
    margin = margins_P, showlegend = True,
    legend = dict(orientation = 'h', y = -0.5, x = 0.5,
                  xanchor = 'center'))

fig.show()
```

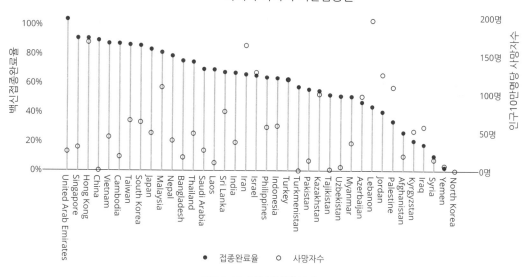

그림 8-10 **R의 롤리팝 그래프**

8.4 레이더 차트

레이더 차트radar chart는 특정 객체나 이벤트의 여러 평가 항목에 따른 평가 결과를 시각화할 때 주로 사용된다. 평가 항목수에 따른 다각형을 중심으로부터 측정 단위에 따라 일정 간격으로 칸을 나누어 평가 항목 간 결과를 한눈에 볼 수 있도록 해주는 차트이다. 원점을 중심으로 둥글게 펼쳐진 각각의 데이터 축에 표현되다 보니 마치 레이더망과 같이 생겨 붙여진 이름이다. 여러 측정 항목을 함께 겹쳐 놓아 비교하기에도 편리하고 항목 간 비율뿐만 아니라 균형과 경향을 직관적으로 알 수 있어 편리하다.

Plotly에서 레이더 차트를 그리는 트레이스는 radar 트레이스가 아닌 scatterpolar라는 이름의 트레이스를 사용한다. scatterpolar 트레이스는 단지 레이더 차트를 그리기 위해 사용되는 트레이스가 아니다. 축을 X, Y축으로 사용하는 데카르트 좌표계가 아니라 각도angular와 반지름radial으로 사용하는 극좌표계를 활용하는 scatter 트레이스를 말한다. 따라서 `mode`를 `marker`나 `text`로 사용하는 scatterpolar 트레이스를 사용할 수도 있다.

scatterpolar 트레이스에서 중요하게 사용되는 속성이 `theta`와 `r`, `fill`이다. `theta`는 각도로 표현되는 축을 설정하는 속성으로 레이더 차트에서 평가 항목으로 설정해야 하는 변수나 벡터를 설정한다. `r`은 반지름으로 표현되는 값을 설정하는 속성으로 레이더 차트에서 평가 항목의 측정값을 설정한다. `fill`은 단색으로 채울 영역을 설정하는 속성이다. 이 속성은 `none`, `toself`, `tonext`의 세 가지 값을 가지는데, `toself`는 트레이스의 시작점과 끝점을 연결해 닫힌 모양으로 만들고 해당 트레이스의 설정된 색으로 채운다. 트레이스가 여러 개일 경우 트레이스가 겹치는 곳의 색은 양쪽 트레이스의 색을 겹쳐 표현한다. `tonext`도 시작점과 끝점을 연결해 닫힌 모양으로 만들고 내부를 채우는데, 완전히 겹쳐지는 트레이스의 색을 설정된 색으로 사용한다는 것이 차이점이다. `none`은 내부를 채우지 않는다.

다음은 scatterpolar 트레이스에서 사용되는 주요 속성들이다.

표 8-3 **scatterpolar 트레이스의 주요 속성**

속성	속성 설명	파이썬 속성값(R 속성값)
mode	scatter 트레이스의 그리기 모드 결정. 선, 점, 문자 중 하나가 오거나 +를 사용하여 두 가지 이상을 동시에 표현할 수 있음	플래그 문자열. "lines", "markers", "text" 를 "+"로 조합. 또는 "none".

표 8-3 **scatterpolar 트레이스의 주요 속성(표 계속)**

속성			속성 설명	파이썬 속성값(R 속성값)
r			좌표계의 반지름 설정	수치의 list, 넘파이 array, 팬더스 series 또는 strings, datetimes(dataframe 열, list, vector)
r0			r의 대안으로 r 좌표계의 선형 공간을 만드는 시작 좌표 설정	수치나 좌표상의 변량값
dr			r0가 설정될 때 r 좌표계의 간격 설정	수치
theta			각 좌표의 설정	수치의 list, 넘파이 array, 팬더스 series 또는 strings, datetimes(dataframe 열, list, vector)
theta0			theta의 대안으로 theta 좌표계의 선형 공간을 만드는 시작 좌표 설정	수치나 좌표상의 변량값
dtheta			theta0가 설정될 때 theta 좌표계의 간격 설정	수치
marker	color		마커의 색상 설정. 특정한 색상이나 colorscale의 최댓값과 최솟값(또는 marker.cmax와 marker.cmin)에 상대적으로 매핑되는 수치 배열이 설정될 수 있음	색상 또는 색상 배열
	colorscale		색 스케일 설정. marker.color가 수치형 배열일 경우에만 효과가 있음. colorscale은 rgb, rgba, hex, hsl, hsv, 문자형 색 이름의 배열이어야 함. 이러한 colorscale 배열 대신 팔레트 이름을 쓸 수 있음	컬러 스케일
	line	color	마커 선의 색 설정. 특정한 색상이나 colorscale의 최댓값과 최솟값(또는 marker.cmax와 marker.cmin)에 상대적으로 매핑되는 수치 배열이 설정될 수 있음	색상 또는 색상 배열
		colorscale	마커 선의 색 스케일 설정. marker.line.color가 수치형 배열일 경우에만 효과가 있음. colorscale은 rgb, rgba, hex, hsl, hsv, 문자형 색 이름의 배열이어야 함. 이러한 colorscale 배열 대신 팔레트 이름을 쓸 수 있음	컬러 스케일
		reversescale	True일 경우 마커 선 색상 매핑을 역순으로 바꿈. Marker.line.color가 수치형 배열일 경우에만 효과를 냄	논릿값
		width	px 단위의 선 두께 설정	0과 같거나 큰 수치나 수치 배열
	opacity		마커의 투명도 설정	0과 같거나 큰 수치나 수치 배열
	reversescale		True일 경우 마커 색상 매핑을 역순으로 바꿈. Marker.line.color가 수치형 배열일 경우에만 효과를 냄	논릿값

표 8-3 **scatterpolar** 트레이스의 주요 속성(표 계속)

속성		속성 설명	파이썬 속성값(R 속성값)
marker	size	px 단위의 마커 크기 설정	0과 같거나 큰 수치나 수치 배열
	symbol	마커 형태(symbol) 타입 설정. 기본 도형의 번호에 100을 더하면 '-open'형 심벌 이름이 되고, 200을 더하면 '-dot'형 심벌 이름이 되고, 300을 더하면 '-open-dot'으로 심벌 이름이 설정됨	열거형 타입 또는 열거형 타입 배열
line	color	선의 색을 설정	색상
	dash	선의 타입을 설정. 선 타입 이름을 설정("solid", "dot", "dash", "longdash", "dashdot", 또는 "longdashdot")하거나 px 단위의 점선 길이 리스트를 설정	문자열
	shape	라인 모양을 결정함. 'spline'은 spline 보간법을 사용한 선을 그림. 다른 값은 단계 형태의 선 값("hv" | "vh" | "hvh" | "vhv")을 가짐	"linear" | "spline"
	smoothing	shape가 spline일 경우 평활 정도 설정	0부터 1.3사이의 수치
	width	px 단위의 선 두께 설정	0과 같거나 큰 수치
connectgaps		데이터 간의 갭을 연결할지 여부 결정	논릿값
fill		내부 색상의 채워지는 형태 설정	"none" | "toself" | "tonext"
fillcolor		라인 색, 마커 색, 마커 라인 색의 내부 색상 설정	색상

Plotly에서 scatterpolar 트레이스를 사용할 때는 지금까지 사용했던 X, Y축의 데카르트 좌표계가 아닌 극좌표계를 사용하기 때문에 layout 설정에서 축 설정과 관련된 속성들이 다소 차이가 있다. 극좌표계는 layout 속성의 polar 속성으로 설정한다. 다음 그림은 극좌표계를 사용한 레이더 차트의 주요 구성을 보여준다.

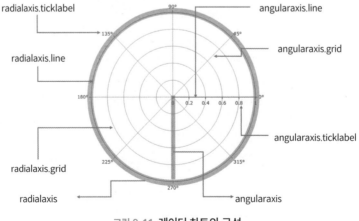

그림 8-11 **레이더 차트의 구성**

이들을 설정하는 polar 속성도 크게 angularaxis와 radialaxis의 두 가지 하위 속성으로 설정이 가능하다. 다음은 탐색적 데이터 분석(EDA) 사용되는 좌표계 설정을 위한 주요 layout 속성들이다.

표 8-4 polar 레이아웃의 주요 속성

속성			속성 설명	파이썬 속성값(R 속성값)
polar	angularaxis	categoryorder	이산형 변수 순서 지정	"trace" | "category ascending" | "category descending" | "array" | "total ascending" | "total descending" | "min ascending" | "min descending" | "max ascending" | "max descending" | "sum ascending" | "sum descending" | "mean ascending" | "mean descending" | "median ascending" | "median descending"
		categoryarray	각도축 위에 표시되는 카테고리 순서 설정	수치의 list, 넘파이 array, 팬더스 series 또는 strings, datetimes(dataframe 열, list, vector)
		color	각도축에 사용되는 색상 설정	색상값
		direction	각도에 따라 돌아가는 방향의 설정	"counterclockwise" | "clockwise"
		dtick	각도축의 눈금 간격 설정	수치나 좌표상의 변량값
		gridcolor	각도축의 그리드 선의 색 설정	색상값
		griddash	각도축의 그리드 선의 대시 형태 설정	문자열 ("solid", "dot", "dash", "longdash", "dashdot", or "longdashdot") 이나 대시 길이 리스트 (eg "5px,10px,2px,2px").
		gridwidth	각도축의 그리드 선 라인의 두께 설정	0 이상의 수치
		linecolor	각도축 선의 색상 설정	색상값
		linewidth	각도축 선의 두께 설정	0 이상의 수치
		nticks	각도축 위에 표시되는 눈금의 최대 개수 설정	0 이상의 정수
		period	type이 category일 때 각도 주기의 설정	0 이상의 수치
		rotation	각도 축의 시작 위치(각도) 설정	각돗값
		separatethousands	천 단위 콤마 설정	논릿값
		showgrid	그리드 라인의 표시 여부 설정	논릿값

표 8-4 **polar** 레이아웃의 주요 속성(표 계속)

속성			속성 설명	파이썬 속성값(R 속성값)
polar	angularaxis	showline	각도측 선의 표시 여부 설정	논릿값
		showticklabels	눈금 라벨 표시 여부 설정	논릿값
		ticks	눈금 표시 여부 설정	"outside" | "inside" | ""
		ticktext	tickvals를 통해 눈금 위치에 표시되는 텍스트 설정	수치의 list, 넘파이 array, 팬더스 series 또는 strings, datetimes(dataframe 열, list, vector)
		tickvals	각도축 눈금이 나타나는 값 설정	수치의 list, 넘파이 array, 팬더스 series 또는 strings, datetimes(dataframe 열, list, vector)
		visible	각도축 표시 여부 설정	논릿값
		type	각도축의 타입 설정	"-" | "linear" | "log" | "date" | "category"
	gridshape		축 그리드 라인과 각도 축 라인의 형태 설정	"circular" | "linear"
	radialaxis	angle	방사축이 그려지는 각도 설정	각돗값
		categoryarray	방사축 위에 표시되는 카테고리 순서 설정	수치의 list, 넘파이 array, 팬더스 series 또는 strings, datetimes(dataframe 열, list, vector)
		categoryorder	방사축의 이산형 변수 순서 지정	"trace" | "category ascending" | "category descending" | "array" | "total ascending" | "total descending" | "min ascending" | "min descending" | "max ascending" | "max descending" | "sum ascending" | "sum descending" | "mean ascending" | "mean descending" | "median ascending" | "median descending"
		color	방사축에 사용되는 색상 설정	색상값
		dtick	방사축의 눈금 간격 설정	수치나 좌표상의 변량값
		gridcolor	각도축의 그리드 선의 색 설정	색상값
		griddash	각도축의 그리드 선의 대시 형태 설정	문자열 ("solid", "dot", "dash", "longdash", "dashdot", or "longdashdot") 또는 대시 길이

표 8-4 **polar 레이아웃의 주요 속성(표 계속)**

속성		속성 설명	파이썬 속성값(R 속성값)
polar	radialaxis		
		gridwidth	각도축의 그리드 선 라인의 두께 설정	0보다 큰 수치
		linecolor	각도축 선의 색상 설정	색상값
		linewidth	각도축 선의 두께 설정	0 이상의 수치
		range	방사축의 범위 설정	list
		rangemode	방사축의 형태 설정	"tozero" | "nonnegative" | "normal"
		separatethousands	천 단위 콤마 설정	논릿값
		showgrid	그리드 라인의 표시 여부 설정	논릿값
		showline	각도축 선의 표시 여부 설정	논릿값
		showticklabels	눈금 라벨 표시 여부 설정	논릿값
		side	눈금과 눈금 라벨이 나타날 방사축의 위치 설정	"clockwise" | "counterclockwise"
		ticks	눈금 표시 여부 설정	"outside" | "inside" | ""
		ticktext	tickvals를 통해 눈금 위치에 표시되는 텍스트 설정	수치의 list, 넘파이 array, 팬더스 series 또는 strings, datetimes(dataframe 열, list, vector)
		tickvals	각도축 눈금이 나타나는 값을 설정	수치의 list, 넘파이 array, 팬더스 series 또는 strings, datetimes(dataframe 열, list, vector)
		title	각도축 제목 설정	layout title 참조
		visible	각도축 표시 여부 설정	논릿값

다음은 대륙별 백신 접종 완료율을 레이더 차트로 시각화하는 R과 파이썬 코드이다.

▶ R

R에서 scatterpolar 트레이스를 만들기 위해서는 add_trace(type = 'scatterpolar', …)를 사용한다.

```
## 레이더 차트를 위한 데이터 전처리
df_radar_veccine <- df_covid19_stat |>
    filter(iso_code %in% c('OWID_AFR', 'OWID_ASI', 'OWID_EUR',
                    'OWID_NAM', 'OWID_OCE', 'OWID_SAM')) |>
    select(continent, location, 인구백명당백신접종완료율)
```

```
df_radar_veccine |>
  plot_ly() |>
  ## scatterpolar 트레이스 추가
  add_trace(type = 'scatterpolar',
            theta = ~location, r = ~인구백명당백신접종완료율,
            fill = 'toself') |>
  ## polar 속성 설정
  layout(polar = list(
    ## angularaxis 속성 설정
    angularaxis = list(
      ticktext = c('아프리카', '아시아', '유럽', '북미',
                   '오세아니아', '남미'),
      tickvals = c('Africa', 'Asia', 'Europe', 'North America',
                   'Oceania', 'South America'),
      linewidth = 2, linecolor = 'black', gridcolor = 'gray'),
    ## radialaxis 속성 설정
    radialaxis = list(linewidth = 2, linecolor = 'dodgerblue',
                      gridcolor = 'skyblue', nticks = 5,
                      ticksuffix = '%', title = '백신 접종률')),
    title = list(text = '대륙별 백신 접종률', x = 0.5),
    margin = margins_R)
```

▶ **파이썬**

파이썬에서 scatterpolar 트레이스를 만들기 위해서는 add_trace()에 plotly.graph_objects. Scatterpolar()를 사용하거나 plotly.express.scatter_ploar()를 사용한다.

```
## 레이더 차트를 위한 데이터 전처리
df_radar_veccine=df_covid19.groupby(['iso_code', 'continent', 'location'],dropna=False).\
    agg(
        인구수 = ('population', 'max'),
        전체사망자수 = ('new_deaths', 'sum'),
        백신접종자완료자수 = ('people_fully_vaccinated', 'max'),
        인구백명당백신접종완료율 = ('people_fully_vaccinated_per_hundred', 'max'),
        인구백명당부스터접종자수 = ('total_boosters_per_hundred', 'max')
    ).reset_index()

df_radar_veccine = df_radar_veccine[(df_radar_veccine['iso_code'].\
    isin(['OWID_ASI', 'OWID_EUR', 'OWID_OCE', 'OWID_NAM', 'OWID_SAM', 'OWID_AFR']))]

fig = go.Figure()

## scatterpolar 트레이스 추가
fig.add_trace(go.Scatterpolar(
```

```
    theta = df_radar_veccine['location'],
    r = df_radar_veccine['인구백명당백신접종완료율'],
    fill = 'toself'
))

## polar 속성 설정
fig.update_layout(polar =
    ## angularaxis 속성 설정
    dict(angularaxis =
    dict(ticktext = ('아프리카', '아시아', '유럽', '북미', '오세아니아', '남미'),
        tickvals = ('Africa', 'Asia', 'Europe', 'North America',
                    'Oceania', 'South America'),
        linewidth = 2, linecolor = 'black', gridcolor = 'gray'),
    ## radialaxis 속성 설정
    radialaxis =
    dict(linewidth = 2, linecolor = 'dodgerblue', gridcolor = 'skyblue',
        nticks = 5, ticksuffix = '%', title = '백신 접종률')),
    title = dict(text = '대륙별 백신 접종률', x = 0.5),
    margin = margins_P)

fig.show()
```

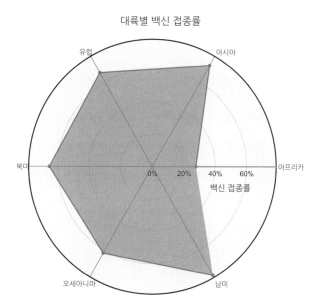

그림 8-12 **파이썬의 레이더 차트**

8.5 덤벨 차트

덤벨 차트dumbbell chart는 동일한 변수의 두 개의 값을 비교하기 위해 사용하는 차트이다. 일반적으로 양쪽 끝을 둥글게 만들고 그 사이를 선으로 연결하여 생긴 형태가 운동할 때 쓰는 아령과 같은 모양이어서 붙여진 이름이다. 롤리팝 그래프와 유사하게 보이지만 롤리팝 그래프는 막대그래프의 변형으로 시작점을 모두 기준선에 맞추어 시작하지만, 덤벨 차트는 시작점이 일정하지 않기 때문에 보통 두 개의 데이터를 비교하고 어떤 변량에서 차이가 더 큰지를 비교할 때 많이 사용한다.

Plotly는 덤벨 차트를 위한 트레이스를 제공하지 않기 때문에 롤리팝 그래프와 같이 scatter 트레이스의 `markers` 타입으로 각 변량에 따른 두 개의 데이터를 표시하고 이 사이를 선 도형으로 이어서 그린다.

다음은 대륙별 인구수가 백만 이상의 국가 중에 십만 명당 사망자수가 가장 작은 나라와 가장 큰 나라의 차이를 덤벨 차트로 시각화하는 R과 파이썬 코드이다. 데이터 전처리 단계에서는 먼저 전체 데이터에서 각 대륙별로 인구수가 천만 명이 넘는 국가를 필터링하고 그룹화하여 최댓값과 최솟값을 구한 데이터프레임을 만들었다. 이 데이터를 사용하여 최댓값을 표시하는 scatter 트레이스와 최솟값을 표시하는 scatter 트레이스를 만들었고 그 사이를 선으로 잇는 선 도형을 만들었다.

▶ R

```
## 덤벨 차트를 위한 데이터 전처리
df_covid19_stat |>
  filter(!is.na(continent), 인구수 > 10000000) |>
  group_by(continent) |>
  summarise(min = min(십만명당사망자수), max = max(십만명당사망자수)) |>
  plot_ly() |>
  ## 덤벨 차트용 세그먼트 추가
add_segments(
        x = ~min, xend = ~max, y = ~continent, yend = ~continent,
        showlegend = FALSE,
        color = I('gray')) |>
  ## 최솟값 트레이스 추가
add_trace(type = 'scatter', mode = 'markers+text',
        x = ~min, y = ~continent, name = '최소',
        text = ~round(min, 1), textposition = 'bottom center',
        color = I('#1f77b4')) |>
  ## 최댓값 트레이스 추가
add_trace(type = 'scatter', mode = 'markers+text',
        x = ~max, y = ~continent, name = '최대',
        text = ~round(max, 1), textposition = 'bottom center',
```

```
                color = I('darkblue'), symbol = I('circle-open')) |>
    layout(title = '대륙별 10만명당 사망자수 차이',
           xaxis = list(title = '10만명당 사망자수'),
           yaxis = list(title = '', autorange = 'reversed'),
           margin = margins_R)
```

▶ 파이썬

```
## 덤벨 차트를 위한 데이터 전처리
df_dumbbell = df_covid19_stat.copy().reset_index()
df_dumbbell = df_dumbbell.loc[(df_dumbbell['continent'].isna() == False) &
                              (df_dumbbell['인구수'] > 10000000)].\
            groupby('continent')['십만명당사망자수'].agg(
            [('min', 'min'),('max','max')]).reset_index()

fig = go.Figure()

## 최솟값 트레이스 추가
fig.add_trace(go.Scatter(
    mode = 'markers+text', name = '최소',
    x = df_dumbbell['min'], y = df_dumbbell['continent'],
    text = round(df_dumbbell['min'], 1), textposition = 'bottom center',
    marker = dict(size = 8, color = 'skyblue')))

## 최댓값 트레이스 추가
fig.add_trace(go.Scatter(
    mode = 'markers+text', name = '최대',
    x = df_dumbbell['max'], y = df_dumbbell['continent'],
    text = round(df_dumbbell['max'], 1), textposition = 'bottom center',
    marker = dict(size = 8, color = 'darkblue', symbol = 'circle-open')))

## 덤벨 차트용 세그먼트 추가
for index, row in df_dumbbell.iterrows():
    fig.add_shape(type="line", xref="x", yref="y",
                x0=row['min'], y0=row['continent'],
                x1=row['max'], y1=row['continent'],
                line=dict(color="gray",width=3))

    fig.update_layout(title = dict(text = '대륙별 10만명당 사망자수 차이', x = 0.5),
                    xaxis = dict(title = '10만명당 사망자수'),
                    yaxis = dict(title = '', autorange = 'reversed'),
                    margin = margins_P)

fig.show()
```

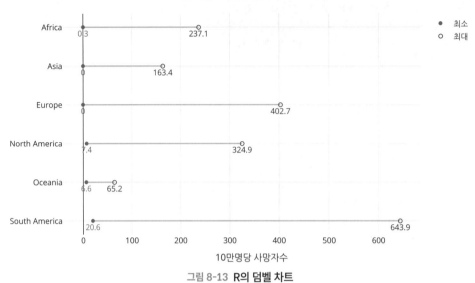

그림 8-13 R의 덤벨 차트

8.6 파이 차트

파이 차트pie chart는 원그래프라고도 말하는 차트이다. 파이 차트는 비율 막대그래프와 같이 데이터 전체에 대한 각 변량의 비율만큼 슬라이스 모양으로 백분율을 표시한 차트이다. 각 부분의 중심 각도를 비율로 변환한 슬라이스를 만들어 데이터의 구성을 표현하는데, 전체적인 비율을 쉽게 파악할 수 있다는 장점이 있다. 일부 연구에 따르면 사람의 인식은 각도보다 길이에 더 민감하기 때문에 파이 차트에서의 각 부분에 대한 크기 비교는 막대 차트의 크기 비교에 비해 어렵다고 전해진다. 특히 파이 차트에 표시되는 변량이 많은 경우와 변량의 크기가 유사한 경우에는 파이 차트가 적절치 않다. 하지만 일부 변량에 데이터가 집중되는 경우에는 막대그래프보다 원형 파이 차트로 구성하는 것이 효과적일 수 있다.

Plotly에서는 파이 차트를 만들기 위해 pie 트레이스를 제공한다. pie 트레이스는 X, Y축으로 구성되는 데카르트 좌표계를 사용하지 않기 때문에 x, y 속성이 사용되지 않는다. 대신 `values`와 `labels` 속성을 사용하여 데이터를 표현한다. `values` 속성에 설정된 수치 배열에 따라 원을 각각의 슬라이스로 구분하고 `labels`에 설정된 배열이 각각의 트레이스 이름으로 설정된다. 또한 원그래프에 표시되는 데이터값은 기본적으로 백분율값이 표시된다. 다음은 pie 트레이스에서 사용되는 주요 속성이다.

표 8-5 pie 트레이스의 주요 속성

속성			속성 설명	파이썬 속성값(R 속성값)
title	font	color	제목 글자 색상 설정	색상
		family	제목 글자 HTML 폰트 설정	폰트명
		size	제목 글자 크기 설정	1 이상의 수치
	position		제목 위치 설정	"top left" | "top center" | "top right" | "middle center" | "bottom left" | "bottom center" | "bottom right"
	text		제목 문자열 설정	문자열
values			섹터값 설정	수치의 list, 넘파이 array, 팬더스 series 또는 strings, datetimes(dataframe 열, list, vector)
labels			섹터 라벨 설정	수치의 list, 넘파이 array, 팬더스 series 또는 strings, datetimes(dataframe 열, list, vector)
pull			중심으로부터 밖으로 빠지는 비율 설정	0과 1 사이의 수치나 수치 배열 1
marker	colors		파이 색상 설정	수치의 list, 넘파이 array, 팬더스 series 또는 strings, datetimes(dataframe 열, list, vector)
	line	color	파이의 선 색상 설정	색상이나 색상 배열
		width	파이의 선 두께 설정	0 이상의 수치나 수치 배열
textinfo			파이 차트에 표시할 텍스트 정보 설정	"label", "text", "value", "percent" 문자열이나 +를 사용한 조합 문자열
direction			파이 차트에 표시하는 방향의 설정	"clockwise" | "counterclockwise"
hole			파치 차트 중간의 구멍 크기 설정	0부터 1 사이의 수치
insidetextfont	color		파이 차트 내부 글자 색상 설정	색상
	family		파이 차트 내부 폰트 설정	폰트명
	size		파이 차트 내부 폰트 사이즈 설정	1 이상의 수치
insidetextorientation			파이 차트 내부 텍스트 방향 설정	"horizontal" | "radial" | "tangential" | "auto"
outsidetextfont	color		파이 차트 외부 글자 색상 설정	색상
	family		파이 차트 외부 폰트 설정	폰트명
	size		파이 차트 외부 폰트 사이즈 설정	1 이상의 수치
rotation			첫 번째 슬라이스의 시작 위치 각도 설정	각도
sort			섹터값에 따른 정렬 여부의 설정	논릿값

Plotly의 pie 트레이스는 기본적으로 시계 반대 방향으로 `values`의 순서대로 표시된다. 만약 시계 방향으로 표시되기를 원한다면 `direction`을 `clockwise`로 설정해준다. 정렬할지 여부는 `sort` 속성을 사용하는데 파이 차트에서는 가급적 정렬된 상태로 사용하는 것이 효과적이다.

다음은 대학 졸업자들이 계열별로 어떻게 구성되는지 표시하는 파이 차트를 만드는 R과 파이썬 코드이다. 파이 차트를 위해 먼저 전체 졸업자 수를 계열별로 합산한 데이터를 만들어주었고 `values`를 졸업자수로, `labels`를 대계열 이름으로 설정하였다.

▶ **R**

R에서 pie 트레이스를 만들기 위해서는 `add_trace(type = 'pie', …)`를 사용하거나 `add_pie()`를 사용한다.

```
df_취업률_500 |> group_by(대계열) |>
  summarise(졸업자수 = sum(졸업자수)) |>
  plot_ly() |>
  ## value와 labels를 매핑한 파이 trace 추가
  add_trace(type = 'pie', values = ~졸업자수, labels = ~대계열, direction = 'clockwise') |>
  layout(title = list(text = '대학 계열별 졸업생 분포'),
         margin = margins_R)
```

▶ **파이썬**

파이썬에서 pie 트레이스를 만들기 위해서는 `add_trace()`에서 `plotly.graph_objects.Pie()`를 사용하거나 `plotly.express.pie()`를 사용한다.

```
df_pie = df_취업률_500.groupby('대계열').sum('졸업자수').\
    reset_index()[['대계열', '졸업자수']]

fig = go.Figure()

## value와 labels를 매핑한 파이 trace 추가
fig.add_trace(go.Pie(
    values = df_pie['졸업자수'], labels = df_pie['대계열'],
    direction = 'clockwise', sort = True))

fig.update_layout(title = dict(text = '대학 계열별 졸업생 분포', x = 0.5))

fig.show()
```

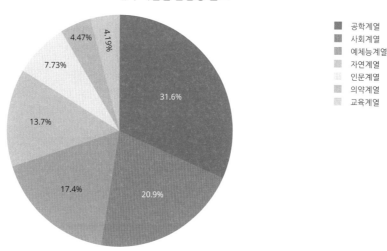

대학 계열별 졸업생 분포

- 공학계열
- 사회계열
- 예체능계열
- 자연계열
- 인문계열
- 의약계열
- 교육계열

31.6%
20.9%
17.4%
13.7%
7.73%
4.47%
4.19%

그림 8-14 R의 파이 차트

파이 차트의 라벨 표시

pie 트레이스는 기본적으로 백분율을 자동 계산하여 표시해준다. 하지만 `textinfo` 속성을 사용하면 백분율 외에도 데이터 자체 값이나 백분율과 데이터값을 같이 표시할 수 있다. 다음은 `textinfo` 속성을 달리하여 파이 차트를 그리는 R과 파이썬 코드이다.

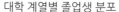 R

R에서 파이 차트의 라벨을 설정할 때 한 가지 주의해야 하는 것은 '+' 기호의 앞뒤에 공백이 없어야 한다는 것이다. 이는 단지 파이 차트의 라벨 표시에만 해당하는 사항이 아니고, R에서 플래그 문자열 사용시 +를 사용하여 연결된 문자열을 사용할 때도 '+' 앞뒤의 공백을 허용하지 않는다는 것에 주의해야 한다.

```
p_pie <- df_취업률_500 |> group_by(대계열) |>
  summarise(졸업자수 = sum(졸업자수)) |>
  plot_ly()

p_pie |>
  ## value를 매핑한 파이 trace 추가
  add_trace(type = 'pie', values = ~졸업자수, labels = ~대계열, direction = 'clockwise',
           textinfo = 'value') |>
  layout(title = list(text = '대학 계열별 취업률 분포'),
         margin = margins_R)
```

```
p_pie |>
  ## value와 percent를 매핑한 파이 trace 추가
  add_trace(type = 'pie', values = ~졸업자수, labels = ~대계열, direction = 'clockwise',
            textinfo = 'value+percent') |>
  layout(title = list(text = '대학 계열별 취업률 분포'),
         margin = margins_R)

p_pie |>
  ## value와 labels를 매핑한 파이 trace 추가
  add_trace(type = 'pie', values = ~졸업자수, labels = ~대계열, direction = 'clockwise',
            textinfo = 'label+value') |>
  layout(title = list(text = '대학 계열별 취업률 분포'),
         margin = margins_R)

p_pie |>
  ## label과 percent를 매핑한 파이 trace 추가
  add_trace(type = 'pie', values = ~졸업자수, labels = ~대계열, direction = 'clockwise',
            textinfo = 'label+percent') |>
  layout(title = list(text = '대학 계열별 취업률 분포'),
         margin = margins_R)
```

▶ 파이썬

```
#####################################
fig = go.Figure()

## value를 매핑한 파이 trace 추가
fig.add_trace(go.Pie(
    values = df_pie['졸업자수'], labels = df_pie['대계열'],
    direction = 'clockwise', textinfo = 'value'))

fig.update_layout(title = dict(text = '대학 계열별 졸업생 분포', x = 0.5))

fig.show()

#####################################
fig = go.Figure()

## value와 percent를 매핑한 파이 trace 추가
fig.add_trace(go.Pie(
    values = df_pie['졸업자수'], labels = df_pie['대계열'],
    direction = 'clockwise', textinfo = 'value+percent'))

fig.update_layout(title = dict(text = '대학 계열별 졸업생 분포', x = 0.5))

fig.show()
```

```
######################################
fig = go.Figure()

## value와 label를 매핑한 파이 trace 추가
fig.add_trace(go.Pie(
    values = df_pie['졸업자수'], labels = df_pie['대계열'],
    direction = 'clockwise', textinfo = 'label+value'))

fig.update_layout(title = dict(text = '대학 계열별 졸업생 분포', x = 0.5))

fig.show()

######################################
fig = go.Figure()

## label과 percent를 매핑한 파이 trace 추가
fig.add_trace(go.Pie(
    values = df_pie['졸업자수'], labels = df_pie['대계열'],
    direction = 'clockwise', textinfo = 'label+percent'))

fig.update_layout(title = dict(text = '대학 계열별 졸업생 분포', x = 0.5))

fig.show()
```

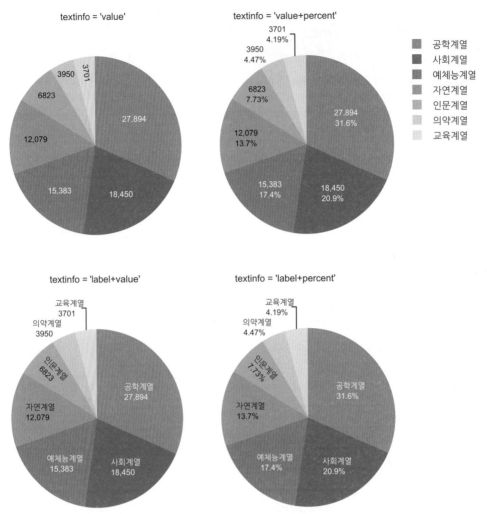

그림 8-15 **파이썬 파이 차트에서 라벨 표시**

도넛 차트

도넛 차트donut chart는 도넛 형태로 생긴 파이 차트의 변형 차트로, 파이 차트에 중앙 홀을 만들어 표시하는 차트이다. 중앙 홀은 pie 트레이스의 hole 속성을 사용해 간단히 만들 수 있다. hole은 0 부터 1까지의 수치를 가지는데 파이 차트의 반지름을 1로 했을 때의 상대적 비율을 설정한다. 하지만 중요한 것은 이 중간 공간을 어떻게 이용할지이다. 보통 이 중앙 홀에 해당 파이 차트를 대표하는 간단한 문구를 넣어주는 방식으로 사용이 가능하다. 이 문구는 비율 막대그래프에서 사용했던 annotation으로 넣어줄 수 있다.

다음은 도넛 차트를 만들고 중앙 홀에 '졸업생수' 문구를 넣는 R과 파이썬 코드이다.

```
p_pie |>
    add_trace(type = 'pie', values = ~졸업자수, labels = ~대계열, direction = 'clockwise',
              ## hole을 사용한 도넛 차트
              textinfo = 'value', hole = 0.3) |>
    add_annotations(x = 0.5, y = 0.5, text = '<b>졸업생수</b>',
                    showarrow = FALSE, xanchor = 'center',
                    font = list(size = 20)) |>
    layout(title = list(text = '대학 계열별 졸업생 분포'),
           margin = margins_R)
```

▶ 파이썬

```
fig = go.Figure()

fig.add_trace(go.Pie(
    values = df_pie['졸업자수'], labels = df_pie['대계열'],
    direction = 'clockwise', sort = True,
    ## hole을 사용한 도넛 차트
    hole = 0.3))

fig.add_annotation(x = 0.5, y = 0.5, text = '<b>졸업생수</b>',
                   showarrow = False, xanchor = 'center',
                   font = dict(size = 20))

fig.update_layout(title = dict(text = '대학 계열별 졸업생 분포', x = 0.5))

fig.show()
```

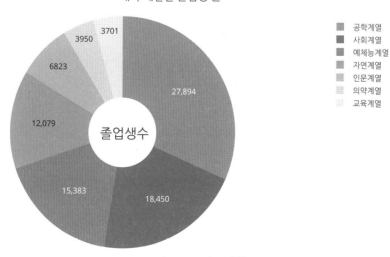

그림 8-16 **R의 도넛 차트**

파이 차트의 강조

보통 시각화에서 특정한 부분을 강조하고 싶을 때 해당 부분의 색을 도드라지게 해서 강조하는 것이 일반적 방법이다. 하지만 파이 차트에서는 색을 통해 강조하는 방법도 가능하겠지만 마치 피자의 한 조각을 떼어낸 것처럼 강조하고자 하는 부분의 슬라이스를 조금 바깥쪽으로 빼는 형태로 강조할 수 있다. 이를 위해서 pie 트레이스의 `pull` 속성을 사용한다. `pull`에는 0부터 1까지의 수치나 수치 배열이 오는데 수치가 올 경우 설정한 수치만큼 슬라이스를 밖으로 빼낸다.

다음은 교육 계열을 강조하는 졸업생수 도넛 차트의 R과 파이썬 코드이다.

▶ R

```
p_pie |>
  add_trace(type = 'pie', values = ~졸업자수, labels = ~대계열, direction = 'clockwise',
            hole = 0.3,
            ## 파이 차트 강조 설정
            pull = c(0, 0.2, 0, 0, 0, 0, 0)) |>
  add_annotations(x = 0.5, y = 0.5, text = '<b>졸업생수</b>',
                  showarrow = FALSE, xanchor = 'center',
                  font = list(size = 20)) |>
  layout(title = list(text = '대학 계열별 졸업생 분포'),
         margin = margins_R)
```

▶ 파이썬

```
fig = go.Figure()

fig.add_trace(go.Pie(
    values = df_pie['졸업자수'], labels = df_pie['대계열'],
    direction = 'clockwise', sort = True, hole = 0.3,
    ## 파이 차트 강조 설정
    pull = (0, 0.2, 0, 0, 0, 0, 0)))

fig.add_annotation(x = 0.5, y = 0.5, text = '<b>졸업생수</b>',
                   showarrow = False, xanchor = 'center',
                   font = dict(size = 20))

fig.update_layout(title = dict(text = '대학 계열별 졸업생 분포', x = 0.5))

fig.show()
```

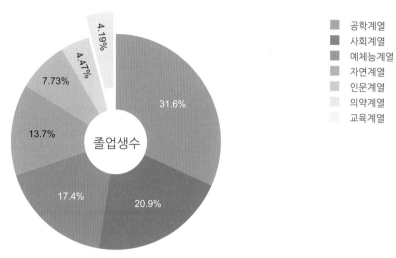

대학 계열별 졸업생 분포

공학계열
사회계열
예체능계열
자연계열
인문계열
의약계열
교육계열

4.19%
4.47%
7.73%
13.7%
31.6%
17.4%
20.9%

졸업생수

그림 8-17 파이썬 파이 차트의 강조

8.7 선버스트 차트

선버스트sunburst의 사전적 의미는 '햇살'이다. 햇살처럼 퍼져나가는 데이터를 표현하기 위해 사용
되는 형태의 시각화를 **선버스트 차트**sunburst chart라고 한다. Plotly에서 지원하는 sunburst 트레이
스는 루트root에서 잎leaf까지 원 방사형 방향의 바깥쪽으로 퍼져나가면서 계층화된 데이터를 시각
화한다. 따라서 sunburst 트레이스를 그리기 위해서는 계층화된 데이터가 필요하다. sunburst 트
레이스의 각 섹터는 labels와 parents 속성에서 설정하는데 labels는 sunburst 트레이스에서 표
시되는 모든 섹터의 표시 라벨의 배열(파이썬은 리스트)을 설정한다. parents는 labels와 길이가 같
은 배열(리스트)로 설정하며 모든 labels와 1:1로 매칭되는데, 각 labels의 부모 섹터를 가리키는
labels값을 설정한다. 만약 parents에 설정된 부모 섹터가 ' '이면 가장 안쪽의 노드인 루트 노드
가 된다. values는 해당 섹터에 표시될 값을 설정한다. values값에 따라 섹터의 크기도 결정된다.
다음은 sunburst 트레이스에서 사용하는 주요 속성이다.

표 8-6 sunburst 트레이스의 주요 속성

속성	속성 설명	파이썬 속성값(R 속성값)
parents	각 섹터의 부모 섹터 설정	list, numpy array, or Pandas series of numbers, strings, or datetimes.(dataframe column, list, vector)

표 8-6 **sunburst 트레이스의 주요 속성(표 계속)**

속성			속성 설명	파이썬 속성값(R 속성값)
values			각 섹터의 값 설정	수치의 list, 넘파이 array, 팬더스 series 또는 strings, datetimes(dataframe 열, list, vector)
labels			각 섹터의 라벨 설정	수치의 list, 넘파이 array, 팬더스 series 또는 strings, datetimes(dataframe 열, list, vector)
marker	colors		해당 트레이스의 색상값 설정	수치의 list, 넘파이 array, 팬더스 series 또는 strings, datetimes(dataframe 열, list, vector)
	colorscale		해당 트레이스의 컬러 스케일 설정	컬러 스케일
	line	color	각 섹터를 둘러싼 선 색 설정	색상 또는 색상 배열
		width	각 섹터를 둘러싼 선 두께 설정	0 이상의 수치나 수치 배열
	reversescale		색상 매핑을 역순으로 설정	논릿값
textinfo			그래프에 표현될 텍스트 정보 설정	`"label"`, `"text"`, `"value"`, `"current path"`, `"percent root"`, `"percent entry"`, `"percent parent"` 의 문자열이나 +를 사용한 조합 문자열
branchvalues			values 속성값이 어떻게 더해질지를 설정	`"remainder"` | `"total"`
count			values 속성이 설정되지 않을 경우 무엇을 표기해야 할지 설정	`"branches"`, `"leaves"`의 문자열이나 +를 사용한 조합 문자열
insidetextfont	color		선버스트 차트 내부 글자 색상 설정	색상
	family		선버스트 차트 내부 폰트 설정	폰트명
	size		선버스트 차트 내부 폰트 사이즈 설정	1 이상의 수치
insidetextorientation			선버스트 차트 내부 텍스트 방향 설정	`"horizontal"` | `"radial"` | `"tangential"` | `"auto"`
outsidetextfont	color		선버스트 차트 외부 글자 색상 설정	색상값
	family		선버스트 차트 외부 폰트 설정	폰트명
	size		선버스트 차트 외부 폰트 사이즈 설정	1 이상의 수치
root	color		sunburst/treemap/icicle 트레이스의 루트 노드 색상 설정	색상값
leaf	opacity		리프 노드의 투명도 설정	0 이상 1 이하의 수치
level			해당 트레이스 계층 구조의 레벨 설정	수치나 좌표상의 변량값
maxdepth			계층 구조 레벨의 최대 깊이 설정	정수
rotation			반시계방향으로의 회전 각도 설정	각도
sort			섹터값에 따른 정렬 여부의 설정	논릿값

다음은 대학의 졸업자 구성을 대계열, 중계열로 계층적으로 표현한 선버스트 차트를 만드는 R과 파이썬 코드이다. 다음 그림은 선버스트 차트에 필요한 `labels`, `parents`, `values`의 구조를 도식화한 것이다.

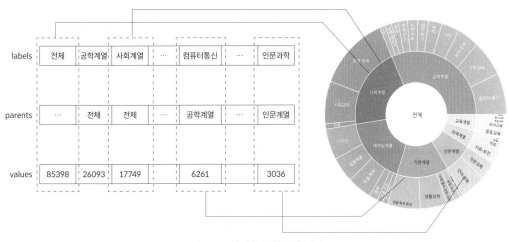

그림 8-18 선버스트 차트의 구조

그림 8-18을 보면 `lables`에는 전체 노드의 이름을 설정한다. 여기서는 대계열, 중계열의 이름을 설정하는데, 총 43개의 원소(전체 1개, 대계열 7개, 중계열 35개)가 필요하다. 이들의 리스트를 만들어서 `labels`에 설정하였다. 다음으로 `parents`에 `labels` 각각의 원소에 해당하는 부모 노드를 설정한다. `labels`의 첫 번째 원소인 '전체'는 루트 노드이기 때문에 `parents`의 첫 번째 원소를 ' '로 설정하고, 이후 대계열에 속하는 `labels`는 루트 노드인 '전체'로 설정하며, 다음부터 나오는 중계열은 해당 중계열이 속하는 대계열 이름을 설정하였다. 마지막으로 각각의 값을 설정하기 위해 합계값을 구한다. 루트 노드에 설정할 전체 합계값, 각각의 대계열에 설정할 합계값, 중계열의 합계값들을 구해 이들 배열(리스트)을 연결하여 전체 배열(리스트)로 만들어준다.

▶ R

R에서 sunburst 트레이스를 만들기 위해서는 `add_trace(type = 'sunburst', …)`를 사용한다.

```
## 선버스트 차트를 위한 데이터 전처리
df_sunburst <- df_취업률_500 |> group_by(대계열, 중계열) |>
  summarise(졸업자수 = sum(졸업자수))

all_sum <- sum(df_sunburst$졸업자수)
```

```
계열_sum <- df_sunburst |> group_by(대계열) |>
  summarise(sum = sum(졸업자수)) |>
  select(sum) |> pull()

df_sunburst |> plot_ly() |>
  add_trace(type = 'sunburst',
            ## sunburst 트레이스의 labels 설정
            labels = c('전체', unique(df_sunburst$대계열), df_sunburst$중계열),
            ## sunburst 트레이스의 parents 설정
            parents = c('', rep('전체', 7), df_sunburst$대계열),
            ## sunburst 트레이스의 values 설정
            values = c(all_sum, 계열_sum, df_sunburst$졸업자수),
            branchvalues = 'total')
```

▶ 파이썬

파이썬에서 sunburst 트레이스를 만들기 위해서는 `add_trace()`에 `plotly.graph_objects.`
`Sunburst()`를 사용하거나 `plotly.express.sunburst()`를 사용한다.

```
## 선버스트 차트를 위한 데이터 전처리
df_sunburst = df_취업률_500.groupby(['대계열', '중계열']).sum()['졸업자수'].reset_index()

all_sum = df_취업률_500.sum()['졸업자수']

계열_sum = df_취업률_500.groupby('대계열').sum().reset_index()['졸업자수'].values.tolist()

fig = go.Figure()

fig.add_trace(go.Sunburst(
    ## sunburst 트레이스의 labels 설정
    labels = ['전체'] + df_sunburst['대계열'].unique().tolist() +
    df_sunburst['중계열'].tolist(),
    ## sunburst 트레이스의 parents 설정
    parents = [''] + ['전체'] * 7 + df_sunburst['대계열'].tolist(),
    ## sunburst 트레이스의 values 설정
    values = [all_sum] + 계열_sum + df_sunburst['졸업자수'].values.tolist(),
    branchvalues = 'total'))

fig.show()
```

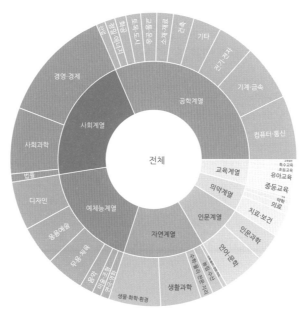

그림 8-19 **R의 선버스트 차트**

sunburst 트레이스에서 추가적으로 알아두어야 할 속성이 branchvalues와 insidetextorientation 이다. branchvalues는 values로 설정된 아이템의 합계 산출 방법을 설정한다. total로 설정하면 values의 아이템이 모든 하위 항목값으로 간주된다. 예를 들어 부모 섹터의 values가 50, 2개의 자식 섹터의 values가 각각 20이라면 부모 섹터의 40%씩 차지하게 된다. 반면 remainder는 부모 섹터와 자식 섹터에 해당하는 values를 모두 더해서 비율을 산출하게 된다. 앞의 예처럼 부모 섹터가 50, 2개의 자식 섹터가 각각 20이라면 20/(50+20+20)이므로 22%가 산출된다.

▶ R

```
## branchvalues = 'total' 선버스트 차트
df_sunburst |> plot_ly() |>
  add_trace(type = 'sunburst',
            labels = c('전체', unique(df_sunburst$대계열), df_sunburst$중계열),
            parents = c('', rep('전체', 7), df_sunburst$대계열),
            values = c(all_sum, 계열_sum, df_sunburst$졸업자수),
  branchvalues = 'total', maxdepth = 3)

## branchvalues = 'remainder' 선버스트 차트
df_sunburst |> plot_ly() |>
  add_trace(type = 'sunburst',
            labels = c('전체', unique(df_sunburst$대계열), df_sunburst$중계열),
            parents = c('', rep('전체', 7), df_sunburst$대계열),
            values = c(all_sum, 계열_sum, df_sunburst$졸업자수),
            branchvalues = 'remainder', maxdepth = 3)
```

```
## branchvalues = 'total' 선버스트 차트
fig = go.Figure()

fig.add_trace(go.Sunburst(
    labels = ['전체'] + df_sunburst['대계열'].unique().tolist() +
             df_sunburst['중계열'].tolist(),
    parents = [''] + ['전체'] * 7 + df_sunburst['대계열'].tolist(),
    values = [all_sum] + 계열_sum + df_sunburst['졸업자수'].values.tolist(),
    branchvalues = 'total'))

fig.show()

## branchvalues = 'remainder' 선버스트 차트
fig = go.Figure()

fig.add_trace(go.Sunburst(
    labels = ['전체'] + df_sunburst['대계열'].unique().tolist() +
    df_sunburst['중계열'].tolist(),
    parents = [''] + ['전체'] * 7 + df_sunburst['대계열'].tolist(),
    values = [all_sum] + 계열_sum + df_sunburst['졸업자수'].values.tolist(),
    branchvalues = 'remainder'))

fig.show()
```

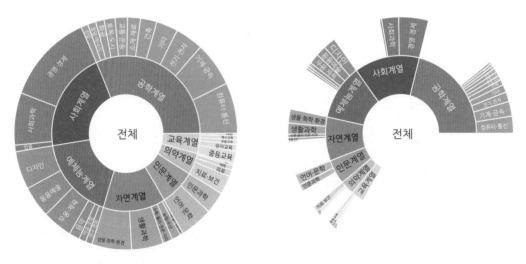

branchvalues = 'total'   **branchvalues = 'remainder'**

그림 8-20 **파이썬 선버스트 차트의 branchvalues 설정 결과**

insidetextorientation은 sunburst 트레이스에 표시되는 내부 정보 문자열이 표시되는 각도를 설정한다. insidetextorientation는 radial과 horizontal의 두 가지 방법이 사용되는데 radial은 섹터의 각도에 따라 문자가 회전하고 horizontal은 섹터의 각도와 관계없이 수평으로 표기된다.

▶ R

```
## insidetextorientation = 'radial' 선버스트 차트
df_sunburst |> plot_ly() |>
  add_trace(type = 'sunburst',
            labels = c('전체', unique(df_sunburst$대계열), df_sunburst$중계열),
            parents = c('', rep('전체', 7), df_sunburst$대계열),
            values = c(all_sum, 계열_sum, df_sunburst$졸업자수),
   branchvalues = 'total', insidetextorientation = 'radial', maxdepth = 3)

## insidetextorientation = 'horizontal' 선버스트 차트
df_sunburst |> plot_ly() |>
  add_trace(type = 'sunburst',
            labels = c('전체', unique(df_sunburst$대계열), df_sunburst$중계열),
            parents = c('', rep('전체', 7), df_sunburst$대계열),
            values = c(all_sum, 계열_sum, df_sunburst$졸업자수),
            branchvalues = 'total', insidetextorientation = 'horizontal',maxdepth = 3)
```

▶ 파이썬

```
## insidetextorientation = 'radial' 선버스트 차트
fig = go.Figure()

fig.add_trace(go.Sunburst(
    labels = ['전체'] + df_sunburst['대계열'].unique().tolist() +
            df_sunburst['중계열'].tolist(),
    parents = [''] + ['전체'] * 7 + df_sunburst['대계열'].tolist(),
    values = [all_sum] + 계열_sum + df_sunburst['졸업자수'].values.tolist(),
    branchvalues = 'total', insidetextorientation = 'radial'))

fig.show()

## insidetextorientation = 'horizontal' 선버스트 차트
fig = go.Figure()

fig.add_trace(go.Sunburst(
    labels = ['전체'] + df_sunburst['대계열'].unique().tolist() +
            df_sunburst['중계열'].tolist(),
    parents = [''] + ['전체'] * 7 + df_sunburst['대계열'].tolist(),
    values = [all_sum] + 계열_sum + df_sunburst['졸업자수'].values.tolist(),
```

```
    branchvalues = 'total', insidetextorientation = 'horizontal'))

fig.show()
```

insidetextorientation = 'radial'

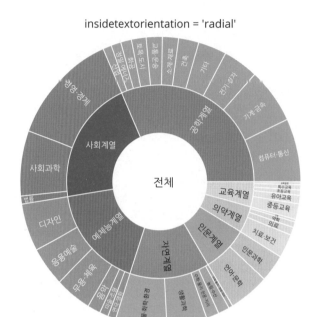

insidetextorientation = 'horizontal'

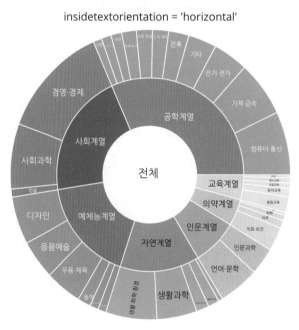

그림 8-21 R 선버스트 차트의 insidetextorientation 설정 결과

다른 트레이스와는 달리 sunburst 트레이스는 마우스 클릭에 따른 추가적인 사용자 반응 작용이 있다. 선버스트 차트에서 특정 섹터를 클릭하면 해당 부분 섹터가 확대되어 표시됨으로써 세부 데이터를 확인하기 쉬워진다.

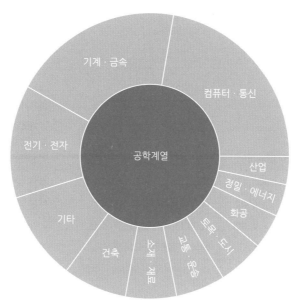

그림 8-22 **공학계열 섹터를 클릭한 선버스트 차트의 반응 결과**

8.8 트리맵

구성의 시각화 방법을 보다 보면 한 가지 특징적인 것이 원으로 데이터의 비율을 표현하는 시각화 방법이 많다는 점이다. 이 중 가장 대표적인 것이 파이 차트, 도넛 차트 등이며 선버스트나 레이더 차트도 원형이다. 하지만 시각화는 주로 네모난 종이 위에 표현되거나 네모난 화면 위에 표현된다. 따라서 원형으로 표현되는 차트를 네모난 종이나 화면에 표현하면 시각화에 사용되지 못하는 공간이 많아져서 전체 영역을 효과적으로 사용하지 못한다. 이러한 단점을 극복하기 위해 네모난 사각형을 사용하여 전체의 비율을 표현한 시각화 방법이 **트리맵**treemap이다.

트리맵은 루트에서 잎으로 향하는 계층적 데이터를 직사각형으로 시각화한다. 앞서 설명한 선버스트 차트의 사각형 버전이다. 그래서 선버스트에서 사용한 `labels`, `parents`, `values` 속성을 동일하게 사용할 수 있다.

다음은 treemap 트레이스의 주요 속성이다.

표 8-7 **treemap 트레이스의 주요 속성**

속성			속성 설명	파이썬 속성값(R 속성값)
parents			각 섹터의 부모 섹터 설정	수치의 list, 넘파이 array, 팬더스 series 또는 strings, datetimes (dataframe 열, list, vector)
values			각 섹터값 설정	수치의 list, 넘파이 array, 팬더스 series 또는 strings, datetimes (dataframe 열, list, vector)
labels			각 섹터의 라벨 설정	수치의 list, 넘파이 array, 팬더스 series 또는 strings, datetimes (dataframe 열, list, vector)
marker	colors		해당 트레이스의 색상값 설정	수치의 list, 넘파이 array, 팬더스 series 또는 strings, datetimes (dataframe 열, list, vector)
	colorscale		해당 트레이스의 컬러 스케일 설정	컬러 스케일
	line	color	각 섹터를 둘러싼 선 색 설정	색상 또는 색상 배열
		width	각 섹터를 둘러싼 선 두께 설정	0 이상의 수치나 수치 배열
	reversescale		색상 매핑을 역순으로 설정	논릿값
branchvalues			values 속성값이 어떻게 더해질지 설정	`"remainder"` | `"total"`
count			values 속성이 설정되지 않을 경우 무엇을 표기해야 할지 설정	`"branches"`, `"leaves"`의 문자열이나 +를 사용한 조합문자열
insidetextfont	color		트리맵 차트 내부 글자 색상 설정	색상
	family		트리맵 차트 내부 폰트 설정	폰트명
	size		트리맵 차트 내부 폰트 사이즈 설정	1 이상의 수치
outsidetextfont	color		트리맵 차트 외부 글자 색상 설정	색상값
	family		트리맵 차트 외부 폰트 설정	폰트명
	size		트리맵 차트 외부 폰트 사이즈 설정	1 이상의 수치
root	color		sunburst/treemap/icicle 트레이스의 루트 노드 색상 설정	색상값
level			해당 트레이스 계층 구조의 레벨 설정	수치나 좌표상의 변량값
maxdepth			계층 구조 레벨의 최대 깊이 설정	정수
sort			섹터값에 따른 정렬 여부의 설정	논릿값

다음은 앞서 만들었던 sunburst 트레이스를 그대로 treemap 트레이스로 만든 R과 파이썬 코드이다.

▶ R

R에서 treemap 트레이스를 만들기 위해서는 add_trace(type = 'treemap', …)을 사용한다.

```
plot_ly() |>
  add_trace(type = 'treemap',
            ## treemap 트레이스의 labels 설정
            labels = c('전체', unique(df_sunburst$대계열), df_sunburst$중계열),
            ## treemap 트레이스의 parents 설정
            parents = c('', rep('전체', 7), df_sunburst$대계열),
            ## treemap 트레이스의 values 설정
            values = c(all_sum, 계열_sum, df_sunburst$졸업자수),
            textinfo = 'label+value+percent parent+percent entry')
```

▶ 파이썬

파이썬에서 treemap 트레이스를 만들기 위해서는 add_trace()에 plotly.graph_objects.Treemap()을 사용하거나 plotly.express.treemap()을 사용한다.

```
fig = go.Figure()

fig.add_trace(go.Treemap(
    ## treemap 트레이스의 labels 설정
    labels = ['전체'] + df_sunburst['대계열'].unique().tolist() +
            df_sunburst['중계열'].tolist(),
    ## treemap 트레이스의 parents 설정
    parents = [''] + ['전체'] * 7 + df_sunburst['대계열'].tolist(),
    ## treemap 트레이스의 values 설정
    values = [all_sum] + 계열_sum + df_sunburst['졸업자수'].values.tolist(),
    textinfo = 'label+value+percent parent+percent entry'))

fig.show()
```

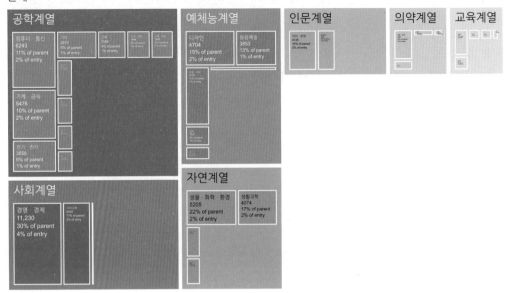

그림 8-23 아시아 섹터를 클릭한 파이썬 트리맵 차트의 반응 결과

트리맵도 선버스트와 같이 마우스 클릭으로 세부 섹터를 확대하여 사용할 수 있다.

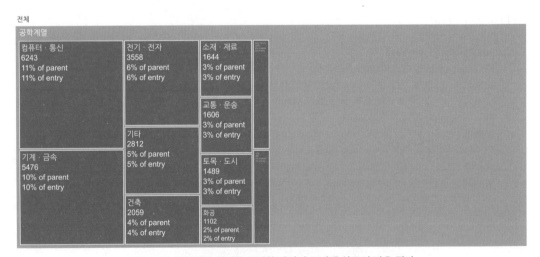

그림 8-24 공학계열 섹터를 클릭한 파이썬 트리맵 차트의 반응 결과

시간과 흐름의 시각화

시간과 흐름의 시각화는 시간이나 특정 이벤트에 따라 발생하는 데이터의 변화와 흐름을 시각화한 것이다. 시간의 시각화는 추세라고 하는 시간에 따른 데이터의 변화를 관찰하는 데 매우 용이하다. 하지만 추세는 꼭 시간의 흐름에 종속되지는 않는다. 예를 들면 회차(물론 이 또한 시간의 흐름과 무관하지 않지만)나 특정 이벤트의 발생도 추세에 속할 수 있다. 하지만 추세의 측정에 있어 중요한 것은 그것이 시간이든 회차이든 특정 이벤트이든, 그들의 흐름을 측정하는 간격이나 성질이 일정해야 한다는 것이다. 시간의 경우 추세를 측정하기 위해서는 시간적 간격, 즉 연도별, 월별, 일별 등의 간격이 동일해야 하고 회차의 경우 1회, 2회와 같이 연속된 회차로 기록되어야 유의미하다. 만약 시간의 간격이 어느 구간에서는 연도별, 어느 구간에서는 월별로 표현된다면 추세를 정확히 파악하기 어렵다. 따라서 추세에는 데이터의 흐름, 특히 흐름의 측정 간격이 매우 중요하다.

시간을 시각화할 때는 데이터의 포인트와 해당 데이터의 바로 전 데이터와 다음 데이터를 연결하는 선 그래프가 많이 사용되지만 막대그래프도 많이 사용된다.

9.1 선 그래프

특정한 데이터가 시간적 흐름에 따라 변화되는 값들을 선으로 연결하여 그 변화량을 보여주는 시각화 방법이다. 이 **선 그래프**line graph가 가장 효과적으로 사용되는 시각화 방법이 시간의 흐름에 따라 변화하는 시계열 데이터이다.

선 그래프는 간단하고 이해하기 쉽고 효율적이므로 한번에 많은 데이터를 비교하거나, 시간 경과에 따른 변화 및 추세 표시, 중요한 문맥 및 주석을 포함하는 시각화, 예측 데이터 및 불확실성의 표시, 데이터 시리즈 내 또는 데이터 시리즈 전반의 이상 징후 강조 등에 사용된다. 하지만 단순한 사물의 수량 표시, 이산형 데이터의 비교를 위한 시각화, 데이터가 희소한 데이터셋의 시각화에는 적합하지 않다.

선 그래프(또는 **꺾은선형 차트**)는 각각의 시간에 관측된 데이터 포인트들을 같은 변수나 변량끼리 선으로 연결하였기 때문에 그 기본은 산점도에 있다고 할 수 있다. 이 때문에 Plotly는 선 그래프를 위한 트레이스를 제공하지 않는다. 앞서 산점도를 그릴 때 사용했던 scatter 트레이스의 mode를 lines로 설정해 그릴 수 있다.

다음은 코로나19의 인구 10만 명당 사망자수 누적값의 추세를 나타내는 R과 파이썬 코드이다. 시각화를 위해 먼저 우리나라, 미국, 일본, 영국, 프랑스의 다섯 국가에 대한 필터링 데이터를 사용하도록 전처리하였다. 각 국가의 선을 더욱 쉽게 구분하기 위해 선의 형태를 다르게 설정하였고, 중간중간 빈 데이터를 이어주도록 속성을 설정하였다.

▶ R

R에서 선 그래프를 그리기 위해서는 add_trace(type = 'scatter', mode = 'lines', …)를 사용하거나 add_lines()를 사용한다.

```
## 5개국 데이터로 전처리
total_deaths_5_nations_by_day <- df_covid19 |>
  filter((iso_code %in% c('KOR', 'USA', 'JPN', 'GBR', 'FRA'))) |>
  filter(!is.na(total_deaths_per_million))

total_deaths_5_nations_by_day |>
  plot_ly() |>
  ## scatter 트레이스 생성
  add_trace(type = 'scatter', mode = 'lines',
            x = ~date, y = ~total_deaths_per_million ,
            linetype = ~location, connectgaps = T) |>
  ## layout의 제목, 축제목, 여백 속성 설정
  layout(title = '코로나19 사망자수 추세',
         xaxis = list(title = ''),
         yaxis = list(title = '10만명당 사망자수 누계'),
         margin = margins_R)
```

파이썬에서 선 그래프를 그리기 위해서는 add_trace()에 plotly.graph_objects.Scatter()나 plotly.express.line()을 사용한다. 다음 코드에서 nations라는 딕셔너리를 정의했는데 각각의 국가명에 맞는 선의 형태를 설정하기 위해 사용한다. 이 선의 형태를 설정하기 위해 for 루프를 사용하였다.

```python
## 원본데이터 보존을 위해 데이터프레임 복사
total_deaths_5_nations_by_day = df_covid19.copy()

## 5개국 데이터로 전처리
total_deaths_5_nations_by_day = total_deaths_5_nations_by_day[
  (total_deaths_5_nations_by_day['iso_code'].isin(
      ['KOR', 'USA', 'JPN', 'GBR', 'FRA']))].dropna(
    subset = ['total_deaths_per_million'])

## 라인 타입 설정을 위한 딕셔너리 정의
nations = {'France':'0', 'Japan':'1', 'South Korea':'2',
           'United Kingdom':'3', 'United States':'4'}

## Plotly 초기화
fig = go.Figure()

## 국가별로 트레이스를 추가
for location, group in total_deaths_5_nations_by_day.groupby('location'):
    fig.add_trace(go.Scatter(
        mode = 'lines',
        x = group['date'], y = group['total_deaths_per_million'],
        line = dict(dash = nations[location]),
        name = location, connectgaps = True))

    ## layout의 제목, 축제목, 여백 속성 설정
fig.update_layout(title = dict(text = '코로나19 사망자수 추세', x = 0.5),
    xaxis = dict(title = ''),
    yaxis = dict(title = '10만명당 사망자수 누계'))

fig.show()
```

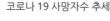

코로나 19 사망자수 추세

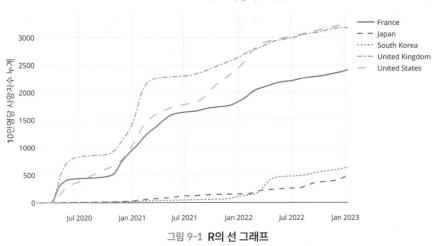

그림 9-1 R의 선 그래프

주석을 사용하는 선 그래프

이 시각화를 보면 5개 국가의 사망자수의 흐름이 잘 표현되어 있다. 하지만 한 가지 아쉬운 점은 범례를 사용하여 각 선에 해당하는 국가를 나타내고 있는데 선에 따른 국가를 확인하기 위해서는 범례와 데이터 선을 번갈아 찾아야 한다는 불편함이 따른다. 그래서 선 그래프를 사용하는 많은 경우에서는 범례를 사용하기 보다 선 옆에 바로 범례를 표현하는 방법을 사용한다. 또 선 그래프는 시간의 흐름에 따라 발생하는 다양한 이벤트를 표시하는 경우도 많다. 예를 들어 우리나라의 코로나19 확진자수는 설이나 추석 등의 장기 연휴가 끝나면 급증하는 경향을 보인다. 또 특정한 정책이 시행되는 날 이후 시계열적 데이터의 강한 변동이 보이는 경우도 많다. 따라서 이러한 달력상 이벤트나 사회적 이벤트를 표시하는 경우가 많다.

이렇게 Plotly에서 범례를 선 그래프 뒤에 붙여주거나 시간 축상, 또는 데이터 축상에 특정한 이벤트를 표시하기 위해서는 주석으로 처리하는 방법을 써야 한다.

주석은 플롯 위에 표시되는 텍스트 기반 정보를 말한다. 주석이 위치하는 좌표는 플롯의 상대 좌표나 그래프의 실제 데이터 좌표를 기준으로 위치를 지정하는데, 기본적으로 주석은 정확한 위치를 표시하는 화살표를 사용한다.

Plotly에서 제공하는 주석은 data로 표시되는 트레이스도, layout으로 표시되는 레이아웃에도 속하지 않는 layer에 속한다. layer는 data나 layout과 같이 Plotly를 구성하는 필수적인 요소는 아니다. data와 layout의 보완적 요소로서 annotation, shape, images 등의 요소들을 추가하는

데 사용할 수 있다. 따라서 R과 파이썬 모두 **data**와 **layout**을 만들 때와는 다른 함수를 사용한다. 다음은 annotation에서 사용하는 주요 속성들이다.

표 9-1 **annotation의 주요 속성**

속성		속성 설명	파이썬 속성값(R 속성값)
align		주석의 수평 정렬 방법 설정	`"left"` | `"center"` | `"right"`
arrowcolor		주석 화살표의 색상 설정	색상
arrowhead		주석의 끝 화살표 모양 설정	0부터 8까지의 정수
arrowside		주석 화살표의 위치 설정	'end', 'start', 'none'의 문자열이나 '+'를 사용한 조합
arrowsize		arrowwidth에 비례한 주석 화살표의 크기 설정	0.3 이상의 수치
arrowwidth		주석 선의 두께 설정	0.1 이상의 수치
ax		화살표 머리에서부터 꼬리의 X위치	수치나 좌표상의 변량값
bgcolor		주석의 배경색 설정	색상
bordercolor		주석의 외곽선 색 설정	색상
borderpad		주석과 외곽선과의 간격 설정	0 이상의 수치
borderwidth		주석의 외곽선 두께 설정	0 이상의 수치
font	color	주석 글자 색상 설정	색상
	family	주석 폰트 설정	폰트명
	size	주석 폰트 사이즈 설정	1 이상의 수치
height		주석 텍스트 박스의 높이 설정	1 이상의 수치
showarrow		주석의 화살표를 사용할 것일지 설정	논릿값
startarrowhead		주석 화살표의 시작 모양 설정	0부터 8까지의 정수
startarrowsize		arrowwidth에 비례한 화살표 머리의 크기	0.3 이상의 수치
text		주석에 표시될 문자열	문자열
textangle		주석에 표시될 문자열의 각도	각돗값
valign		주석 텍스트 박스 안에서의 수직 정렬 설정	`"top"` | `"middle"` | `"bottom"`
visible		주석이 표시될지 설정	논릿값
width		주석 텍스트 박스의 너비 설정, null이 설정되면 주석 텍스트의 너비로 설정	1 이상의 수치

다음은 5개국의 코로나19 누적 사망자수를 표시하는 선 그래프이다. 앞의 선 그래프와 다른 것은 범례를 사용하지 않고 데이터의 끝에 해당 데이터의 이름을 붙여주는 R과 파이썬 코드이다. 먼저

선 그래프의 오른쪽에 범례를 표시하기 위해 Y축의 오른쪽에 여분의 공간이 필요하다. 이를 위해 마지막 날짜의 180일 후까지 늘려주었다. 다음으로 scatter 트레이스의 mode를 lines로 설정하고, 5개국의 코로나19 누적 사망자수의 선 그래프를 그리고 범례를 없앴다. 이후 각각 데이터의 마지막 날 데이터의 위치에 xanchor가 left로, textposition이 middle right로 설정된 각각의 데이터 이름을 주석으로 붙여준다. 여기서 showarrow를 FALSE로 설정하여 화살표를 없애고 좌표점에 데이터를 표시하도록 하였다. 다음으로 2022년 설날('2022-02-01')의 한국 데이터의 위치를 화살표로 '설날'로 표시하였다.

▶ R

```
## 마지막 일로부터 180일 후 날짜 계산
last_day = max(distinct(total_deaths_5_nations_by_day, date) |> pull()) + 180

total_deaths_5_nations_by_day |>
  plot_ly() |>
  ## scatter 트레이스 생성
  add_trace(type = 'scatter', mode = 'lines',
            x = ~date, y = ~total_deaths_per_million ,
            linetype = ~location, connectgaps = T) |>
  ## 각국의 마지막 일옆에 국가명 주석 추가
  add_annotations(
            x =~ (total_deaths_5_nations_by_day |> filter(date == max(date)) |>
                    select(date) |> pull()),
            y = ~(total_deaths_5_nations_by_day |> filter(date == max(date)) |>
                    select(total_deaths_per_million) |> pull()),
            text = ~(total_deaths_5_nations_by_day |> filter(date == max(date)) |>
                      select(location) |> pull()),
            textposition = 'middle right', xanchor = 'left', showarrow = FALSE
  ) |>
  ## 설날 주석을 추가
  add_annotations(
            x = '2022-02-01',
            y = ~(total_deaths_5_nations_by_day |>
                    filter(date == '2022-02-01', iso_code == 'KOR') |>
                    select(total_deaths_per_million) |> pull()),
            text = '설날',
            textposition = 'middle right', xanchor = 'right'
  ) |>
  layout(title = '코로나19 사망자수 추세',
         xaxis = list(title = '',
                      range = c('2020-02-15', format(last_day, format="%Y-%m-%d"))),
         yaxis = list(title = '10만명당 사망자수 누계'),
         margin = margins_R,
         showlegend = FALSE)
```

```python
fig = go.Figure()

## 국가별로 그룹화하여 for 루프 실행
for location, group in total_deaths_5_nations_by_day.groupby('location'):
    ## 각국의 백만명당 사망자수 scatter 트레이스 생성
    fig.add_trace(go.Scatter(mode = 'lines',
        x = group['date'],
        y = group['total_deaths_per_million'],
        line = dict(dash = nations[location]),
        name = location, connectgaps = True, showlegend = False
    ))
## 각국의 마지막 날 옆에 국가명 scatter 트레이스 생성
    fig.add_trace(go.Scatter(
        mode = 'text',
        x = group.loc[group['date'] == group['date'].max(), 'date'],
        y = group.loc[group['date'] == group['date'].max(), 'total_deaths_per_million'],
        text = group.loc[group['date'] == group['date'].max(), 'location'],
        showlegend = False,
        textposition = 'middle right'
    ))

## 설날 표시를 위한 주석 추가
fig.add_annotation(
    x = '2022-02-01',
    y = total_deaths_5_nations_by_day.loc[
        (total_deaths_5_nations_by_day['date'] == '2022-02-01') &
        (total_deaths_5_nations_by_day['iso_code'] == 'KOR'),
        'total_deaths_per_million'].values[0],
    text = '설날', showarrow=True, arrowhead=1, arrowsize = 1.5
)

## layout의 제목, xaxis, yaxis 설정
fig.update_layout(title = dict(text = '코로나19 사망자수 추세', x = 0.5),
                xaxis = dict(title = '',
                range = [total_deaths_5_nations_by_day['date'].min(),
                total_deaths_5_nations_by_day['date'].max() +
                timedelta(days=180)]),
                yaxis = dict(title = '10만명당 사망자수 누계'))

fig.show()
```

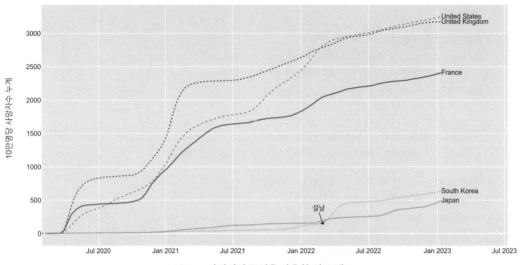

그림 9-2 파이썬의 주석을 사용한 선 그래프

rangeslider를 사용한 선 그래프

앞에서 그렸던 선 그래프는 R의 ggplot2나 파이썬의 Matplotlib, seaborn과 같은 정적 시각화 패키지로도 그릴 수 있는 그래프이다. 물론 Plotly에서 기본적으로 제공되는 모드바나 마우스와의 상호작용과 같은 동적 시각화 기능을 사용하면 시각화를 보다 다양하게 사용할 수 있지만, Plotly의 시계열 선 그래프에서 제공하는 특별한 기능이 있다. 대표적인 것이 rangeslider와 rangebutton이다.

rangeslider는 X축에 매핑된 시간 축을 이동, 확대, 축소하기 위한 컨트롤을 말하는데, 전체 선 그래프의 형태가 표현되며 양쪽 끝에 있는 슬라이더 막대를 움직여 X축의 범위를 설정할 수 있다. 이 rangeslider는 X축에만 제공되는 속성으로 layout.xaxis의 세부 속성 중 하나인 rangeslider의 세부 속성을 사용하여 세부 설정이 가능하다. rangeslider를 시작하기 위해서는 먼저 visible 속성을 True로 설정해야 한다.

다음은 rangeslider의 주요 속성이다.

표 9-2 rangeslider의 주요 속성

속성			속성 설명	파이썬 속성값(R 속성값)
xaxis(yaxis)	rangeslider	autorange	rangeslider의 범위를 입력 데이터에 의해 자동적으로 설정	논릿값
		bgcolor	rangeslider의 배경색 설정	색상값
		bordercolor	rangeslider의 경계선 색 설정	색상값
		borderwidth	rangeslider의 경계선 두께 설정	0 이상의 수치
		range	rangeslider의 범위 설정	list
		thickness	전체 플롯 영역 높이의 비율로 나타낸 rangeslider의 높이	0 이상 1 이하의 수치
		visible	rangeslider의 표시 여부 설정	논릿값
	yaxis	range	rangeslider의 Y축 범위 설정	list
		rangemode	rangeslider에서 확대/축소할 때 Y축의 범위를 메인 플롯에서와 동일한 값을 사용할지 여부를 결정	"auto" | "fixed" | "match"

다음은 앞에서 그렸던 5개 국가의 코로나19 사망자수 추세 선 그래프에 rangeslider를 적용시키는 R과 파이썬 코드이다.

▶ R

R에서 rangeslider는 layout()에서 xaxis의 하위 속성으로 설정이 가능하다.

```
total_deaths_5_nations_by_day |>
  plot_ly() |>
  add_trace(type = 'scatter', mode = 'lines',
            x = ~date, y = ~total_deaths_per_million ,
            linetype = ~location, connectgaps = T
) |>
  layout(title = '코로나19 사망자수 추세',
         xaxis = list(title = '',
                      ## rangeslider 속성 설정
                      rangeslider = list(visible = T)),
         yaxis = list(title = '10만명당 사망자수 누계'),
         showlegend = T, margin = margins_R,
         title = 'Time Series with Rangeslider')
```

파이썬에서 rangeslider는 update_layout()에서 xaxis의 하위 속성으로 설정이 가능하다.

```python
fig = go.Figure()

for location, group in total_deaths_5_nations_by_day.groupby('location'):
    fig.add_trace(go.Scatter(
        mode = 'lines',
        x = group['date'], y = group['total_deaths_per_million'],
        line = dict(dash = nations[location]),
        name = location, connectgaps = True))

fig.update_layout(title = dict(text = '코로나19 사망자수 추세', x = 0.5),
                  xaxis = dict(title = '',
                  ## rangeslider 속성 설정
                  rangeslider = dict(visible = True)),
                  yaxis = dict(title = '10만명당 사망자수 누계'))

fig.show()
```

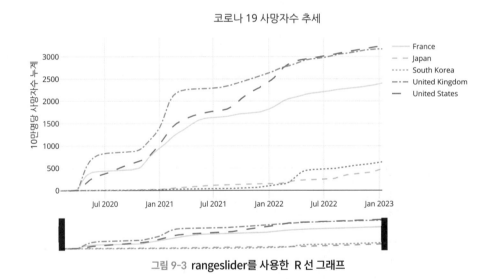

그림 9-3 rangeslider를 사용한 R 선 그래프

rangeselector를 사용한 선 그래프

rangeslider는 전체 기간 중에서 특정 기간을 사용자가 직접 설정할 수 있는 장점이 있지만, 정확한 기간을 설정하기는 어렵다. 예를 들어 최근 30일, 최근 6개월과 같은 명확한 기간을 설정하고자 할 때는 효과적이지 못하다. 이런 경우를 대비하여 Plotly에서 제공하는 기능이 rangeselecor이다.

rangeselector는 버튼으로 제공되는데 최근 날짜로부터 거꾸로 얼마의 기간을 범위로 설정할지 결정할 수 있다. rangeselector 속성을 설정하기 위해 사용하는 주요 하위 속성은 다음과 같다.

표 9-3 rangeselector의 주요 속성

속성			속성 설명	파이썬 속성값(R 속성값)
xaxis (yaxis)	rangeselector	activecolor	활성화된 rangeselector 버튼의 배경색 설정	색상값
		bgcolor	rangeselector 버튼 배경색 설정	색상값
		bordercolor	rangeselector 버튼 경계선 색 설정	색상값
		borderwidth	rangeselector를 감싸는 경계선의 두께 설정	0 이상의 수치
		buttons	count	범위를 업데이트하는데 사용할 스텝의 수치 설정	0 이상의 수치
			label	버튼에 표시될 문자열 설정	문자열
			step	count값이 설정하는 범위의 측정 단위 설정	"month" | "year" | "day" | "hour" | "minute" | "second" | "all"
			stepmode	범위가 갱신되는 모드의 설정	"backward" | "todate"
			visible	버튼의 표시 여부 설정	논릿값
		font	color	주석 글자 색상 설정	색상
			family	주석 폰트 설정	폰트명
			size	주석 폰트 사이즈 설정	1 이상의 수치
		visible	rangeselector의 표시 여부 설정	논릿값
		x	rangeselector의 X 위치 설정	-2 이상 3 이하의 수치
		xanchor	rangeselector의 수평 앵커 위치 설정	"auto" | "left" | "center" | "right"
		y	rangeselector의 Y 위치 설정	-2 이상 3 이하의 수치
		yanchor	rangeselector의 수직 앵커 위치 설정	"auto" | "top" | "middle" | "bottom"

rangeselector의 동작은 각각의 버튼에 설정된 count, step, stepmode의 세 가지 속성을 중심으로 작동한다. 버튼을 클릭하면 가장 최근 데이터로부터 stepmode 방향으로 step 속성에 설정된 단위에 의해 count만큼 X축의 범위가 설정된다. step에는 month, day, year 등의 시간 간격이 설정되고, stepmode에는 backward, todate의 두 속성값이 설정된다. backward는 step 단위로 count만큼 뒤쪽으로 X축 범위의 시작 값이 설정되고, todate는 step 단위로 count 만큼 뒤쪽의 타임스탬프로 설정된다. 예를 들면 stepmode가 todate인 경우 step이 year이고 count가 1로 설정되어 있다면 첫 번째 타임스탬프인 해당년도 1월 1일로 이동한다. 반면 stepmode가 backward인 경우는 기간상 1년 전으로 X축의 시작 범위가 설정된다.

다음 코드는 rangeselect 버튼을 사용하는 R과 파이썬 코드이다. 이 코드를 보면 총 5개의 버튼이 만들어졌는데, 첫 번째 버튼은 stepmode가 backward, step을 day로 설정하고 count를 7로 설정하였기 때문에 마지막 날을 기준으로 7일 전부터 마지막 날까지 범위로 설정된다. 두 번째 버튼과 세 번째 버튼은 각각 한 달, 6개월 전부터 마지막 날까지 설정하는 버튼이다. 네 번째 버튼을 보면 stepmode가 다른 버튼과 달리 todate로 설정되어 있고 step은 year, count는 1로 설정되어 있다. 따라서 이 버튼은 연도의 타임 스탬프, 즉 첫 번째 1월 1일로 X축의 시작 범위가 이동한다. 반면 다섯 번째 버튼은 네 번째 버튼과 count, step은 동일하게 설정되어 있지만 stepmode는 backward로 설정되었다. 따라서 이 버튼은 가장 최근 일로부터 1년 전으로 X축의 시작 범위가 설정된다.

여기서 하나 주의해야 하는 것은 rangeselector의 buttons 속성은 다른 속성과 달리 딕셔너리(R의 경우 리스트)의 리스트로 구성한다는 것이다. rangeselector는 여러 개를 설정할 수 있기 때문에 이 버튼들의 딕셔너리를 리스트로 설정하여 buttons 속성에 설정하는 것이다.

▶ R

```
total_deaths_5_nations_by_day |>
  plot_ly() |>
  add_trace(type = 'scatter', mode = 'lines',
            x = ~date, y = ~total_deaths_per_million , linetype = ~location, connectgaps = T) |>
  layout(title = '코로나19 사망자수 추세',
         yaxis = list(title = '10만명당 사망자수 누계'),
         xaxis = list(title = '',
                      range = c(min(total_deaths_5_nations_by_day$date),
                                max(total_deaths_5_nations_by_day$date)),
                      ## rangeslider 속성 설정
                      rangeslider = list(visible = T),
                      ## rangeselector  속성 설정
```

```
                rangeselector=list(
                    ## rangeselector의 buttons 속성 설정
                    buttons=list(
                        list(count=7, label='1 Week before', step='day', stepmode='backward'),
                        list(count=1, label='1 month before', step='month', stepmode='backward'),
                        list(count=6, label='6 months before', step='month', stepmode='backward'),
                        list(count=1, label='new years day', step='year', stepmode='todate'),
                        list(count=1, label='1 year before', step='year', stepmode='backward')
                    ))),
            showlegend = T, margin = list(t = 75, b = 25, l = 25, r = 25))
```

▶ 파이썬

```
fig = go.Figure()

for location, group in total_deaths_5_nations_by_day.groupby('location'):
    fig.add_trace(go.Scatter(
        mode = 'lines',
        x = group['date'],
        y = group['total_deaths_per_million'],
        line = dict(dash = nations[location]),
        name = location, connectgaps = True))

fig.update_layout(title = dict(text = '코로나19 사망자수 추세', x = 0.5),
    xaxis = dict(title = '',
    ## rangeslider 속성 설정
    rangeslider = dict(visible = True),
                ## rangeselector 속성 설정
                rangeselector=dict(
                    ## rangeselector의 buttons 속성 설정
                    buttons=list([
                        dict(count=7, label='1 Week before',
                            step='day', stepmode="backward"),
                        dict(count=1, label='1 month before',
                            step='month', stepmode="backward"),
                        dict(count=6, label='6 months before',
                            step="month", stepmode="backward"),
                        dict(count=1, label='new years day',
                            step="year", stepmode="todate"),
                        dict(count=1, label='1 year before',
                            step="year", stepmode="backward")
    ]))),
    yaxis = dict(title = '10만명당 사망자수 누계'))

fig.show()
```

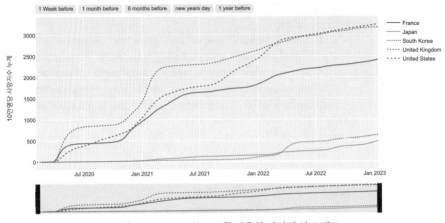

그림 9-4 rangeselector를 사용한 파이썬 선 그래프

호버 모드를 사용한 선 그래프

Plotly는 동적 데이터 시각화이기 때문에 온라인에서 사용자의 반응에 따라 작동하는 다양한 기능을 제공한다. 여기에는 여러 가지 기능이 있지만, 데이터값과 해당 값의 변량 등 시각화된 데이터의 해석이 원활하도록 제공하는 기능이 호버이다. 호버는 Plotly에서만 제공하는 기능은 아니고 과거 'tooltip'이라는 이름으로 많이 사용된 기능이다. 즉, 사용자의 마우스나 디지털 포인팅 장비와 상호 반응해 그 기기가 포인팅하는 곳의 정보를 조그마한 박스를 통해 사용자에게 알려주는 기능이다. 이 호버는 흔히 'mouse over', 'mouse hover', 'hover box'라고도 불리며, CSS를 사용하여 웹 브라우저에서 사용할 수 있다.

Plotly에서도 호버를 표시하는 여러 가지 방법을 제공하는데, 이때 사용되는 속성이 hovermode이다. hovermode는 다른 트레이스에서도 사용이 가능하지만 시간의 시각화에 사용되는 scatter 트레이스의 lines 모드에서 매우 효과적이다.

hovermode는 layout에서 설정되는 속성으로 x, y, closet, False, x unified, y unified의 6가지 속성값을 가질 수 있다. x, y는 X축, Y축 상에 같은 값을 가지는 트레이스에 대한 호버를 모두 표시해주는 호버 모드이다. 마우스 포인트가 가리키는 X축과 Y축의 값을 인식하고 이들과 동일한 값을 가지는 트레이스의 해당 위치에 각각의 호버가 표시된다. 이 모드는 각각의 동일한 축 데이터끼리 서로 비교할 수 있다는 장점이 있는데, Plotly 시각화의 우측 상단에 표시되는 modebar에서도 설정할 수 있다. closet은 마우스 포인팅과 가장 가까운 곳의 호버를 표시하는 모드로 특별한 설정이 없다면 closet 모드로 설정된다. x unified, y unified는 동일한 X축과 Y축의 값에 해당하는 각각의 트레이스 데이터들이 하나의 호버 박스에 표시된다. 이로써 데이터를 한번에 비교할 수 있는 장점이 있는데, 또 하나의 장점은 X축, Y축 방향으로 보조선이 표시된다는 것이다. 이 보조선을 **스파이크 라인**spikeline이라고 하며 spikemode 속성으로 표시할 수도 있다. 호버 모드에서 x unified, y unified는 자동적으로 스파이크 라인이 표시되어 좀 더 수월하게 데이터를 확인할 수 있다. x unified와 y unified는 x, y와 같이 마우스 포인팅과 동일한 X축과 Y축의 모든 데이터에 대한 호버를 표시하는 것은 동일하지만 표시되는 호버를 각각의 데이터에 분산시키는 것이 아니고 하나의 호버에 묶어서 표시하는 것이 다르다.

hovermode와 관련된 속성 중에 호버가 표시되는 데이터와 마우스 포인팅과의 거리는 hoverdistance로 설정할 수 있다. hoverdistance는 -1과 0 이상의 수치로 설정하는데 -1이 설정되면 항상 호버를 표시하고 0은 호버를 표시하지 않는다.

다음은 hovermode를 x, y, x unified, y unified를 설정하는 R과 파이썬 코드이다.

▶ R

```
## 호버 모드가 x인 시각화
total_deaths_5_nations_by_day |>
  plot_ly() |>
  add_trace(type = 'scatter', mode = 'lines',
            x = ~date, y = ~total_deaths_per_million ,
            linetype = ~location, connectgaps = T) |>
  layout(title = '코로나19 사망자수 추세',
         xaxis = list(title = ''),
         yaxis = list(title = '10만명당 사망자수 누계'),
         margin = margins_R,
         ## 호버 모드 설정
         hovermode="x")

## 호버 모드가 y인 시각화
total_deaths_5_nations_by_day |>
  plot_ly() |>
  add_trace(type = 'scatter', mode = 'lines',
            x = ~date, y = ~total_deaths_per_million ,
            linetype = ~location, connectgaps = T) |>
  layout(title = '코로나19 사망자수 추세',
         xaxis = list(title = ''),
         yaxis = list(title = '10만명당 사망자수 누계'),
         margin = margins_R,
         ## 호버 모드 설정
         hovermode="y")

## 호버 모드가 x unified인 시각화
```

```
total_deaths_5_nations_by_day |>
  plot_ly() |>
  add_trace(type = 'scatter', mode = 'lines',
            x = ~date, y = ~total_deaths_per_million ,
            linetype = ~location, connectgaps = T) |>
  layout(title = '코로나19 사망자수 추세',
         xaxis = list(title = ''),
         yaxis = list(title = '10만명당 사망자수 누계'),
         margin = margins_R,
         ## 호버 모드 설정
         hovermode="x unified")

## 호버 모드가 y unified인 시각화
total_deaths_5_nations_by_day |>
  plot_ly() |>
  add_trace(type = 'scatter', mode = 'lines',
            x = ~date, y = ~total_deaths_per_million ,
            linetype = ~location, connectgaps = T) |>
  layout(title = '코로나19 사망자수 추세',
         xaxis = list(title = ''),
         yaxis = list(title = '10만명당 사망자수 누계'),
         margin = margins_R,
         ## 호버 모드 설정
         hovermode="y unified")
```

▶ 파이썬

```
## 호버 모드가 x인 시각화
fig = go.Figure()

for location, group in total_deaths_5_nations_by_day.groupby('location'):
    fig.add_trace(go.Scatter(
        mode = 'lines',
        x = group['date'],
        y = group['total_deaths_per_million'],
        line = dict(dash = nations[location]),
        name = location, connectgaps = True))

fig.update_layout(title = dict(text = '코로나19 사망자수 추세', x = 0.5),
                  xaxis = dict(title = ''),
                  yaxis = dict(title = '10만명당 사망자수 누계'),
                  ## 호버 모드 설정
                  hovermode="x")
fig.show()

## 호버 모드가 y인 시각화
fig = go.Figure()
```

```python
for location, group in total_deaths_5_nations_by_day.groupby('location'):
    fig.add_trace(go.Scatter(
        mode = 'lines',
        x = group['date'],
        y = group['total_deaths_per_million'],
        line = dict(dash = nations[location]),
        name = location, connectgaps = True))

fig.update_layout(title = dict(text = '코로나19 사망자수 추세', x = 0.5),
                  xaxis = dict(title = ''),
                  yaxis = dict(title = '10만명당 사망자수 누계'),
                  ## 호버 모드 설정
                  hovermode="y")
fig.show()

## 호버 모드가 x unified인 시각화
fig = go.Figure()
for location, group in total_deaths_5_nations_by_day.groupby('location'):
    fig.add_trace(go.Scatter(
        mode = 'lines',
        x = group['date'],
        y = group['total_deaths_per_million'],
        line = dict(dash = nations[location]),
        name = location, connectgaps = True))

fig.update_layout(title = dict(text = '코로나19 사망자수 추세', x = 0.5),
                  xaxis = dict(title = ''),
                  yaxis = dict(title = '10만명당 사망자수 누계'),
                  ## 호버 모드 설정
                  hovermode="x unified")
fig.show()

## 호버 모드가 y unified인 시각화
fig = go.Figure()
for location, group in total_deaths_5_nations_by_day.groupby('location'):
    fig.add_trace(go.Scatter(
        mode = 'lines',
        x = group['date'],
        y = group['total_deaths_per_million'],
        line = dict(dash = nations[location]),
        name = location, connectgaps = True))

fig.update_layout(title = dict(text = '코로나19 사망자수 추세', x = 0.5),
                  xaxis = dict(title = ''),
                  yaxis = dict(title = '10만명당 사망자수 누계'),
                  ## 호버 모드 설정
                  hovermode="y unified")
fig.show()
```

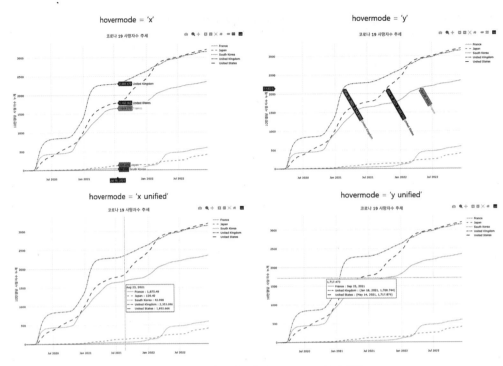

그림 9-5 R의 선 그래프에서 hovermode 설정 결과

스파이크 라인을 사용한 선 그래프

Plotly에서는 호버를 사용하여 데이터를 보다 쉽게 파악할 수 있는 기능을 제공한다. 여기에 보조적으로 사용할 수 있는 기능인 스파이크 라인도 지원한다. 스파이크 라인은 마우스가 포인팅하는 곳의 X축, Y축 안내선을 의미한다. 이 안내선을 사용하여 해당 마우스 포인트가 현재 어떤 값을 가리키고 있는지 쉽게 알 수 있다.

이 스파이크 라인은 xaxis, yaxis의 하위 속성인 spikemode 속성을 사용하여 설정할 수 있다. xaxis와 yaxis에 각각의 스파이크 라인을 설정함으로써 양쪽 축에 해당하는 스파이크 라인을 표시할 수 있다. 스파이크 라인은 항상 나타나는 것이 아니고 호버가 나타날 경우에만 나타난다. hovermode가 closet일 경우 마우스 포인터가 트레이스의 데이터를 가리켜 호버가 나타날 때에만 나타나고, hovermode가 x, y나 x unified, y unified일 경우는 항상 나타난다.

spikemode는 across, toaxis, marker의 세 가지 속성값을 가지는데 이들은 +를 사용하여 서로 조합하여 사용할 수 있다. across는 X축이나 Y축의 값에 대해 전체 플롯을 가로지르는 스파이크 라인을 표시하고, toaxis는 X축이나 Y축의 기본선zeroline에서부터 마우스 포인터에 해당하는 트레이스까지 스파이크 라인을 만들어준다. `marker`는 X축이나 Y축 위에 마커를 표시하고 해당 데이터를 표시하는 방법이다. 이 방법은 선이 나타나지는 않고 축 위에 포인팅만 나타난다.

다음은 X축의 `spikemode`를 across, Y축의 `spikemode`를 toaxis로 설정한 R과 파이썬 코드이다.

▶ R

```
total_deaths_5_nations_by_day |>
  plot_ly() |>
  add_trace(type = 'scatter', mode = 'lines',
            x = ~date, y = ~total_deaths_per_million , linetype = ~location, connectgaps = T) |>
  layout(title = '코로나19 사망자수 추세',
         xaxis = list(title = '',
                      ## X축의 spikemode 설정
                      spikemode = 'across'),
         yaxis = list(title = '10만명당 사망자수 누계',
                      ## Y축의 spikemode 설정
                      spikemode = 'toaxis'),
         hovermode='x',
         margin = margins_R)
```

▶ 파이썬

```
fig = go.Figure()

for location, group in total_deaths_5_nations_by_day.groupby('location'):
    fig.add_trace(go.Scatter(
        mode = 'lines',
        x = group['date'],
        y = group['total_deaths_per_million'],
        line = dict(dash = nations[location]),
        name = location, connectgaps = True))

fig.update_layout(title = dict(text = '코로나19 사망자수 추세', x = 0.5),
                  xaxis = dict(title = '',
                  ## X축의 spikemode 설정
                  spikemode = 'across'),
                  yaxis = dict(title = '10만명당 사망자수 누계',
                  ## Y축의 spikemode 설정
                  spikemode = 'toaxis'),
                  hovermode="x")

fig.show()
```

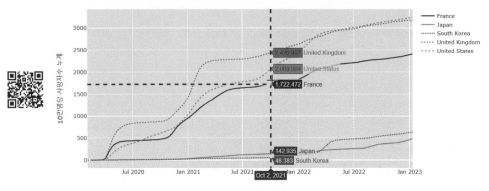

그림 9-6 **파이썬 선 그래프에서 스파이크 라인 실행 결과**

시간 축의 설정

선 그래프는 주로 시계열 데이터의 시각화에 많이 사용된다. 시계열 데이터는 시간이라는 축을 사용하기 때문에 이 축을 잘 사용하는 것이 매우 중요한 요소이다. Plotly는 시간 축을 설정하기 위해 많은 기능을 제공하는데 이를 잘 활용하면 보다 효율적인 시각화를 만들 수 있다.

시간 축의 설정에서 Plotly는 R과 파이썬을 다소 다르게 다루고 있다. R에서 Plotly는 시간 축에 매핑되는 데이터 유형을 Date 타입으로 자동 설정하지 않는다. 따라서 축을 시간 축으로 설정하려면 해당 축에 매핑되는 데이터를 as.Date()를 사용하여 Date 타입으로 설정하고 매핑해야 한다. 반면 파이썬에서는 시간 축에 매핑하는 데이터가 ISO 형식의 날짜 문자열이거나 팬더스와 넘파이의 date형이 매핑되면 축의 유형을 시간 축으로 자동 설정한다.

눈금 라벨의 설정

Plotly는 시간 축에 나타나는 눈금 라벨을 년, 월, 일, 시, 분, 초의 시간으로 표기하며, 눈금 라벨과 연결된 그리드 라인을 표시한다. 눈금 라벨은 tickformat 속성을 사용하여 표시되는 형태를 설정할 수 있다. tickformat은 웹 표준으로 사용되는 D3.js에서 사용하는 시간 포맷을 사용한다. 예를 들어 '2022년 1월 1일'로 표시하기 위해서는 '%Y년 %m월 %d일'로 설정한다.

눈금의 간격은 dtick 속성을 사용하여 설정할 수 있다. 시간 축상에서 dtick은 밀리 초 단위의 수치로 설정한다. 따라서 1일을 간격으로 설정하기 위해서는 86,400,000(24시간*60분*60초*1000밀리 초)을 설정해야 한다. 이렇게 설정하는 것이 다소 번거롭기 때문에 Plotly에서는 M을 사용하여

월 단위의 간격 설정이 가능하다. M1은 **1개월**을 의미하는데, 일을 표시하기 위한 D나 년을 표시하기 위한 Y는 제공하지 않는다.

다음은 눈금 라벨을 2022년 01월과 같이 표시하고 눈금 간격을 3개월로 설정한 R과 파이썬 코드이다.

▶ **R**

```
total_deaths_5_nations_by_day |>
  plot_ly() |>
  add_trace(type = 'scatter', mode = 'lines',
            x = ~date, y = ~total_deaths_per_million , linetype = ~location, connectgaps = T) |>
  layout(title = '코로나19 사망자수 추세',
         xaxis = list(title = '', spikemode = 'across',
                      ## X축 눈금 라벨 설정
                      tickformat = '%Y년 %m월',
                      ## X축 눈금 간격 설정
                      dtick = 'M3'),
         yaxis = list(title = '10만명당 사망자수 누계',
                      spikemode = 'toaxis'),
         hovermode = 'x',
         margin = margins_R)
```

▶ **파이썬**

```
fig = go.Figure()

for location, group in total_deaths_5_nations_by_day.groupby('location'):
    fig.add_trace(go.Scatter(
        mode = 'lines',
        x = group['date'],
        y = group['total_deaths_per_million'],
        line = dict(dash = nations[location]),
        name = location, connectgaps = True))

fig.update_layout(title = dict(text = '코로나19 사망자수 추세', x = 0.5),
    xaxis = dict(title = '', spikemode = 'across',
    ## X축 눈금 라벨 설정
    tickformat = '%Y년 %m월',
    ## X축 눈금 간격 설정
    dtick = 'M3'),
    yaxis = dict(title = '10만명당 사망자수 누계',
    spikemode = 'toaxis'),
    hovermode="x")

fig.show()
```

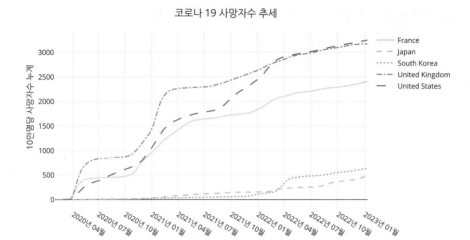

그림 9-7 **X축 간격이 3개월로 설정된 R의 선 그래프**

줌인/줌아웃에 반응하는 눈금의 설정

Plotly에서는 사용자의 마우스 드래그나 rangeslider, rangeselector, Plotly 우측 상단의 modebar를 사용하면 시각화 그래프의 **줌인**zoom in이나 **줌아웃**zoom out을 할 수 있다. 이때 문제는 각각의 축에 표시된 라벨의 표시 간격이 변동되지 않기 때문에 너무 좁은 구간을 선택하면 라벨이 전혀 나타나지 않아 데이터를 읽기 어려운 상황이 된다는 것이다.

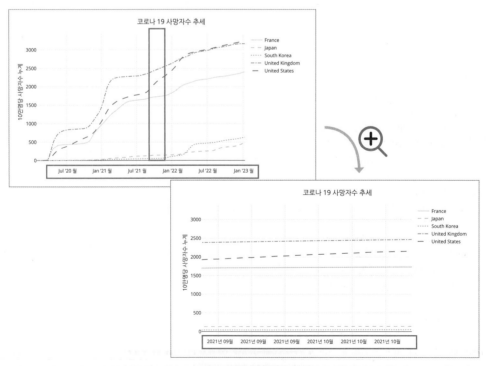

그림 9-8 **줌인 시 눈금 문제**

Plotly는 이렇게 줌인/줌아웃의 레벨에 따라 동적으로 눈금 간격을 설정할 수 있는데, 이 기능은 tickformatstops 속성을 사용한다. tickformatstops는 줌인/줌아웃의 수준에 따라 눈금 리벨의 서식을 설정하는 속성으로 rangeselector와 같이 tickformatstops의 세부 속성 리스트로 구성된 딕셔너리(R의 경우 리스트)로 설정할 수 있다.

tickformatstops는 하위 속성인 dtickrange, value로 설정이 가능하다. dtickrange는 줌의 최솟값, 최댓값의 리스트로 구성되는데 밀리 세컨드 단위로 최솟값, 최댓값을 설정한다. R에서는 일 단위에서 주 단위로 표시되는 간격을 list(86400000, 604800000), 주 단위에서 월 단위는 list(604800000, "M1"), 월 단위에서 연 단위는 list("M1", "M12"), 년 단위 이상은 list("M12", NULL)로 설정하고, 파이썬에서는 ()를 사용한 튜플을 사용하여 설정한다.

다음은 줌 레벨에 따른 눈금 설정을 위한 R과 파이썬 코드이다.

▶ R

```
total_deaths_5_nations_by_day |>
  ## Plotly 객체 생성
  plot_ly() |>
  add_trace(type = 'scatter', mode = 'lines',
            x = ~date, y = ~total_deaths_per_million , linetype = ~location, connectgaps = T) |>
  layout(title = '코로나19 사망자수 추세',
         xaxis = list(title = '', spikemode = 'across', tickformat = '%Y년 %m월',
                      ## tickformatstops 설정
                      tickformatstops = list(
                        ## 1000밀리초까지의 tickformat
                        list(dtickrange=list(NULL, 1000), value="%H:%M:%S.%L 밀리초"),
                        ## 1초 ~ 1분까지의 tickformat
                        list(dtickrange=list(1000, 60000), value="%H:%M:%S 초"),
                        ## 1분 ~ 1시간까지의 tickformat
                        list(dtickrange=list(60000, 3600000), value="%H:%M 분"),
                        ## 1시간 ~ 1일까지의 tickformat
                        list(dtickrange=list(3600000, 86400000), value="%H:%M 시"),
                        ## 1일 ~ 1주까지의 tickformat
                        list(dtickrange=list(86400000, 604800000), value="%e. %b 일"),
                        ## 1주 ~ 1월까지의 tickformat
                        list(dtickrange=list(604800000, "M1"), value="%e. %b 주"),
                        ## 1월 ~ 1년까지의 tickformat
                        list(dtickrange=list("M1", "M12"), value="%b '%y 월"),
                        ## 1년 이상의 tickformat
                        list(dtickrange=list("M12", NULL), value="%Y 년")
                      )),
         yaxis = list(title = '10만명당 사망자수 누계',
```

```
                    spikemode = 'toaxis'),
            hovermode = 'x',
            margin = margins_R)
```

▶ 파이썬

```
fig = go.Figure()

for location, group in total_deaths_5_nations_by_day.groupby('location'):
    fig.add_trace(go.Scatter(
        mode = 'lines',
        x = group['date'],
        y = group['total_deaths_per_million'],
        line = dict(dash = nations[location]),
        name = location, connectgaps = True))

fig.update_layout(title = dict(text = '코로나19 사망자수 추세', x = 0.5),
    xaxis = dict(title = '',
                    spikemode = 'across', tickformat = '%Y년 %m월',
                    ## tickformatstops 설정
                    tickformatstops = (
                      ## 1000밀리초까지의 tickformat
                      dict(dtickrange=(None,1000), value="%H:%M:%S.%L 밀리초"),
                      ## 1초 ~ 1분까지의 tickformat
                      dict(dtickrange=(1000, 60000), value="%H:%M:%S 초"),
                      ## 1분 ~ 1시간까지의 tickformat
                      dict(dtickrange=(60000, 3600000), value="%H:%M 분"),
                      ## 1시간 ~ 1일까지의 tickformat
                      dict(dtickrange=(3600000, 86400000), value="%H:%M 시"),
                      ## 1일 ~ 1주까지의 tickformat
                      dict(dtickrange=(86400000, 604800000), value="%e. %b 일"),
                      ## 1주 ~ 1월까지의 tickformat
                      dict(dtickrange=(604800000, "M1"), value="%e. %b 주"),
                      ## 1월 ~ 1년까지의 tickformat
                      dict(dtickrange=("M1", "M12"), value="%b '%y 월"),
                      ## 1년 이상의 tickformat
                      dict(dtickrange=("M12",None), value="%Y 년")
    )),
    yaxis = dict(title = '10만명당 사망자수 누계',
    spikemode = 'toaxis'),
    hovermode="x")

fig.show()
```

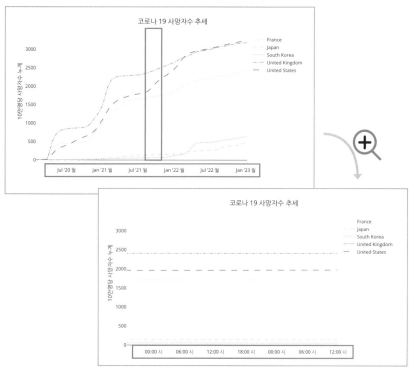

그림 9-9 **줌인 후 R의 눈금 설정 결과**

9.2 캔들스틱 차트

선 그래프는 여러 곳에서 사용이 되지만 특히 경제, 경영 분야의 재정finance 데이터 분석에서 매우 많이 사용된다. 특히 최근 재정 데이터와 금융 데이터가 늘어남에 따라 금융 데이터를 전문적으로 분석하고 머신러닝, 딥러닝, AI 알고리즘 등을 적용하여 예측 분석을 하는 사례가 늘고 있다. 이러한 재정, 금융 데이터 분석에 사용되는 시각화는 일반적인 시계열 선 그래프와는 다른 변형된 형태의 선 그래프를 사용하는 경우가 많다. 그 대표적인 사례가 주가 분석에 많이 사용되는 **OHLC 차트**open-high-low-close chart이다. 매일매일의 주식 가격은 장 초기의 시가, 장 종료의 종가, 장 중의 고가와 저가를 모두 표현해야 하고, 이들 가격에 대한 전반적인 추세를 표현하는 선 그래프가 그려져야 한다. 또한 주식 가격의 전반적인 흐름을 감지하기 위한 이동 평균선을 사용하는 경우도 많다. Plotly에서는 기본적으로 OHLC 차트에 대한 두 개의 트레이스를 제공하는데, candlestick 트레이스와 OHLC 트레이스이다.

candlestick 트레이스는 **캔들스틱 차트**candlestick chart를 만드는 데 사용하는 트레이스이다. 캔들스틱은 18세기 일본에서부터 시작된 것으로 알려져 있는데 '캔들스틱'이라고 불리는 봉을 사용하여 하루 동안 주식 가격의 변동치인 시가, 종가, 고가, 저가를 표현하는 방법이다.

candlestick 트레이스를 만들기 위해서는 당연히 캔들스틱을 구성하는 Open, High, Low, Close값이 필요하고, 이 값들을 candlestick 트레이스의 open, close, high, low 속성에 설정해주면 간단히 그려진다. candlestick 트레이스는 자동적으로 rangeslider를 포함한다.

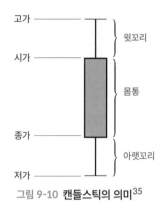

그림 9-10 **캔들스틱의 의미**[35]

candlestick 트레이스에서 사용하는 주요 속성은 다음과 같다.

표 9-4 **candlestick 트레이스의 주요 속성**

속성			속성 설명	파이썬 속성값(R 속성값)
close			종가의 설정	수치의 list, 넘파이 array, 팬더스 series 또는 strings, datetimes(dataframe 열, list, vector)
open			시가의 설정	수치의 list, 넘파이 array, 팬더스 series 또는 strings, datetimes(dataframe 열, list, vector)
high			고가의 설정	수치의 list, 넘파이 array, 팬더스 series 또는 strings, datetimes(dataframe 열, list, vector)
low			저가의 설정	수치의 list, 넘파이 array, 팬더스 series 또는 strings, datetimes(dataframe 열, list, vector)
line	width		캔들 박스 상자 두께 설정	0 이상의 수치
whiskerwidth			캔들 박스 두께에 비례한 수염의 두께 설정	0 이상 1 이하의 수치
increasing	fillcolor		상승 시 캔들 색상 설정	색상값
	line	color	상승 시 캔들 상자 선 설정	색상값
		width	상승 시 캔들 상자 선 두께 설정	0 이상의 수치
decreasing	fillcolor		하락 시 캔들 색상 설정	색상값
	line	color	하락 시 캔들 상자 선 설정	색상값
		width	하락 시 캔들 상자 선 두께 설정	0 이상의 수치

---

35 출처: https://ko.wikipedia.org/wiki/캔들스틱_차트

candlestick 트레이스를 만들기 위해서는 지금까지 사용했던 데이터가 아닌 주식 가격 데이터를 사용한다. 다음은 삼성전자의 특정일로부터 최근 100일 주가를 가져와[36] 기본적인 candlestick 트레이스를 그리는 R과 파이썬 코드이다.

▶ R

R에서 재정 분석과 금융 분석에 주로 사용되는 패키지는 tidyquant와 quantmod이다. 이 패키지에서는 야후와 구글에서 주가 데이터를 가져오는데 한국의 주가 데이터를 가져오는 데에는 다소 어려움이 있다. 그래서 한국 주식 데이터를 가져오는 전문 패키지인 tqk 패키지를 사용하였다. 다만 tqk 패키지는 CRAN에 등록된 정식 패키지가 아니기 때문에 `install.packages()`를 사용할 수 없고 깃허브에서 설치해야 한다.

```
if (!require ("tqk")) {
  if (!require("remotes")) {
    install.packages("remotes")
  }
  remotes::install_github("mrchypark/tqk")
  library('tqk')
}
```

tqk 패키지를 사용하여 현재 오늘로부터 100일간 주가 데이터를 가져오기 위해서는 먼저 `lubridate` 패키지가 필요하다. 먼저 tqk 패키지의 `code_get()`을 사용하여 우리나라 주식에 대한 이름, 코드, 거래 시장 데이터를 가져온다. `tqk_get()`을 사용하여 시작일을 '2022-10-07'로 설정하고 이후 100일간의 데이터를 가져온다. 가져온 데이터에는 주식 거래일(`date`), 시가(`open`), 고가(`high`), 저가(`low`), 종가(`close`), 거래량(`volume`), 수정 종가(`adjusted`)를 포함한다.

```
## 관련 패키지 로딩
library(tqk)
library(lubridate)
## 주가 코드를 가져옴
code <- code_get()

start_day = as.Date('2022-10-07')
end_day = start_day + 100
```

---

[36] 온라인에서 데이터를 가져오면 이 책에서의 그래프와 다를 수 있다. 동일한 결과를 얻으려면 필자의 블로그(https://2stndard.tistory.com/notice/174)에서 데이터를 다운받으면 된다.

```
##  삼성전자의 최근 100일 주가를 가져옴
samsung <- tqk_get('005930', from=start_day, to=end_day)
samsung |> head()
## # A tibble: 6 x 7
##   date        open  high   low close   volume adjusted
##   <date>     <dbl> <dbl> <dbl> <dbl>    <int>    <dbl>
## 1 2022-10-07 55900 56900 55200 56200 16886813    56200
## 2 2022-10-11 54400 55700 54000 55400 21437877    55400
## 3 2022-10-12 55700 57000 55200 55800 18408910    55800
## 4 2022-10-13 55400 56100 55200 55200 13784602    55200
## 5 2022-10-14 56200 56500 55800 56300 12924326    56300
## 6 2022-10-17 55800 57000 55700 56600 13641878    56600
```

주가 데이터를 잘 가져왔으면 이제 candlestick 트레이스를 만든다. R에서 candlestick 트레이스를 사용하기 위해서는 add_trace(type = 'candlestick', …)을 사용하고, open, close, high, low 값이 저장된 열을 매핑해주면 간단히 그려진다.

```
samsung |> plot_ly() |>
  add_trace(
    ## candlestick 트레이스를 추가
    type="candlestick", x = ~date,
    ## OHLC 데이터 설정
    open = ~open, close = ~close,
    high = ~high, low = ~low) |>
  layout(title = "삼성전자 Candlestick Chart",
         margin = margins_R)
```

▶ 파이썬

파이썬에서 주가 데이터를 가져오기 위해 FinanceDataReader 라이브러리를 사용한다. 이를 위해서는 먼저 finance-datareader 라이브러리를 설치하여야 한다.

```
> pip install finance-datareader
```

설치가 완료되면 FinanceDataReader 라이브러리를 임포트하고 주가 데이터를 가져올 시작일과 종료일을 설정한 후, DataReader()를 사용하여 삼성전자 주식을 가져온다.

```
import FinanceDataReader as fdr
from datetime import datetime, timedelta

start_day = datetime(2022, 10, 7)
end_day = start_day + timedelta(days = 100)

samsung_stock = fdr.DataReader('005930', start_day, end_day)
samsung_stock.head()
##               Open   High    Low  Close    Volume    Change
## Date
## 2022-10-07  55900  56900  55200  56200  16886813  -0.001776
## 2022-10-11  54400  55700  54000  55400  21437877  -0.014235
## 2022-10-12  55700  57000  55200  55800  18408910   0.007220
## 2022-10-13  55400  56100  55200  55200  13784602  -0.010753
## 2022-10-14  56200  56500  55800  56300  12924326   0.019928
```

데이터를 가져왔으면 candlestick 트레이스를 그린다. 파이썬에서 candlestick 트레이스를 그리기 위해서는 add_trace()에 plotly.graph_objects.Candlestick()을 사용해야 한다. candlestick 트레이스는 plotly.express에서는 제공하지 않는다.

```
fig = go.Figure()

## cadlestick 트레이스 추가
fig.add_trace(go.Candlestick(
    x = samsung_stock.index,
    ## OHLC 데이터 설정
    open = samsung_stock['Open'], close = samsung_stock['Close'],
    high = samsung_stock['High'], low = samsung_stock['Low']
    ))

fig.update_layout(title = dict(text = "삼성전자 Candlestick Chart", x = 0.5))

fig.show()
```

삼성전자 Candlestick Chart

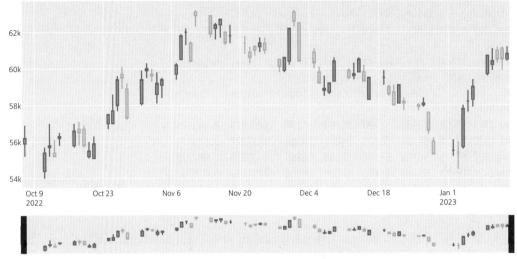

그림 9-11 파이썬의 삼성전자 캔들스틱 차트

캔들스틱 색 변경

앞에서 그린 캔들스틱은 우리가 흔히 보는 주가 그래프와 조금 다른 점이 있다. 캔들스틱의 색이 조금 다른데 우리나라에서는 파란색과 빨간색으로 표시되는 반면, Plotly에서는 초록색과 빨간색으로 표시된다. 미국과 캐나다에서 초록색과 빨간색을 사용한다. 이를 파란색과 빨간색으로 바꾸기 위해서는 increasing과 decreasing 속성의 하위 속성을 사용하여 변경할 수 있다. increasing은 전날 종가에 비해 다음날 종가가 높은 경우의 막대를 설정하는 속성이고 decreasing은 전날 종가에 비해 다음날 종가가 낮은 경우 막대를 설정하는 속성이다.

다음은 Plotly에서 제공하는 candlestick 트레이스의 상승 캔들의 색과 하락 캔들의 색을 빨간색과 파란색으로 변경하고 rangeslider를 없애기 위한 R과 파이썬의 코드이다.

▶ R

```
samsung |> plot_ly() |>
  add_trace(
    type="candlestick", x = ~date,
    open = ~open, close = ~close,
    high = ~high, low = ~low,
    ## 상승 시 선 색상 설정
    increasing = list(line = list(color = 'red')),
```

```
## 하락 시 선 색상 설정
decreasing = list(line = list(color = 'blue'))) |>
layout(title = "삼성전자 Candlestick Chart",
       ## rangeslider는 안 보이도록 설정
       xaxis = list(rangeslider = list(visible = F)),
       margin = margins_R)
```

▶ 파이썬

```
fig = go.Figure()

fig.add_trace(go.Candlestick(
    x = samsung_stock.index,
    open = samsung_stock['Open'], close = samsung_stock['Close'],
    high = samsung_stock['High'], low = samsung_stock['Low'],
    ## 상승 시 선 색상 설정
    increasing = dict(line = dict(color = 'red')),
    ## 하락 시 선 색상 설정
    decreasing = dict(line = dict(color = 'blue'))))

fig.update_layout(title = dict(text = "삼성전자 Candlestick Chart", x = 0.5),
                  ## rangeslider는 안 보이도록 설정
                  xaxis = dict(rangeslider = dict(visible = False)))

fig.show()
```

그림 9-12 **R의 캔들 색을 변경한 삼성전자 캔들스틱 차트**

거래량 그래프 추가

주가 데이터를 가져올 때 들어있던 데이터 중에 하나가 바로 거래량 데이터이다. 거래량은 주가의 흐름을 파악하는 데 매우 중요한 요소이기 때문에 보통 캔들스틱 차트 아래에 막대그래프로 표시하는 것이 일반적이다. 하지만 Plotly에서 제공하는 candlestick 트레이스는 거래량 그래프를 제공하지 않는다. 그래서 캔들스틱 차트 하단에 거래량 그래프를 추가해보도록 하겠다.

다음은 앞에서 그렸던 캔들스틱 차트에 거래량 그래프를 추가하는 R과 파이썬 코드이다. 거래량 그래프를 추가하기 위해서는 서브플롯을 사용하여 두 개의 트레이스를 붙여서 그려야 한다. 그래서 bar 트레이스로 거래량 그래프를 그리고 이 그래프를 candlestick 차트 아래에 붙여넣도록 하겠다. 일반적으로 거래량 그래프는 아래쪽에 위치시키고 크기는 전체 높이의 20% 정도로 설정하는데, 캔들스틱 차트를 70%, 여백으로 10% 정도를 설정하겠다.

서브플롯으로 그래프를 붙여넣을 때 축 공유 속성을 사용하면 줌인/줌아웃 시에 같은 축을 공유하는 서브플롯들은 모두 영향을 받는다. 따라서 여기서도 X축을 공유하도록 설정하였다.

▶ R

주가 그래프를 완성하기 위해 먼저 candlestick 트레이스로 만든 주가 그래프와 bar 트레이스로 만든 막대그래프를 그렸다. 이 두 개의 Plotly 객체를 subplot()을 이용해 붙여넣는데, 행을 2개로 하여 위, 아래로 붙인 다음 X축을 공유하도록 설정하였다.

```
fig1 <- samsung |> plot_ly() |>
  add_trace(
    type="candlestick", x = ~date,
    open = ~open, close = ~close,
    high = ~high, low = ~low,
    increasing = list(line = list(color = 'red')),
    decreasing = list(line = list(color = 'blue'))) |>
  layout(title = "삼성전자 Candlestick Chart",
         xaxis = list(rangeslider = list(visible = F)),
         yaxis = list(title = '주가'),
         showlegend = FALSE)

## 거래량 막대그래프인 bar 트레이스 추가
fig2 <- samsung %>% plot_ly() |>
  add_trace(type = 'bar', x=~date, y=~volume, type='bar',
            color = I('gray'), showlegend = FALSE) |>
  layout(yaxis = list(title = '거래량'))
```

```
## 서브플롯으로 거래량 그래프 설정
subplot(fig1, fig2, heights = c(0.7,0.2), nrows=2, shareX = TRUE) |>
  layout(margin = margins_R)
```

▶ 파이썬

파이썬에서 서브플롯을 그리기 위해 먼저 `make_subplots()`를 이용해 전체 구조를 설정해주었다. 이 Plotly 객체에 주가에 대한 candlestick 트레이스와 거래량에 대한 bar 트레이스를 그려서 배치하였다. 다음 코드에서 하나 살펴보아야 하는 것은 각각의 서브플롯의 Y축을 설정하기 위해 `update_yaxes()`를 사용했다는 점이다. 전체 플롯에는 서브플롯이 2개 있으므로 전체적으로 X축이 2개, Y축이 2개 존재한다. 각각의 축 설정을 하기 위해서는 두 가지 방법이 있는데 하나는 각각의 트레이스 속성에서 `xaxis`, `yaxis`를 사용해 X축과 Y축의 축 레퍼런스(x2, y2 등)를 달아주고, layout의 `xaxis2`, `yaxis2`의 속성을 설정해주는 방법이다. 이 방법은 서브플롯에서만 사용하는 것은 아니고 하나의 플롯에 이중 축을 설정할 때도 사용된다. 두 번째 방법은 `update_xaxes()`와 `update_yaxes()`를 사용하는 것이다. 이 두 함수에 축에 관련 설정을 하고 이 축이 설정되어야 하는 row와 col의 서브플롯을 지정하여 해당 축을 적용하는 것이다.

```
## 서브플롯을 위한 라이브러리 로딩
from plotly.subplots import make_subplots

## 서브플롯 설정
fig = make_subplots(rows = 2, cols = 1, row_heights=[0.7, 0.3], shared_xaxes = True)

fig.add_trace(go.Candlestick(
    x = samsung_stock.index,
    open = samsung_stock['Open'], close = samsung_stock['Close'],
    high = samsung_stock['High'], low = samsung_stock['Low'],
    increasing = dict(line = dict(color = 'red')),
    decreasing = dict(line = dict(color = 'blue'))),
    row = 1, col = 1)

## 거래량 막대그래프인 bar 트레이스 추가
fig.add_trace(go.Bar(
    x = samsung_stock.index,
    y = samsung_stock['Volume'],
    marker = dict(color = 'gray')),
    row = 2, col =1)

## 서브플롯들의 Y축 제목 설정
fig.update_yaxes(title_text="주가", row=1, col=1)
```

```
fig.update_yaxes(title_text="거래량", row=2, col=1)
fig.update_layout(title = dict(text = "삼성전자 Candlestick Chart", x = 0.5),
                  xaxis = dict(rangeslider = dict(visible = False)),
                  showlegend = False)

fig.show()
```

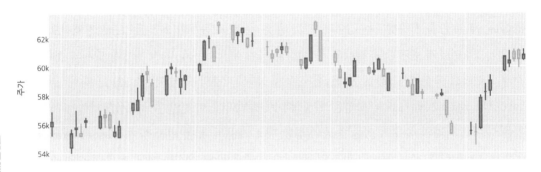

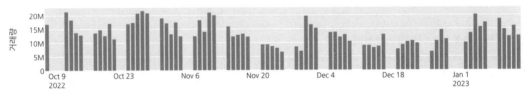

그림 9-13 **파이썬의 거래량 그래프가 추가된 삼성전자 캔들스틱 차트**

주말이 제거된 선 그래프

위의 캔들스틱 차트를 보면 하나 이상한 부분이 있다. 캔들스틱 차트만 볼 때는 잘 드러나지 않았지만 거래량에 대한 막대그래프를 보면 중간중간 데이터가 비어있는 곳이 보인다는 것이다. 막대그래프가 비어있는 곳은 캔들스틱 차트도 비어있는 것을 확인할 수 있다. 이 현상은 주말과 공휴일에 주식 거래가 이루어지지 않기 때문에 나타난다. 주가 그래프에서 주말은 데이터 누락에 해당하는 결측치missing data로 보아야 한다. 이 결측치는 다양한 보간법interpolation을 사용하여 해결하는데, 보간법 중 하나는 해당 데이터 기간을 제외하는 것이다.

그렇다면 주가 그래프에서 주말과 공휴일은 제거해야 한다. 다행히 Plotly에서는 주말과 지정한 공휴일을 제거할 수 있는 속성을 제공한다.

Plotly에서 달력상의 특정 주기나 특정 날짜를 제거하기 위해 rangebreaks를 설정할 수 있다. rangebreaks를 사용할 때 한 가지 주의해야 하는 것은 rangebreaks를 설정할 때 반드시 하위 속성들을 리스트로 묶어 설정해야 한다는 것이다.

다음은 rangebreaks에서 사용하는 주요 속성이다.

표 9-5 rangebreaks 레이아웃의 주요 속성

속성			속성 설명	파이썬 속성값(R 속성값)
xaxis(yaxis)	rangebreaks	bounds	rangebreaks의 상한값과 하한값 설정	리스트
		dvalue	각각의 values 아이템의 크기 설정	0 이상의 수치
		enabled	rangebreaks를 사용할지 여부 설정	논릿값
		pattern	시간 기간을 절단할 패턴 설정	"day of week" | "hour" | ""
		values	rangebreaks와 관련된 좌푯값 설정	리스트

다음은 rangebreaks로 두 개의 리스트를 설정하여 주말과 공휴일을 제거하는 R과 파이썬 코드이다. 첫 번째 rangebreaks는 토요일과 일요일을 제거하기 위해 bounds 속성을 sat, mon으로 설정하여 토요일과 일요일(월요일 이전으로 월요일을 포함하지 않음)을 제거하는 속성을 설정하였고, 두 번째는 2022년 추석, 개천절, 한글날(대체 공휴일)을 제거하는 속성 리스트를 설정하였다.

▶ R

```
fig1 <- samsung |> plot_ly() |>
  add_trace(
    type="candlestick", x = ~date,
    open = ~open, close = ~close,
    high = ~high, low = ~low,
    increasing = list(line = list(color = 'red')),
    decreasing = list(line = list(color = 'blue'))
  ) |>
  layout(title = "삼성전자 Candlestick Chart",
         xaxis = list(rangeslider = list(visible = F),
                  ## rangebreaks 설정
                  rangebreaks=list(
                    ## 주말 제거
                    list(bounds=list("sat", "mon")),
                    ## 특정 공휴일 제거
                    list(values = list("2022-09-09", "2022-09-12",
                                "2022-10-03", "2022-10-10",
                                "2022-12-30"))
                  )),
```

```
            yaxis = list(title = '주가'),
            showlegend = FALSE)

fig2 <- samsung %>% plot_ly() |>
  add_trace(type = 'bar', x=~date, y=~volume, type='bar',
            color =I('gray'), showlegend = FALSE) |>
  layout(xaxis = list(rangebreaks=list( ## rangebreaks 설정
    ## 주말 제거
    list(bounds=list("sat", "mon")),
    ## 특정 공휴일 제거
    list(values = list("2022-09-09", "2022-09-12", "2022-10-03",
                       "2022-10-10", "2022-12-30"))
  )),
  yaxis = list(title = '거래량'))

subplot(fig1, fig2, heights = c(0.7,0.2), nrows=2, shareX = TRUE) |>
  layout(margin = margins_R)
```

▶ 파이썬

다음 파이썬 코드에서는 layout 속성에서의 축 설정과 update_xaxes()와 update_yaxes()를 모두 사용하여 전체 서브플롯들의 축을 설정하였다. 첫 번째 서브플롯은 트레이스 설정 시에 xaxis, yaxis를 설정하지 않았기 때문에 기본값인 x1과 y1이 설정되었고, layout에서 xaxis와 yaxis에 매칭되어 축이 설정된다. 그러나 두 번째 서브플롯의 경우는 update_xaxes()와 update_yaxes()를 사용하여 설정하였고, row와 col 속성을 사용하여 두 번째 서브플롯을 지정하였다.

```
from plotly.subplots import make_subplots

fig = make_subplots(rows = 2, cols = 1, row_heights=[0.7, 0.3])

fig.add_trace(go.Candlestick(
    x = samsung_stock.index,
    open = samsung_stock['Open'], close = samsung_stock['Close'],
    high = samsung_stock['High'], low = samsung_stock['Low'],
    increasing = dict(line = dict(color = 'red')),
    decreasing = dict(line = dict(color = 'blue'))),
    row = 1, col = 1)

fig.add_trace(go.Bar(
    x = samsung_stock.index,
    y = samsung_stock['Volume'],
    marker = dict(color = 'gray'),
    xaxis = 'x2'),
    row = 2, col =1)
```

```
fig.update_xaxes(rangeslider = dict(visible = False),
    ## rangebreaks 설정
    rangebreaks = [
        ## 주말 제거
        dict(bounds=["sat", "mon"]),
        ## 특정 공휴일 제거
        dict(values=["2022-09-09", "2022-09-12", "2022-10-03",
        "2022-10-10", "2022-12-30"])],
    row = 2, col = 1)

fig.update_yaxes(title_text="거래량", row=2, col=1)

fig.update_layout(xaxis = dict(rangeslider = dict(visible = False),
    ## rangebreaks 설정
    rangebreaks = [
        ## 주말 제거
        dict(bounds=["sat", "mon"]),
        ## 특정 공휴일 제거
        dict(values=["2022-09-09", "2022-09-12", "2022-10-03",
                    "2022-10-10", "2022-12-30"]) ]),
    yaxis = dict(title_text="주가"),
    title = dict(text = "삼성전자 Candlestick Chart", x = 0.5),
    showlegend = False)

fig.show()
```

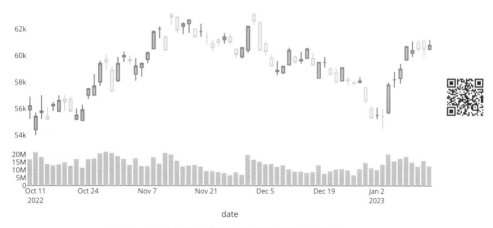

그림 9-14 **R의 주말이 제거된 삼성전자 캔들스틱 차트**

코로나19 데이터에 대해 1주일 이상의 장기 데이터를 한번이라도 본 경험이 있다면 일요일과 월요일에 확진자 수가 급감했다가 화요일에 다시 급증하는 특성을 쉽게 확인할 수 있을 것이다. 토요일과 일요일에 검사 건수가 적어지는 주말 효과에 의해 확진자가 감소했다가 월요일부터 다시 검사 건수가 늘어나기 때문에 이 검사 결과가 나오는 화요일부터 확진자가 증가한다. 이를 시계열 데이터의 계절성이라고 한다. 이 계절성은 시계열 데이터의 중요한 특성으로 데이터 분석에 중요한 요인 중에 하나지만, 가끔은 데이터 분석시에 제거해야 하는 대상이기도 하다.

다음은 우리나라 코로나19 데이터에서 주말 효과로 인한 일요일과 월요일의 확진자를 제외하지 않은 데이터와 제외한 데이터를 선 그래프로 표현한 R과 파이썬 코드이다. 이 결과를 보면 전반적 추세는 유사하지만 주말 효과가 제거된 그래프에서 그 진폭이 다소 줄어드는 것을 볼 수 있다.

▶ R

```
## 최근 100일간의 우리나라 코로나19 신규확진자 데이터 전처리
total_deaths_5_nations_since_100day <- total_deaths_5_nations_by_day |>
  filter((iso_code %in% c('KOR'))) |>
  filter(date > max(date)-100)

## 주말이 포함된 scatter 트레이스 생성
p1 <- total_deaths_5_nations_since_100day |>
  plot_ly() |>
  add_trace(type = 'scatter', mode = 'lines',
            x = ~date, y = ~new_cases , color = I('darkblue'), connectgaps = TRUE)

## 주말이 제거된 scatter 트레이스 생성
p2 <- total_deaths_5_nations_since_100day |>
  filter((iso_code %in% c('KOR'))) |>
  plot_ly() |>
  add_trace(type = 'scatter', mode = 'lines',
            x = ~date, y = ~new_cases , color = I('darkblue'), connectgaps = TRUE) |>
  layout(xaxis = list(rangebreaks=list(list(bounds=list("sun", "tue")),
                                       list(values=list('2022-03-02'))
  )))

## 서브플롯 생성
subplot(
  p1 |> layout(annotations = list(x = 0.5 , y = 1.05,
                                  text = "주말이 포함된 확진자수", showarrow = FALSE,
                                  xref='paper', yref='paper', xanchor = 'center')),
  p2 |> layout(annotations = list(x = 0.5 , y = 1.05,
                                  text = "주말이 제거된 확진자수", showarrow = FALSE,
                                  xref='paper', yref='paper', xanchor = 'center')),
  nrows = 2, margin = 0.05) |>
```

```
        layout(title = '우리나라의 코로나19 확진자수 추세', hovermode = "x unified",
                margin = margins_R, showlegend = FALSE)
```

▶ 파이썬

```python
## 최근 100일간의 우리나라 코로나19 신규확진자 데이터 전처리
start_day = total_deaths_5_nations_by_day['date'].max() - timedelta(days=100)

total_deaths_5_nations_since_100day = total_deaths_5_nations_by_day.loc[(
    total_deaths_5_nations_by_day['iso_code'] =='KOR') &
    (total_deaths_5_nations_by_day['date'] > start_day)]

## 서브플롯 설정
fig = make_subplots(rows = 2, cols = 1,
                    subplot_titles=('주말이 포함된 확진자수',
                                    '주말이 제거된 확진자수'))

## 주말이 포함된 scatter 트레이스 생성
fig.add_trace(go.Scatter(
    mode = 'lines',
    x = total_deaths_5_nations_since_100day['date'],
    y = total_deaths_5_nations_since_100day['new_cases'],
    line = dict(color = 'darkblue'),
    connectgaps = True),
    row = 1, col = 1)

## 주말이 제거된 scatter 트레이스 생성
fig.add_trace(go.Scatter(
    mode = 'lines',
    x = total_deaths_5_nations_since_100day['date'],
    y = total_deaths_5_nations_since_100day['new_cases'],
    line = dict(color = 'darkblue'),
    connectgaps = True),
    row = 2, col = 1)

fig.update_xaxes(rangebreaks=[
    dict(bounds=["sun", "tue"]),dict(values=['2022-03-02'])],
                row = 2, col = 1)

fig.update_layout(title = dict(text = '우리나라의 코로나19 확진자수 추세',
                               x = 0.5),
                  hovermode = "x unified", showlegend = False)

fig.show()
```

우리나라의 코로나19 확진자수 추세

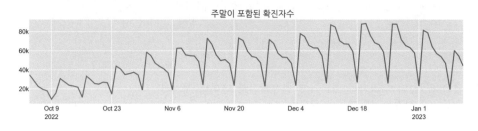

주말이 포함된 확진자수

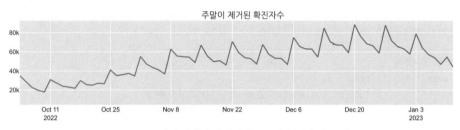

주말이 제거된 확진자수

그림 9-15 주말이 제거된 파이썬의 코로나 확진자 선 그래프

이동 평균 그리기

주가 정보에서 OHLC 정보와 함께 빠지지 않는 정보는 이동 평균 정보이다. 이동 평균은 시계열 데이터에서 기준일로부터 이동 구간(롤링 윈도우)의 평균을 말한다. 이동 평균은 시계열 데이터의 전반적인 추세를 파악하는 데 많이 사용되는 데이터이다. 그렇다 보니 주가 그래프에서 이동 평균을 같이 표시하는 것이 일반적이다.

Plotly에서는 이동 평균을 구하는 기능을 제공하지 않기 때문에 R과 파이썬의 이동 평균을 산출할수 있는 패키지의 함수를 사용하여 이동 평균을 구하고 이를 각각의 트레이스로 그려야 한다. 다음은 5일, 20일, 40일의 이동 평균을 구하고 이를 캔들스틱 차트에 그려넣는 R과 파이썬 코드이다.

▶ R

R에서 이동 평균을 구하는 방법은 여러 가지가 있지만 시계열 전용 패키지인 zoo 패키지에서 제공하는 rollmean()을 사용하였다. rollmean()을 사용하여 5일, 20일, 40일의 이동평균을 구하여 MA_5, MA_20, MA_40 열로 저장하였다. 이 열들의 데이터를 각각 scatter 트레이스로 캔들스틱 차트에 추가하였다.

```
## zoo 패키지 설치 및 로딩
if(!require(zoo)) {
  install.packages('zoo')
```

```
  library(zoo)
}

## 5일, 20일, 40일 이동평균 산출
samsung_moving <- samsung %>%
  mutate(MA_5 = zoo::rollmean(x = close, k = 5,
                              align = "right", fill = NA),
         MA_20 = zoo::rollmean(x = close, k = 20,
                               align = "right", fill = NA),
         MA_40 = zoo::rollmean(x = close, k = 40,
                               align = "right", fill = NA))

## casdlestick 트레이스 생성
fig1 <- samsung_moving |> plot_ly() |>
  add_trace(
    type="candlestick", x = ~date,
    open = ~open, close = ~close,
    high = ~high, low = ~low,
    increasing = list(line = list(color = 'red')),
    decreasing = list(line = list(color = 'blue')),
    showlegend = FALSE
  ) |>
  layout(title = "삼성전자 Candlestick Chart",
         xaxis = list(rangeslider = list(visible = F),
                      rangebreaks=list(
                        list(bounds=list("sat", "mon")),
                        list(values = list("2022-09-09", "2022-09-12", "2022-10-03",
"2022-10-10", "2022-12-30"))
                      )),
         yaxis = list(title = '주가'))

## 5일 이동평균선 추가
fig1 <- fig1 |> add_trace(type = 'scatter', mode = 'lines',
                          line = list(dash = 'solid'),
                          x = ~date, y = ~MA_5, name = '5일 이동평균')

## 20일 이동평균선 추가
fig1 <- fig1 |> add_trace(type = 'scatter', mode = 'lines',
                          line = list(dash = 'dash'),
                          x = ~date, y = ~MA_20, name = '20일 이동평균')

## 40일 이동평균선 추가
fig1 <- fig1 |> add_trace(type = 'scatter', mode = 'lines',
                          line = list(dash = 'dot'),
                          x = ~date, y = ~MA_40, name = '40일 이동평균')

## 거래량 그래프 추가
fig2 <- samsung %>% plot_ly() |>
```

```
  add_trace(type = 'bar', x=~date, y=~volume, type='bar',
           color =I('gray'), showlegend = FALSE) |>
  layout(xaxis = list(rangebreaks=list(
    list(bounds=list("sat", "mon")),
    list(values = list("2022-09-09", "2022-09-12", "2022-10-03", "2022-10-10", "2022-12-30"))
  )),
  yaxis = list(title = '거래량'))

## 서브플롯 설정
subplot(fig1, fig2, heights = c(0.7,0.2), nrows=2, shareX = TRUE) |>
  layout(margin = margins_R)
```

▶ **파이썬**

파이썬에서는 팬더스 라이브러리에서 제공하는 rolling()과 mean()을 사용하면 이동 평균을 산
출할 수 있다. 이를 사용해 5일 이동 평균, 20일 이동 평균, 40일 이동 평균을 구하여 각각의 열로
저장해주고, 캔들스틱 차트에 scatter 트레이스를 추가해 그려준다.

```
## 5일, 20일, 40일 이동평균 산출
samsung_stock['M5'] = samsung_stock['Close'].rolling(5).mean()
samsung_stock['M20'] = samsung_stock['Close'].rolling(20).mean()
samsung_stock['M40'] = samsung_stock['Close'].rolling(40).mean()

from plotly.subplots import make_subplots

## 서브플롯 설정
fig = make_subplots(rows = 2, cols = 1, row_heights=[0.7, 0.3])

## candlestick 트레이스 생성
fig.add_trace(go.Candlestick(
    x = samsung_stock.index,
    open = samsung_stock['Open'], close = samsung_stock['Close'],
    high = samsung_stock['High'], low = samsung_stock['Low'],
    increasing = dict(line = dict(color = 'red')),
    decreasing = dict(line = dict(color = 'blue')), showlegend = False
    ), row = 1, col = 1)

## 5일 이동평균 scatter 트레이스 추가
fig.add_trace(go.Scatter(
    mode = 'lines',
    x = samsung_stock.index, y = samsung_stock['M5'],
    name = '5일 이동평균', line = dict(dash = 'solid')),
    row = 1, col = 1)

## 20일 이동평균 scatter 트레이스 추가
```

```
fig.add_trace(go.Scatter(
    mode = 'lines',
    x = samsung_stock.index, y = samsung_stock['M20'],
    name = '20일 이동평균', line = dict(dash = 'dash')),
    row = 1, col = 1)

## 40일 이동평균 scatter 트레이스 추가
fig.add_trace(go.Scatter(
    mode = 'lines',
    x = samsung_stock.index, y = samsung_stock['M40'],
    name = '40일 이동평균', line = dict(dash = 'dot')),
    row = 1, col = 1)

## 거래량 bar 트레이스 추가
fig.add_trace(go.Bar(
    x = samsung_stock.index, y = samsung_stock['Volume'],
    marker = dict(color = 'gray'), xaxis = 'x2', showlegend = False),
    row = 2, col =1)

fig.update_xaxes(rangeslider = dict(visible = False),
                 rangebreaks = [
                     dict(bounds=["sat", "mon"]),
                     dict(values=["2022-09-09", "2022-09-12", "2022-10-03",
                                  "2022-10-10", "2022-12-30"]
                     )],
                 row = 2, col = 1)

fig.update_yaxes(title_text="거래량", row=2, col=1)

fig.update_layout(
    xaxis = dict(rangeslider = dict(visible = False),
                 rangebreaks = [
                     dict(bounds=["sat", "mon"]),
                     dict(values=["2022-09-09", "2022-09-12",
                                  "2022-10-03", "2022-10-10", "2022-12-30"])
                     ]),
    yaxis = dict(title_text="주가"),
    title = dict(text = "삼성전자 Candlestick Chart", x = 0.5))

fig.show()
```

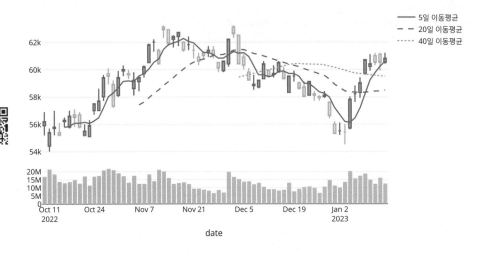

그림 9-16 R의 이동 평균이 표현된 삼성전자 캔들스틱 차트

9.3 폭포수 차트

폭포수 차트waterfall chart는 특정 데이터 변수의 증감을 시각화한 것으로 데이터가 어떻게 변화하는지 살펴볼 수 있는 차트이다. 폭포수 차트는 막대그래프로 표현되는 것이 일반적이고, 캔들스틱 차트처럼 상승과 하락을 색상으로 구분해주기 때문에 데이터의 증감을 이해하기 쉽다. 이 폭포수 차트는 주로 재정 분석에서 많이 사용된다. 예를 들어 당기 순이익을 구성하는 매출, 매출원가 등의 항목들이 전년 대비 증감하였는지, 또는 그달의 매출이 전년에 대비하여 어떻게 증감했는지 등을 파악하는 데 효율적인 차트이다.

Plotly에서는 waterfall 트레이스를 사용하여 폭포수 차트를 그릴 수 있다. 다음은 waterfall 트레이스에서 사용하는 주요 속성들이다.

표 9-6 waterfall 트레이스의 주요 속성

속성			속성 설명	파이썬 속성값(R 속성값)
connector	line	color	막대 간의 연결 선 색상 설정	색상
		dash	막대 간의 연결 선 형태 설정	선 타입값
		width	막대 간의 연결 선 두께 설정	0 이상의 수치
	mode		모양을 연결하는 선 모드의 설정.	"spanning" | "between"
	visible		막대 간의 연결 선 표시 여부 설정	논릿값

표 9-6 waterfall 트레이스의 주요 속성(표 계속)

속성			속성 설명	파이썬 속성값(R 속성값)
increasing	marker	color	상승 시 막대 색 설정	색상
		line color	상승 시 막대 선 색상 설정	색상
		line width	상승 시 막대 선 두께 설정	0 이상의 수치
decreasing	marker	color	하락 시 막대 색 설정	색상
		line color	하락 시 막대 선 설정	색상
		line width	하락 시 막대 선 두께 설정	0 이상의 수치
totals	marker	color	합계의 막대 색 설정	색상
		line color	합계의 막대 선 색 설정	색상
		line width	합계의 막대 선 두께 설정	0 이상의 수치

waterfall 트레이스에서만 사용되는 layout 속성에는 waterfallmode, waterfallgap, waterfall groupgap 등이 있다. waterfallmode는 동일한 위치의 좌표계에서 여러 개의 waterfall 트레이스가 그려질 때 막대를 어떻게 표시할지를 결정하는 속성이다. group과 overlay값을 가질 수 있는데 group으로 설정되면 막대들이 옆으로 그려지고 overaly가 설정되면 막대가 같은 위치에 겹쳐지기 때문에 투명도를 조절해야 각각의 폭포수 차트가 보인다. waterfallgap은 폭포수 막대 간의 거리를 지정하고, waterfallgroupgap은 waterfallmode가 group일 때 그룹 간의 거리를 설정한다.

다음은 삼성전자 종가에 대한 폭포수 차트를 그리는 R과 파이썬 코드이다.

▶ R

R에서 waterfall 트레이스를 그리기 위해서는 add_trace(type = 'waterfall', …)을 사용한다.

```
## 전일 종가 대비 등락가 전처리
fig <- samsung |> mutate(lag = close - lag(close)) |>
  plot_ly()

## waterfall 트레이스 생성
fig |> add_trace(type = 'waterfall',
            name = "등락", orientation = "v",
            x = ~date, y = ~lag,
            increasing = list(marker = list(color = 'red')),
            decreasing = list(marker = list(color = 'blue')
            )
) |>
  layout(xaxis = list(rangeslider = list(visible = FALSE),
                 rangebreaks = list(
```

```
                    list(bounds=c("sat", "mon")),
                    list(values=c("2022-09-09", "2022-09-12", "2022-10-03", "2022-10-10"))
              )),
        yaxis = list(title_text="주가 등락(원)"),
        title = list(text = "삼성전자 주가 Waterfall Chart", x = 0.5),
        showlegend = FALSE, margin = margins_R)
```

▶ **파이썬**

파이썬에서 waterfall 트레이스를 그리기 위해서는 add_trace()에 plotly.graph_objects.
Waterfall()을 사용한다.

```
## 전일 종가 대비 등락가 전처리
samsung_stock['lag'] = samsung_stock['Close'] - samsung_stock['Close'].shift(1)

fig = go.Figure()

## waterfall 트레이스 생성
fig.add_trace(go.Waterfall(
    name = "등락", orientation = "v",
    x = samsung_stock.index,
    y = samsung_stock['lag'],
    increasing = dict(marker = dict(color = 'red')),
    decreasing = dict(marker = dict(color = 'blue'))))

fig.update_layout(
    xaxis = dict(rangeslider = dict(visible = False),
                 rangebreaks = [dict(bounds=["sat", "mon"]),
                                dict(values=["2022-09-09", "2022-09-12",
                                             "2022-10-03", "2022-10-10"])
                                ]),
                 yaxis = dict(title_text="주가 등락(원)"),
                 title = dict(text = "삼성전자 주가 Waterfall Chart", x = 0.5),
                 showlegend = False)

fig.show()
```

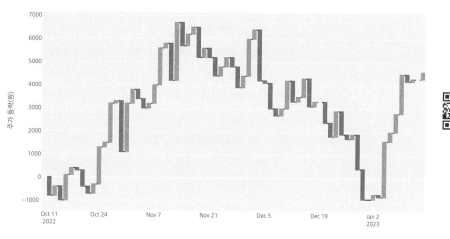

삼성전자 주가 Waterfall Chart

그림 9-17 파이썬의 삼성전자 폭포수 차트

9.4 퍼널 차트

퍼널 차트funnel chart의 퍼널은 우리말로 '깔때기'를 의미한다. 차트가 깔때기처럼 생겼다는 데서 유래되어 퍼널 차트를 '깔때기 차트'로도 부르고 있으며, 영업 및 마케팅 부서에서 자주 사용되고 있다. 여러 단계별로 값이나 지수가 변화하는 것을 한눈에 표현하기 위한 목적으로 사용한다. 이 차트는 수평 막대그래프와 유사하게 생겼지만, 막대그래프는 중심선에서 한쪽 방향으로 데이터를 표현하는 반면 퍼널 차트는 중심선을 중심으로 대칭된 막대를 그리는 것이 다르다. 흔히 인구 연령별 인구수를 표현하는 피라미드 그래프로도 많이 사용된다.

일반적으로 퍼널 차트는 가장 긴 막대가 위에 위치하고 아래쪽으로 짧은 막대들이 위치하는 형태를 띤다. 특히 막대의 맨 위에는 전체 사례수에 대한 막대를 위치시키는 경우가 많다. 이렇게 배치함으로써 데이터가 가장 많이 이탈하는 곳을 확인할 수 있고 예기치 못한 감소가 있는 구간을 알아볼 수 있다.

Plotly에서는 funnel 트레이스를 사용하여 퍼널 차트를 만들 수 있다. 다음은 funnel 트레이스에서 사용되는 주요 속성이다.

표 9-7 funnel 트레이스의 주요 속성

속성			속성 설명	파이썬 속성값(R 속성값)
width			막대의 두께 설정	0 이상의 수치
orientation			퍼널의 방향 설정	"v" | "h"
marker	color		막대 색상 설정	색상이나 색상 배열
	line	color	막대 외곽선 색상 설정	색상이나 색상 배열
		colorscale	막대 외곽선 컬러 스케일의 설정	컬러 스케일
		reversescale	막대 선 색상 매핑을 역순 설정	논릿값
		width	막대 외곽선 두께 설정	0 이상의 수치나 수치배열
	opacity		막대의 투명도 설정	0 이상의 수치나 수치배열
	reversescale		막대 색상 매핑을 역순으로 설정	논릿값
textinfo			퍼널 차트에 표시될 정보의 설정	"label", "text", "percent initial", "percent previous", "percent total", "value"중 하나의 문자열이나 '+'를 사용한 문자열 조합
connector	fillcolor		퍼널 막대들을 연결하는 색상 설정	색상
	line	color	퍼널 막대들을 연결하는 선 색상 설정	색상
		dash	퍼널 막대들을 연결하는 선 타입 설정	문자열
		width	퍼널 막대들을 연결하는 선 두께 설정	0 이상의 수치
	visible		퍼널 막대들을 연결하는 커넥터 표시 여부 설정	논릿값
insidetextanchor			textposition가 inside일 때 텍스트의 표시 위치 설정	"end" | "middle" | "start"
insidetextfont	color		퍼널 막대 안쪽의 문자 색 설정	색상이나 색상 배열
	family		퍼널 막대 안쪽의 폰트 설정	폰트명
	size		퍼널 막대 안쪽의 문자 크기 설정	1 이상의 수치나 수치 배열
outsidetextfont	color		퍼널 막대 바깥쪽의 문자 색 설정	색상이나 색상 배열
	family		퍼널 막대 바깥쪽의 폰트 설정	폰트명
	size		퍼널 막대 바깥쪽의 문자 크기 설정	1 이상의 수치나 수치 배열

funnel 트레이스에서만 사용되는 layout 속성은 funnelmode, funnelgap, funnelgroupgap의 세 가지가 있다. funnelmode는 동일한 위치의 좌표계에서 여러 개의 funnel 트레이스가 그려질 때 막대를 어떻게 표시할지를 결정하는 속성이다. stack, group과 overlay값을 가질 수 있다. stack이 설정되면 누적 막대의 형태로 막대가 연결되어 그려지고, group이 설정되면 막대들이 서로 옆으로

그려지며, overaly가 설정되면 막대가 같은 위치에 겹쳐지기 때문에 투명도를 조절해야 각각의 퍼널 차트가 보인다. funnelgap은 퍼널 막대 간의 거리를 지정하고, funnelgroupgap은 funnelmode가 group일 때 그룹 간의 거리를 설정한다.

다음은 취업률 데이터 중에 유지 취업률의 차수에 따른 취업자수를 funnel 트레이스로 그리는 R과 파이썬 코드이다. 먼저 funnel 트레이스로 그릴 데이터를 전처리한다. 전체 취업자수는 교외 취업자와 교내 취업자의 합이고, 각각의 차수에 따른 유지 취업자수의 합계값을 산출하였다. 이 데이터를 긴 형태의 데이터프레임으로 전환하고, 그 다음 이 데이터를 사용하여 funnel 트레이스를 그린다. 이때 표시되는 정보는 데이터값과 초깃값(맨 위 막댓값)에 대한 백분율을 표시하도록 설정하였다. funnel 트레이스에서 textinfo 속성을 사용하여 표시할 수 있는 정보는 label(데이터 변량값), text(text 속성값), percent initial(초기치에 대한 비율), percent previous(바로 앞 막대에 대한 비율), percent total(전체 합계값에 대한 비율), value(데이터값)이고 이들을 조합하여 사용할 수 있다. 마지막으로 layout의 Y축 순서를 전체 값의 내림차순(total descending)으로 설정하였다.

▶ R

R에서 funnel 트레이스를 만들기 위해서는 add_trace(type = 'funnel', …)을 사용하여야 한다.[37]

```
## 퍼널 차트를 위한 데이터 전처리
df_funnel <- df_취업률 |>
  summarise(전체취업자 = sum(`취업자_교외취업자_계` + `취업자_교내취업자_계`),
            유지취업자_1차 = sum(`1차 유지취업자_계`),
            유지취업자_2차 = sum(`2차 유지취업자_계`),
            유지취업자_3차 = sum(`3차 유지취업자_계`),
            유지취업자_4차 = sum(`4차 유지취업자_계`),
  ) |>
  pivot_longer(1:5, names_to = '구분', values_to = '유지취업자')

## funnel 트레이스 생성
df_funnel |>
  plot_ly() |>
  add_trace(type = 'funnel', x = ~유지취업자, y = ~구분,
            text = ~유지취업자, textinfo = "text+percent initial") |>
  layout(title = '유지취업자 Funnel Chart',
         yaxis = list(categoryorder = "total descending"),
         margin = margins_R)
```

---

37 다음의 R 코드에서 sum() 함수 안에서 사용된 인용부호는 작은 따옴표가 아닌 백틱(`)이다.

▶ **파이썬**

파이썬에서 funnel 트레이스를 그리기 위해서는 add_trace()에 plotly.graph_objects.
Funnel()을 사용하거나 plotly.express.funnel()을 사용한다.

```
## funnel 트레이스를 위한 데이터 복사
df_취업률_funnel = df_취업률.copy()

## funnel 트레이스를 위한 데이터 전처리
df_취업률_funnel['전체취업자'] = df_취업률_funnel[['취업자_교외취업자_계',
    '취업자_교내취업자_계']].sum(axis = 1)

df_취업률_funnel = df_취업률_funnel[['전체취업자', '1차 유지취업자_계', '2차 유지취업자_계',
    '3차 유지취업자_계', '4차 유지취업자_계']].sum().reset_index()

df_취업률_funnel.columns = ['구분', '취업자수']

fig = go.Figure()

## funnel 트레이스 생성
fig.add_trace(go.Funnel(
    x = df_취업률_funnel['취업자수'],
    y = df_취업률_funnel['구분'],
    text = df_취업률_funnel['취업자수'],
    textinfo = "text+percent initial"))

fig.update_layout(title = dict(text = '유지취업자 Funnel Chart', x = 0.5),
                  yaxis = dict(categoryorder = "total descending"))

fig.show()
```

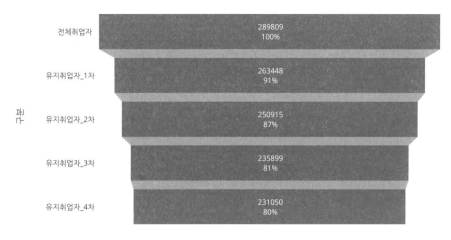

유지취업자 Funnel Chart

전체취업자
289809
100%

유지취업자_1차
263448
91%

유지취업자_2차
250915
87%

유지취업자_3차
235899
81%

유지취업자_4차
231050
80%

그림 9-18 R의 퍼널 차트

누적 퍼널 차트

퍼널 차트는 막대그래프에서 파생된 시각화이기 때문에 기본적으로 막대그래프에서 가지고 있는 특징들을 가지고 있다. 이 특징 중의 하나가 막대의 구성 비율을 사용하는 누적 막대그래프(스택 막대그래프)라는 것이다. 퍼널 차트에서도 이 누적 막대그래프와 유사한 **누적 퍼널 차트**stack funnel chart를 사용할 수 있다. 누적 퍼널 차트는 각각의 퍼널 차트의 막대를 변량에 따라 나누어 줌으로써 각각의 카테고리에 따른 프로세스의 흐름을 알아볼 수 있다.

Plotly에서 누적 퍼널 차트를 만들기 위해서는 funnel 트레이스를 2개 만들고 layout의 funnelmode에서 stack을 설정하면 만들어진 funnel 트레이스들이 누적 막대그래프처럼 표시되면서 누적 퍼널 차트가 만들어진다. funnelmode의 기본값이 stack이기 때문에 두 개 이상의 funnel 트레이스가 자동으로 누적 퍼널 차트로 그려진다.

다음은 누적 퍼널 차트를 그리는 R과 파이썬 코드이다.

▶ R

```
##  stack funnel 트레이스를 위한 전문대학 데이터 전처리
df_funnel_전문대학 <- df_취업률 |>
  filter(과정구분 == '전문대학과정') |>
  summarise(전체취업자 = sum(`취업자_교외취업자_계` + `취업자_교내취업자_계`),
            유지취업자_1차 = sum(`1차 유지취업자_계`),
            유지취업자_2차 = sum(`2차 유지취업자_계`),
```

```
            유지취업자_3차 = sum(`3차 유지취업자_계`),
            유지취업자_4차 = sum(`4차 유지취업자_계`),
  ) |>
  pivot_longer(1:5, names_to = '구분', values_to = '유지취업자')

## stack funnel 트레이스를 위한 대학 데이터 전처리
df_funnel_대학 <- df_취업률 |>
  filter(과정구분 == '대학과정') |>
  summarise(전체취업자 = sum(`취업자_교외취업자_계` + `취업자_교내취업자_계`),
            유지취업자_1차 = sum(`1차 유지취업자_계`),
            유지취업자_2차 = sum(`2차 유지취업자_계`),
            유지취업자_3차 = sum(`3차 유지취업자_계`),
            유지취업자_4차 = sum(`4차 유지취업자_계`),
  ) |>
  pivot_longer(1:5, names_to = '구분', values_to = '유지취업자')


## stack funnel 트레이스 생성
df_funnel_전문대학 |>
  plot_ly() |>
  add_trace(type = 'funnel', name = '전문대학',
            x = ~유지취업자, y = ~구분,
            text = ~유지취업자, textinfo = "text+percent initial") |>
  add_trace(data = df_funnel_대학, type = 'funnel', name = '대학',
            x = ~유지취업자, y = ~구분,
            text = ~유지취업자, textinfo = "text+percent initial") |>
  layout(title = '유지취업자 Funnel Chart',
         yaxis = list(categoryorder = "total descending"),
         margin = margins_R)
```

▶ 파이썬

```
## stack funnel 트레이스를 위한 데이터 복사
df_취업률_funnel_stack = df_취업률.copy()

## stack funnel 트레이스를 위한 데이터 전처리
df_취업률_funnel_stack['전체취업자'] = df_취업률_funnel_stack[['취업자_교외취업자_계',
'취업자_교내취업자_계']].sum(axis = 1)

df_취업률_funnel_stack = df_취업률_funnel_stack.groupby('과정구분')[['전체취업자',
'1차 유지취업자_계', '2차 유지취업자_계', '3차 유지취업자_계', '4차 유지취업자_계']].agg(
    전체취업자 = ('전체취업자', sum),
    유지취업자_1차 = ('1차 유지취업자_계', sum),
    유지취업자_2차 = ('2차 유지취업자_계', sum),
    유지취업자_3차 = ('3차 유지취업자_계', sum),
    유지취업자_4차 = ('4차 유지취업자_계', sum))
```

```
df_취업률_funnel_stack = df_취업률_funnel_stack.transpose()

fig = go.Figure()

## stack funnel 트레이스 생성
fig.add_trace(go.Funnel(
    x = df_취업률_funnel_stack['전문대학과정'],
    y = df_취업률_funnel_stack.index,
    name = '전문대학과정',
    text = df_취업률_funnel_stack['전문대학과정'],
    textinfo = "text+percent initial")
)

fig.add_trace(go.Funnel(
    x = df_취업률_funnel_stack['대학과정'],
    y = df_취업률_funnel_stack.index,
    name = '대학과정',
    text = df_취업률_funnel_stack['대학과정'],
    textinfo = "text+percent initial")
)

fig.update_layout(title = dict(text = '유지취업자 Funnel Chart', x = 0.5),
                  yaxis = dict(categoryorder = "total descending"))

fig.show()
```

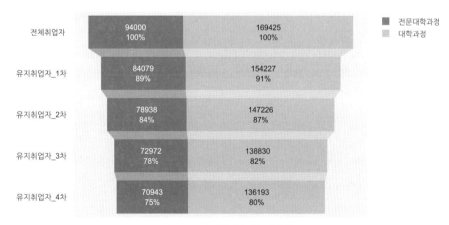

그림 9-19 **파이썬의 누적 퍼널 차트**

퍼널 영역 차트

퍼널 차트의 또 하나의 표현 방식은 **퍼널 영역 차트**funnel area chart이다. 퍼널 영역 차트는 완전한 피라미드 형태의 차트이다. 앞의 퍼널 차트에서 각각의 막대 사이에 있는 공간을 없애 삼각형 형태로 표현하고, 면적으로 데이터값을 표현한다. Plotly에서 퍼널 영역 차트를 만들기 위해서는 funnelarea 트레이스를 사용한다. 다만 funnel 트레이스와 다른 것은 funnel 트레이스에서는 x, y를 사용하여 X축과 Y축을 매핑하여 사용하지만 funnelarea 트레이스는 `text`와 `values`를 사용하여 값과 표시되는 라벨을 설정한다.

▶ R

R에서 funnelarea 트레이스를 만들기 위해서는 add_trace(type = 'funnelarea', …)을 사용해야 한다.

```
##  funnelarea 트레이스를 위한 데이터 전처리
df_funnelarea <- df_covid19_100_wide |>
  summarise(아프리카 = sum(확진자_아프리카),
            아시아 = sum(확진자_아시아),
            유럽 = sum(확진자_유럽),
            북미 = sum(확진자_북미),
            남미 = sum(확진자_남미),
            오세아니아 = sum(확진자_오세아니아)) |>
  pivot_longer(1:6, names_to = '대륙', values_to = '전체확진자')

##  funnelarea 트레이스 생성
df_funnelarea |>
  plot_ly() |>
  add_trace(type = 'funnelarea', text = ~대륙, values = ~전체확진자,
            textinfo = "text+value+percent") |>
  layout(title = '최근 100일간 대륙별 확진자수 Funnelarea 차트',
         margin = margins_R)
```

▶ 파이썬

파이썬에서 funnelarea 트레이스를 그리기 위해서는 add_trace()에 plotly.graph_objects.Funnelarea()를 사용하거나 plotly.express.funnel_area()를 사용한다.

```
## funnelarea 트레이스를 위한 데이터 전처리
df_funnelarea = df_covid19_100_wide[['확진자_아시아', '확진자_유럽', '확진자_북미',
'확진자_남미', '확진자_아프리카', '확진자_오세아니아']].sum().reset_index()
```

```
df_funnelarea.columns = ('대륙', '전체확진자수')

fig = go.Figure()

## funnelarea 트레이스 생성
fig.add_trace(go.Funnelarea(
    text = df_funnelarea['대륙'],
    values = df_funnelarea['전체확진자수'],
    textinfo = "text+value+percent"))

fig.update_layout(title = dict(text = '최근 100일간 대륙별 확진자수 Funnelarea 차트',
                               x = 0.5))

fig.show()
```

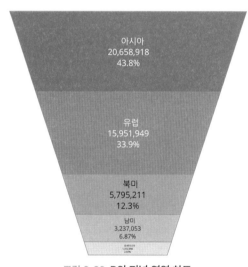

최근 100일간 대륙별 확진자수 Funnelarea 차트

그림 9-20 **R의 퍼널 영역 차트**

9.5 생키 다이어그램

생키 다이어그램 Sankey diagram은 두 개, 혹은 두 개 이상의 변수 간 데이터의 흐름을 잘 보여주는 다이어그램이다. 각각의 변수 항목의 변량들을 왼쪽과 오른쪽에 네모 박스로 표현하고 변량들의 데이터가 연관된 항목 간의 데이터양에 따라 굵기가 다른 선으로 이어지는 형태로 표현된다.

다음은 sankey 트레이스에서 사용하는 주요 속성이다.

표 9-8 **sankey 트레이스의 주요 속성**

속성			속성 설명	파이썬 속성값(R 속성값)
orientation			생키 다이어그램의 표시 방향 설정	"v" | "h"
node	color		노드 색상 설정	색상이나 색상 배열
	groups		노드 그룹 설정	list
	hoverinfo		노드의 호버링 설정	"all" | "none" | "skip"
	hoverlabel	align	노드의 호버 박스 안에서의 수평 정렬 설정	"left" | "right" | "auto"
		bgcolor	노드의 호버 박스 배경색 설정	색상이나 색상 배열
		bordercolor	노드의 호버 박스 외곽선 색 설정	색상이나 색상 배열
	hoverlabel	font	color	노드의 호버 문자 색상 설정	색상
			family	노드의 호버 문자 폰트 설정	폰트명
			size	노드의 호버 문자 크기 설정	0 이상의 수치
	hovertemplate		노드의 호버 정보에 대한 템플릿 설정	문자열이나 문자열 배열
	label		노드의 표시할 이름 설정	수치의 list, 넘파이 array, 팬더스 series 또는 strings, datetimes(dataframe 열, list, vector)
	line	color	각 노드의 외곽선 색상 설정	색상이나 색상 배열
		width	각 노드의 외곽선 두께 설정	0 이상의 수치
	pad		노드 간의 패드 두께 설정	0 이상의 수치
	thickness		노드의 두께 설정	0 이상의 수치
link	arrowlen		링크의 화살표 길이 설정	0 이상의 수치
	color		링크의 색상 설정	색상이나 색상 배열
	hoverinfo		링크의 호버 정보 설정	"all" | "none" | "skip"
	hoverlabel	align	링크의 호버 박스 안에서의 수평 정렬 설정	"left" | "right" | "auto"
		bgcolor	링크의 호버 박스 배경색 설정	색상이나 색상 배열
		bordercolor	링크의 호버 박스 외곽선 색 설정	색상이나 색상 배열
		font	color	링크의 호버 문자 색상 설정	색상값
			family	링크의 호버 문자 폰트 설정	폰트명
			size	링크의 호버 문자 크기 설정	0 이상의 수치
	hovertemplate		링크의 호버 정보에 대한 템플릿 설정	문자열이나 문자열 배열
	label		링크에 표시될 이름 설정	수치의 list, 넘파이 array, 팬더스 series 또는 strings, datetimes(dataframe 열, list, vector)

표 9-8 **sankey 트레이스의 주요 속성(표 계속)**

속성		속성 설명	파이썬 속성값(R 속성값)
line	color	각 링크의 외곽선 색상 설정	색상이나 색상 배열
	width	각 링크의 외곽선 두께 설정	0 이상의 수치
source		소스노드를 표시하는 0부터의 정수	수치의 list, 넘파이 array, 팬더스 series 또는 strings, datetimes(dataframe 열, list, vector)
target		목표노드를 표시하는 0부터의 정수	수치의 list, 넘파이 array, 팬더스 series 또는 strings, datetimes(dataframe 열, list, vector)
value		흐름 볼륨을 표시하는 수치	수치의 list, 넘파이 array, 팬더스 series 또는 strings, datetimes(dataframe 열, list, vector)
valueformat		value를 표시하는 d3 포맷	문자열
valuesuffix		value에 붙는 접미사(단위)	문자열

Plotly에서는 sankey 트레이스를 사용하여 생키 다이어그램을 그릴 수 있는데, sankey 트레이스를 생성하기 위해서는 세 가지 데이터가 필요하다.

첫 번째는 네모 박스로 표현되는 각 노드의 이름, 두 번째는 각각의 노드들이 연결되는 링크에 대한 정보, 세 번째는 링크의 굵기로 표현될 데이터이다.

다음은 취업 통계 데이터를 이용해 학위 과정(전문대학 과정, 대학 과정, 대학원 과정)에 따른 졸업자가 졸업 후 어떤 진로를 선택했는지(취업, 진학 등)의 흐름을 연결하는 sankey 트레이스를 만드는 R과 파이썬 코드이다.

이 sankey 트레이스 생성에 필요한 세 가지 데이터를 만들기 위해 다음과 같이 전처리한다.

먼저 전체 데이터에서 sankey 트레이스를 만드는 데 사용할 데이터만을 갖는 데이터프레임을 만든다. 여기서는 **과정구분** 열과 전체 졸업자들이 분류되는 **취업자_합계_계, 진학자_계, 취업불가능자_계, 외국인유학생_계, 제외인정자_계, 기타_계, 미상_계**를 갖는 데이터프레임을 만들었다. 이 데이터를 **과정구분**에 따라 그룹화하고 각각 열의 합계값만을 갖는 넓은 형태의 데이터프레임으로 만들었다. 이를 다시 긴 형태의 데이터프레임으로 변환하고, **과정구분_node**와 **졸업구분_node** 열을 추가해주는데 **과정구분**값에 따라 0, 1, 2의 값을 갖거나 **졸업구분**값에 따라 3부터 9까지의 값을 갖도록 하여 각각의 노드들에게 번호를 붙였다.

▶ R

R의 데이터 전처리 중 가장 핵심적인 부분은 **과정구분** 열과 **졸업구분** 열의 번호를 붙이는 과정인데 tidyverse에서 제공하는 case_when()을 사용하여 각각의 값에 따른 열 번호를 붙였다.

```
df_sankey <- df_취업률 |>
  ## 열 중에서 3열(과정구분, 왼쪽 노드로 사용)과 12열, 21열부터 26열(오른쪽 노드로 사용)까지
를 선택
  select(3, 12, 21:26) |>
  ## 과정구분 열을 사용하여 그룹화
  group_by(과정구분) |>
  ## 전체 열에 대해 `sum`을 적용(summarise_all은 전체 열에 동일한 요약함수를 적영하는 함수임)
  summarise_all(sum) |>
  ## 열 이름을 적절히 변경
  rename(c('취업' = '취업자_합계_계', '진학' = '진학자_계', '취업불가' = '취업불가능자_계',
'외국인' = '외국인유학생_계', '제외인정' = '제외인정자_계', '기타' = '기타_계', '미상' =
'미상_계')) |>
  ## 첫 번째 열을 제외하고 나머지 열들에 긴 형태의 데이터로 변환, 열 이름이 들어간 열은
'구분'으로 데이터값이 들어간 열은 '학생수'열로 설정
  pivot_longer(cols = 2:8, names_to = '졸업구분', values_to = '학생수') |>
  ## 과정구분 열과 구분 열의 순서설정을 위해 팩터 레벨 설정
  mutate(과정구분_node = case_when(
    과정구분 == '전문대학과정' ~ 0,
    과정구분 == '대학과정' ~ 1,
    과정구분 == '대학원과정' ~ 2),
    졸업구분_node = case_when(
      졸업구분 == '취업' ~ 3,
      졸업구분 == '진학' ~ 4,
      졸업구분 == '취업불가' ~ 5,
      졸업구분 == '외국인' ~ 6,
      졸업구분 == '제외인정' ~ 7,
      졸업구분 == '기타' ~ 8,
      졸업구분 == '미상' ~ 9)
  ) |>
  arrange(과정구분_node, 졸업구분_node)
```

▶ 파이썬

파이썬에서 **과정구분** 열과 **졸업구분** 열의 번호를 붙이는 과정은 함수로 작성하였다. apply(axis = 1)을 사용하여 전처리된 데이터프레임의 각 행에 대해 cat_1()과 cat_2()를 호출한다. cat_1()은 **과정구분** 열의 데이터를 참조하여 0, 1, 2 중 하나의 값을 리턴하는 함수이고, cat_2()는 **졸업구분** 열의 데이터를 참조하여 3~9 중 하나의 값을 리턴하는 함수이다. 이들 값을 각각 **과정구분_node**과 **졸업구분_node**로 저장한다.

```
## 과정구분 데이터에 따른 코드값을 반환하는 함수 생성
def cat_1(row):
    key = row['과정구분']
    value = {"전문대학과정" : 0, "대학과정": 1, "대학원과정" : 2}.get(key)
    return value

## 졸업구분 데이터에 따른 코드값을 반환하는 함수 생성
def cat_2(row):
    key = row['졸업구분']
    value = {"취업" : 3, "진학": 4, "취업불가" : 5, "외국인" : 6, "제외인정" : 7,
    "기타" : 8, "미상" : 9}.get(key)
    return value

## sankey 트레이스를 위한 데이터 전처리
df_sankey = df_취업률.iloc[:, [2, 10, 19, 20, 21, 22, 23, 24]].groupby('과정구분').\
sum().reset_index()

df_sankey.columns = ('과정구분', '취업', '진학', '취업불가', '외국인', '제외인정',
'기타', '미상')

## 데이터 형태를 변환
df_sankey = df_sankey.melt(id_vars = '과정구분', var_name = '졸업구분',
                           value_name = '학생수').sort_values('과정구분')

## 과정구분_node와 졸업구분_node 값 설정
df_sankey['과정구분_node']= df_sankey.apply(cat_1, axis=1)
df_sankey['졸업구분_node']= df_sankey.apply(cat_2, axis=1)
```

이제 이 데이터프레임을 사용하여 첫 번째 데이터인 노드 이름 데이터를 생성하는데 여기에서 사용하는 노드의 이름은 **과정구분** 열의 값과 **졸업구분** 열의 값이 되기 때문에 이들 값의 중복을 제거한 유니크값으로 만들어진 배열을 생성하였다.

두 번째로는 노드 링크 정보를 생성한다. 노드 링크 정보는 앞에서 전처리한 df_sankey의 시작노드인 **과정구분** 열의 노드를 from 배열로, 종료 노드인 **졸업구분** 열의 노드를 to 배열로 생성하고 이들 배열을 이어 붙여 전체 노드 링크 배열을 구성하였다. 각각의 노드에 대한 번호를 만들었기 때문에 sankey 트레이스의 source 속성을 **과정구분_node**로, 열 벡터로 target 속성을 **졸업구분_node** 열로 설정한다.

세 번째로 노드 데이터 정보를 생성한다. 앞에서 데이터를 전처리할 때 노드 링크의 순서에 따라 데이터를 정리해 놓았기 때문에 df_sankey의 학생수 열을 사용할 수 있다.

```r
## 왼쪽 노드로 사용할 변량을 from에 저장
from <- unique(as.character(df_sankey$과정구분))

## 오른쪽 노드로 사용할 변량을 to에 저장
to <- unique(as.character(df_sankey$졸업구분))

## 전체 노드 벡터 생성
node <- c(from, to)
```

▶ 파이썬

```python
import numpy as np

## 왼쪽 노드로 사용할 변량을 from에 저장
node_from = df_sankey['과정구분'].unique()

## 오른쪽 노드로 사용할 변량을 to에 저장
node_to = df_sankey['졸업구분'].unique()

## 전체 노드 배열 생성
node = np.concatenate((node_from, node_to))
```

이제 데이터의 전처리가 끝났으니 Plotly의 sankey 트레이스를 사용하여 생키 다이어그램을 생성한다.

▶ R

R에서 sankey 트레이스를 만들기 위해서는 add_trace(type = 'sankey', …)를 사용해야 한다. 사용할 때 주의해야 하는 것은 R에서 사용하는 인덱스는 일반적으로 1부터 시작하지만 sankey 트레이스에서 사용하는 인덱스는 0부터 시작한다는 것이다.

```r
##  sankey 트레이스 생성
df_sankey |> plot_ly(
    type = "sankey", orientation = "h",
    node = list(
      label = node,
      color = c(rep('lightblue', 3), rep('darkblue', 7)),
      pad = 15, thickness = 20,
      line = list(color = "black", width = 0.5)),
    link = list(
      source = ~과정구분_node,
      target = ~졸업구분_node,
```

```
        value =  ~학생수)) |>
   layout(title = '대학과정별 졸업자의 졸업 후 진로',
           margin = margins_R)
```

▶ **파이썬**

파이썬에서 sankey 트레이스를 만들기 위해서는 add_trace(plotly.graph_objects.Sankey())
를 사용하여야 한다. plotly.express에서는 제공하지 않는다.

```
fig = go.Figure()

fig.add_trace(go.Sankey(
    orientation = "h",
    node = dict(
        label = node,
        color = ['lightblue'] * 3 + ['darkblue'] * 7,
        pad = 15, thickness = 20,
        line = dict(color = "black", width = 0.5)),
    link = dict(
        source = df_sankey['과정구분_node'],
        target = df_sankey['졸업구분_node'],
        value = df_sankey['학생수'])))

fig.update_layout(title = dict(text = '대학과정별 졸업자의 졸업 후 진로', x = 0.5))

fig.show()
```

대학과정별 졸업자의 졸업 후 진로

그림 9-21 **파이썬의 생키 다이어그램**

10 CHAPTER

지수와 지도의 시각화

이번 장에서는 Plotly가 다른 시각화 패키지와 차별적으로 제공하는 지수의 시각화와 지도의 시각화에 대해 살펴보도록 하겠다.

지수는 하나의 수치로 데이터의 특징을 표현한 것을 말한다. 평균, 표준편차와 같은 수치도 가장 흔하게 만날 수 있는 지수 중 하나이고, 매일매일 주식 시장 전체의 가격 변동을 종합한 KOSPI나 KOSDAQ과 같은 주가종합지수도 있다. Plotly는 이렇게 지수로 표현되는 수치를 시각화하는 방법을 제공한다.

지도의 시각화는 매우 흔하게 사용하는 시각화이지만 다소 까다롭게 느껴지는 시각화이다. 보통 행정 구역과 같은 공간 단위별로 수집된 데이터를 무늬나 색상의 단계로 표현하는 **단계 구분도**choropleth map나 위도와 경도 데이터를 가진 객체를 지도 위에 표현하는 **분산 맵**scatter map 등이 사용된다.

10.1 인디케이터

인디케이터indicator의 사전적 의미는 '가리키는 것'이다. 특정한 지시, 징후, 징표를 가리키는 것이라는 의미가 적절할 것이다. Plotly에서 인디케이터의 의미는 value 속성으로 지정된 단일값을 시각화하는 것이다.

Plotly에서는 인디케이터를 시각화하기 위해 indicator 트레이스를 제공한다. indicator 트레이스는 인디케이터로 표현할 수치를 수치, 델타, 게이지의 세 가지 방법을 사용하여 시각화하는 것이다. 이 세 가지 방법은 mode 속성을 통해 설정이 가능한데, 다음은 indicator 트레이스에서 사용하는 주요 속성이다.

표 10-1 indicator 트레이스의 주요 속성

속성			속성 설명	파이썬 속성값(R 속성값)
title	align		제목의 가로 정렬 설정	`"left"` | `"center"` | `"right"`
	font	color	제목의 폰트 색상 설정	색상
		family	제목의 폰트 이름 설정	폰트 이름
		size	제목의 폰트 크기 설정	0 이상의 수치
	text		제목 문자열 설정	문자열
visible			트레이스의 표시 여부 설정	`True(TRUE)`|`False(FALSE)`|`"legendonly"`
mode			value의 표시 모드 설정	`"number"`, `"delta"`, `"gauge"` 중 하나의 문자열이나 '+'를 사용한 조합
value			표시될 수치 설정	수치
align			박스 안 문자열의 가로 정렬 설정	`"left"` | `"center"` | `"right"`
domain	column		layout의 grid 설정에 따른 column 지정	0 이상의 정수
	row		layout의 grid 설정에 따른 row 지정	0 이상의 정수
	x		플롯 영역에 비례한 X축 도메인 영역	list
	y		플롯 영역에 비례한 Y축 도메인 영역	list

수치 인디케이터

수치 인디케이터number indicator는 단일 수치를 시각화하는 방법이다. 이 수치 인디케이터는 indicator 트레이스 속성 중에 mode 속성을 number로 설정한다. 다음은 수치 인디케이터 설정에 사용하는 number의 주요 속성이다.

표 10-2 indicator 트레이스 중 number의 주요 속성

속성			속성 설명	파이썬 속성값(R 속성값)
number	font	color	수치 폰트 색상 설정	색상값
		family	수치 폰트 이름 설정	문자열
		size	수치 폰트 크기 설정	색상값
	prefix		수치 접두어 설정	문자열
	suffix		수치 접미어 설정	문자열
	valueformat		수치값의 표시를 위한 d3 포맷 설정	문자열

수치 인디케이터는 전체 인디케이터에서 표현되는 것 중에 수치를 표현하는 부분으로 수치 인디케이터가 단독으로 사용되기보다는 뒤에 설명할 delta나 guage와 함께 전체 인디케이터를 구성하는 일부분으로 사용되는 것이 일반적이다. 하지만 단순한 현재 수치를 표현할 때는 단독으로 사용될 수도 있다.

다음은 주요 5개국의 코로나19 사망자수 선 그래프에 한국의 코로나 사망자수를 indicator 트레이스로 추가하는 R과 파이썬 코드이다. 한국의 코로나19 사망자수를 그리고 나서 그래프 영역의 특정 부분(X축의 0.4~0.6, Y축의 0.85~0.95)에 수치 속성만을 가지는 indicator 트레이스를 추가하였다. indicator 트레이스의 value를 설정하기 위해 앞서 코로나 사망자수를 그리는 데 사용했던 total_deaths_5_nations_by_day 데이터프레임에서 한국의 10만 명당 사망자수 데이터를 산출하고 이 데이터을 사용하여 indicator 트레이스를 생성하였다. indicator 트레이스의 위치를 설정하는 데 domain 속성을 사용한다. domain 속성은 layout의 grid 속성을 설정했다면 row와 column을 사용하여 위치를 설정하고 grid 속성을 설정하지 않았다면 전체 플롯 영역을 0에서부터 1까지로 표준화한 x, y 방향의 시작 위치와 종료 위치를 지정함으로써 indicator 트레이스의 위치를 설정한다.

▶ R

R에서 수치 인디케이터를 만들기 위해서는 indicator 트레이스를 사용한다. add_trace(type = 'indicator', …)로 만드는데, 수치 인디케이터는 mode 속성을 number로 설정하고 number 속성을 설정하여 만든다.

```
## indicator 트레이스를 위한 데이터 전처리
number_KOR <- total_deaths_5_nations_by_day |>
  filter(date == max(date), iso_code == 'KOR') |>
  select(total_deaths_per_million) |> pull()

fig <- total_deaths_5_nations_by_day |>
  plot_ly() |>
  ## scatter 트레이스 생성
  add_trace(type = 'scatter', mode = 'lines',
            x = ~date, y = ~total_deaths_per_million ,
            linetype = ~location, connectgaps = T) |>
  ## layout의 제목, 축제목, 여백 속성 설정
  layout(title = list(text = '코로나19 사망자수 추세', pad = list(b = 5)),
         xaxis = list(title = ''),
         yaxis = list(title = '10만명당 사망자수 누계', domain = c(0, 0.8)),
         margin = margins_R)
```

```
## number 모드의 indicator 트레이스 추가
fig |> add_trace(type = 'indicator', mode = 'number', value = number_KOR,
                 title = list(text = paste0('<b>한국 코로나 사망자(10만명당)</b>\n',
year(max(total_deaths_5_nations_by_day$date)), '년', month(max(total_deaths_5_nations_by_
day$date)), '월', day(max(total_deaths_5_nations_by_day$date)), '일'),
                              font = list(family = '나눔고딕', size = 15)
                 ),
                 ## number 속성 설정
                 number = list(font = list(family = '나눔고딕', size = 15),
                               suffix = '명'),
                 domain = list(x = c(0.4, 0.6), y = c(0.8, 0.9)))
```

▶ **파이썬**

파이썬에서 수치 인디케이터를 만들기 위해서는 indicator 트레이스를 사용한다. add_trace()에
plotly.graph_objects.Indicator()로 만드는데, 수치 인디케이터는 mode 속성을 number로 설정
하고 number 속성을 설정하여 만든다.

```
from datetime import datetime, timedelta

## indicator 트레이스를 위한 데이터 전처리
today = total_deaths_5_nations_by_day['date'].max()

number_KOR = total_deaths_5_nations_by_day.loc[\
(total_deaths_5_nations_by_day['date']==total_deaths_5_nations_by_day['date'].max()) & \
(total_deaths_5_nations_by_day['iso_code']=='KOR')]

number_KOR = number_KOR.loc[:,'total_deaths_per_million'].values[0]

fig = go.Figure()

## scatter 트레이스 생성
for location, group in total_deaths_5_nations_by_day.groupby('location'):
    fig.add_trace(go.Scatter(
        mode = 'lines',
        x = group['date'], y = group['total_deaths_per_million'],
        line = dict(dash = nations[location]),
        name = location, connectgaps = True))

fig.update_layout(title = dict(text = '코로나19 사망자수 추세', x = 0.5),
                  xaxis = dict(title = ''),
                  yaxis = dict(title = '10만명당 사망자수 누계', domain = (0, 0.8)))

## number 모드의 indicator 트레이스 추가
fig.add_trace(go.Indicator(mode = 'number', value = number_KOR,
```

```
        title = dict(text = '<b>한국 코로나 사망자(10만명당)</b><br>' +
                    str(today.year) + '년' + str(today.month) + '월' +
                    str(today.day) + '일\n',
             font = dict(family = '나눔고딕', size = 15)),
        ## number 속성 설정
        number = dict(font = dict(family = '나눔고딕', size = 15),
                     suffix = '명'),
        domain = dict(x = (0.4, 0.6), y = (0.8, 0.9))))

fig.show()
```

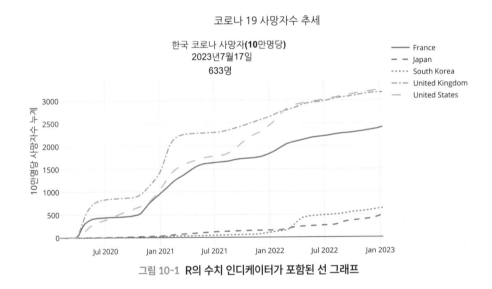

그림 10-1 **R의 수치 인디케이터가 포함된 선 그래프**

델타 인디케이터

델타 인디케이터delta indicator는 수치 인디케이터로 표현된 값과 비교 기준값과의 차이를 기호와 증감값으로 보여주는 인디케이터이다. 델타 인디케이터는 일반적으로 수치 인디케이터와 병행하여 사용한다.

다음은 indicator 트레이스의 delta 속성에 대한 주요 속성들이다.

표 10-3 **indicator 트레이스 중 delta의 주요 속성**

속성			속성 설명	파이썬 속성값(R 속성값)
delta	decreasing	color	하락 색상 설정	색상
		symbol	하락 심벌 설정	문자열
	font	color	하락 폰트 색상 설정	색상
		family	하락 폰트 이름 설정	폰트 이름
		size	하락 폰트 크기 설정	0 이상의 수치

표 10-3 indicator 트레이스 중 delta의 주요 속성(표 계속)

속성			속성 설명	파이썬 속성값(R 속성값)
delta	increasing	color	상승 색상 설정	색상
		symbol	상승 심벌 설정	문자열
	position		수치와 관련한 심벌 위치 설정	"top" | "bottom" | "left" | "right"
	prefix		델타의 접두어 설정	문자열
	reference		델타를 계산할 관련 값 설정	수치
	relative		상대적 변화 표시 여부 설정	논릿값
	suffix		델타의 접미어 설정	문자열
	valueformat		델타값 표시를 위한 d3 포맷 설정	문자열

▶ R

R에서 델타 인디케이터를 만들기 위해서는 indicator 트레이스를 사용한다. add_trace(type = 'indicator', …)로 만드는데, 델타 인디케이터는 mode 속성에 delta를 포함시켜 설정하고 delta 속성을 설정하여 만든다.

```r
number1_KOR <- total_deaths_5_nations_by_day |>
  filter(date == max(date)-1, iso_code == 'KOR') |>
  select(total_deaths_per_million) |> pull()

fig <- total_deaths_5_nations_by_day |> plot_ly() |>
  ## scatter 트레이스 생성
  add_trace(type = 'scatter', mode = 'lines',
          x = ~date, y = ~total_deaths_per_million ,
          linetype = ~location, connectgaps = T) |>
  ## layout의 제목, 축제목, 여백 속성 설정
  layout(title = list(text = '코로나19 사망자수 추세', pad = list(b = 5)),
        xaxis = list(title = ''),
        yaxis = list(title = '10만명당 사망자수 누계', domain = c(0, 0.8)),
        margin = margins_R)

## number+delta 모드의 indicator 트레이스 추가
fig |> add_trace(type = 'indicator', mode = 'number+delta', value = number_KOR,
        title = list(text = paste0('<b>한국 코로나 사망자(10만명당)</b>\n',
year(max(total_deaths_5_nations_by_day$date)), '년', month(max(total_deaths_5_nations_by_
day$date)), '월', day(max(total_deaths_5_nations_by_day$date)), '일'),
                font = list(family = '나눔고딕', size = 15)),
        number = list(font = list(family = '나눔고딕', size = 15),
                  suffix = '명'),
        ## delta 속성 설정
        delta = list(reference = number1_KOR, position = 'right',
```

```
                    increasing = list(color = 'red'),
                    decreasing = list(color = 'blue'),
                    font = list(family = '나눔고딕', size = 10)),
          domain = list(x = c(0.4, 0.6), y = c(0.8, 0.9)))
```

▶ **파이썬**

파이썬에서 델타 인디케이터를 만들기 위해서는 indicator 트레이스를 사용한다. add_trace()에 plotly.graph_objects.Indicator()로 만드는데, 델타 인디케이터는 mode 속성에 delta를 포함시켜 설정하고 delta 속성을 설정하여 만든다.

```
number1_KOR = total_deaths_5_nations_by_day.loc[\
(total_deaths_5_nations_by_day['date']==total_deaths_5_nations_by_day['date'].max()\
 - timedelta(days = 1)) & (total_deaths_5_nations_by_day['iso_code']=='KOR')]

number1_KOR = number1_KOR.loc[:,'total_deaths_per_million'].values[0]

fig = go.Figure()

for location, group in total_deaths_5_nations_by_day.groupby('location'):
    fig.add_trace(go.Scatter(mode = 'lines',
        x = group['date'], y = group['total_deaths_per_million'],
        line = dict(dash = nations[location]),
        name = location, connectgaps = True))

fig.update_layout(title = dict(text = '코로나19 사망자수 추세', x = 0.5),
                  xaxis = dict(title = ''),
                  yaxis = dict(title = '10만명당 사망자수 누계', domain = (0, 0.8)))

## number+delta 모드의 indicator 트레이스 추가
fig.add_trace(go.Indicator(
        mode = 'number+delta', value = number_KOR,
        title = dict(text = '<b>한국 코로나 사망자(10만명당)</b><br>' + str(today.year) +
    '년' + str(today.month) + '월' + str(today.day) + '일\n',
                    font = dict(family = '나눔고딕', size = 15)),
    number = dict(font = dict(family = '나눔고딕', size = 15), suffix = '명'),
    ## delta 속성 설정
    delta = dict(reference = number1_KOR, position = 'right',
                increasing = dict(color = 'red'),
                decreasing = dict(color = 'blue'),
                font = dict(family = '나눔고딕', size = 10)),
    domain = dict(x = (0.4, 0.6), y = (0.8, 0.9))))

fig.show()
```

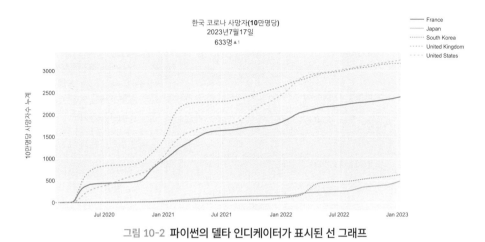

그림 10-2 **파이썬의 델타 인디케이터가 표시된 선 그래프**

게이지 인디케이터

게이지 인디케이터gauge indicator는 둥근 반원 형태의 틀에 둥글게 그려지는 막대의 길이로 지수를 표현하는 시각화이다. 게이지 인디케이터는 최솟값과 최댓값을 미리 설정하고 이 범위 내에서 지수를 표현한다. 또한 최솟값과 최댓값 사이에 지수의 안정적 범위를 나타내는 임계치를 표현하기도 한다. 이 시각화를 구성하는 데에는 주 표현값인 `value`값 이외에 `steps`, `threshold`, `delta` 등의 속성을 사용한다. 게이지 인디케이터는 indicator 트레이스의 `mode` 속성에 `gauge`를 포함시켜 만들 수 있다. `gauge`만을 사용하거나, `number+gauge`를 사용하여 수치와 함께 게이지를 사용하거나, `number+gauge+delta`를 사용하여 수치, 게이지, 증감 기호를 모두 사용할 수도 있다.

다음은 게이지 인디케이터의 설정에 사용하는 `gauge`의 주요 속성이다.

표 10-4 **indicator 트레이스 중 gauge의 주요 속성**

속성			속성 설명	파이썬 속성값(R 속성값)
gauge	axis	dtick	게이지 축의 눈금 간격 설정	수치나 좌표상의 변량값
		nticks	게이지 축의 눈금 개수 설정	0 이상의 정수
		range	게이지 축의 범위 설정	리스트
		showticklabels	게이지 축의 눈금 라벨 표시 여부 설정	논릿값
		showtickprefix	게이지 축의 눈금 접두어 표시 여부 설정	"all" | "first" | "last" | "none"
		showticksuffix	게이지 축의 눈금 접미어 표시 여부 설정	"all" | "first" | "last" | "none"

표 10-4 indicator 트레이스 중 gauge의 주요 속성(표 계속)

속성			속성 설명	파이썬 속성값(R 속성값)
gauge		tick0	게이지 축의 눈금 시작값 설정	수치나 좌표상의 변량값
		tickcolor	게이지 축의 눈금 색상 설정	색상
		tickfont color	게이지 축의 눈금 폰트 색상 설정	색상
		tickfont family	게이지 축의 눈금 폰트 이름 설정	폰트 이름
		tickfont size	게이지 축의 눈금 크기 설정	0 이상의 수치
		ticktext	tickvals와 관련한 눈금 레벨 설정	수치의 list, 넘파이 array, 팬더스 series 또는 strings, datetimes(dataframe 열, list, vector)
		tickvals	눈금으로 표시될 값 설정	수치의 list, 넘파이 array, 팬더스 series 또는 strings, datetimes(dataframe 열, list, vector)
	bar	color	게이지 내부 막대의 배경색 설정	색상값
		line color	게이지 내부 막대의 외곽선 색 설정	0 이상의 수치
		line width	게이지 내부 막대의 외곽선 두께 설정	0 이상의 수치
		thickness	전체 게이지 두께에 비례한 내부 막대의 두께 설정	0부터 1 사이의 수치
	bgcolor		게이지 배경색 설정	색상
	bordercolor		게이지 외곽선 색상 설정	색상
	borderwidth		게이지 외곽선 두께 설정	0 이상의 수치
	shape		게이지의 모양 설정	"angular" | "bullet"
	steps	color	게이지의 단계 색상 설정	색상
		line color	게이지의 단계 외곽선 색상 설정	색상
		line width	게이지의 단계 두께 설정	0 이상의 수치
		range	게이지의 단계 범위 설정	리스트
		thickness	게이지 두께에 비례한 게이지 단계의 두께 설정	0부터 1 사이의 수치
	threshold	line color	임계치 선 색상 설정	색상
		line width	임계치 선 두께 설정	0 이상의 수치
		thickness	게이지 두께에 비례한 임계치 두께 설정	0부터 1 사이의 수치
		value	임계치값 설정	수치

다음 코드는 게이지 인디케이터를 만드는 R과 파이썬의 코드이다. 게이지 인디케이터의 `value` 속성으로 데이터의 마지막 날에 10만 명당 사망자수를 표시하고, 임계치는 해당 국가의 10만 명당 사망자수를 최댓값으로 설정하였다. 최솟값은 0, 최댓값은 임계의 1.2배 값으로 설정하고, `step`은 최댓값의 50%와 75%로 설정하였다.

▶ R

R에서 게이지 인디케이터를 만들기 위해서는 indicator 트레이스를 사용한다. add_trace(type = 'indicator', …)로 만드는데, 게이지 인디케이터는 mode 속성에 gauge를 포함시켜 설정하고 gauge 속성을 설정하여 만든다.

```
## 게이지 indicator 트레이스를 위한 데이터 전서리
max_deaths_per_million_by_day <- total_deaths_5_nations_by_day |> group_by(location) |>
  summarise(최대사망자 = max(new_deaths_per_million, na.rm = TRUE))

deaths_per_million_in_lateast <- total_deaths_5_nations_by_day |> group_by(location) |>
  filter(is.na(new_deaths_per_million) == FALSE) |>
  filter(date == max(date)) |>
  select(iso_code, date, new_deaths_per_million)

df_gauge <- left_join(max_deaths_per_million_by_day, deaths_per_million_in_lateast,
by = 'location') |> arrange(location)

## 한국 게이지 인디케이터 생성
fig_gauge <- df_gauge |> plot_ly() |>
  add_trace(type = 'indicator', mode = "gauge+number", title = pull(df_gauge[3, 1]),
          domain = list(row = 1, column = 1), value = pull(df_gauge[3, 5]),
          gauge = list(axis = list(
            range = list(NULL, pull(df_gauge[3, 2])*1.2)),
            steps = list(
              list(range = c(0, pull(df_gauge[3, 2])*1.2*0.5), color = "lightgray"),
              list(range = c(pull(df_gauge[3, 2])*1.2*0.5, pull(df_gauge[3, 2])*1.2*0.75),
color = "darkgray"),
              list(range = c(pull(df_gauge[3, 2])*1.2*0.75, pull(df_gauge[3, 2])*1.2),
color = "gray")),
            threshold = list(line = list(color = 'white'),
                            value = pull(df_gauge[3, 2])),
            bar = list(color = "darkblue")),
          number = list(suffix = '명'))

## 프랑스 게이지 인디케이터 생성
fig_gauge <- fig_gauge |>
  add_trace(type = 'indicator', mode = "gauge+number", title = pull(df_gauge[1, 1]),
          domain = list(row = 0, column = 0), value = pull(df_gauge[1, 5]),
```

```
              gauge = list(axis = list(
                  range = list(NULL, pull(df_gauge[1, 2])*1.2)),
                  steps = list(
                     list(range = c(0, pull(df_gauge[1, 2])*1.2*0.5), color = "lightgray"),
                     list(range = c(pull(df_gauge[1, 2])*1.2*0.5, pull(df_gauge[1, 2])*1.2*0.75),
color = "darkgray"),
                     list(range = c(pull(df_gauge[1, 2])*1.2*0.75, pull(df_gauge[1, 2])*1.2),
color = "gray")),
                     threshold = list(line = list(color = 'white'),
                                      value = pull(df_gauge[1, 2])),
                     bar = list(color = "darkblue")),
                  number = list(suffix = '명'))

## 일본 게이지 인디케이터 생성
fig_gauge <- fig_gauge |>
   add_trace(type = 'indicator', mode = "gauge+number", title = pull(df_gauge[2, 1]),
             domain = list(row = 0, column = 2), value = pull(df_gauge[2, 5]),
             gauge = list(axis = list(
                 range = list(NULL, pull(df_gauge[2, 2])*1.2)),
                 steps = list(
                    list(range = c(0, pull(df_gauge[2, 2])*1.2*0.5), color = "lightgray"),
                    list(range = c(pull(df_gauge[2, 2])*1.2*0.5, pull(df_gauge[2, 2])*1.2*0.75),
color = "darkgray"),
                    list(range = c(pull(df_gauge[2, 2])*1.2*0.75, pull(df_gauge[2, 2])*1.2),
color = "gray")),
                    threshold = list(line = list(color = 'white'),
                                     value = pull(df_gauge[2, 2])),
                    bar = list(color = "darkblue")),
                 number = list(suffix = '명'))

## 영국 게이지 인디케이터 생성
fig_gauge <- fig_gauge |>
   add_trace(type = 'indicator', mode = "gauge+number", title = pull(df_gauge[4, 1]),
             domain = list(row = 2, column = 0), value = pull(df_gauge[4, 5]),
             gauge = list(axis = list(
                 range = list(NULL, pull(df_gauge[4, 2])*1.2)),
                 steps = list(
                    list(range = c(0, pull(df_gauge[4, 2])*1.2*0.5), color = "lightgray"),
                    list(range = c(pull(df_gauge[4, 2])*1.2*0.5, pull(df_gauge[4, 2])*1.2*0.75),
color = "darkgray"),
                    list(range = c(pull(df_gauge[4, 2])*1.2*0.75, pull(df_gauge[4, 2])*1.2),
color = "gray")),
                    threshold = list(line = list(color = 'white'),
                                     value = pull(df_gauge[4, 2])),
                    bar = list(color = "darkblue")),
                 number = list(suffix = '명'))

## 미국 게이지 인디케이터 생성
```

```
fig_gauge <- fig_gauge |>
  add_trace(type = 'indicator', mode = "gauge+number", title = pull(df_gauge[5, 1]),
            domain = list(row = 2, column = 2), value = pull(df_gauge[5, 5]),
            gauge = list(axis = list(
               range = list(NULL, pull(df_gauge[5, 2])*1.2)),
               steps = list(
                 list(range = c(0, pull(df_gauge[5, 2])*1.2*0.5), color = "lightgray"),
                 list(range = c(pull(df_gauge[5, 2])*1.2*0.5, pull(df_gauge[5, 2])*1.2*0.75),
color = "darkgray"),
                 list(range = c(pull(df_gauge[5, 2])*1.2*0.75, pull(df_gauge[5, 2])*1.2),
color = "gray")),
               threshold = list(line = list(color = 'white'),
                                value = pull(df_gauge[5, 2])),
               bar = list(color = "darkblue")),
            number = list(suffix = '명'))

fig_gauge |> layout(grid=list(rows=3, columns=3),
                    margin = margins_R,
                    title = '10만명당 사망자수(최근 공식발표 기준)')
```

▶ **파이썬**

파이썬에서 게이지 인디케이터를 만들기 위해서는 indicator 트레이스를 사용한다. add_trace()
에 plotly.graph_objects.Indicator()로 만드는데, 게이지 인디케이터는 mode 속성에 gauge를
포함시켜 설정하고 gauge 속성을 설정하여 만든다.

```
## 게이지 indicator 트레이스를 위한 데이터 전처리
deaths_per_million_in_lateast = total_deaths_5_nations_by_day[
    total_deaths_5_nations_by_day['new_deaths_per_million'].isna() == False]

deaths_per_million_in_lateast = pd.merge(
    deaths_per_million_in_lateast.groupby('location')['date'].max(),
    deaths_per_million_in_lateast, on = ("location", 'date'))\
[['iso_code', 'location', 'date', 'new_deaths_per_million']]

df_gauge = pd.merge(
    deaths_per_million_in_lateast,
    total_deaths_5_nations_by_day.groupby('location')['new_deaths_per_million'].\
    max().reset_index(), on = 'location').sort_values('location')

df_gauge.columns = ('iso_code', 'location', 'date', '최근사망자', '최대사망자')

fig = go.Figure()

## 한국 게이지 인디케이터 생성
```

```python
fig.add_trace(go.Indicator(
    type = 'indicator', mode = "gauge+number", title = df_gauge.iloc[2, 1],
    domain = dict(row = 1, column = 1), value = df_gauge.iloc[2, 3],
    gauge = dict(axis = dict(
        range = (0, df_gauge.iloc[2, 4]*1.2)),
                steps = [
                    dict(range = (0, (df_gauge.iloc[2, 4])*1.2*0.5),
                        color = "lightgray"),
                    dict(range = ((df_gauge.iloc[2, 4])*1.2*0.5,
                            (df_gauge.iloc[2, 4])*1.2*0.75),
                        color = "darkgray"),
                    dict(range = ((df_gauge.iloc[2, 4])*1.2*0.75,
                            (df_gauge.iloc[2, 4])*1.2),
                        color = "gray")],
                threshold = dict(line = dict(color = 'white'),
                            value = df_gauge.iloc[2, 4]),
                bar = dict(color = "darkblue")),
    number = dict(suffix = '명')))

## 프랑스 게이지 인디케이터 생성
fig.add_trace(go.Indicator(
    type = 'indicator', mode = "gauge+number", title = df_gauge.iloc[0, 1],
    domain = dict(row = 0, column = 0), value = df_gauge.iloc[0, 3],
    gauge = dict(axis = dict(
        range = (0, df_gauge.iloc[0, 4]*1.2)),
                steps = [
                    dict(range = (0, (df_gauge.iloc[0, 4])*1.2*0.5),
                        color = "lightgray"),
                    dict(range = ((df_gauge.iloc[0, 4])*1.2*0.5,
                            (df_gauge.iloc[0, 4])*1.2*0.75),
                        color = "darkgray"),
                    dict(range = ((df_gauge.iloc[0, 4])*1.2*0.75,
                            (df_gauge.iloc[0, 4])*1.2),
                        color = "gray")],
                threshold = dict(line = dict(color = 'white'),
                            value = df_gauge.iloc[0, 4]),
                bar = dict(color = "darkblue")),
    number = dict(suffix = '명')))

## 일본 게이지 인디케이터 생성
fig.add_trace(go.Indicator(
    type = 'indicator', mode = "gauge+number", title = df_gauge.iloc[1, 1],
    domain = dict(row = 0, column = 2), value = df_gauge.iloc[1, 3],
    gauge = dict(axis = dict(
        range = (0, df_gauge.iloc[1, 4]*1.2)),
                steps = [
                    dict(range = (0, (df_gauge.iloc[1, 4])*1.2*0.5),
                        color = "lightgray"),
```

```
                    dict(range = ((df_gauge.iloc[1, 4])*1.2*0.5,
                                    (df_gauge.iloc[1, 4])*1.2*0.75),
                        color = "darkgray"),
                    dict(range = ((df_gauge.iloc[1, 4])*1.2*0.75,
                                    (df_gauge.iloc[1, 4])*1.2),
                        color = "gray")],
            threshold = dict(line = dict(color = 'white'),
                            value = df_gauge.iloc[1, 4]),
            bar = dict(color = "darkblue")),
    number = dict(suffix = '명')))

## 영국 게이지 인디케이터 생성
fig.add_trace(go.Indicator(
    type = 'indicator', mode = "gauge+number", title = df_gauge.iloc[3, 1],
    domain = dict(row = 2, column = 0), value = df_gauge.iloc[3, 3],
    gauge = dict(axis = dict(
        range = (0, df_gauge.iloc[3, 4]*1.2)),
                steps = [
                    dict(range = (0, (df_gauge.iloc[3, 4])*1.2*0.5),
                        color = "lightgray"),
                    dict(range = ((df_gauge.iloc[3, 4])*1.2*0.5,
                                    (df_gauge.iloc[3, 4])*1.2*0.75),
                        color = "darkgray"),
                    dict(range = ((df_gauge.iloc[3, 4])*1.2*0.75,
                                    (df_gauge.iloc[3, 4])*1.2),
                        color = "gray")],
            threshold = dict(line = dict(color = 'white'),
                            value = df_gauge.iloc[3, 4]),
            bar = dict(color = "darkblue")),
    number = dict(suffix = '명')))

## 미국 게이지 인디케이터 생성
fig.add_trace(go.Indicator(
    type = 'indicator', mode = "gauge+number", title = df_gauge.iloc[4, 1],
    domain = dict(row = 2, column = 2), value = df_gauge.iloc[4, 3],
    gauge = dict(axis = dict(
        range = (0, df_gauge.iloc[4, 4]*1.2)),
                steps = [
                    dict(range = (0, (df_gauge.iloc[4, 4])*1.2*0.5),
                        color = "lightgray"),
                    dict(range = ((df_gauge.iloc[4, 4])*1.2*0.5,
                                    (df_gauge.iloc[4, 4])*1.2*0.75),
                        color = "darkgray"),
                    dict(range = ((df_gauge.iloc[4, 4])*1.2*0.75,
                                    (df_gauge.iloc[4, 4])*1.2),
                        color = "gray")],
            threshold = dict(line = dict(color = 'white'),
                            value = df_gauge.iloc[4, 4]),
```

```
                    bar = dict(color = "darkblue")),
        number = dict(suffix = '명')))

fig.update_layout(grid=dict(rows=3, columns=3),
                  title = dict(text = '10만명당 사망자수(최근 공식발표 기준)',
                               x = 0.5))

fig.show()
```

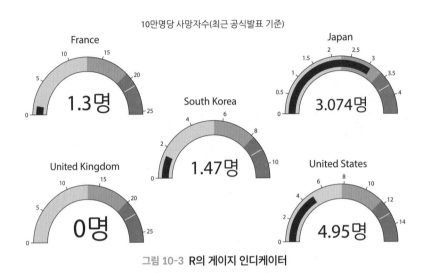

그림 10-3 R의 게이지 인디케이터

불릿 인디케이터

불릿 인디케이터bullet indicator는 막대그래프를 변형하여 특정값의 현재 상태를 표시하는 시각화 방법이다. 온도계나 진행률 표시에 사용되는 방식을 차용하여 만드는 불릿 인디케이터는 둥글게 표시되는 게이지 인디케이터의 대용으로 대시보드에서 많이 사용된다. 불릿 인디케이터는 눈금 단계를 지정하는 step, 데이터양의 막대를 설정하는 value, 임계치를 설정하는 threshold의 세 가지 속성으로 구성한다. step은 일반적으로 배열의 형태로 단계값들을 지정하여 정의하고, value는 표시할 수치의 현재 값을 나타내며, threshold는 수치의 목표치나 안정적 데이터 구간을 표시하는 데 사용된다.

불릿 인디케이터는 indicator 트레이스를 사용하여 만들 수 있고 게이지 인디케이터의 속성 중 shape를 bullet으로 설정함으로써 만들 수 있다. 또 게이지 인디케이터의 속성들을 공유한다.

다음 코드는 불릿 인디케이터를 만드는 R과 파이썬의 코드이다. 불릿 인디케이터의 value, threshold, range, steps는 앞에 설명한 게이지 인디케이터와 동일하게 설정하였다.

R에서 불릿 인디케이터를 만들기 위해서는 indicator 트레이스를 사용한다. add_trace(type = 'indicator', …)로 만드는데, 불릿 인디케이터는 mode 속성을 gauge로, gauge의 shape 속성을 bullet으로 설정하고 gauge 속성을 설정하여 만든다.

```r
## 한국 불릿 인디케이터 생성
fig_bullet <- df_gauge |> plot_ly() |>
  add_trace(type = 'indicator', mode = "gauge+number", title = pull(df_gauge[3, 1]),
            domain = list(x = c(0.3,0.8), y = c(0.82, 0.9)),
            value = pull(df_gauge[3, 5]),
            gauge = list(axis = list(
              range = list(NULL, pull(df_gauge[3, 2])*1.2)),
              steps = list(
                list(range = c(0, pull(df_gauge[3, 2])*1.2*0.5), color = "lightgray"),
                list(range = c(pull(df_gauge[3, 2])*1.2*0.5, pull(df_gauge[3, 2])*1.2*0.75),
color = "darkgray"),
                list(range = c(pull(df_gauge[3, 2])*1.2*0.75, pull(df_gauge[3, 2])*1.2),
color = "gray")),
              shape = "bullet",
              threshold = list(
                line = list(color = 'white'), value = pull(df_gauge[3, 2])),
              bar = list(color = "darkblue")),
            number = list(suffix = '명'))

## 프랑스 불릿 인디케이터 생성
fig_bullet <- fig_bullet |>
  add_trace(type = 'indicator', mode = "gauge+number", title = pull(df_gauge[1, 1]),
            domain = list(x = c(0.3,0.8), y = c(0.62, 0.7)),
            value = pull(df_gauge[1, 5]),
            gauge = list(axis = list(
              shape = "bullet",
              range = list(NULL, pull(df_gauge[1, 2])*1.2)),
              steps = list(
                list(range = c(0, pull(df_gauge[1, 2])*1.2*0.5), color = "lightgray"),
                list(range = c(pull(df_gauge[1, 2])*1.2*0.5, pull(df_gauge[1, 2])*1.2*0.75),
color = "darkgray"),
                list(range = c(pull(df_gauge[1, 2])*1.2*0.75, pull(df_gauge[1, 2])*1.2),
color = "gray")),
              shape = "bullet",
              threshold = list(
                line = list(color = 'white'), value = pull(df_gauge[1, 2])),
            bar = list(color = "darkblue")),
            number = list(suffix = '명'))

## 일본 불릿 인디케이터 생성
fig_bullet <- fig_bullet |>
```

```
      add_trace(type = 'indicator', mode = "gauge+number", title = pull(df_gauge[2, 1]),
                domain = list(x = c(0.3,0.8), y = c(0.42, 0.5)),
                value = pull(df_gauge[2, 5]),
                gauge = list(axis = list(
                   shape = "bullet",
                   range = list(NULL, pull(df_gauge[2, 2])*1.2)),
                   steps = list(
                      list(range = c(0, pull(df_gauge[2, 2])*1.2*0.5), color = "lightgray"),
                      list(range = c(pull(df_gauge[2, 2])*1.2*0.5, pull(df_gauge[2, 2])*1.2*0.75),
color = "darkgray"),
                      list(range = c(pull(df_gauge[2, 2])*1.2*0.75, pull(df_gauge[2, 2])*1.2),
color = "gray")),
                   shape = "bullet",
                   threshold = list(
                   line = list(color = 'white'), value = pull(df_gauge[2, 2])),
                bar = list(color = "darkblue")),
                number = list(suffix = '명'))

## 영국 불릿 인디케이터 생성
fig_bullet <- fig_bullet |>
   add_trace(type = 'indicator', mode = "gauge+number", title = pull(df_gauge[4, 1]),
                domain = list(x = c(0.3,0.8), y = c(0.22, 0.3)),
                value = pull(df_gauge[4, 5]),
                gauge = list(axis = list(
                   shape = "bullet",
                   range = list(NULL, pull(df_gauge[4, 2])*1.2)),
                   steps = list(
                      list(range = c(0, pull(df_gauge[4, 2])*1.2*0.5), color = "lightgray"),
                      list(range = c(pull(df_gauge[4, 2])*1.2*0.5, pull(df_gauge[4, 2])*1.2*0.75),
color = "darkgray"),
                      list(range = c(pull(df_gauge[4, 2])*1.2*0.75, pull(df_gauge[4, 2])*1.2),
color = "gray")),
                   shape = "bullet",
                   threshold = list(
                   line = list(color = 'white'), value = pull(df_gauge[4, 2])),
                bar = list(color = "darkblue")),
                number = list(suffix = '명'))

## 미국 불릿 인디케이터 생성
fig_bullet <- fig_bullet |>
   add_trace(type = 'indicator', mode = "gauge+number", title = pull(df_gauge[5, 1]),
                domain = list(x = c(0.3,0.8), y = c(0.02, 0.1)),
                value = pull(df_gauge[5, 5]),
                gauge = list(axis = list(
                   shape = "bullet",
                   range = list(NULL, pull(df_gauge[5, 2])*1.2)),
                   steps = list(
                      list(range = c(0, pull(df_gauge[5, 2])*1.2*0.5), color = "lightgray"),
```

```
                 list(range = c(pull(df_gauge[5, 2])*1.2*0.5, pull(df_gauge[5, 2])*1.2*0.75),
    color = "darkgray"),
                 list(range = c(pull(df_gauge[5, 2])*1.2*0.75, pull(df_gauge[5, 2])*1.2),
    color = "gray")),
                 shape = "bullet",
                 threshold = list(
                 line = list(color = 'white'), value = pull(df_gauge[5, 2])),
              bar = list(color = "darkblue")),
              number = list(suffix = '명'))

fig_bullet |> layout(margin = margins_R,
                 title = '10만명당 사망자수(최근 공식발표 기준)')
```

▶ 파이썬

파이썬에서 불릿 인디케이터를 만들기 위해서는 indicator 트레이스를 사용한다. add_trace()에 plotly.graph_objects.Indicator()로 만드는데 불릿 인디케이터는 mode 속성을 gauge로, gauge의 shape 속성을 bullet으로 설정하고 gauge 속성을 설정하여 만들 수 있다.

```
fig = go.Figure()

## 한국 게이지 인디케이터 생성
fig.add_trace(go.Indicator(
    type = 'indicator', mode = "gauge+number", title = df_gauge.iloc[2, 1],
    domain = dict(x = (0.3,0.8), y = (0.82, 0.9)), value = df_gauge.iloc[2, 3],
    gauge = dict(axis = dict(
        range = (0, df_gauge.iloc[2, 4]*1.2)), shape = "bullet",
                 steps = [
                     dict(range = (0, (df_gauge.iloc[2, 4])*1.2*0.5),
                         color = "lightgray"),
                     dict(range = ((df_gauge.iloc[2, 4])*1.2*0.5,
                                   (df_gauge.iloc[2, 4])*1.2*0.75),
                         color = "darkgray"),
                     dict(range = ((df_gauge.iloc[2, 4])*1.2*0.75,
                                   (df_gauge.iloc[2, 4])*1.2),
                         color = "gray")],
                 threshold = dict(line = dict(color = 'white'),
                                   value = df_gauge.iloc[2, 4]),
                 bar = dict(color = "darkblue")),
    number = dict(suffix = '명')))

## 프랑스 게이지 인디케이터 생성
fig.add_trace(go.Indicator(
    type = 'indicator', mode = "gauge+number", title = df_gauge.iloc[0, 1],
    domain = dict(x = (0.3,0.8), y = (0.62, 0.7)), value = df_gauge.iloc[0, 3],
    gauge = dict(axis = dict(
```

```
                range = (0, df_gauge.iloc[0, 4]*1.2)), shape = "bullet",
                    steps = [
                        dict(range = (0, (df_gauge.iloc[0, 4])*1.2*0.5),
                            color = "lightgray"),
                        dict(range = ((df_gauge.iloc[0, 4])*1.2*0.5,
                                    (df_gauge.iloc[0, 4])*1.2*0.75),
                            color = "darkgray"),
                        dict(range = ((df_gauge.iloc[0, 4])*1.2*0.75,
                                    (df_gauge.iloc[0, 4])*1.2),
                            color = "gray")],
                    threshold = dict(line = dict(color = 'white'),
                                    value = df_gauge.iloc[0, 4]),
                    bar = dict(color = "darkblue")),
        number = dict(suffix = '명')))
```

일본 게이지 인디케이터 생성

```
fig.add_trace(go.Indicator(
    type = 'indicator', mode = "gauge+number", title = df_gauge.iloc[1, 1],
    domain = dict(x = (0.3,0.8), y = (0.42, 0.5)), value = df_gauge.iloc[1, 3],
    gauge = dict(axis = dict(
        range = (0, df_gauge.iloc[1, 4]*1.2)), shape = "bullet",
                    steps = [
                        dict(range = (0, (df_gauge.iloc[1, 4])*1.2*0.5),
                            color = "lightgray"),
                        dict(range = ((df_gauge.iloc[1, 4])*1.2*0.5,
                                    (df_gauge.iloc[1, 4])*1.2*0.75),
                            color = "darkgray"),
                        dict(range = ((df_gauge.iloc[1, 4])*1.2*0.75,
                                    (df_gauge.iloc[1, 4])*1.2),
                            color = "gray")],
                    threshold = dict(line = dict(color = 'white'),
                                    value = df_gauge.iloc[1, 4]),
                    bar = dict(color = "darkblue")),
        number = dict(suffix = '명')))
```

영국 게이지 인디케이터 생성

```
fig.add_trace(go.Indicator(
    type = 'indicator', mode = "gauge+number", title = df_gauge.iloc[3, 1],
    domain = dict(x = (0.3,0.8), y = (0.22, 0.3)), value = df_gauge.iloc[3, 3],
    gauge = dict(axis = dict(
        range = (0, df_gauge.iloc[3, 4]*1.2)), shape = "bullet",
                    steps = [
                        dict(range = (0, (df_gauge.iloc[3, 4])*1.2*0.5),
                            color = "lightgray"),
                        dict(range = ((df_gauge.iloc[3, 4])*1.2*0.5,
                                    (df_gauge.iloc[3, 4])*1.2*0.75),
                            color = "darkgray"),
                        dict(range = ((df_gauge.iloc[3, 4])*1.2*0.75,
                                    (df_gauge.iloc[3, 4])*1.2),
```

```
                        color = "gray")],
            threshold = dict(line = dict(color = 'white'),
                                   value = df_gauge.iloc[3, 4]),
            bar = dict(color = "darkblue")),
    number = dict(suffix = '명')))

## 미국 게이지 인디케이터 생성
fig.add_trace(go.Indicator(
    type = 'indicator', mode = "gauge+number", title = df_gauge.iloc[4, 1],
    domain = dict(x = (0.3,0.8), y = (0.02, 0.1)), value = df_gauge.iloc[4, 3],
    gauge = dict(axis = dict(
        range = (0, df_gauge.iloc[4, 4]*1.2)),
                  shape = "bullet", steps = [
                    dict(range = (0, (df_gauge.iloc[4, 4])*1.2*0.5),
                        color = "lightgray"),
                    dict(range = ((df_gauge.iloc[4, 4])*1.2*0.5,
                               (df_gauge.iloc[4, 4])*1.2*0.75),
                        color = "darkgray"),
                    dict(range = ((df_gauge.iloc[4, 4])*1.2*0.75,
                               (df_gauge.iloc[4, 4])*1.2),
                        color = "gray")],
            threshold = dict(line = dict(color = 'white'),
                                   value = df_gauge.iloc[4, 4]),
            bar = dict(color = "darkblue")),
    number = dict(suffix = '명')))

fig.update_layout(grid=dict(rows=3, columns=3),
                title = dict(text = '10만명당 사망자수(최근 공식발표 기준)',
                        x = 0.5))

fig.show()
```

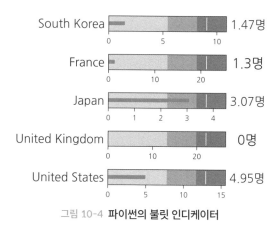

그림 10-4 **파이썬의 불릿 인디케이터**

10.2 지도의 시각화

지도의 시각화는 지역별로 구분된 데이터에 대한 매우 효과적인 시각화 방법이다. 사실 지도의 시각화는 엑셀이나 파워포인트, 포토샵이나 일러스트레이터와 같이 대중적으로 많이 사용되는 툴에서도 가능은 하지만, 매우 번거로운 작업임에 틀림없다. 또 단순한 지도의 시각화라면 약간 많은 시간과 정신적 스트레스를 감수할 수 있겠지만, 만약 200개가 넘는 시군구 지역별 데이터를 시각화해야 한다면 이는 단순히 시간과 정신적 스트레스와 바꿀 수 있는 작업이 아닐 것이다. 이때는 전문가를 찾아 의뢰하는 것이 해결책이겠지만 항상 전문가들은 바쁘기 때문에 시간이 많이 소요되고 비싸다. Plotly에서는 지도의 시각화에 생각보다 많은 기능이 지원된다.

지도를 시각화하기 위해 먼저 알아야 하는 몇 가지의 개념이 있다.

지도 시각화의 기초 개념

❶ 지형 데이터

지형 데이터는 지도를 그리기 위한 지형 경계선의 다각형 정보를 가지고 있는 데이터를 말한다. 지형 데이터는 다음의 두 가지 형태의 데이터 파일로 제공된다.

▶ shape 파일

shape 파일은 대부분의 GIS geographical information system에서 사용되는 지형 벡터 데이터 파일 포맷이다. shape 파일은 보통 *.shp, *.shx, *.dbf, *.kml, *.prj 등의 파일이 한 세트처럼 제공되는 것이 일반적이다. 그렇다고 이 파일들을 모두 사용하는 것은 아니고 사용하는 응용 시스템에 따라 선택하여 사용할 수 있다. 주로 *.shp 파일에 주요 지형 정보가 포함되어 있다.

▶ GeoJSON 파일

GeoJSON은 위치 정보로 지형을 표현하기 위해 설계된 개방형 공개 표준 형식이다. JSON을 활용하여 지형 정보를 표현하는 파일 포맷으로 OpenLayers, Leaflet, MapServer, Geoforge 소프트웨어, GeoServer, GeoDjango, GDAL, Safe Software FME 등 많은 매핑 및 GIS 소프트웨어 패키지에서 지원하고 있다.[38]

GeoJSON 파일의 확장자는 *.json이다. GeoJSON 파일은 앞서 설명한 shape 파일에서부터 변환

---

38 출처: https://ko.wikipedia.org/wiki/GeoJSON

하여 생성할 수도 있다. GeoJSON 파일은 shape 파일에 비해 파일 사이즈가 작고 처리 속도도 shape 파일보다 매우 빠르다는 장점이 있다.

❷ 지도 투영법

지구는 3차원의 구 형태이지만 우리가 보는 지도는 2차원 평면이다. 따라서 3차원을 2차원에 표현하기 위해 여러 가지 방법이 사용되고 있고, 이를 **투영법**projection이라고 한다. Plotly에서는 이 투영법에 따라 지도가 표현되는 형태가 달라진다. Plotly에서는 정각도법angular, 메르카토르도법 Mercator, 정사도법orthographic 등 총 22개의 투영법을 지원한다.

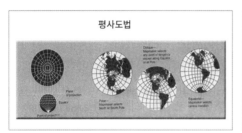

그림 10-5 **지도 투영법의 종류**[39]

❸ 좌표계의 종류

일반적으로 지도의 좌표라고 하면 북위, 남위와 같이 적도를 기준으로 북쪽으로 얼마나 많이 떨어졌는지, 남쪽으로 얼마나 많이 떨어졌는지를 표시하는 위도latitude와 동경, 서경과 같이 영국 그리니치 천문대를 기준으로 동쪽으로의 위치, 서쪽으로의 위치를 표시하는 경도longitude를 생각한다. 이를 좌표계라고 하는데 이 좌표계에도 몇 가지 종류가 있다. 이 좌표계가 어떻게 설정되어 있는가에 따라 같은 위도와 경도의 위치도 달라질 수 있다.

- **WGS84(EPSG:4326)**: 미국에서 군사용으로 GPS 시스템를 이용하면서 만든 좌표계(경도와 위도)

---

39   출처: https://en.wikipedia.org/wiki/Map_projection

- **Bessel 1841(EPSG:4004)**: 3차원 원형 지구를 2차원으로 투영한 결과에 대한 좌표계로 우리나라에서 많이 사용되는 좌표계
- **GRS80 UTM-K(EPSG:5179)**: 한반도 전체를 하나의 좌표계로, 전국을 경도 127.5를 기준으로 설계한 지도로 네이버에서 사용
- **GRS80 중부원점(EPSG:5181)**: 과거 지리원 좌표계를 타원체로 수정한 좌표계. 카카오, 공공데이터포털에서 사용
- **Web Mercator projection(Pseudo-Mercator, EPSG:3857)**: WGS84 타원체의 장반경을 반지름으로 하는 좌표계로 구글, 빙, 야후 등에서 사용
- **Albers projection(EPSG:9822)**: 미국 지질 조사국에서 사용하는 좌표계

지도 관련 트레이스

Plotly는 지도를 그리기 위해 사용하는 패키지가 아니다. 즉, Plotly에서 지도의 사용은 지역적 데이터를 시각화하기 위한 것이다. 그렇다면 데이터를 어떻게 지도 위에 표현할 것인가에 대한 문제가 가장 중요하다. 지도 위에 데이터를 표현하는 방법은 지역을 표현하는 다각형의 내부 색을 데이터로 매핑하여 표현하는 단계 구분도와 지도의 특정 위치에 데이터를 표기하는 분산 맵이 많이 사용된다.

Plotly에서 지도를 그리기 위해서는 앞서 설명한 두 가지 지형 데이터 타입(shape, GeoJSON)을 사용하는 방법과 인터넷에서 제공하는 지도를 사용하여 그리는 두 가지 방법이 있다. 이 두 가지 지도 생성 방법을 사용하여 다음의 다섯 가지 지도 관련 트레이스를 통해 목적에 맞는 지도를 만들 수 있다.

- **scattergeo 트레이스**: 지형 데이터 위에 위도와 경도로 표현된 scatter 트레이스의 점이나 선을 표시하는 트레이스
- **choropleth 트레이스**: 지형 데이터의 지형 다각형에 z로 매핑되는 지형 다각형 내부 색으로 데이터를 표현하는 트레이스
- **scattermapbox 트레이스**: 맵박스(https://mapbox.com/)에서 제공하는 것으로 맵 위에 위도와 경도로 표현된 scatter 트레이스의 점이나 선을 표시하는 트레이스
- **choroplethmapbox 트레이스**: 맵박스에서 제공하는 것으로 맵 위에 지형 다각형polygon에 z로 매핑되는 지형 다각형 내부 색을 통해 데이터를 표현하는 트레이스
- **densitymapbox 트레이스**: 색상을 사용하여 위도, 경도 좌표와 z에 매핑된 값에 따른 밀도 커널 데이터를 표현하는 트레이스

Plotly의 지도 트레이스를 보면 scattergeo 트레이스와 choropleth 트레이스는 GeoJSON이나 shape 파일의 지형 외곽선 기반 지도(Plotly geo map)를 사용하는 트레이스이고, scattermapbox, choroplethmapbox, densitymapbox 트레이스는 맵박스에서 제공하는 타일 기반 지도를 사용하는 트레이스이다.

지금까지 대부분의 트레이스는 R과 파이썬이 거의 유사한 형태로 사용되었다. 하지만 지도와 관련한 트레이스는 R과 파이썬의 방법상 차이가 크다. 그래서 R과 파이썬을 따로 구분하여 설명하는데, 단계 구분도(choropleth)와 맵박스 산점도(scattermapbox)를 그리는 방법을 설명한다.

위의 두 가지 지도를 그리기 위해 두 가지 추가적인 데이터를 사용한다. 첫 번째 데이터는 전국의 대학 충원율 데이터이다.[40] 두 번째 데이터는 서울 일부 대학의 위도, 경도 데이터이다.[41]

파이썬의 지도 그리기

1 scattergeo 트레이스

scattergeo 트레이스는 Plotly 자체적으로 지원하는 지형 외곽선 기반 지도 위에 데이터의 위치를 표현하는 지도 트레이스이다. Plotly에서 지원하는 지형 외곽선 기반의 지도는 Natual Earth(https://www.naturalearthdata.com)에서 제공하는 physical(물리적), cultural(문화적) 지도를 기본적으로 사용한다. 그래서 트레이스 관련 함수를 호출하는 것만으로도 해안선과 육지가 나타나는 기본 맵을 만들 수 있다. 또 이 기본 맵의 다양한 속성을 사용해 해안선, 육지, 호수, 강 등을 표시할 수도 있다.

다음은 scattergeo 트레이스에서 사용하는 주요 속성이다.

표 10-5 **scattergeo 트레이스의 주요 속성**

속성	속성 설명	파이썬 속성값(R 속성값)
lat	위도 설정	수치의 list, 넘파이 array, 팬더스 series 또는 strings, datetimes(dataframe 열, list, vector)
geojson	이 트레이스에 관련한 GeoJSON 데이터 설정	수치나 좌표상의 문자열
featureidkey	locations 배열에 포함된 아이템과 매칭하기 위한 GeoJSON features의 키 설정	문자열

---

40 해당 파일은 교육통계 홈페이지(https://kess.kedi.re.kr)에서 다운로드받을 수 있으며 필자의 블로그(https://2stndard.tistory.com/notice/174)에서도 다운받을 수 있다.

41 해당 파일은 필자의 블로그(https://2stndard.tistory.com/notice/174)에서도 다운받을 수 있다.

표 10-5 scattergeo 트레이스의 주요 속성(표 계속)

속성	속성 설명	파이썬 속성값(R 속성값)
locations	location ID나 names에 대한 좌표 설정	수치의 list, 넘파이 array, 팬더스 series 또는 strings, datetimes(dataframe 열, list, vector)
lon	경도 설정	수치의 list, 넘파이 array, 팬더스 series 또는 strings, datetimes(dataframe 열, list, vector)
geo	서브플롯에서 참조할 지형 좌표의 레퍼런스값 설정	서브플롯 id
fill	색상을 채울 영역의 설정	"none" | "toself"
fillcolor	영역을 채울 색상의 설정	색상
locationmode	지도 위에 표현되는 지역을 위한 locations와 매칭하는 지역 설정	"ISO-3" | "USA-states" | "country names" | "geojson-id"

지형 기반 지도의 레이아웃을 설정하는 데 사용하는 속성은 geo 속성이다. 다음은 geo의 주요 속성이다.

표 10-6 scattergeo 트레이스 geo 레이아웃의 주요 속성

속성			속성 설명	파이썬 속성값(R 속성값)
geo	bgcolor		지도의 배경색 설정	색상
	center	lat	지도의 중심 위도 설정	수치
		lon	지도의 중심 경도 설정	수치
	coastlinecolor		해안선 색 설정	색상
	coastlinewidth		해안선 두께 설정	0 이상의 수치
	countrycolor		국경선 색 설정	색상값
	countrywidth		국경선 두께 설정	0 이상의 수치
	domain	column	플로팅 영역의 그리드에서 지도의 표시 위치 열 설정	정수
		row	플로팅 영역의 그리드에서 지도의 표시 위치 행 설정	정수
		x	플로팅 영역에서 지도 표시 X범위 설정	리스트
		y	플로팅 영역에서 지도 표시 Y범위 설정	리스트
	fitbounds		지도의 영역이 트레이스 데이터에 의해 자동설정되는지 여부 설정	False | "locations" | "geojson"
	framecolor		지도 프레임 색상 설정	색상
	framewidth		지도 프레임 두께 설정	0 이상의 수치
	lakecolor		호수의 색상 설정	색상

표 10-6 scattergeo 트레이스 geo 레이아웃의 주요 속성(표 계속)

속성			속성 설명	파이썬 속성값(R 속성값)
geo	landcolor		육지의 색상 설정	색상
	lataxis	dtick	위도 축의 눈금 간격 설정	수치
		gridcolor	위도 축의 눈금자 색상 설정	색상
		gridwidth	위도 축의 눈금자 두께 설정	0 이상의 수치
		range	위도 축의 범위 설정	리스트
		showgrid	위도 축의 표시 여부 설정	논릿값
		tick0	위도 축의 시작 단위 설정	수치
geo	lataxis	dtick	경도 축의 눈금 간격 설정	수치
		gridcolor	경도 축의 눈금자 색상 설정	색상값
		gridwidth	경도 축의 눈금자 두께 설정	0 이상의 수치
		range	경도 축의 범위 설정	리스트
		showgrid	경도 축의 표시 여부 설정	논릿값
		tick0	경도 축의 시작 단위 설정	수치
	oceancolor		바다 색상 설정	색상
	projection	distance	위성 투영법에서 지구와 위성과의 거리 설정	1.001 이상의 수치
		parallels	원뿔 투영법에서 위선 설정	리스트
		rotation · lat	자오선[42]을 따른 회전 각도 설정	수치
		rotation · lon	위도선을 따른 회전 각도 설정	수치
		rotation · roll	지도의 롤링 각도 설정	수치
		scale	지도의 줌인 또는 줌아웃의 스케일 설정	0 이상의 수치
		tilt	위성 투영법에서 경사 각도 설정	수치
		type	프로젝션 타입의 설정	"airy" | "aitoff" | "albers" | "albers usa" | "august" | …
	resolution		기본 레이어의 해상도 설정	("110" | "50")
	rivercolor		강 색상 설정	색상
	riverwidth		강 두께 설정	0 이상의 수치
	scope		지도의 범위 설정	"africa" | "asia" | "europe" | "north america" | "south america" | "usa" | "world"
	showcoastlines		해안선 표시 여부 설정	논릿값
	showcountries		국경선 표시 여부 설정	논릿값

---

42 '경선(經線)'이라고도 하며, 남극과 북극을 지나는 선을 말한다.

표 10-6 scattergeo 트레이스 geo 레이아웃의 주요 속성(표 계속)

속성		속성 설명	파이썬 속성값(R 속성값)
geo	showframe	프레임 표시 여부 설정	논릿값
	showlakes	호수 표시 여부 설정	논릿값
	showland	육지 표시 여부 설정	논릿값
	showocean	바다 표시 여부 설정	논릿값
	showrivers	강 표시 여부 설정	논릿값
	showsubunits	국가내 지역 경계선 표시 여부 설정	논릿값
	subunitcolor	국가내 지역 경계선 색상 설정	색상
	subunitwidth	국가내 지역 경계선 두께 설정	0 이상의 수치

다음은 scattergeo 트레이스로 물리적 지도를 그리는 파이썬 코드이다.

```
## scattergeo 트레이스 생성
fig = go.Figure(go.Scattergeo())

## geo 속성 설정
fig.update_layout(geo = dict(
    resolution=50,
    showcoastlines=True, coastlinecolor='RebeccaPurple',
    showland=True, landcolor='LightGray',
    showocean=True, oceancolor='LightBlue',
    showlakes=True, lakecolor='Blue',
    showrivers=True, rivercolor='Blue'),
    height=300, margin={'r':0,'t':0,'l':0,'b':0})

fig.show()
```

그림 10-6 파이썬의 scattergeo 트레이스로 그린 물리적 세계 지도

반면 문화 기반 지도는 물리 기반 지도에 국가별 경계선과 국가내 지역 경계선을 포함시킨다. 다음은 문화적 지도를 그리는 파이썬 코드이다.

```
## scattergeo 트레이스 생성
fig = go.Figure(go.Scattergeo())

## geo 속성 설정
fig.update_layout(geo = dict(
    resolution=50,
    showcountries=True, countrycolor='darkBlue'),
    height=300, margin={'r':0,'t':0,'l':0,'b':0})

fig.show()
```

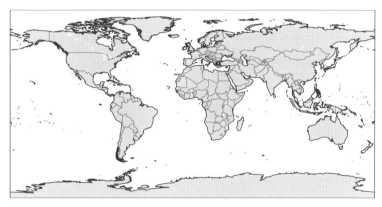

그림 10-7 **파이썬의 scattergeo 트레이스로 그린 문화적 세계 지도**

❷ choropleth 트레이스

단계 구분도는 지역적으로 구분된 데이터를 지도에 표시하는 방법이다. 가장 많이 사용되는 방법은 색상으로 지도의 지형에 데이터를 표시하는 방법이다. 각각의 다각형으로 구성되어 있는 지역의 내부 색을 데이터에 따라 다르게 함으로써 지역 간 데이터의 차이를 시각화하는 방법이다. 결국 색이 칠해진 지형 다각형을 배치하는 것으로 데이터를 표현하는 것이다.

파이썬에서 choropleth 트레이스를 추가하기 위해서는 add_trace()에 plotly.graph_objects.Choropleth()를 사용하여 추가한다.

다음은 choropleth 트레이스에서 사용되는 주요 속성들이다.

표 10-7 **choropleth 트레이스의 주요 속성**

속성			속성 설명	파이썬 속성값(R 속성값)
z			색상값의 설정	수치의 list, 넘파이 array, 팬더스 series 또는 strings, datetimes(dataframe 열, list, vector)
geojson			이 트레이스에 관련한 GeoJSON 데이터 설정	수치나 좌표상의 문자열
featureidkey			locations 배열에 포함된 아이템과 매칭하기 위한 GeoJSON features의 키 설정	문자열
locations			location ID나 names에 대한 좌표 설정	수치의 list, 넘파이 array, 팬더스 series 또는 strings, datetimes(dataframe 열, list, vector)
text			각각의 위치에 표현될 텍스트 설정	문자열이나 문자열 배열
geo			서브플롯에서 참조할 지형 좌표의 레퍼런스값 설정	서브플롯 id
marker	line	color	지형 마커의 외곽선 색 설정	색상이나 색상 배열
		width	지형 마커의 외곽선 두께 설정	0 이상의 수치나 수치 배열
	opacity		지형 마커의 투명도 설정	0부터 1 사이의 수치나 수치 배열
reversescale			색상값 스케일을 역변환	논릿값
locationmode			지도 위에 표현되는 지역을 위한 locations와 매칭하는 지역 설정	"ISO-3" | "USA-states" | "country names" | "geojson-id"

choropleth 트레이스에서 사용하는 `layout` 속성은 scattergeo 트레이스에서 설명한 `geo` 속성을 사용한다.

단계 구분도를 그리기 위해서는 크게 두 가지 데이터가 필요하다.

첫 번째는 지형 데이터이다. Plotly에서는 사용자가 이 지형 데이터를 GeoJSON으로 직접 불러들여 사용하거나 Plotly에서 지원하는 지형 데이터를 사용할 수도 있다. 하지만 Plotly에서 지원하는 지형 데이터는 앞에서 그려본 바와 같이 세계 지도, 대륙별 지도, 미국 지도 정도가 제공되기 때문에 우리나라 지형에 사용하기에는 적절치 않다. 우리나라 지형에 사용하기 위해서는 GeoJSON 데이터를 사용해야 하는데, GeoJSON 데이터는 각각의 feature를 구분하기 위한 'id'를 가져야 하고 각 feature의 특성은 'properties'로 인식되어야 한다.

두 번째는 지도 위에 색상으로 표시할 지역별 데이터이다. 이 데이터는 지형 데이터의 feature 구분자와 매칭되는 필드를 가지고 있어야 한다.

이렇게 두 가지 데이터가 준비되면 GeoJSON 데이터는 choropleth 트레이스의 `geojson` 속성에 설정된다. 또 두 개의 데이터를 연결하는 id 중 지형 데이터 쪽 id는 `featureid` 속성으로, 지역 데이터 쪽 id는 `locations`에 설정함으로써 지형 데이터와 지역 데이터가 연결된다. 다음으로 지도 위에 색상으로 단계를 구분하기 위한 지역 데이터값은 `z` 속성으로 설정한다.

여기서는 전국 시도별 대학 신입생 충원율의 단계 구분도를 그려보겠다.

제일 먼저 한국 지형을 GeoJSON으로 불러 읽어들이고 이를 `geojson`으로 설정한다. 우리나라의 GeoJSON 파일은 인터넷에서 쉽게 구할 수 있다. 파일을 다운로드받을 때는 시도 단위의 데이터인지 시군구 단위의 데이터인지를 잘 구분하여 다운로드해야 한다. GeoJSON 파일의 데이터를 읽어오기 위해서 json 라이브러리를 임포트하고 `json.load()`를 사용하여 GeoJSON 데이터를 불러온다.

다음으로 전국 대학 신입생 충원율 데이터를 불러오고 이 데이터 중 필요한 데이터 5개를 필터링한 다음 열 이름을 적절히 설정한다.

불러들인 전국 대학 신입생 충원율 데이터에는 지역을 표현할 때 한글 시도명을 사용한다. 반면 GeoJSON 데이터에서는 시도 구분을 properties의 `CTPRVN_CD` 속성으로 정의하고 있는데 수치로 표현하고 있다. 그래서 이를 매칭시키기 위해 데이터 변환 함수를 정의하였고, 이 함수를 사용하여 대학 신입생 충원율 데이터에 매칭된 수치 열을 만들어주었다.

choropleth 트레이스를 만들기 위한 데이터 전처리가 끝났으면 Plotly를 초기화하고 `plotly.graph_objects.Choropleth()`를 사용하여 choropleth 트레이스를 만든다. 앞에서 불러들어온 GeoJSON 데이터를 `geojson` 속성에 설정하고 충원율 데이터와 매칭할 키로 `properties.CTPRVN_CD`를 `featureidkey`에 설정한다. `featureidkey`에 매칭될 충원율 데이터의 열을 `locations`에 설정하고 색상으로 표현해 줄 데이터인 충원율 열을 `z` 속성으로 설정한다. 전체적 색상 스케일 속성인 `colorscale`을 파랑색 팔레트(Blues)로 설정하고 지형의 경계선, 컬러 바, 표현 텍스트, 호버를 설정하였다.

```
## json 파일을 읽기 위한 라이브러리 로딩
import json

## 지역값 매핑을 위한 함수 정의
def cat(row):
    key = row['지역']
    value = {'강원' : '42','경기' : '41','경남' : '48','경북' : '47','광주' : '29','대구' :
```

```python
'27','대전' : '30','부산' : '26','서울' : '11','세종' : '36','울산' : '31','인천' : '28',
'전남' : '46','전북' : '45','제주' : '50','충남' : '44','충북' : '43'}.get(key)
    return value

## json 파일의 데이터를 불러들임
geometry = json.load(open('데이터파일저장경로/TL_SCCO_CTPRVN.json', encoding='utf-8'))

## 충원율 데이터 불러들임
df_충원율 = pd.read_excel(
    "데이터파일저장경로/고등 주요 01-시도별 신입생 충원율(2010-2022)_220825y.xlsx",
    sheet_name = 'Sheet1', skiprows=(6), header = 0)

df_충원율 = df_충원율.iloc[:, 0:5]
df_충원율.columns = ('연도', '지역', '정원내모집인원', '정원내입학생수', '신입생충원율')
df_충원율['지역코드']= df_충원율.apply(cat, axis=1)
df_충원율 = df_충원율[(df_충원율['지역'] != '전국')&(df_충원율['연도'] == 2022)]

fig = go.Figure()

## chropleth 트레이스 생성
fig.add_trace(go.Choropleth(
    geojson=geometry,
    featureidkey='properties.CTPRVN_CD',
    locations = df_충원율['지역코드'],
    z = df_충원율['신입생충원율'],
    colorscale="Blues",
    text = df_충원율['신입생충원율'],
    marker=dict(line=dict(width=1),
                opacity = 0.5),
    colorbar = dict(y = 0.5, yanchor = 'middle')))

fig.update_layout(
    title = dict(text = '22년 전국 대학 신입생 충원율', x = 0.5),
    ## geo 속성 설정
    geo=dict(
        showframe = True, fitbounds = "locations",
        visible = False, center=dict(lon=126.98, lat=37.56)),
    autosize=False,
    margin = dict(t = 50, b = 25, l = 25, r = 25, pad=4, autoexpand=True))

fig.show()
```

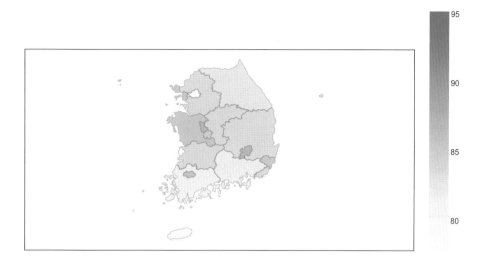

22년 전국 대학 신입생 충원율

그림 10-8 **파이썬의 단계 구분도**

❸ scattermapbox 트레이스

스캐터 맵은 지도 위에 위도, 경도로 표현된 데이터를 표시하여 그 상대적 위치를 시각화하는 지도이다. 네이버나 카카오에서 특정 장소를 찾을 때 사용하는 지도가 바로 스캐터 맵이다. 맵박스에서 지원하는 지도를 기반으로 스캐터 맵을 만들어주는 것이 scattermapbox 트레이스이다.

맵박스는 타일 기반의 지도를 제공하는 인터넷 서비스이다. 맵박스에서 제공하는 지도를 기반으로 위도와 경도상의 위치에 특정 데이터에 대한 점이나 선, 텍스트를 표시해 지도를 만들 수 있다. 맵박스로 구성한 맵박스의 지도를 사용하기 위해서는 먼저 맵박스에 가입하고 맵박스의 지도를 가져오기 위한 액세스 토큰을 받아야 한다.

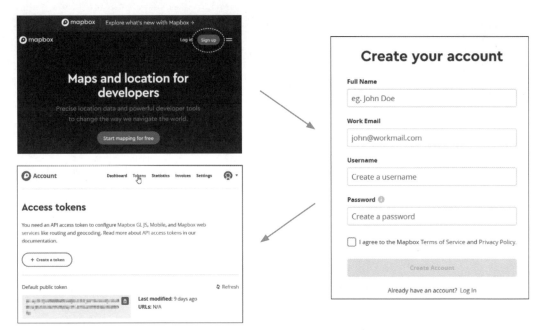

그림 10-9 맵박스의 회원가입과 액세스 토큰 발급 화면

파이썬에서 scattermapbox 트레이스를 추가하기 위해서는 add_trace()에 plotly.graph_objects.Scattermapbox()를 추가하여 사용한다.

다음은 scattermapbox 트레이스에서 사용되는 주요 속성들이다.

표 10-8 scattermapbox 트레이스의 주요 속성

속성		속성 설명	파이썬 속성값(R 속성값)
lat		위도 설정	수치의 list, 넘파이 array, 팬더스 series 또는 strings, datetimes(dataframe 열, list, vector)
lon		경도 설정	수치의 list, 넘파이 array, 팬더스 series 또는 strings, datetimes(dataframe 열, list, vector)
cluster	color	각각의 클러스터 단위에 따른 색상 설정	색상이나 색상 배열
	enabled	클러스터를 사용할지 설정	논릿값
	maxzoom	최대 줌 레벨의 설정	0부터 24 사이의 수치
	opacity	마커의 투명도 설정	0부터 1 사이의 수치
	size	클러스터 단위에 따른 크기 설정	0 이상의 수치
	step	클러스터 단위에 몇 개의 점을 포함할지 결정	-1 이상의 수치

표 10-8 **scattermapbox 트레이스의 주요 속성(표 계속)**

속성		속성 설명	파이썬 속성값(R 속성값)
text		지도 위에 표시할 위도와 경도 등의 텍스트 설정	문자열이나 문자열 배열
hovertext		지도 위에 표시할 위도와 경도 등의 호버 텍스트 설정	문자열이나 문자열 배열
hoverinfo		호버에 표시될 정보 설정	"lon", "lat", "text", "name" 를 '+'로 연결한 문자열, 또는 "all", "none", "skip"
marker	allowoverlap	마커가 오버랩 될지 여부를 설정	논릿값
	colorscale	마커의 컬러 스케일 설정	컬러 스케일값
	symbol	https://labs.mapbox.com/maki-icons/에서 제공하는 심벌 설정	심벌 문자열
below		scattermapbox 트레이스의 레이어가 특정 레이어 밑으로 들어가는 경우 밑에 설정되는 레이어 id	레이어 id
fill		색상을 채울 영역의 설정	"none" | "toself"
fillcolor		영역을 채울 색상의 설정	색상

scattermapbox 트레이스에서 `layout`을 설정하기 위해서는 mapbox 속성을 사용하는데 다음은 mapbox의 주요 속성이다.

표 10-9 **scattermapbox 트레이스 mapbox 레이아웃의 주요 속성**

속성		속성 설명	파이썬 속성값(R 속성값)
mapbox	accesstoken	맵박스 액세스 토큰 설정	문자열
	bearing	북쪽에서 시계 반대 방향으로 지도의 방위 각도 설정	수치
	bounds — east	지도의 최대 경도 설정	수치
	bounds — north	지도의 최대 위도 설정	수치
	bounds — south	지도의 최소 위도 설정	수치
	bounds — west	지도의 최소 경도 설정	수치
	center — lat	지도의 중심 위도 설정	수치
	center — lon	지도의 중심 경도 설정	수치
	domain — column	플로팅 영역의 그리드에서 지도의 표시 위치 열 설정	정수
	domain — row	플로팅 영역의 그리드에서 지도의 표시 위치 행 설정	정수

표 10-9 scattermapbox 트레이스 mapbox 레이아웃의 주요 속성(표 계속)

속성			속성 설명	파이썬 속성값(R 속성값)
mapbox	domain	x	플로팅 영역에서 지도 표시 X범위 설정	리스트
		y	플로팅 영역에서 지도 표시 Y범위 설정	리스트
	layers	below	scattermapbox 트레이스의 레이어가 특정 레이어 밑으로 들어가는 경우 밑에 설정되는 레이어 id	레이어 id
		color	최상위 레이어 색상 설정	색상
		coordinates	왼쪽 위부터 시계 방향 순서로 나열된 이미지 모서리에 대한 경도, 위도 좌표 설정	리스트
		fill · outlinecolor	레이어 외곽선 색 설정	색상
		line · dash	레이어 외곽선 타입 설정	수치의 list, 넘파이 array, 팬더스 series 또는 strings, datetimes(dataframe 열, list, vector)
		line · width	레이어 외곽선 두께 설정	수치
		maxzoom	최대 줌 레벨 설정	0부터 24 사이의 수치
		minzoom	최소 줌 레벨 설정	0부터 24 사이의 수치
		opacity	레이어 투명도 설정	0과 1 사이의 수치
		source	레이어 소스 설정	수치나 좌표상의 문자열
		sourceattribution	레이어 소스의 속성 설정	문자열
		sourcelayer	source가 vector이고 다중 레이어를 포함한 경우 어떤 레이어를 사용할지 설정	문자열
		sourcetype	레이어의 소스 타입 설정	"geojson" | "vector" | "raster" | "image"
		symbol · icon	https://www.mapbox.com/makiicons/에서 제공하는 심벌 설정	심벌 문자열
		symbol · iconsize	아이콘의 크기 설정	수치
		symbol · placement	아이콘과 텍스트와의 배치 설정	"point" | "line" | "line-center"
		symbol · text	심벌에 표시할 텍스트 설정	문자열
		symbol · textfont · color	심벌에 표시할 텍스트 색상 설정	색상
		symbol · textfont · family	심벌에 표시할 텍스트 폰트 설정	폰트명

표 10-9 **scattermapbox** 트레이스 **mapbox** 레이아웃의 주요 속성(표 계속)

속성				속성 설명	파이썬 속성값(R 속성값)
mapbox	layers	symbol	textfont	size	심벌에 표시할 텍스트 크기 설정	수치
			textposition		심벌에 표시할 텍스트 위치 설정	"top left" | "top center" | "top right" | "middle left" | "middle center" | "middle right" | "bottom left" | "bottom center" | "bottom right"
		type			레이어 타입의 설정	"circle" | "line" | "fill" | "symbol" | "raster"
		visible			레이어 표시 여부 설정	논릿값
	pitch				지도의 정점 각도 설정	수치
	style				트레이스 레이어 아래에 그려지는 기본 지도의 스타일 설정	수치나 좌표상의 문자열
	zoom				지도의 줌 레벨 설정	수치

다음은 맵박스의 서울 지도 위에 서울의 주요 대학의 위치를 설정하는 파이썬 코드이다.

앞에서 언급했다시피 맵박스에서 제공되는 지도를 사용하기 위해서는 맵박스 토큰이 필요하다. 이 토큰은 layout의 mapbox에서 accesstoken에 설정해야 맵박스 지도가 열린다. 맵박스에서 표시되는 지도는 대부분 layout의 mapbox 속성으로 설정한다. scattermapbox 트레이스에는 이 맵박스 지도 위에 표시될 데이터만을 설정하는데 서울 주요 대학의 위도, 경도를 설정하였다.

```
## 대학 위경도 데이터 불러들임
df_univ = pd.read_excel("데이터파일저장경로/university.xlsx")

## scattermapbox 트레이스 추가
fig = go.Figure(go.Scattermapbox(
    lat=df_univ['lat'], lon=df_univ['lon'],
    mode='markers+text',
    marker=dict(symbol ='marker', size=15, color='blue'),
    text=df_univ['학교명'], textposition = 'top center'))

fig.update_layout(title = dict(text = '서울지역 주요 대학', x = 0.5),
                autosize=True, hovermode='closest',
                ## mapbox 속성 설정
                mapbox=dict(
                accesstoken= "맵박스 토큰", ## mapbox의 access token 입력
```

```
            bearing=0, center=dict(lon=126.98, lat=37.56),
            pitch=0, zoom=10, style="light"))
fig.show()
```

서울지역 주요 대학

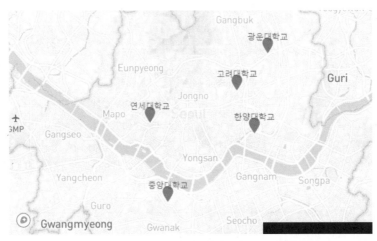

그림 10-10 맵박스를 사용한 파이썬의 scatter 지도

R의 지도 그리기

❶ scattergeo 트레이스

Plotly에서 지원하는 기본 지도를 scattergeo 트레이스를 사용하여 R에서도 그릴 수 있다. scattergeo 트레이스에서 사용하는 속성과 layout 설정을 위한 geo 속성은 파이썬과 동일하다.

다음은 scattergeo 트레이스로 물리적 지도를 그리는 R 코드이다.

```
plot_ly() |>
  ## scattergoe 트레이스 생성
  add_trace(type = 'scattergeo', mode = 'lines') |>
  layout(geo = list(resolution=50,
                 showcoastlines=TRUE, coastlinecolor='RebeccaPurple',
                 showland=TRUE, landcolor='LightGray',
                 showocean=TRUE, oceancolor='LightBlue',
                 showlakes=TRUE, lakecolor='white',
                 showrivers=TRUE, rivercolor='Blue'),
         margin = list(r = 0, l = 0, t = 0, b = 0))
```

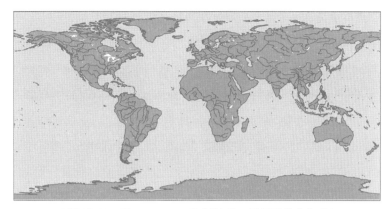

그림 10-11 R의 scattergeo 트레이스로 그린 물리적 세계 지도

다음은 scattergeo 트레이스로 아시아 지역의 문화적 지도를 그리는 R 코드이다.

```
plot_ly() |>
  add_trace(type = 'scattergeo', mode = 'lines') |>
  layout(geo = list(resolution=50, scope = 'asia',
                    showcountries=TRUE, countrycolor="black"),
         margin = list(r = 0, l = 0, t = 0, b = 0))
```

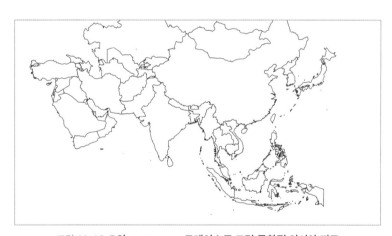

그림 10-12 R의 scattergeo 트레이스로 그린 문화적 아시아 지도

❷ 단계 구분도(Choropleth 지도)

R에서 Plotly로 지도를 그리는 것은 지금까지의 Plotly 객체를 만드는 방식과 조금 다른 방식으로 설명하도록 하겠다. 물론 파이썬과 같은 방식으로 만들 수도 있겠지만 이보다 수월하면서 품질이 좋은 방법이 있기 때문에 이를 위주로 설명하겠다.

R에서 지도를 그리기 위해서는 하나 알아두어야 하는 것이 sf 클래스 데이터이다. 이는 단지 Plotly에서만 사용하는 클래스가 아닌 R에서 광범위하게 사용되는 지형 데이터 전용 데이터 클래스이다. sf 클래스는 R의 sf 패키지에서 제공하는 클래스 데이터 타입으로 'simple feature'의 준말이다. sf 클래스는 R에서 지형 데이터를 사용하는 기본적인 data.frame이나 tibble 형태로 저장하여 R에서 다루기 쉬운 클래스로, R을 종합적으로 관장하는 R 컨소시엄consortium에서 관리하는 데이터 타입이다. R에서 가장 쉽게 지형 데이터를 관리하고 처리할 수 있는 데이터 타입이기 때문에 Plotly에서도 sf 데이터 타입을 지원하고 있다.

따라서 R에서는 Plotly의 지도 전용 트레이스를 사용하기 보다는 sf 클래스를 활용한 R 전용 함수를 사용하는 방법이 지도의 품질상 더 효과적이다. sf 클래스는 `plot_ly()`, `plot_geo()`와 `plot_mapbox()`로 사용이 가능하다.

`plot_ly()`는 지금까지 Plotly 객체를 초기화하는 데 사용했던 바로 그 함수이다. `plot_ly()`에 바인딩되는 데이터프레임이 sf 클래스면 `plot_ly()`는 지형 데이터를 처리하도록 동작한다. `plot_ly()`에서 사용하는 주요 매개변수는 다음과 같다.

```
plot_ly(data = data.frame(), …, type = NULL, name, color, colors = NULL, alpha = NULL,
stroke, strokes = NULL, alpha_stroke = 1, size, sizes = c(10, 100), span, spans = c(1, 20),
symbol, symbols = NULL, linetype, linetypes = NULL, split, frame, width = NULL, height =
NULL, source = "A")
```

- data: 시각화에 사용될 지형 데이터(sf 타입)
- color: 내부에 채워지는 색상 매핑으로 사용될 데이터
- colors: color에 사용될 색상 팔레트
- alpha: 투명도를 설정하는 색상의 알파 채널값
- stroke: 컬러와 유사하지만 색이 채워진 다각형에서의 외곽선 색
- split: 다중 트레이스로 구분될 값 설정

`plot_geo()`는 R의 Plotly에서 지도 객체의 초기화를 위해 사용하는 함수로 `plot_ly()` 대신 사용할 수 있는 함수이다. `plot_geo()`는 주로 shape 파일이나 GeoJSON으로 지도를 그리고 데이터를 사용하여 scattermap 트레이스로 지도를 그리는 데 사용되는데, `plot_geo()`의 매개변수는 `offline` 매개변수를 제외하고는 `plot_ly()`의 매개변수와 같다.

```
plot_geo(data = data.frame(), …, type = NULL, name, color, colors = NULL, alpha = NULL,
stroke, strokes = NULL, alpha_stroke = 1, size, sizes = c(10, 100), span, spans = c(1, 20),
symbol, symbols = NULL, linetype, linetypes = NULL, split, frame, width = NULL, height =
NULL, source = "A", offline = FALSE)
```

- **offline**: 인터넷 연결 여부에 관계없이 지도를 볼 수 있도록 지형 데이터를 포함시킬지 결정

`plot_mapbox()`는 맵박스의 지도를 사용하여 지도를 그리는 함수로 앞에서 언급했듯이 맵박스의 API key가 필요하다. `plot_mapbox()`는 지도 트레이스 중 scattermapbox 트레이스로 지도를 그린다. 사용법은 `plot_ly()`와 동일하다.

다음은 ggplot2의 `geom_sf()`와 `plot_ly()`, `plot_geo()`, `plot_mapbox()`로 그린 우리나라 지도이다.

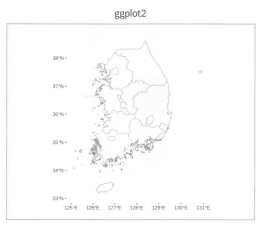
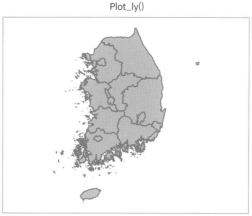
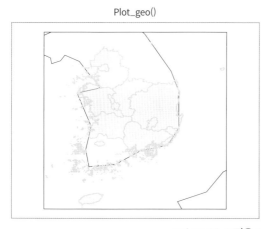
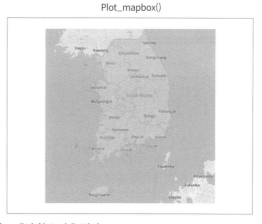

그림 10-13 **R 전용 지도 생성 함수 사용 결과**

이제 R에서 단계 구분도를 그리는 방법에 대해 알아보자. 앞에서 설명했듯이 단계 구분도에서는 지형 데이터와 지역별 데이터, 두 가지 데이터가 필요하다.

R에서 단계 구분도를 그리기 위해 중요한 것은 파이썬과는 달리 지형 데이터와 지역 데이터를 가진 데이터프레임을 조인하여 하나의 객체로 만들어야 한다는 것이다. 이를 위해서 지역을 표현하는 지형 데이터의 키와 표현할 데이터의 지역 키가 일치하도록 전처리해야 한다.

앞의 파이썬에서 그렸던 전국 시도별 대학 신입생 충원율의 단계 구분도를 R에서도 동일하게 그려보겠다.

먼저 지도 생성에 필요한 우리나라 지형 데이터를 가져와야 한다. 여기에서 사용한 우리나라의 지도 데이터는 raster 패키지의 getData()를 통해 제공되는 한국의 지형 데이터이다. getData()는 특정 국가의 지형 데이터를 가져오는 함수이다. level에 따라 지도의 지형 레벨을 결정할 수 있는데 한국 지형 데이터의 경우 level = 1이면 시도 단위의 지형 데이터를 의미한다. 이 데이터를 sf 데이터 타입으로 가져왔다.

다음으로 지도에 표시할 데이터인 전국의 대학 신입생 충원율 데이터를 가져온다. 이 데이터 중 사용할 5개의 열만 선택해서 데이터를 저장하고 열 이름을 설정한다.

전국 대학 충원율 데이터에는 지역이 한글로 표현되어 있고 지형 데이터에서 지역키는 영문키로 저장되어 있기 때문에 지형 데이터의 키와 맞추기 위해 충원율 데이터의 지역을 지형 데이터의 영문 키로 변환하는 과정을 거쳤다.

이제 충원율이 포함된 sf 클래스 데이터프레임을 사용하여 단계 구분도를 그린다. 단계 구분도를 그리기 위해 plot_ly(), plot_geo(), plot_mapbox() 중에 plot_ly()를 사용하였다. 그리고 전체 플롯의 제목과 여백을 설정하기 위해 layout()을 사용하였다.

다음은 한국 지도에 전국의 대학 신입생 충원율을 색상으로 표시하는 단계 구분도를 만드는 R 코드이다.[43]

```
## 지도를 위한 패키지 로딩
if (!require(raster)) {
  install.packages('raster')
```

---

43   맥OS에서 raster 패키지를 설치하려면 https://stackoverflow.com/questions/69230615/how-to-download-sf-package-on-macos를 참조하자.

```
    library(raster) }

if (!require(sf)) {
  install.packages('sf')
  library(sf) }

#### 충원율 데이터
df_충원율 <- read_excel('데이터저장경로/고등 주요 01-시도별 신입생 충원율(2010-2022)_220825y.
xlsx',
                    sheet = 'Sheet1', skip = 7, col_names = FALSE,
                    col_types = c(rep('text', 2), rep('numeric', 12)))

df_충원율 <- df_충원율 |> dplyr::select(1, 2, 3, 4, 5)

## df_입학자의 열이름을 적절한 이름으로 설정
colnames(df_충원율) <- c('연도', '지역', '정원내모집인원', '정원내입학생수', '신입생충원율')

##  지형 데이터와 매칭을 위한 열 생성
df_충원율 <- df_충원율 |> filter(연도 == '2022', 지역 != '전국') |>
  mutate(id = case_when(
    지역 == '강원' ~ 'KR.KW', 지역 == '경기' ~ 'KR.KG',
    지역 == '경남' ~ 'KR.KN', 지역 == '경북' ~ 'KR.KB',
    지역 == '광주' ~ 'KR.KJ', 지역 == '대구' ~ 'KR.TG',
    지역 == '대전' ~ 'KR.TJ', 지역 == '부산' ~ 'KR.PU',
    지역 == '서울' ~ 'KR.SO', 지역 == '세종' ~ 'KR.SJ',
    지역 == '울산' ~ 'KR.UL', 지역 == '인천' ~ 'KR.IN',
    지역 == '전남' ~ 'KR.CN', 지역 == '전북' ~ 'KR.CB',
    지역 == '제주' ~ 'KR.CJ', 지역 == '충남' ~ 'KR.GN',
    지역 == '충북' ~ 'KR.GB'))

##  sf 포맷으로 한국 지형 데이터를 가져옴
map_data <- getData("GADM", country = "KOR", level = 1, type = "sf")

##  old crs 경고를 없애기 위해 사용
st_crs(map_data) <- st_crs(map_data)

##  조인된 데이터를 sf 클래스로 변환
plot_dat <- left_join(map_data, df_충원율, by = c("HASC_1" = "id")) %>%
  st_as_sf()

plot_ly(plot_dat) %>%
  add_sf(type = "scatter",
         split = ~지역, color = ~신입생충원율,
         showlegend = F, colors = "Blues",
         text = ~paste0(지역, "\n", round(신입생충원율, 2), '%'),  ## 호버에 표시될 텍스트 설정
         hoveron = "fills", hoverinfo = "text") %>%
  layout(title = '22년 전국 대학 신입생 충원율',
         margin = margins_R)
```

22년 전국 대학 신입생 충원율

신입생충원율

그림 10-14 **R의 `plot_ly()`로 구현한 단계 구분도**

❸ 맵박스를 사용한 지도

R에서 스캐터 맵을 맵박스 지도 위에 구현하는 것은 앞에서 설명한 `plot_mapbox()`로 맵박스 지도를 그리고, 이 지도 위에 위도와 경도 축에 표현되는 scatter 트레이스를 그리는 방법으로 구현할 수 있다.

맵박스에서 맵을 불러들이는 과정은 크게 세 가지 방법이 있는데 이 세 가지 방법들은 각각의 레이어로 구성된다. 즉 기본 레이어가 아닌 다른 레이어에 속한 맵들의 순서는 `below` 속성을 통해 다시 구성할 수 있다.

첫 번째 맵 레이어는 layout.mapbox.sytle로 정의되는 기본 맵 레이어이다. 이 맵은 가장 낮은 수준의 레이어로 필수적인 레이어 맵이고 순서를 변경할 수 없다. 두 번째는 `plot_ly()`에 의해 불려지는 맵 레이어이다. 보통 이 레이어는 지도에 표시되는 트레이스에 관련된 레이어로 많이 사용된다. 세 번째는 layout.mapbox.layer에 의해 호출되고 순서가 정해지는 레이어이다. 이 레이어는 raster나 vector 등의 타입으로 설정되어 기본 맵이나 트레이스 맵의 보완적 맵으로 많이 사용된다.

트레이스 이름에 'mapbox'가 붙는 트레이스와 `layout`의 `mapbox` 속성들은 맵박스에서 제공하는 Mapbox GL JS 오픈소스 라이브러리를 사용한다. mapbox 트레이스의 layout.mapbox.style에서 호출할 때 API 인증이 필요한 지도를 사용하기 위해서는 맵박스에서 무료 계정을 등록하고 맵박스 액세스 토큰을 받아야 한다.

white-bg, open-street-map, carto-positron, carto-darkmatter, stamen-terrain, stamen-toner, stamen-watercolor의 몇 가지 맵을 제외하고는 대부분의 맵이 API 인증이 필요한데 API 키를 받으면 다음과 같이 설정할 수 있다.

```
## 맵박스 토큰 설정
Sys.setenv("MAPBOX_TOKEN" = ## mapbox의 access token 입력 ##)
```

다음은 서울의 주요 대학의 위도와 경도 데이터를 읽어들이고, raster 패키지에서 우리나라 지도를 시군구 레벨(level = 2)로 불러들였다. 이 지도 위에 scatter 트레이스로 마커와 텍스트를 사용해 각 대학의 위치를 표시하였다.

```
## 대학의 위경도 데이터 불러들임
df_univ <- read_excel("파일저장경로/university.xlsx",
                      col_types = c('text', 'numeric', 'numeric'))

plot_dat_seoul <- plot_dat |> filter(GID_1 == 'KOR.16_1')

plot_mapbox(plot_dat_seoul) |>
  add_trace(data = df_univ, type = 'scattermapbox', mode = 'markers+text',
            x = ~lon, y = ~lat,
            marker = list(size = 10, symbol = 'marker'),
            text = ~학교명, textposition = 'top center',
            textfont = list(color = 'blue')) |>
  layout(title = '서울지역 주요 대학',
         autosize=TRUE, hovermode='closest',
         mapbox=list(
           bearing=0, center=list(lon=126.98, lat=37.56),
           pitch=0, zoom=10, style="light"),
         margin = margins_R,
         showlegend = FALSE)
```

서울지역 주요 대학

그림 10-15 **R의 맵박스를 사용한 지도**

Plotly 시각화의 활용

Plotly 시각화는 그동안 많은 파이썬과 R 사용자들이 사용했던 Matplotlib, seaborn, ggplot2와는 달리 기본적으로 동적 시각화를 목표로 만들어진다. 그렇기 때문에 기존의 정적 시각화 라이브러리들이 제공하지 못했던 다양한 기능들이 제공된다. 2, 3부에서는 시각화의 생성에 초점이 맞추어져 있었기 때문에 동적 시각화의 특징적인 기능에 대해서 제한적으로 살펴보았다. 예를 들어, 대표적인 동적 시각화 기능인 호버 기능의 경우는 특별한 설정 없이도 자동적으로 생성되는 동적 시각화 기능이기 때문에 단순한 마우스 포인터 이동에 의해 확인이 가능했을 것이다. 하지만 Plotly에서는 이외에도 많은 동적 시각화 기능을 제공하고 있다. 이 기능을 잘 사용하면 더욱 효과적인 동적 시각화를 만들 수 있다.

또 이렇게 만들어진 Plotly 시각화는 어딘가에 사용되어야 한다. 정적 시각화의 경우 대부분 이미지 파일로 생성하고, 생성된 이미지 파일을 보고서나 웹 페이지에 게시함으로써 시각화가 사용된다. 그러나 Plotly 시각화는 정적 시각화처럼 이미지로 저장되어 보고서나 웹 페이지에 게시될 수도 있지만 Plotly가 가지는 동적 시각화의 기본적 기능을 활용하기 위해 온라인 웹 페이지에 탑재되어야 한다. 이렇게 온라인에서 제공되는 Plotly 시각화는 기본적으로 제공되는 기능이 많이 있다. 그 기능에는 어떤 것들이 있고 이들 기능은 어떻게 효과적으로 사용되는지 알아두어야 한다.

4부에서는 Plotly 시각화를 효과적으로 사용하기 위해 알아두어야 할 세 가지 동적 시각화 활용 방법을 소개한다. 첫 번째는 기본적으로 제공되는 동적 시각화의 기능 외에 추가적인 설정으로 제공할 수 있는 동적 시각화 기능을 소개한다. 시각화에 특정 기능을 수행하는 버튼 컨트롤 설정하는 방법, 드롭다운 컨트롤을 사용하여 사전에 정의된 기능을 실행하는 방법, 슬라이더 컨트롤을 사용하여 시각화 데이터를 필터링하는 방법을 소개한다. 두 번째는 온라인으로 배포될 때 Plotly가 제공하는 다양한 기능들에 대해 소개한다. 줌인/줌아웃, 패닝panning과 같이 시각화 범위를 설정하거나, X, Y축의 스케일을 설정하는 등의 기능을 제공하는 모드바에 대해 소개한다. 마지막으로 사용자가 생성한 Plotly 시각화를 온라인과 오프라인에서 사용하기 위해 배포하는 방법에 대해 소개한다. 보고서나 웹 페이지에 단순 게시되도록 이미지 파일로 생성하는 오프라인 방법과 대시보드나 블로그와 같은 온라인 웹 페이지에 임베딩하는 방법을 소개한다.

시각화 컨트롤

Plotly 시각화는 동적 시각화이기 때문에 온라인 웹에서 배포될 때 가장 효과가 크다. 웹에 배포된다는 것은 웹에서 제공하는 많은 기능을 사용할 수 있는 장점이 있다는 것이다. Plotly 시각화는 호버를 사용한 사용자 반응형 기능이나 다음 장에서 설명할 범례나 마우스를 사용한 사용자 반응형 기능을 기본적으로 제공하지만, 오프라인 시각화에서 제공하지 않는 버튼, 드롭다운 버튼, 슬라이더라는 세 가지 컨트롤을 추가로 제공한다. 이 기능을 사용하면 시각화 내에서 데이터를 필터링하거나 원하는 데이터만 추출하는 등 아주 기초적인 대시보드 역할을 할 수 있다.

Plotly의 컨트롤 사용을 알아보기 위해 추가적인 데이터를 사용하는데, 2010년부터 2022년까지의 전국 17개 시도별 대학 신입생 충원율 자료를 다음과 같이 전처리하여 사용하겠다.

▶ R

```
## 연도별 충원율 데이터를 불러들이고 전처리
df_충원율_button <- read_excel(
  '데이터저장경로/고등 주요 01-시도별 신입생 충원율(2010-2022)_220825y.xlsx',
  sheet = 'Sheet1', skip = 7, col_names = FALSE,
  col_types = c(rep('text', 2), rep('numeric', 12)))

df_충원율_button <- df_충원율_button |> dplyr::select(1, 2, 5)

colnames(df_충원율_button) <- c('연도', '지역', '신입생충원율')

df_충원율_button <- df_충원율_button |>
```

```
    pivot_wider(names_from = '연도', values_from = '신입생충원율')

df_충원율_button <- as.data.frame(df_충원율_button)
```

▶ 파이썬

```
import pandas as pd
import plotly.graph_objects as go
df_충원율_control = pd.read_excel(
    "데이터저장경로/고등 주요 01-시도별 신입생 충원율(2010-2022)_220825y.xlsx",
    sheet_name = 'Sheet1', skiprows=(6), header = 0)

df_충원율_control = df_충원율_control.iloc[:, [0, 1, 4]]

df_충원율_control.columns = ('연도', '지역', '신입생충원율')

df_충원율_control = df_충원율_control.pivot(
    index = '지역', columns = '연도', values = '신입생충원율').reset_index()
```

Plotly에서는 마우스 클릭으로 특정 기능을 실행하는 버튼 컨트롤, 몇 가지 선택 사항 중에서 하나를 선택하는 드롭다운 컨트롤, 마우스 드래그를 통해 값을 설정하는 슬라이더 컨트롤이라는 3가지 시각화 컨트롤을 제공한다. 이 중 버튼 컨트롤과 드롭다운 컨트롤은 layout의 updatemenus라는 컨테이너 속성으로 설정하는데, 이 속성의 하위 속성인 type 속성으로 버튼을 사용할지 드롭다운을 설정할지 결정하게 된다. 하지만 슬라이더 컨트롤은 slider 속성을 사용하기 때문에 버튼 컨트롤, 드롭다운 컨트롤의 속성과 다소 다르다.

Plotly에서 지원하는 세 가지 컨트롤의 사용 시에 매우 주의해야 하는 것이 속성값의 정의 방법이다. 버튼, 드롭다운, 슬라이더 컨트롤의 설정은 세부 설정을 위한 하위 속성값들의 리스트(파이썬은 딕셔너리)로 구성하고 이들을 다시 리스트로 묶어 정의하는 속성들이 많다. updatemenus, args, buttons, steps 등의 속성값이 이와 같은 방식으로 정의되기 때문에 매우 주의해서 설정해야 한다.

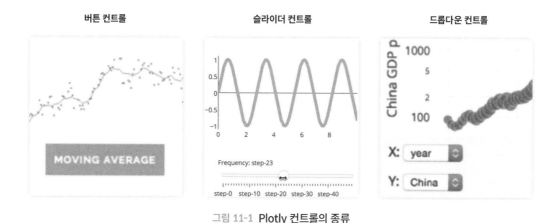

그림 11-1 **Plotly 컨트롤의 종류**

11.1 컨트롤 위치 설정

컨트롤을 생성하기 전에 가장 먼저 결정해야 하는 것은 어떤 컨트롤을 만들지에 대한 결정이다. 해당 컨트롤이 수행해야 할 기능에 따라 컨트롤의 종류가 달라질 것이다. 컨트롤의 종류가 결정되면 이 컨트롤을 어디에 배치할지를 결정해야 한다. Plotly 시각화에서 컨트롤은 전체 플롯의 범위에서 Plotly 그래프와 공간을 공유하기 때문에 Plotly 그래프와 컨트롤의 크기와 위치에 대한 결정이 이루어져야 한다. 결정되었다면 Plotly 시각화의 크기와 위치를 domain 속성을 사용하여 설정하여야 한다.

Plotly의 크기와 위치 설정을 위해 사용하는 domain 속성은 layout의 xaxis와 yaxis의 하위 속성이다. domain 속성으로 전체 플로팅 영역에서 X축과 Y축이 그려지는 위치를 설정하는데, 좌측 하단의 시작 위치와 우측 상단의 끝 위치에 비례한 0과 1 사이의 수치값을 통해 설정한다. 다음의 그림 11-2와 같이 전체 플로팅 영역을 오른쪽 아래에 위치시키고 왼쪽과 상단에 10%씩의 공간을 남기기 위해서는 xaxis의 domain은 시작 위치를 0.1, 끝 위치를 1로 설정하고 yaxis의 domain은 시작 위치를 0, 끝 위치를 0.9로 설정하여야 한다.

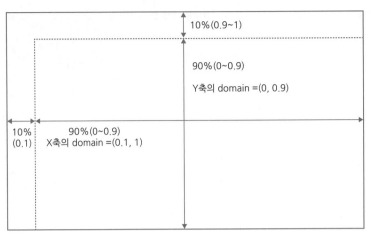

그림 11-2 **Plotly의 domain 설정**

11.2 버튼 컨트롤

버튼 컨트롤은 Plotly로 만들어진 트레이스의 data 속성이나 layout 속성의 속성값을 변경하여 Plotly 시각화를 변경하는 컨트롤을 말한다. 다른 컨트롤에서도 동일하지만, 버튼 컨트롤로 어떤 속성을 갱신하느냐에 따라 해당 버튼의 속성이 설정된다. 이를 버튼 메서드라고 하며, 메서드에는 다음과 같은 4가지의 종류가 있다.

- update: data 속성과 layout 속성이 모두 갱신되는 메서드
- restyle: data 속성만 갱신되는 메서드
- relayout: layout 속성만 갱신되는 메서드
- animate: 애니메이션의 시작과 중단을 설정하는 메서드

해당 버튼이 어떤 속성을 갱신하는지에 따라 위와 같이 4가지 메서드 중에 하나를 설정하여야 하는데, 만약 이 메서드의 설정이 적절하지 않으면 버튼은 작동하지 않는다. 예를 들어 update 메서드에서 data 속성이나 layout 속성 중 하나만 갱신하도록 설정되면 해당 버튼은 작동하지 않는다. 또 data 속성을 갱신하면서 relayout 메서드로 속성을 설정하거나 layout 속성을 갱신하면서 restyle 메서드로 속성을 설정하면 작동하지 않는다.

버튼 컨트롤은 layout 속성의 updatemenus 속성을 통해서 설정이 가능한데, 다음은 버튼 생성을 위해 주로 사용하는 updatemenus의 하위 속성이다.

표 11-1 updatemenus 레이아웃의 주요 속성

속성			속성 설명	파이썬 속성값(R 속성값)
updatemenus	active		어떤 버튼이 활성화될지 결정(0부터 시작하는 인덱스)	-1 이상의 정수
	bgcolor		버튼 배경색 설정	색상
	bordercolor		버튼 외곽선 색 설정	색상
	borderwidth		버튼 외곽선 두께 설정	0 이상의 수치
	buttons	args	버튼이 클릭되었을 때 Plotly 객체에 전달할 속성과 속성값 설정	리스트
		args2	두 번째 arg 설정으로 활성화된 버튼을 클릭했을 때 Plotly에 전달할 속성과 속성값 설정(토글 버튼의 생성시 사용)	리스트
		label	버튼의 라벨 설정	문자열
		method	클릭시 적용할 버튼의 메서드 설정	`"restyle"` | `"relayout"` | `"animate"` | `"update"` | `"skip"`
		visible	버튼이 보여질지 여부 설정	논릿값
	direction		버튼이 배치되는 방향 설정	`"left"` | `"right"` | `"up"` | `"down"`
	font	color	버튼 라벨의 색상 설정	색상
		family	버튼 라벨의 폰트 설정	폰트명
		size	버튼 라벨의 크기 설정	0 이상의 수치
	pad	b	버튼 아래쪽의 패딩값 설정	수치
		l	버튼 왼쪽의 패딩값 설정	수치
		r	버튼 오른쪽의 패딩값 설정	수치
		t	버튼 위쪽의 패딩값 설정	수치
	showactive		활성화된 버튼이나 드롭다운을 하이라이트할지 설정	논릿값
	type		해당 버튼이 버튼인지 드롭다운 버튼인지 설정	`"dropdown"` | `"buttons"`
	visible		업데이트 메뉴 버튼들의 표시 여부 설정	논릿값
	x		업데이트 메뉴 버튼들이 위치할 X축 방향의 위치	-2에서 3 사이의 수치
	xanchor		수평방향으로 설정하는 앵커의 설정	`"auto"` | `"left"` | `"center"` | `"right"`
	y		업데이트 메뉴 버튼들이 위치할 Y축 방향의 위치	-2에서 3 사이의 수치
	yanchor		수직방향으로 설정하는 앵커의 설정	`"auto"` | `"top"` | `"middle"` | `"bottom"`

updatemenus 속성의 설정에서 주의해야 하는 것은 특정 기능을 수행하는 여러 개의 버튼 그룹을 다수로 설정할 수 있다는 것이다. 하나의 버튼 그룹은 하나의 updatemenus 하위 속성들의 리스트(파이썬은 딕셔너리)로 구성할 수 있고, 여러 개의 버튼 그룹을 설정해야 한다면 각각의 버튼 그룹의 updatemenus 하위 속성들의 리스트(파이썬은 딕셔너리)를 다시 리스트로 구성하여야 한다. 하지만 하나의 버튼 그룹을 설정한다고 해도 리스트로 구성해야 한다. 결국 updatemenus는 다른 컨테이너 속성들과는 달리 하위 속성들을 바로 구성하여 설정하는 것이 아니고 하위 속성들의 리스트를 할당함으로써 설정할 수 있다.

restyle 버튼

restyle 버튼은 해당 버튼을 클릭함으로써 data 속성이 갱신되는 버튼을 말한다.

restyle 버튼은 먼저 해당 버튼이 restyle 메서드라는 것을 명시해야하는데, 이는 type 속성을 restyle로 할당함으로써 설정한다.

다음으로 restyle 버튼의 세부적인 설정을 buttons 속성을 사용하여 정의하여야 한다. buttons 속성은 여러 가지가 있지만 args 속성이 가장 중요하다. args 속성은 buttons 속성에 설정된 버튼이 눌렸을 때 변경되어야 하는 data 속성명과 속성값을 설정한다. 여러 개의 data 속성이 갱신될 수 있기 때문에 args 속성에는 속성명과 속성값으로 구성된 리스트(파이썬은 딕셔너리)의 리스트로 설정되어야 한다. 이 외에 버튼이 위치하는 x, y의 값도 설정이 필요하고 버튼에 표시될 라벨의 설정도 필요하다.

buttons 속성의 설정 중에서 args 속성 설정 시에 매우 주의해야 한다. Plotly 시각화에는 여러 개의 트레이스들이 포함되어 하나의 시각화를 구성하기 때문에 하나의 속성명은 여러 개의 트레이스에 영향을 미칠 수 있다. 예를 들어 scatter 트레이스, bar 트레이스 두 개로 구성된 Plotly에서 각각 트레이스의 X, Y축에 매핑되는 x, y 속성은 scatter 트레이스와 bar 트레이스에 모두 존재하기 때문에 트레이스의 순서대로 각각의 args 속성값을 리스트로 만들어주어야 한다. 만약 하나의 트레이스만 존재하더라도 리스트로 묶어야 한다. 결국 args 속성도 updatemenus와 같이 컨테이너 속성이지만 속성값을 바로 설정하여 사용하는 컨테이너 속성이 아닌 속성들의 리스트(파이썬은 딕셔너리)를 리스트로 구성하여 할당하는 컨테이너 속성이다.

args 속성 설정에 또 하나 주의해야 하는 것은 특정 속성의 하위 속성을 어떻게 접근할 것인가에 대한 문제다. 앞의 예에서 살펴본 x, y와 같이 data 속성이나 layout 속성에 첫 번째 하위 속성들은 바로 속성 이름을 설정할 수 있지만, 컨테이너 속성의 하위 속성들을 설정할 때는 '.'을 사용하여 상위 속성부터 경로를 차례대로 지정하여야 한다. 예를 들어 scatter 트레이스나 bar 트레이스의 글자 색을 설정하는 속성은 textfont 속성의 color 속성값으로 설정하는데 이 속성은 textfont.color로 표현한다.

다음은 각 시도별 대학 신입생 충원율의 bar 트레이스를 그리고, restyle 버튼으로 연도를 설정하는 R과 파이썬 코드이다. 먼저 bar 트레이스를 생성하고 layout 속성의 xaxis, yaxis의 domain을 설정하여 bar 트레이스의 위치를 설정하였다. 이후 updatemenus 속성으로 버튼을 설정하였는데, 먼저 type 속성을 restyle로 설정하여 해당 버튼이 restyle 버튼임을 명시하였다. 이 버튼은 총 5개의 버튼을 가지는 버튼 그룹이다. 이 다섯 개의 버튼의 기능들은 buttons 속성을 사용하여 각각 설정해준다.

▶ **R**

R에서 restyle 버튼을 추가하기 위해서는 layout()에서 updatemenus 속성의 하위 속성들을 설정함으로써 추가된다. updatemenus는 앞에서 설명한 바와 같이 updatemenus의 하위 속성 리스트의 리스트로 구성되기 때문에 list()가 두 번 중첩된다. 설정되는 버튼 그룹이 하나라 하더라도 리스트로 묶어주어야 정상적으로 버튼이 나타난다. args 속성 설정에는 갱신해야 할 속성명과 갱신되어야 할 속성값의 리스트로 구성하거나 속성명에 속성값을 '='로 설정하는 할당식을 사용하는데, 이 속성값도 주의할 것은 속성값을 다시 리스트로 묶어주어야 한다는 것이다.

```r
fig <- df_충원율_button |>
  plot_ly() |>
  ## 데이터가 표시되는 bar 트레이스 생성
  add_trace(type = 'bar', x = ~지역,
            y = ~`2022`, text = ~`2022`,
            texttemplate = '%{text:.1f}%', textposition = 'outside')

## 버튼 제목이 표시되는 주석 레이어 생성
fig <- fig |> add_annotations(x = -0.1, y = 0.85, text = '<b>연도</b>',
                              xanchor = 'center', yanchor = 'middle',
                              yref='paper', xref='paper', showarrow=FALSE )

## 버튼 생성
fig <- fig %>% layout(
  title = "2022년 지역별 충원율",
  xaxis = list(domain = c(0.1, 1), categoryorder = "total descending"),
  yaxis = list(title = "충원율(%)"),
```

```
updatemenus = list(            ## updatemenus의 할당을 위한 리스트 정의
  list(                        ## updatemenus의 버튼 그룹 리스트 설정
    type = "buttons", y = 0.8,
    buttons = list(            ## 버튼 그룹에 생성되는 다섯 개의 버튼 설정
      list(                    ## 첫 번째 버튼 정의
        method = "restyle",
        args = list(           ## 첫 번째 버튼의 args 설정
          list(
            y = list(df_충원율_button$`2018`),
            text = list(df_충원율_button$`2018`)
            )
          ),
        label = "2018년"
        ),
      list(                    ## 두 번째 버튼 정의
        method = "restyle",
        args = list(           ## 두 번째 버튼의 args 설정
          list(
            y = list(df_충원율_button$`2019`),
            text = list(df_충원율_button$`2019`)
            )
          ),
        label = "2019년"
        ),
      list(                    ## 세 번째 버튼 정의
        method = "restyle",
        args = list(           ## 세 번째 버튼의 args 설정
          list(
            y = list(df_충원율_button$`2020`),
            text = list(df_충원율_button$`2020`)

            )
          ),
        label = "2020년"
        ),
      list(                    ## 네 번째 버튼 정의
        method = "restyle",
        args = list(           ## 네 번째 버튼의 args 설정
          list(
            y = list(df_충원율_button$`2021`),
            text = list(df_충원율_button$`2021`)
            )
          ),
        label = "2021년"),
      list(                    ## 다섯 번째 버튼 정의
        method = "restyle",
        args = list(           ## 다섯 번째 버튼의 args 설정
          list(
```

```
                y = list(df_충원율_button$`2022`),
                text = list(df_충원율_button$`2022`)
                )
            ),
          label = "2022년")
        )
      )
    ),
  margin = margins_R)

fig
```

▶ **파이썬**

파이썬에서 restlye 버튼 그룹을 생성하기 위해서는 update_layout()에서 updatemenus 속성들로 구성된 딕셔너리의 리스트를 할당함으로써 생성할 수 있다. 이 때문에 updatemenus에 각각의 버튼 그룹에 대한 하위 속성 딕셔너리에 '[]'로 묶은 리스트를 할당한다. 버튼 그룹에 버튼이 여러 개라면 buttons 속성에 각각의 버튼 설정값으로 구성된 딕셔너리의 리스트를 설정하고, 버튼이 하나라 하더라도 buttons 속성에 하나의 딕셔너리로 구성된 리스트를 설정해야 한다. 또 buttons의 속성 중 가장 중요한 속성인 args 속성의 설정도 갱신할 속성명과 갱신될 속성값으로 구성된 딕셔너리의 리스트로 설정하여야 하고, 또 속성값은 반드시 리스트([])로 묶어서 설정해야 한다. 즉 딕셔너리 안에 리스트가 구성되는 형태로 전달되어야 한다.

```
fig = go.Figure()

## 데이터가 표시되는 bar 트레이스 생성
fig.add_trace(go.Bar(
    x = df_충원율_control['지역'], y = df_충원율_control[2022],
    text = df_충원율_control[2022],
    texttemplate = '%{text:.1f}%', textposition = 'outside'
    ))

## 버튼 제목이 표시되는 주석 레이어 생성
fig.add_annotation(x = -0.1, y = 0.85, text = '<b>연도</b>',
    xanchor = 'center', yanchor = 'middle',
    yref='paper', xref='paper', showarrow=False)

## 버튼 생성
fig.update_layout(
    title = dict(text = "2022년 지역별 충원율", x = 0.5),
    xaxis = dict(domain = (0.1, 1), categoryorder = "total descending"),
    yaxis = dict(title = "충원율(%)"),
```

```
    updatemenus =[ ## updatemenus의 할당을 위한 리스트 정의
        dict( ## updatemenus에 할당된 버튼 그룹 딕서너리 설정
        type = "buttons", y = 0.8,
        buttons = [ ## 버튼 그룹에 생성되는 다섯 개의 버튼 설정
            dict(method = "restyle",
                ## 첫 번째 버튼의 args 설정
                args = [dict(y = [df_충원율_control[2018]],
                            text = [df_충원율_control[2018]])],
                label = "2018년"),
            dict(method - "restyle",
                ## 두 번째 버튼의 args 설정
                args = [dict(y = [df_충원율_control[2019]],
                            text = [df_충원율_control[2019]])],
                label = "2019년"),
            dict(method = "restyle",
                ## 세 번째 버튼의 args 설정
                args = [dict(y = [df_충원율_control[2020]],
                            text = [df_충원율_control[2020]])],
                label = "2020년"),
            dict(method = "restyle",
                ## 네 번째 버튼의 args 설정
                args = [dict(y = [df_충원율_control[2021]],
                            text = [df_충원율_control[2021]])],
                label = "2021년"),
            dict(method = "restyle",
                ## 다섯 번째 버튼의 args 설정
                args = [dict(y = [df_충원율_control[2022]],
                            text = [df_충원율_control[2022]])],
                label = "2022년")
        ])
    ])

fig.show()
```

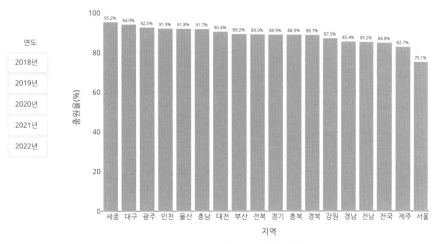

그림 11-3 **restyle 버튼의 R 실행 결과**

relayout 버튼

relayout 버튼은 해당 버튼을 클릭함으로써 `layout` 속성이 갱신되는 것을 말한다. relayout 버튼은 restyle 버튼과 대부분의 생성 방법이 동일한데, 갱신되는 속성값이 `layout`의 하위 속성이어야 하고 `buttons`들의 `method`가 `relayout`으로 설정되어야 한다.

다음은 앞의 restyle 버튼을 그대로 재활용하여 그래프 제목을 바꾸는 R과 파이썬 코드이다. 그래프의 제목에 해당하는 속성은 `title`의 **text**이기 때문에 이 속성은 `title.text`로 접근한다.

▶ R

R에서 relayout 버튼을 만들기 위해서는 앞의 restyle 버튼과 거의 유사한 코드를 사용한다. 다만 `method` 속성을 `relayout`으로 설정하고 `args`에 `layout` 관련 속성들을 갱신하도록 설정해야 한다.

```r
fig <- df_충원율_button |>
  plot_ly() |>
  add_trace(type = 'bar', x = ~지역, y = ~`2022`, text = ~`2022`,
            texttemplate = '%{text:.1f}%', textposition = 'outside')

fig <- fig |> add_annotations(x = -0.1, y = 0.85, text = '<b>연도</b>',
                              xanchor = 'center', yanchor = 'middle',
                              yref='paper', xref='paper', showarrow=FALSE )

fig <- fig %>% layout(
  title = "2022년 지역별 충원율",
```

```
    xaxis = list(domain = c(0.1, 1), categoryorder = "total descending"),
    yaxis = list(title = "충원율(%)"),
    updatemenus = list(                          ## updatemenus의 할당을 위한 리스트 정의
      list(                                      ## updatemenus의 버튼 그룹 리스트 설정
        type = "buttons",
        y = 0.8,
        buttons = list(                          ## 버튼 그룹에 생성되는 다섯 개의 버튼 설정
          list(method = "relayout",              ## 첫 번째 버튼 정의
               args = list(list(title.text='2018년 지역별 충원율')),
               ## 첫 번째 버튼의 args 설정
               label = "2018년"),
          list(method = "relayout",              ## 두 번째 버튼의 args 설정
               args = list(list(title.text='2019년 지역별 충원율')),
               ## 두 번째 버튼의 args 설정
               label = "2019년"),
          list(method = "relayout",              ## 세 번째 버튼의 args 설정
               args = list(list(title.text='2020년 지역별 충원율')),
               ## 세 번째 버튼의 args 설정
               label = "2020년"),
          list(method = "relayout",              ## 네 번째 버튼의 args 설정
               args = list(list(title.text='2021년 지역별 충원율')),
               ## 네 번째 버튼의 args 설정
               label = "2021년"),
          list(method = "relayout",              ## 다섯 번째 버튼의 args 설정
               args = list(list(title.text='2022년 지역별 충원율')),
               ## 다섯 번째 버튼의 args 설정
               label = "2022년")))
    ),
    margin = margins_R)

fig
```

▶ **파이썬[44]**

파이썬에서 relayout 버튼을 만들기 위해서는 앞서 restyle 버튼과 거의 유사한 코드를 사용한다. 다만 method 속성을 relayout으로 설정하고 args에 layout 관련 속성들을 갱신하도록 설정해야 한다.

```
fig = go.Figure()

fig.add_trace(go.Bar(
```

---

44 파이썬에서도 그래프의 제목에 해당하는 속성은 title의 text이기 때문에 이 속성은 title.text로 표현하였다. 이렇게 표현할 때는 '{}'를 사용하여 딕셔너리를 구성하면 가능하지만 dict()를 사용하면 오류가 나는데, 이것은 Plotly의 오류로 보인다.

```
    x = df_충원율_control['지역'], y = df_충원율_control[2022],
    text = df_충원율_control[2022], texttemplate = '%{text:.1f}%',
    textposition = 'outside'))


fig.add_annotation(x = -0.1, y = 0.85, text = '<b>연도</b>',
                   xanchor = 'center', yanchor = 'middle',
                   yref='paper', xref='paper', showarrow=False)


fig.update_layout(title = dict(text = "2022년 지역별 충원율", x = 0.5),
                  xaxis = dict(domain = (0.1, 1),
                               categoryorder = "total descending"),
                  yaxis = dict(title = "충원율(%)"),
                  updatemenus =[ ## updatemenus의 할당을 위한 리스트 정의
                     dict( ## updatemenus에 할당된 버튼 그룹 딕셔너리 설정
                        type = "buttons", y = 0.8,
                        buttons = [ ## 버튼 그룹에 생성되는 다섯 개의 버튼 설정
                            dict(method = "relayout",
                                 ## 첫 번째 버튼의 args 설정
                                 args = [
                                     {'title.text' : '2018년 지역별 충원율'}],
                                 label = "2018년"),
                            dict(method = "relayout",
                                 ## 두 번째 버튼의 args 설정
                                 args = [
                                     {'title.text' : '2019년 지역별 충원율'}],
                                 label = "2019년"),
                            dict(method = "relayout",
                                 ## 세 번째 버튼의 args 설정
                                 args = [
                                     {'title.text' : '2020년 지역별 충원율'}],
                                 label = "2020년"),
                            dict(method = "relayout",
                                 ## 네 번째 버튼의 args 설정
                                 args = [
                                     {'title.text' : '2021년 지역별 충원율'}],
                                 label = "2021년"),
                            dict(method = "relayout",
                                 ## 다섯 번째 버튼의 args 설정
                                 args = [
                                     {'title.text' : '2022년 지역별 충원율'}],
                                 label = "2022년")
                            ])
                    ])

fig.show()
```

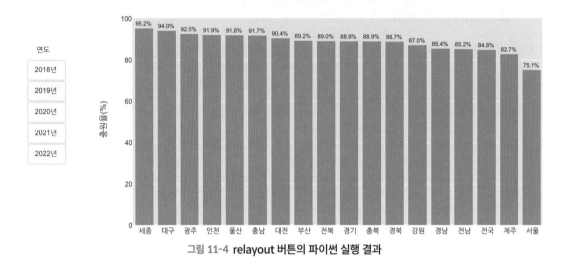

그림 11-4 relayout 버튼의 파이썬 실행 결과

update 버튼

update 버튼은 해당 버튼을 클릭함으로써 `data`와 `layout` 속성이 모두 갱신되는 버튼을 말한다. update 버튼은 restyle이나 relayout 버튼과 거의 유사한 코드를 사용한다. 다만, `method` 속성을 relayout으로 설정하고 restyle에 해당하는 `args` 속성값과 relayout에 해당하는 `args` 속성을 각각 리스트로 설정해야 한다.

다음은 앞의 restyle 버튼과 relayout을 그대로 재활용하여 연도별 bar 트레이스와 그래프 제목을 바꾸는 R과 파이썬 코드이다.

▶ R

R에서 update 버튼을 만들기 위해서는 앞의 restyle 버튼, relayout 버튼과 동일한 방법을 사용한다. 다만 `method` 속성을 update로 설정하고 `args`에 data 관련 속성으로 구성된 리스트와 `layout` 관련 속성들로 구성된 리스트로 구성해야 한다.

```
fig <- df_충원율_button |>
  plot_ly() |>
  add_trace(type = 'bar', x = ~지역, y = ~`2022`, text = ~`2022`,
            texttemplate = '%{text:.1f}%', textposition = 'outside')

fig <- fig |> add_annotations(x = -0.1, y = 0.85, text = '<b>연도</b>',
                              xanchor = 'center', yanchor = 'middle',
```

```
                          yref='paper', xref='paper', showarrow=FALSE )

fig <- fig %>% layout(
  title = '2022년 지역별 충원율',
  xaxis = list(domain = c(0.1, 1), categoryorder = "total descending"),
  yaxis = list(title = "충원율(%)"),
    updatemenus = list(                     ## updatemenus의 할당을 위한 리스트 정의
    list(                                   ## updatemenus의 버튼 그룹 리스트 설정
      type = "buttons",
      y = 0.8,
      buttons = list(                       ## 버튼 그룹에 생성되는 다섯 개의 버튼 설정
        list(method = "update",
              args = list(list(y = list(df_충원율_button$`2018`),
                                     ## 첫 번째 버튼의 data 속성에 대한 args 설정
                                     text = list(df_충원율_button$`2018`)),
                          list(title.text='2018년 지역별 충원율')),
              ## 첫 번째 버튼의 layout 속성에 대한 args 설정
              label = "2018년"),
        list(method = "update",
              args = list(list(y = list(df_충원율_button$`2019`),
                                     ## 두 번째 버튼의 data 속성에 대한 args 설정
                                     text = list(df_충원율_button$`2019`)),
                          list(title.text='2019년지역별 충원율')),
              ## 두 번째 버튼의 layout 속성에 대한 args 설정
              label = "2019년"),
        list(method = "update",
               args = list(list(y = list(df_충원율_button$`2020`),
                                     ## 세 번째 버튼의 data 속성에 대한 args 설정
                                     text = list(df_충원율_button$`2020`)),
                          list(title.text='2020년 지역별 충원율')),
              ## 세 번째 버튼의 layout 속성에 대한 args 설정
              label = "2020년"),
        list(method = "update",
              args = list(list(y = list(df_충원율_button$`2021`),
                                     ## 네 번째 버튼의 data 속성에 대한 args 설정
                                     text = list(df_충원율_button$`2021`)),
                          list(title.text='2021년 지역별 충원율')),
              ## 네 번째 버튼의 layout 속성에 대한 args 설정
              label = "2021년"),
        list(method = "update",
              args = list(list(y = list(df_충원율_button$`2022`),
                                     ## 다섯 번째 버튼의 data 속성에 대한 args 설정
                                     text = list(df_충원율_button$`2022`)),
                          list(title.text='2022년 지역별 충원율')),
              ## 다섯 번째 버튼의 layout 속성에 대한 args 설정
              label = "2022년")))
  ),
  margin = margins_R)
```

▶ **파이썬**

파이썬에서 update 버튼을 만들기 위해서는 앞서 restyle 버튼과 동일한 방법을 사용한다. 다만 `method` 속성을 `update`로 설정하고 `args`에 `data` 관련 속성으로 구성된 딕셔너리의 리스트와 `layout` 관련 속성들로 구성된 딕셔너리의 리스트로 구성해야 한다.

```python
fig = go.Figure()

fig.add_trace(go.Bar(
    x = df_충원율_control['지역'], y = df_충원율_control[2022],
    text = df_충원율_control[2022], texttemplate = '%{text:.1f}%',
    textposition = 'outside'
    ))

fig.add_annotation(x = -0.1, y = 0.85, text = '<b>연도</b>',
    xanchor = 'center', yanchor = 'middle',
    yref='paper', xref='paper', showarrow=False)

fig.update_layout(title = dict(text = "2022년 지역별 충원율", x = 0.5),
                  xaxis = dict(domain = (0.1, 1),
                               categoryorder = "total descending"),
                  yaxis = dict(title = "충원율(%)"),
                  updatemenus =[ ## updatemenus의 할당을 위한 리스트 정의
                     dict(
                         type = "buttons", y = 0.8,
                         buttons = [ ## 드롭다운 컨트롤에 생성되는 다섯 개의 메뉴 설정
                             dict(method = "update",
                                  args = [dict(y = [df_충원율_control[2018]],
                                          ## 첫 번째 메뉴의 daa t속성에 대한 args 설정
                                          text = [df_충원율_control[2018]]),
                                       {'title.text' : '2018년 지역별 충원율'}],
                                  ## 첫 번째 메뉴의 layout 속성에 대한 gasr 설정
                                  label = "2018년"),
                             dict(method = "update",
                                  args = [dict(y = [df_충원율_control[2019]],
                                          ## 두 번째 메뉴의 daa t속성에 대한 args 설정
                                          text = [df_충원율_control[2019]]),
                                       {'title.text' : '2019년 지역별 충원율'}],
                                  ## 두 번째 메뉴의 layout 속성에 대한 gasr 설정
                                  label = "2019년"),
                             dict(method = "update",
                                  args = [dict(y = [df_충원율_control[2020]],
```

```
                                        ## 세 번째 메뉴의 daa t속성에 대한 args 설정
                                        text = [df_충원율_control[2020]]),
                                   {'title.text' : '2020년 지역별 충원율'}],
                        ## 세 번째 메뉴의 layout 속성에 대한 gasr 설정
                        label = "2020년"),
                   dict(method = "update",
                        args = [dict(y = [df_충원율_control[2021]],
                                        ## 네 번째 메뉴의 daa t속성에 대한 args 설정
                                        text = [df_충원율_control[2021]]),
                                   {'title.text' : '2021년 지역별 충원율'}],
                        ## 네 번째 메뉴의 layout 속성에 대한 gasr 설정
                        label = "2021년"),
                   dict(method = "update",
                        args = [dict(y = [df_충원율_control[2022]],
                                        ## 다섯 번째 메뉴의 tdaa 속성에 대한 args 설정
                                        text = [df_충원율_control[2022]]),
                                   {'title.text' : '2022년 지역별 충원율'}],
                        ## 다섯 번째 메뉴의 layout 속성에 대한r gas 설정
                        label = "2022년")
                   ]) ])

fig.show()
```

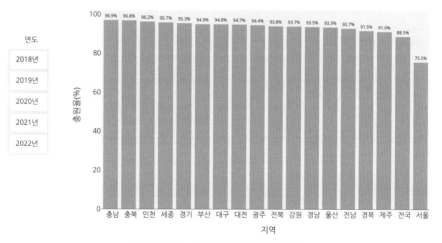

그림 11-5 **update** 버튼의 R 실행 결과

11.3 드롭다운 컨트롤

드롭다운 컨트롤은 버튼 컨트롤과 마찬가지로 Plotly로 만들어진 객체의 `data` 속성이나 `layout` 속성의 속성값을 변경하여 Plotly 시각화에 변화를 주는 컨트롤을 말한다. 다만 버튼 컨트롤은 각각의 기능이 구현된 버튼을 표시하고 이를 클릭하여 실행하는 반면, 드롭다운 컨트롤은 드롭다운 메뉴에서 해당 기능을 선택하는 것으로 시각화가 업데이트되는 컨트롤이다. 드롭다운 컨트롤도 버튼 컨트롤과 마찬가지로 어떤 속성을 갱신하느냐에 따라 `update`, `restle`, `relayout`, `animate`라는 4가지 메서드 중에 하나를 설정해야 한다.

드롭다운 컨트롤에서도 앞의 버튼 컨트롤과 마찬가지로 `updatemenus` 속성을 사용한다. 따라서 버튼 컨트롤과 속성의 종류나 설정 방법은 동일하다. 다만 `type` 속성을 `dropdown`으로 설정해야 한다. 또 드롭다운 컨트롤에 들어가는 세부 드롭다운 메뉴 설정은 앞선 버튼 설정과 같이 `buttons` 설정을 사용한다.

다음은 버튼 컨트롤의 `update` 메서드로 만들었던 버튼들을 드롭다운 컨트롤로 생성하는 R과 파이썬 코드이다. 드롭다운 버튼을 만들기 위해서는 앞의 버튼 만들기와 동일한 방법을 사용한다.

▶ R

```
fig <- df_충원율_button |>
  plot_ly() |>
  add_trace(type = 'bar', x = ~지역, y = ~`2022`, text = ~`2022`,
            texttemplate = '%{text:.1f}%', textposition = 'outside')

fig <- fig |> add_annotations(x = -0.1, y = 0.85, text = '<b>연도</b>',
                              xanchor = 'center', yanchor = 'middle',
                              yref='paper', xref='paper', showarrow=FALSE )


fig <- fig %>% layout(
  title = '2022년 지역별 충원율',
  xaxis = list(domain = c(0.1, 1), categoryorder = "total descending"),
  yaxis = list(title = "충원율(%)"),
  updatemenus = list( ## updatemenus의 할당을 위한 리스트 정의
    list( ## updatemenus의 드롭다운 리스트 설정
      type = 'dropdown',
      y = 0.8,
      buttons = list( ## 드롭다운에 생성되는 다섯 개의 메뉴 설정
        list(method = "update",
              args = list(list(y = list(df_충원율_button$`2018`),
                          ## 첫 번째 메뉴의 data 속성에 대한 args 설정
                          text = list(df_충원율_button$`2018`)),
                     list(title.text='2018년 지역별 충원율')),
```

```
                    ## 첫 번째 메뉴의 layout 속성에 대한 args 설정
                    label = "2018년"),
         list(method = "update",
              args = list(list(y = list(df_충원율_button$`2019`),
                               ## 두 번째 메뉴의 data 속성에 대한 args 설정
                               text = list(df_충원율_button$`2019`)),
                          list(title.text='2019년지역별 충원율')),
                    ## 두 번째 메뉴의 layout 속성에 대한 args 설정
                    label = "2019년"),
         list(method = "update",
              args = list(list(y = list(df_충원율_button$`2020`),
                               ## 세 번째 메뉴의 data 속성에 대한 args 설정
                               text = list(df_충원율_button$`2020`)),
                          ## 세 번째 메뉴의 layout 속성에 대한 args 설정
                          list(title.text='2020년 지역별 충원율')),
                    label = "2020년"),
         list(method = "update",
              args = list(list(y = list(df_충원율_button$`2021`),
                               ## 네 번째 메뉴의 data 속성에 대한 args 설정
                               text = list(df_충원율_button$`2021`)),
                          list(title.text='2021년 지역별 충원율')),
                    ## 네 번째 메뉴의 layout 속성에 대한 args 설정
                    label = "2021년"),
         list(method = "update",
              args = list(list(y = list(df_충원율_button$`2022`),
                               ## 다섯 번째 메뉴의 data 속성에 대한 args 설정
                               text = list(df_충원율_button$`2022`)),
                          list(title.text='2022년 지역별 충원율')),
                    ## 다섯 번째 메뉴의 layout 속성에 대한 args 설정
                    label = "2022년")))
    ),
    margin = margins_R)

fig
```

▶ 파이썬

```
fig = go.Figure()

fig.add_trace(go.Bar(
    x = df_충원율_control['지역'], y = df_충원율_control[2022],
    text = df_충원율_control[2022], texttemplate = '%{text:.1f}%',
    textposition = 'outside'
    ))

fig.add_annotation(x = -0.1, y = 0.85, text = '<b>연도</b>',
    xanchor = 'center', yanchor = 'middle',
```

```
        yref='paper', xref='paper', showarrow=False)

fig.update_layout(title = dict(text = "2022년 지역별 충원율", x = 0.5),
                xaxis = dict(domain = (0.1, 1),
                             categoryorder = "total descending"),
                yaxis = dict(title = "충원율(%)"),
                updatemenus =[ ## updatemenus의 할당을 위한 리스트 정의
                    dict(
                        ## updatemenus에 할당된 드롭다운 딕셔너리 설정(드롭다운이 default)
                        type = "dropdown", y = 0.8,
                        buttons = [ ## 드롭다운 컨트롤에 생성되는 다섯 개의 메뉴 설정
                            dict(method = "update",
                                args = [dict(y = [df_충원율_control[2018]],
                                            ## 첫 번째 메뉴의 daa t속성에 대한 args 설정
                                            text = [df_충원율_control[2018]]),
                                        {'title.text' : '2018년 지역별 충원율'}],
                                ## 첫 번째 메뉴의 layout 속성에 대한 gasr 설정
                                label = "2018년"),
                            dict(method = "update",
                                args = [dict(y = [df_충원율_control[2019]],
                                            ## 두 번째 메뉴의 daa t속성에 대한 args 설정
                                            text = [df_충원율_control[2019]]),
                                        {'title.text' : '2019년 지역별 충원율'}],
                                ## 두 번째 메뉴의 layout 속성에 대한 gasr 설정
                                label = "2019년"),
                            dict(method = "update",
                                args = [dict(y = [df_충원율_control[2020]],
                                            ## 세 번째 메뉴의 daa t속성에 대한 args 설정
                                            text = [df_충원율_control[2020]]),
                                        {'title.text' : '2020년 지역별 충원율'}],
                                ## 세 번째 메뉴의 layout 속성에 대한 gasr 설정
                                label = "2020년"),
                            dict(method = "update",
                                args = [dict(y = [df_충원율_control[2021]],
                                            ## 네 번째 메뉴의 daa t속성에 대한 args 설정
                                            text = [df_충원율_control[2021]]),
                                        {'title.text' : '2021년 지역별 충원율'}],
                                ## 네 번째 메뉴의 layout 속성에 대한 gasr 설정
                                label = "2021년"),
                            dict(method = "update",
                                args = [dict(y = [df_충원율_control[2022]],
                                            ## 다섯 번째 메뉴의 tdaa 속성에 대한 args 설정
                                            text = [df_충원율_control[2022]]),
                                        {'title.text' : '2022년 지역별 충원율'}],
                                ## 다섯 번째 메뉴의 layout 속성에 대한r gas 설정
                                label = "2022년")
                            ]) ])

fig.show()
```

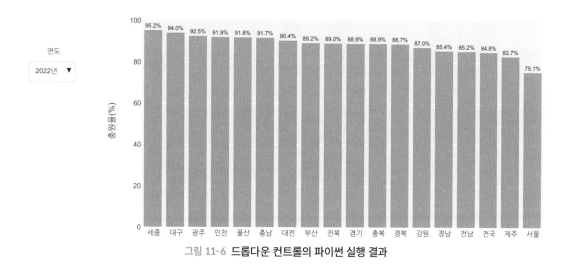
그림 11-6 **드롭다운 컨트롤의 파이썬 실행 결과**

11.4 슬라이더 컨트롤

슬라이더 컨트롤은 슬라이더 바의 형태로 표시된 컨트롤에서 마우스 클릭이나 마우스 드래그로 데이터를 선택함으로써 Plotly 시각화를 갱신할 수 있는 컨트롤을 말한다. 이 컨트롤은 앞의 버튼을 설정할 때 사용했던 updatemenus 속성이 아닌 sliders 속성을 사용하는데 updatemenus 속성과 상당 부분 유사하다. 슬라이더 컨트롤도 버튼 컨트롤과 마찬가지로 어떤 속성을 갱신하느냐에 따라 update, restle, relayout, animate라는 4가지 메서드 중에 하나를 설정해야 한다. 다음은 sliders의 주요 속성들이다.

표 11-2 **sliders 레이아웃의 주요 속성**

속성			속성 설명	파이썬 속성값(R 속성값)
layout	sliders	active	어떤 버튼이 활성화될지 결정(0부터 시작하는 인덱스)	-1 이상의 정수
		activebgcolor	드래그하는 동안 선택되는 버튼의 색상 설정	색상
		bgcolor	슬라이더 배경색 설정	색상
		bordercolor	슬라이더 외곽선 색 설정	색상
		borderwidth	슬라이더 외곽선 두께 설정	0 이상의 수치
		currentvalue	color	현재값의 색상 설정	색상
			font	family	현재값의 폰트 설정	폰트명
			size	현재값의 크기 설정	0 이상의 수치

표 11-2 sliders 레이아웃의 주요 속성(표 계속)

속성			속성 설명	파이썬 속성값(R 속성값)
layout	sliders	currentvalue	offset	현재값 라벨과 슬라이더 사이의 간격 설정	수치
			prefix	현재값의 접두사 설정	문자열
			suffix	현재값의 접미사 설정	문자열
			visible	현재 선택값을 보여줄지 여부 설정	논릿값
			xanchor	현재값 라벨의 수평 정렬 위치 설정	"left" | "center" | "right"
		font	color	슬라이더 글자의 색상 설정	색상
			family	슬라이더 글자의 폰트 설정	폰트명
			size	슬라이더 글자의 크기 설정	0 이상의 수치
		len		슬라이더 길이의 설정	0 이상의 수치
		lenmode		슬라이더 길이를 결정하는 단위 설정	"fraction" | "pixels"
		pad	b	슬라이더 아래쪽의 패딩값 설정	수치
			l	슬라이더 왼쪽의 패딩값 설정	수치
			r	슬라이더 오른쪽의 패딩값 설정	수치
			t	슬라이더 위쪽의 패딩값 설정	수치
		steps	args	슬라이더의 값이 선택되었을 때 Plotly 객체에 전달할 속성과 속성값 설정	리스트
			label	슬라이더의 간격 라벨 설정	문자열
			method	슬라이더의 메서드 설정	"restyle" | "relayout" | "animate" | "update" | "skip"
			value	슬라이더의 간격값 설정	문자열
			visible	슬라이더 간격을 보일지 여부 설정	논릿값
		tickcolor		슬라이더 눈금 색 설정	색상
		ticklen		슬라이더 눈금자 크기 설정	0 이상의 수치
		tickwidth		슬러이더 눈금 두께 설정	0 이상의 수치
		visible		슬라이더가 보일지 여부 설정	논릿값
		x		슬라이더의 수평 방향 위치 설정	-2에서 3 사이의 수치
		xanchor		슬라이더의 수평 방향 정렬 설정	"auto" | "left" | "center" | "right"

표 11-2 sliders 레이아웃의 주요 속성(표 계속)

속성			속성 설명	파이썬 속성값(R 속성값)
layout	sliders	y	슬라이더의 수직 방향 위치 설정	-2에서 3 사이의 수치
		yanchor	슬라이더의 수직 방향 정렬 설정	"auto" | "top" | "middle" | "bottom"

sliders 속성을 설정할 때도 updatemenus와 마찬가지로 슬라이더 컨트롤을 두 개 이상 만들 수 있기 때문에 sliders 속성의 하위 속성들을 리스트(파이썬은 딕셔너리)로 묶어 이들 리스트들을 다시 리스트로 설정해야 한다. 또 args의 설정도 updatemenus와 같이 리스트(파이썬은 딕셔너리)의 리스트로 구성해야 하고 속성값도 리스트(파이썬은 딕셔너리)의 리스트로 구성해야 한다. 하지만 앞선 버튼과 드롭다운 설정에 사용했던 buttons 속성을 사용하지 않고 슬라이더 컨트롤의 단계를 표현하는 steps 속성을 사용한다. steps 속성 방법은 앞에서 사용했던 buttons의 설정 방법과 거의 동일하다.

슬라이더 컨트롤은 그 위치가 자동으로 X축 아래에 위치하고 그 위에 Plotly 시각화가 만들어지기 때문에 앞에서 만들었던 버튼이나 드롭다운 버튼과 같이 domain을 사용해 그래프의 위치를 직접 설정해 줄 필요가 없다. 다만 pad 속성을 사용하여 슬라이더와 그래프의 간격을 설정할 수 있다.

다음은 앞에서 드롭다운 버튼으로 만들었던 기능을 슬라이더로 구현한 R과 파이썬 코드이다. 앞의 코드들과는 다소 다르게 sliders의 steps 속성을 따로 리스트로 할당하고 layout 설정에서 할당된 변수명을 사용하였다.

▶ R

R에서 슬라이더를 만들기 위해서는 앞에서 만들었던 버튼과 비슷하게 생각할 수도 있는데, 각 버튼으로 구현했던 기능들을 steps 속성으로 사용한다. 이 steps 속성을 sliders 속성에 설정하는데 슬라이더가 여러 개 들어갈 수도 있으니 리스트의 리스트로 설정해야 한다.

```r
fig <- df_충원율_button |>
  plot_ly() |>
  add_trace(type = 'bar', x = ~지역, y = ~`2022`,
            text = ~paste0(sprintf('%.1f', df_충원율_button$`2022`), '%'),
            textposition = 'outside')

## 슬라이더 설정을 위한 steps 속성 설정
steps <- list(
  list(method = "update",
```

```
                args = list(
                    list(y = list(df_충원율_button$`2018`),
                        text = list(
                            paste0(sprintf('%.1f', df_충원율_button$`2018`), '%'))),
                        list(title.text='2018년 지역별 충원율')),
                    label = "2018년", value = "1"),
            list(method = "update",
                args = list(
                    list(y = list(df_충원율_button$`2019`),
                        text = list(
                            paste0(sprintf('%.1f', df_충원율_button$`2019`), '%'))),
                        list(title.text='2019년지역별 충원율')),
                    label = "2019년", value = "2"),
            list(method = "update",
                args = list(
                    list(y = list(df_충원율_button$`2020`),
                        text = list(
                            paste0(sprintf('%.1f', df_충원율_button$`2020`), '%'))),
                        list(title.text='2020년 지역별 충원율')),
                    label = "2020년", value = "3"),
            list(method = "update",
                args = list(
                    list(y = list(df_충원율_button$`2021`),
                        text = list(
                            paste0(sprintf('%.1f', df_충원율_button$`2021`), '%'))),
                        list(title.text='2021년 지역별 충원율')),
                    label = "2021년", value = "4"),
            list(method = "update",
                args = list(
                    list(y = list(df_충원율_button$`2022`),
                        text = list(
                            paste0(sprintf('%.1f', df_충원율_button$`2022`), '%'))),
                        list(title.text='2022년 지역별 충원율')),
                    label = "2022년", value = "5")
)

fig <- fig %>% layout(
    title = '2022년 지역별 충원율',
    xaxis = list(categoryorder = "total descending"),
    yaxis = list(title = "충원율(%)"),
    sliders = list(
        list(
            active = 6, currentvalue = list(prefix = "연도: "),
            pad = list(t = 60),
            steps = steps)),
    margin = margins_R)

fig
```

▶ **파이썬**

파이썬에서 슬라이더를 만드는 것도 버튼과 비슷하다. 다만 각 버튼으로 구현했던 기능들을 steps 속성으로 사용한다. 이 steps 속성을 sliders 속성에 설정하는데 슬라이더가 여러 개 들어갈 수도 있으니 슬라이드 속성 딕셔너리의 리스트로 설정하여야 한다. 따라서, 어디까지가 리스트인지 잘 살펴보아야 한다.

```
fig = go.Figure()

fig.add_trace(go.Bar(
    x = df_충원율_control['지역'], y = df_충원율_control[2022],
    text = df_충원율_control[2022], texttemplate = '%{text:.1f}%',
    textposition = 'outside'
))

steps = [
    dict(args = [dict(y = [df_충원율_control[2018]],
                      text = [df_충원율_control[2018]]),
                {'title.text' : '2018년 지역별 충원율'}],
        label = "2018", method = "update", value = "1"
    ),
    dict(args = [dict(y = [df_충원율_control[2019]],
                      text = [df_충원율_control[2019]]),
                {'title.text' : '2019년 지역별 충원율'}],
        label = "2019", method = "update", value = "2"
    ),
    dict(args = [dict(y = [df_충원율_control[2020]],
                      text = [df_충원율_control[2020]]),
                {'title.text' : '2020년 지역별 충원율'}],
        label = "2020", method = "update", value = "3"
    ),
    dict(args = [dict(y = [df_충원율_control[2021]],
                      text = [df_충원율_control[2021]]),
                {'title.text' : '2021년 지역별 충원율'}],
        label = "2021", method = "update", value = "4"
    ),
    dict(args = [dict(y = [df_충원율_control[2022]],
                      text = [df_충원율_control[2022]]),
                {'title.text' : '2022년 지역별 충원율'}],
        label = "2022", method = "update", value = "5"
    )]

fig.update_layout(title = dict(text = "연도별 충원율", x = 0.5),
                  xaxis = dict(categoryorder = "total descending"),
                  yaxis = dict(title = "충원율(%)"),
```

11.4 슬라이더 컨트롤 353

```
                sliders = [dict(
                    dict(active = 5,
                        currentvalue = dict(prefix = "연도: "),
                        pad = dict(t = 60),
                        steps = steps))])
fig.show()
```

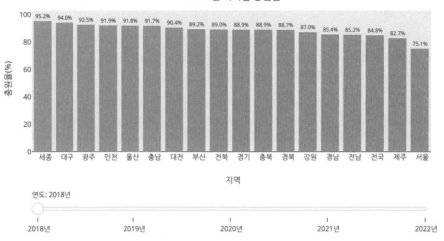

그림 11-7 슬라이더 컨트롤의 R 실행 결과

12

Plotly 시각화 사용하기

R의 ggplot2나 파이썬의 Matplotlib, seaborn으로 만든 정적 시각화는 그래프를 만들 때 시각화한 데이터 외에 시각화 자체에서 추가적으로 데이터를 얻기는 어렵다. 따라서 시각화에 추가적인 데이터를 제공하기 위해서는 다시 코딩해서 만들어야 하는 불편함이 따른다. 특히 특정 위치의 데이터값을 확인하거나 특정 구간 데이터를 줌인하기 위해서도 다시 코딩해야 하는데 사용자의 사용 패턴을 예상하여 수없이 많은 시각화를 만들어 놓을 수는 없다. 반면 Plotly와 같은 동적 시각화에서는 특징적 데이터값의 확인, 줌인, 줌아웃, 특정 데이터만의 표기 등 데이터 분석 시에 활용할 수 있는 다양한 기능을 제공한다. Plotly에서는 이와 같은 기능들을 모아둔 아이콘 집합을 모드바라고 한다.

12.1 모드바 사용

Plotly가 시각화 사용자와의 상호작용을 위한 주요 기능을 제공하는 메뉴가 **모드바**mode bar이다. 모드바는 Plotly의 오른쪽 상단에 나타나는 버튼 메뉴를 말한다.

scatter 트레이스에 나오는 모드바는 다음 그림과 같이 8개의 기능을 버튼으로 제공한다. 트레이스 종류에 따라 제공되는 모드바가 달라지는데, scatter 트레이스의 모드바를 기준으로 설명하겠다.

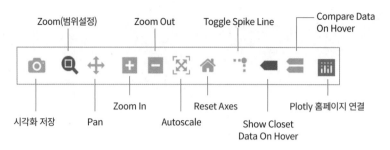

그림 12-1 **모드바 버튼과 기능**

- **시각화 저장 버튼** 📷

시각화 저장 기능은 기본적으로 모드바의 가장 왼쪽에 있는 카메라 아이콘이다. 이 기능은 현재 표시되는 Plotly 시각화를 정적 이미지로 저장한다. Plotly에서는 기본적으로 png 타입으로 이미지가 저장된다.

- **Zoom(🔍)과 Pan(✛) 버튼**

Plotly 시각화는 시각화 플롯 영역에서 마우스를 왼쪽 클릭한 상태로 드래그하면 시각화의 확대 영역을 설정할 수 있다. 이 기능은 Plotly 시각화에서 마우스의 기본 설정이기 때문에 Zoom 버튼을 누르지 않고 가능하다. Zoom 기능을 완료하고 원 상태의 시각화로 돌아가기 위해서는 모드바의 리셋 버튼을 누르거나 마우스 더블클릭으로 가능하다.

Pan 기능은 시각화의 표현 비율을 그대로 두고 그래프를 이동시키는 것이다. 이 기능을 사용하려면 모드바의 Pan 버튼을 누른 다음 마우스 왼쪽 클릭한 상태에서 움직이면 그래프가 같이 움직인다. 그래프의 이동에 따라 X축과 Y축도 같이 이동하는 것을 확인할 수 있다. Pan 기능을 사용한 다음 원래 시각화로 돌아가기 위해서는 모드바의 리셋 버튼을 누르거나 마우스 더블클릭으로 가능하다.

- **Zoom In(➕)과 ZoomOut(➖) 버튼**

앞의 Zoom 버튼은 마우스 드래그를 통해 Zoom 기능을 활용하였다. 하지만 Zoom In/Out 상태에서 '+' 버튼을 누를 때마다 현재 시각화의 중심으로 줌인이 되고 '-' 버튼을 누를 때마다 현재 시각화의 중심에서 줌아웃이 된다.

- **Autoscale([X])과 Reset Axes(🏠) 버튼**

Plotly에서 X축과 Y축의 범위를 설정하지 않으면 Plotly는 표시되는 데이터의 사이즈에 맞게 X축과 Y축의 범위를 자동 설정한다. 이 기능을 'Autoscale'이라고 하는데 Autoscale 버튼은 Plotly가 시각화를 생성할 당시 자동으로 설정했던 축 설정으로 되돌아가는 버튼이다. Reset Axes 버튼은 초기 시각화로 돌아가는 기능을 제공한다.

- **Toggle Spike Line(⁝) 버튼**

Toggle Spike Line 버튼은 X축, Y축으로 그려지는 보조선의 설정을 변경하는 버튼이다. 이 버튼으로 스파이크 라인을 활성화하면 X축과 Y축으로 'toaxis'가 설정된 스파이크 라인이 설정되고 다시 한번 누르면 스파이크 라인이 없어진다.

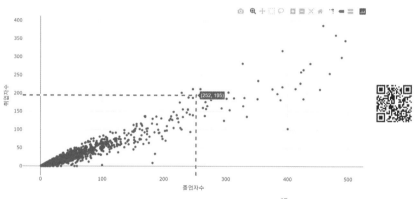

그림 12-2 **Toggle Spike Line 버튼 사용 결과**[45]

- **Show Closet Data On Hover(◀)/Compare Data On Hover(◀) 버튼**

이 두 버튼은 호버의 설정과 관련된 기능을 조절하는 버튼이다. Show Closet Data On Hover 버튼은 가장 가까운 데이터에 호버가 나타나는 기능을 설정하는 버튼이고 Compare Data On Hover는 동일한 X축 데이터에 대해 호버가 표시되는 기능, 즉 hovermode를 x로 설정하는 버튼이다.

---

45 QR 코드는 그림 3-9 'R의 hoverinfo 속성 설정'으로 연결되며, Toggle Splike Line 버튼을 사용해볼 수 있다.

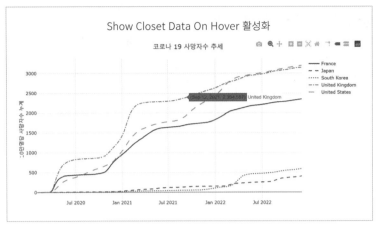

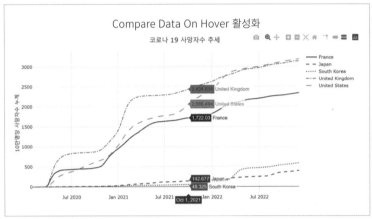

그림 12-3 호버 모드 설정 버튼 사용 결과[46]

12.2 마우스 사용

호버를 통한 데이터 확인

Plotly 시각화에서 가장 쉽게 사용할 수 있는 기능은 마우스를 사용하여 해당 위치의 데이터 정보를 확인하는 것이다. Plotly 객체로 생성된 시각화 위에 표현된 각 트레이스들은 자체 데이터를 JSON의 형태로 포함하고 있기 때문에 마우스 포인터를 트레이스 위에 위치시키면 호버를 통해 해당 트레이스의 정보가 표시된다.

마우스 포인터에 의해 표시되는 호버의 정보는 각 트레이스의 hoverinfo, hovertemplate 등의 호버 속성 설정에 따라 표시된다.

---

46 QR 코드는 그림 9-6 '호버 모드 설정 결과'로 연결되며, 호버 모드 선정 버튼 사용 결과를 확인할 수 있다

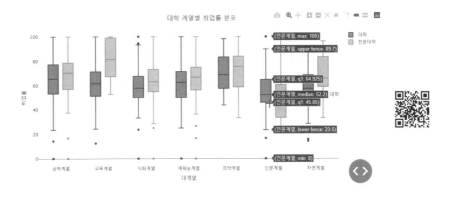

그림 12-4 **box 트레이스의 호버 표시**

드래그를 통한 줌인

트레이스가 나타나는 플롯팅 영역plotting area에서 마우스 왼쪽 버튼을 클릭한 상태로 드래그하면 다음 그림과 같이 줌인 영역을 선택할 수 있다. 이렇게 영역을 선택한 후에 마우스 클릭에서 손을 떼면 해당 부분이 줌인되어 나타난다. 만약 다시 처음의 상태로 돌아가려면 모드바의 Reset Axes 버튼을 사용하거나 마우스 더블클릭을 사용한다.

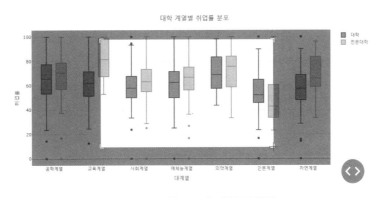

그림 12-5 **마우스 드래그를 통한 줌인**

드래그를 통한 축 이동과 압축

Plotly에서 마우스 드래그를 통해 추가로 사용할 수 있는 기능은 축 이동과 축 압축(팽창)이다. X축과 Y축 위치에서 마우스 왼쪽 버튼을 클릭한 상태로 상하 또는 좌우 드래그 하면 축의 범위가 조절된다. 이를 통해 데이터가 표현되는 축의 범위를 변경할 수 있다. 만약 Y축의 처음 눈금 라벨의 아래나 마지막 눈금 라벨의 위, X축의 처음 눈금 라벨의 왼쪽이나 마지막 눈금 라벨의 오른쪽에서 마우스를 클릭&드래그하면 축의 원점이나 최종점이 고정된 채 축을 압축하거나 팽창시킬 수 있다.

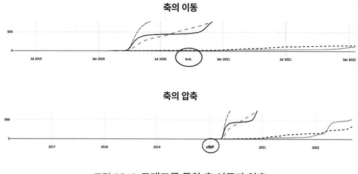

그림 12-6 드래그를 통한 축 이동과 압축

12.3 범례 사용

Plotly에서 범례는 단순히 트레이스 이름과 표현 방식을 매핑해주는 역할을 넘어 트레이스들의 표시를 조절할 수 있는 기능이 있다. 범례 아이템을 클릭하면 해당 트레이스의 표시를 토글하는 역할을 한다. 이것은 여러 데이터 트레이스 중에 특정한 트레이스만을 확인하기 위해서 해당 트레이스만 남기고 다른 트레이스의 표시를 제거할 때 유용한데, 이를 통해 자신이 보기 원하는 데이터만 선별하여 볼 수 있게 한다. 이 기능은 대시보드에서 흔히 제공하는 옵션 중 하나로 Plotly에서는 범례를 사용하여 이 기능을 기본적으로 제공하고 있다.

특히 이 기능이 더 편리한 것은 현재 표시되는 데이터의 범위에 따라 X축과 Y축 범위가 자동으로 재설정되어 남은 데이터의 특징이 더 잘 보인다는 것이다. 다음은 범례를 사용하여 한국과 일본의 데이터만 남긴 결과이다.

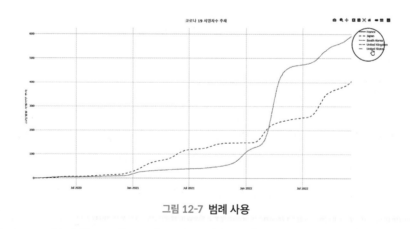

그림 12-7 범례 사용

Plotly 배포

지금까지 설명한 바와 같이 Plotly는 웹 환경에서 다양한 기능을 제공한다. 하지만 Plotly 시각화는 온라인 웹 환경이 아닌 오프라인 이미지로도 매우 훌륭한 품질을 제공한다. 따라서 사용자의 시각화 목적과 전달하고자 하는 매체에 따라 이미지로 전환하거나 온라인 웹 페이지 형태로 저장되어야 사용이 가능하다. 이번 장에서는 오프라인 이미지나 온라인 웹 환경에서 사용하기 위한 방법에 대해 살펴보고자 한다.

13.1 오프라인 배포

데이터 시각화는 데이터 분석 결과가 요약되는 보고서에 첨부되어 데이터 분석 결과를 보다 설득력 있게 제공하기 위해 많이 활용된다. Plotly 결과도 정적 이미지로 저장하여 보고서에 포함시킬 수 있다. 이를 위해서는 앞에서 살펴본 모드바의 다운로드 기능을 사용하여 PNG 형태의 파일로 다운로드받아 사용할 수도 있고, R과 파이썬 코드에서 바로 저장할 수도 있다.

▶ R

R에서 Plotly 시각화를 정적 이미지로 다운로드받기 위해서는 **R스튜디오**RStudio를 사용하는 방법과 코드를 사용하여 다운로드받는 방법의 두 가지로 나눌 수 있다.

R스튜디오 사용자라면 보통 우측 하단 `Viewer` 패널에 Plotly 시각화가 표현된다 `Viewer` 패널의 `Export` 기능을 사용하면 Plotly 시각화를 PNG, JPG, BMP 파일로 저장할 수 있다. 이 기능을 통해

저장할 파일의 크기를 조절할 수 있다는 장점도 있다.

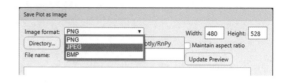

그림 13-1 R스튜디오에서의 Plotly 이미지 저장

또한 Viewer 패널에서 Plotly 시각화를 HTML 형식의 파일로도 저장할 수 있다. 파일로 저장해 웹 브라우저에서 열면 해당 시각화를 웹브라우저에서 사용할 수 있는데, PNG, JPG, BMP 이미지 파일과는 달리 동적 시각화의 모든 기능을 사용할 수 있다는 장점이 있다.

그림 13-2 R스튜디오에서의 Plotly 웹 페이지 저장

이렇게 사용자가 직접 이미지나 HTML로 저장하는 방식이 아닌 코드에서 자동으로 이미지 파일로 저장하려면 Plotly 패키지에서 제공하는 export()를 사용하거나 htmlwidgets 패키지의 saveWidget()을 사용할 수 있다. export()는 Plotly 시각화 객체를 매개변수로 지정한 다음 파일명을 지정하면 해당 파일명으로 Plotly 시각화가 저장된다.

export()에서 지원하는 파일 포맷은 jpg, png, pdf 등이고, 파일명 지정 시 확장자를 설정하면 해당 파일 포맷으로 저장된다.[47]

```
fig <- df_취업률_500 |>
  ## X축은 졸업자수, Y축은 취업자수로 매핑한 Plotly 객체 생성
  plot_ly() |>
  add_trace(type = 'scatter', mode = 'markers',
            x = ~졸업자수, y = ~취업자수)
```

---

47 Plotly는 export()보다는 orca()를 사용하라고 권고하고 있으나 orca()는 한글 변환에 문제가 있어 여기서는 export() 사용 위주로 설명한다. 또 WebGL이나 svg 파일 포맷으로 저장할 때는 매개변수로 RSelenium::rsDriver() 설정이 필요하다.

```
export(fig, file = 'fig.png')
```

HTML 파일로 저장하려면 htmlwidgets 패키지를 설치하고 `saveWidget()`을 통해 다음과 같이 설정해준다.

```
htmlwidgets::saveWidget(widget = fig, 'fig.html')
```

▶ **파이썬**

파이썬에서 Plotly 시각화를 정적 이미지로 다운로드받기 위해서는 Kaleido 라이브러리나 orca 라이브러리를 설치해야 한다. Plotly에서는 Kaleido 라이브러리 설치를 권장한다.[48] 이 라이브러리는 파이썬의 Plotly 객체를 저장하기 위해 꼭 필요하지만 직접 임포트하지 않아도 되고 Plotly 라이브러리의 `write_image()`를 사용할 때 내부적으로 사용된다.

```
> pip install Kaleido
```

Plotly 객체를 저장하기 위해 `write_image()`를 사용한다. `write_image()`에서 저장 가능한 파일 포맷은 래스터 이미지 파일인 PNG, JPG, WEBP와 벡터 이미지 파일인 SVG, PDF 등이다. `write_image()`에서 파일명을 설정할 때 파일 확장자에 따라 파일 포맷이 결정된다.

```
fig = go.Figure()

fig.add_trace(
    {'type' : 'scatter', 'mode' : 'markers',
    'x': df_취업률_500['졸업자수'], ## X, Y 축에 매핑되는 변수 설정
    'y': df_취업률_500['취업자수']})

fig.write_image("fig.png")
```

만약 HTML 파일 포맷으로 저장해야 한다면 `write_html()`을 사용한다.[49]

```
fig.write_html("fig.html")
```

---

48 윈도우 10에서는 Kaleido 라이브러리와 Plotly 라이브러리가 충돌하여 `write_image()`가 hang이 걸리는 경우가 있다. 이 경우 Kaleido 라이브러리를 삭제하고 실행하면 정상 작동한다.
49 Plotly 5.12.x 버전에서는 `write_html()`에서 인코딩 에러가 발생할 수 있다. Plotly 5.13.x 이상 버전의 사용을 권한다.

13.2 온라인 배포

Plotly와 같은 동적 시각화는 사실 보고서에 넣는 것보다는 온라인 웹페이지를 통해서 배포할 때 그 효과가 극대화된다. 앞에서 설명한 오프라인 배포에서도 HTML 파일로 저장할 수 있다고 했는데, 이 HTML 파일은 Plotly의 동적 기능을 위한 자바스크립트(plotly.js)를 포함하기 때문에 HTML 파일의 크기가 3~4MB를 넘는다. 따라서 이렇게 큰 사이즈의 HTML은 자체 웹 서버가 있다면 직접 웹 서버에 올려서 서비스하는 것이 가능하지만, 네이버 블로그나 티스토리와 같은 포털 사이트의 블로그에 포스팅할 경우 업로드가 불가능한 경우가 있다. 이런 경우 Plotly에서 제공하는 **차트 스튜디오**Chart Studio를 사용하여 포스팅할 수 있다.

차트 스튜디오는 자신이 생성한 Plotly 객체를 업로드하고 온라인 웹 주소를 임베딩하는 기능을 제공한다. 또한 Plotly 객체의 배포 외에도 웹 브라우저에서 차트를 쉽게 생성하거나 편집할 수 있는 편집기 기능도 제공한다. 차트 스튜디오는 무료 계정으로 사용이 가능한데 무료 계정은 자신이 생성한 Plotly 시각화 결과를 누구나 볼 수 있는 퍼블릭 모드로만 사용할 수 있고, 유료 계정의 경우 자신의 Plotly 시각화 결과를 다른 사람에게 공개하지 않는 프라이빗 모드까지 사용할 수 있다.

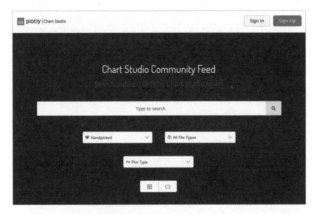

그림 13-3 **차트 스튜디오 홈페이지**(https://chart-studio.plotly.com/)

차트 스튜디오를 사용하기 위해서는 먼저 차트 스튜디오에 가입을 해야 한다.

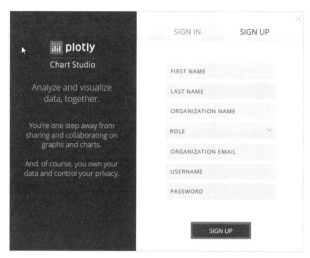

그림 13-4 **차트 스튜디오 회원 가입 화면**

가입을 신청하면 사용자 인증을 위한 이메일이 발송되는데 이 이메일에서 인증해주면 가입이 완료된다. 이후 로그인하면 먼저 R스튜디오와 주피터 노트북Jupyter Notebook에서 Plotly 시각화 객체를 업로드하기 위한 토큰을 받아야 한다. 로그인 후 `Settings`의 `API Key` 메뉴를 선택하고 `Regenerate Key` 버튼을 클릭해 패스워드를 입력하면 다음과 같은 키값이 나오는데 이 키값을 잘 기록해두어야 한다.

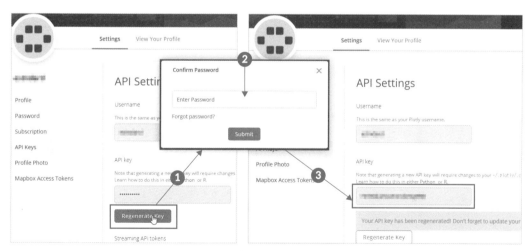

그림 13-5 **차트 스튜디오 API 키 확인**

환경 설정과 업로드

이번 절에서는 앞에서와 같이 발급받은 API Key를 R스튜디오와 주피터 노트북에서 설정하는 방법과 Plotly 시각화 객체를 업로드는 방법을 알아본다.

▶ R

R에서 다음과 같이 환경변수를 설정해주면 해당 R 세션 내에서 차트 스튜디오를 사용할 수 있다. 환경변수가 설정된 후에 Plotly 시각화를 만들고 `api_create()`를 사용하여 차트 스튜디오에 올려준다.

```
Sys.setenv("plotly_username"="차트 스튜디오의 사용자 이름")
Sys.setenv("plotly_api_key"="차트 스튜디오의 API Key값")
```

만약 R 세션이 열릴 때 자동으로 환경변수를 설정하려면 `.Rprofile` 파일에 환경변수를 넣어준다.

```
fig <- df_취업률_500 |>
  ## X축은 졸업자수, Y축은 취업자수로 매핑한 Plotly 객체 생성
  plot_ly() |>
  add_trace(type = 'scatter', mode = 'markers',
            x = ~졸업자수, y = ~취업자수)

api_create(fig, filename = "업로드할 파일 이름")
```

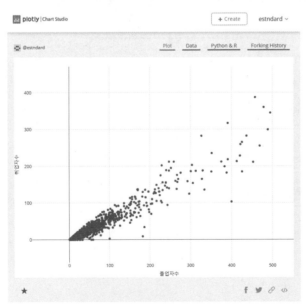

그림 13-6 **차트 스튜디오 업로드 화면**

파이썬에서 차트 스튜디오에 접속하기 위해서는 먼저 `pip`를 사용하여 `chart_studio` 라이브러리를 설치해야 한다.

```
> pip install chart_studio
```

라이브러리가 설치되었다면 `chart_studio.tools.set_credentials_file()`을 사용하여 차트 스튜디오 ID와 API 키를 다음과 같이 설정한다.

```
import chart_studio
chart_studio.tools.set_credentials_file(username='차트 스튜디오의 사용자 이름', api_key='차트 스튜디오의 API Key값')
```

이 과정을 파이썬 실행시 자동으로 설정하려면 파이썬 홈 디렉터리에 `.plotly/.credentials` 파일을 다음과 같이 만들어야 한다.

```
{
"username": "차트 스튜디오의 사용자 이름",
"api_key": "차트 스튜디오의 API Key값"
}
```

이제 차트 스튜디오를 사용할 환경설정이 완료되었다면 업로드할 Plotly 시각화를 생성하고 완성되면 chart_studio.plotly 라이브러리를 임포트하고 `plot()`이나 `iplot()`을 사용하여 Plotly 시각화 객체를 차트 스튜디오에 업로드하면 된다. 다음 코드를 실행시키면 업로드된 결과가 웹브라우저를 통해 자동으로 실행되고 실행 결과로 해당 URL이 나타난다. `iplot()`을 사용하면 업로드된 결과가 웹브라우저를 통해 실행되고 주피터 노트북에도 동일한 결과가 나타난다.

```
import chart_studio.plotly as py
py.plot(fig, filename = '업로드할 파일 이름', auto_open=True)
```

블로그에 임베딩

앞에서와 같이 R과 파이썬에서 만든 그래프가 차트 스튜디오에 업로드되면 이 시각화를 임베딩하기 위한 주소를 추출해야 한다. 주소의 추출은 업로딩된 그래프의 바로 아래에 있는 `Embed code`

버튼을 클릭하면 다음과 같이 나타난다.

여기에 나타난 임베딩 태그를 복사하여 포스팅에 붙여넣으면 해당 위치에 Plotly 시각화가 나타난다.

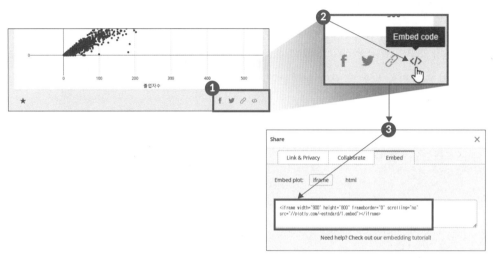

그림 13-7 **차트 스튜디오 임베딩 주소 확인**

14

효과적인 시각화 만들기

좋은 데이터 시각화는 다음 그림과 같이 세 가지 요소가 적절히 갖추어져야 한다. 첫 번째는 목표에 맞게 전달하고자 하는 적절한 데이터이다. 시각화에 포함된 데이터가 너무 많으면 시각화를 보는 청중의 집중도가 흐려지고 너무 적으면 청중들이 데이터를 이해하기가 어려워진다. 두 번째는 시각적 디자인이다. 표현되는 데이터와 전달하고자 하는 목적에 맞는 시각화 형태를 사용해야 한다. 예를 들어 데이터 전체에 대한 비율을 전달하고자 한다면 비율을 전달하기에 적절한 시각화를 사용해야 할 것이다. 세 번째는 스토리 또는 내러티브이다. 시각화를 통하여 전달하고자 하는 데이터와 내용이 잘 전달되도록 단계적으로, 혹은 순차적으로 시각화를 구성하여야 한다. 아무리 좋은 시각화를 만들었다 하더라도 시각화를 전달하는 과정의 앞뒤 맥락과 관련없이 구성된다면 시각화의 의미가 없어진다.

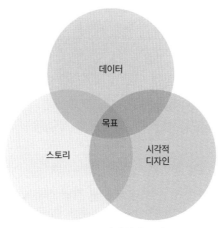

그림 14-1 **좋은 시각화의 구성 요소**

최근에는 데이터 시각화가 단순한 그래프를 만드는 작업이 아닌 데이터 분석의 필요성에 대한 도입부터 분석 결과까지 효과적으로 청중에게 전달하기 위한 종합적인 과정으로 확장되었다. 따라서 하나의 그래프로 표현되기 어려워서 단계별로 맥락에 맞는 다양한 시각화가 포함되며, 이들 간의 유기적 상호 작용을 효과적으로 설계하여야 한다. 이를 스토리텔링이라고 한다. 스토리를 가진 데이터는 마치 영화를 보듯이 청중들이 데이터를 이해하고 연상하기 쉬워진다. 데이터 시각화가 마치 영화의 한 장면처럼 청중들에게 인식되고 영화의 줄거리를 따라가며 관객들이 영화에 빠져들듯이 데이터 스토리텔링을 따라가는 청중들이 그 데이터들이 주는 메시지에 빠져들게 된다.

스토리텔링을 잘 표현하는 문구로 KWYRWTS라는 문구가 있다. 이는 'Know What You Really Want To Say(당신이 진정 이야기하고자 하는 것을 알아라!)'의 줄임말로, 스토리텔링에도 목적이 가장 중요하다는 의미이다.

이렇게 효과적인 시각화와 스토리텔링을 만들기 위해서는 단순히 데이터와 분석 결과 외에 고민해야 할 것이 많다. 여기서는 효과적인 시각화와 스토리텔링을 만들기 위해 추가적으로 고민해야 할 것은 무엇인지에 대해 알아보자

14.1 청중은 누구인가?

시각화를 생성하기 위해서는 가장 먼저 시각화의 목적을 결정해야 한다. 시각화의 목적을 결정했다면 그 시각화는 과연 누구를 대상으로 보여줄 것인지 파악해야 한다. 시각화의 청중이 정책 입안자인지, 회사의 고위급 의사 결정자인지, 동종업계 종사자인지, 프로젝트 동료인지, 일반 대중인지에 따라 시각화의 포커스가 달라진다.

보통 정책 입안자나 회사의 고위급 의사 결정자들은 시간이 많지 않고 여러 가지 고려해야 할 사항이 많아 항상 머릿속이 복잡하다. 이들에게 시각화를 집중시키기 위해서는 그들의 관심이 가장 많은 결과부터 크고 눈에 띄는 방법으로 시작하는 것이 효과적일 수 있다. 그래프의 제목부터 명확하고 간결하게 결론을 부각시킴으로써 시간이 없고 많은 고려가 필요한 사람들의 집중을 끌어낼 수 있다. 만약 그들의 나이가 다소 많다면 보다 크고 진한 폰트를 사용해 글자를 읽는 수고를 덜어주는 것도 고려할 필요가 있다.

동종업계 종사자들은 일반적으로 유사한 지식을 가지고 있지만 해당 데이터에 대한 상세한 정보를 알고 있지 못하다. 이렇게 유사한 지식 수준들을 지닌 사람들에게는 상세한 주석과 설명으로

충분한 정보를 제공해도 이해가 가능하며 전문 분야에서 사용하는 용어나 시각화를 사용하는 것도 고려할 만하다.

같은 프로젝트에 참여한 동료들에게는 자신이 찾아낸 데이터의 함의, 모니터링 결과, 또는 데이터 탐색 결과를 보여주는 데 집중해야 한다. 지금까지 적극적으로 협력해 온 사람들이기 때문에 이미 여러 가지 다양한 맥락에 대한 지식을 갖고 있을 것이다. 따라서 굳이 필요 없는 사전 지식에 대한 설명은 생략하여도 좋다. 또 조금은 복잡하고 어려운 단어일지라도 프로젝트에서 공유하고 있는 변수명, 주석, 시각화의 전반적 형태 등은 그대로 사용하는 것이 오히려 데이터를 설명하고 이해하는 데 도움이 될 것이다.

하지만 시각화가 가장 빛을 발하는 곳은 일반 대중에게 발표할 때이다. 일반 대중이란 그 특성을 단정할 수 없기 때문에 그들의 사전 지식 여부나 지적 수준을 가늠할 수 없다. 따라서 사전 지식이나 지적 수준에 대한 고려 없이 시각화를 만들어야 한다. 데이터에 대한 설명과 해석 방법들에 대한 맥락적 텍스트가 충분히 제공되어야 하고, 무엇보다 청중과 공감할 수 있는 시각화를 만들어야 한다. 어려운 도형을 사용하는 시각화보다는 누구나 쉽게 해석할 수 있는 시각화가 좋고, 데이터와 연관성이 강한 색상을 선택해야 하며, 동시에 표현하는 변량을 4~5개 이하로 제한함으로써 데이터를 좀 더 간결하게 만들 필요가 있다.

14.2 적절한 시각화 타입 선정

어떤 시각화 타입으로 시각화할지에 대한 선택도 매우 중요하다. 이 책에서는 시각화의 목적과 데이터의 종류에 따라 알맞은 시각화에 대해 설명하였다. 데이터의 관계성을 보여줄지, 데이터 간의 비교를 보여줄지, 데이터의 추세를 보여줄지, 데이터의 분포를 보여줄지와 같은 목적에 따라 선택할 수도 있고, 또 두 개의 연속형 데이터인지, 하나의 연속형 데이터와 하나의 이산형 데이터인지, 두 개의 이산형 데이터인지, 세 가지 이상의 데이터를 표현해야 할지와 같은 데이터의 종류에 따라 결정할 수도 있다. 데이터에 따라, 혹은 목적에 따라 차트의 종류를 선택하는 방법에는 여러 가지가 있는데 이 중 대표적인 두 가지를 소개한다.

첫 번째는 스위스의 마르틴 J. 에플러Martin J. Eppler 교수와 크리스티안 문트빌러Christian Muntwiler가 주도하는 스위스 비주얼 리터러시 프로젝트Swiss visual literacy project(https://www.visual-literacy.org/)에서 제안한 **시각화 주기율표**The Periodic Table of Visualization Methods이다. 시각화 주기율표는 시각화를 데이터,

정보, 개념, 전략, 메타포 및 복합 시각화로, 또 프로세스와 구조 시각화로 분리한다. 다시 이들을
구조적 시각화와 절차적 시각화로 분류하며, 더 나아가서 세부 사항을 보여주는지, 개요를 보여주
는지, 둘 다 보여주는지에 따라 더 세분화한다. 이 시각화 주기율표는 visual-literacy.org에서 확인
할 수 있는데 인터넷에서 사용하는 시각화 주기율표는 사용자 반응에 따라 인터랙티브하게 작동
하여 주기율표 각각의 칸에 해당하는 시각화의 예가 같이 보여진다.

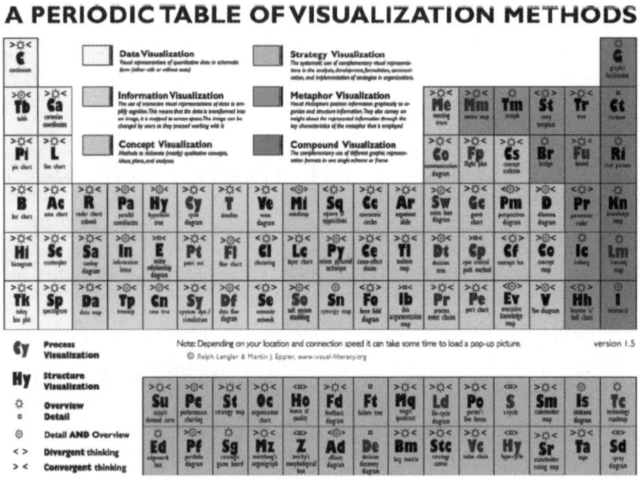

그림 14-2 **시각화 주기율표**[50]

두 번째는 앤드류 아벨라 박사Dr. Andrew Abela의 The Extreme Presentation™Method에서 제공하
는 **차트 선택기**chart chooser이다. 차트 선택기는 시각화의 종류를 크게 비교 분포, 구성, 관계로 구분
하고 이를 다시 표현되는 변수의 종류에 따라 구분하여 적절한 타입의 시각화 종류를 찾을 수 있
도록 도식화하였다.

---

50   이 이미지는 원 저자의 허가를 받았습니다. 출처: https://www.visual-literacy.org/periodic_table/periodic_table.html

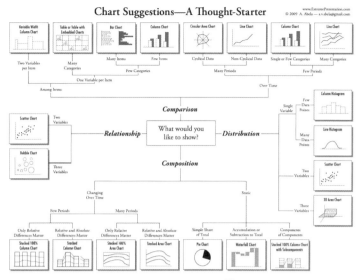

그림 14-3 **차트 선택기**[51]

14.3 시각화 매체

앞서 언급한 것과 같이 청중이 누구인지, 어떤 시각화 형식을 선택할지 만큼 시각화를 만들 때 중요한 것이 어떠한 매체를 사용하여 전달할 것인지에 대한 고려이다. 보통 데이터 시각화를 전달하는 방법은 프레젠테이션, 보고서, 노트북, 대시보드의 형태로 구분할 수 있다.

프레젠테이션은 발표 자료를 사용하여 청중 앞에서 직접 발표하는 방법을 통칭한다. 오프라인 또는 온라인에서 직접 청중을 만나기 때문에 발표자의 태도나 행동이 매우 중요한 역할을 할 수밖에 없다. 발표자는 항상 자신 있고 강한 어조로 청중을 이끌어야 한다. 또한 프레젠테이션의 전체 분량을 신중하게 결정해야 한다. 일반적으로 발표는 시간이 정해져 있기 때문에 정해진 시간에 발표자가 청중에게 전달하고자 하는 내러티브를 잘 구성해서 청중이 지루하지 않고 계속해서 집중하도록 유도해야 한다. 청중의 구성에 따라 얼마나 자세한 설명을 할지 결정해야 하고 시간의 부족을 대비하여 부록을 적절히 구성해서 추가적인 정보를 제공하는 것도 좋은 방법이다.

보고서는 청중을 직접 만나는 것이 아닌 문서의 형태로 스토리텔링을 전달하는 방법이다. 이 방법은 시간의 제약이 없고, 일반적으로 해당 분야에 관심이 있는 독자들을 대상으로 하기 때문에 내러티브보다는 데이터와 목적에 부합한 맥락의 통찰과 데이터 시각화를 보다 풍부하게 제시하는 것이 효과적일 수 있다. 보고서도 그 대상에 따라 구성을 달리 할 수 있는데 데이터에 대한 전문적 지식을 가졌거나 동일한 업무를 수행하는 사내 직원을 대상으로 한다면 데이터 분석 결과에 집중할 수 있도록 문장이 많은 서술식보다는 개조식 프레젠테이션 형태의 문서가 적절할 수 있다. 그러나 그 대상이 일반 독자층이라면 기초 지식부터 데이터 분석 결과까지 포괄적으로 전달할 필요가 있으므로 가급적 서술식보고서 형태의 문서가 적당할 수 있다.

노트북은 보통 마크다운Markdown이라는 웹 마크업 언어를 사용하여 온라인 웹 환경에서 데이터 분석 과정과 그 결과의 시각화를 보여주기 때문에 사실 데이터 분석이나 전문적 지식을 보유한 청중을 대상으로 하는 것이 유리하다. 또한 웹 환경에서 전달되어야 하는 방법이니 만큼 웹 환경에서 사용할 수 있는 장점들을 최대한 사용하여 프레젠테이션이나 보고서에서 전달하지 못하는 추가적인 정보들을 효율적으로 구성할 필요가 있다.

대시보드는 앞의 세 가지 방법과는 달리 사용자에게 데이터와 시각화를 위주로 전달하고, 제시하는 데이터를 사용자가 직접 해석하도록 하는 방법이다. 사용자가 데이터를 직접 필터링하고 선별할 수 있는 기능을 제공함으로써 사용자는 다양한 의사 결정을 할 수 있지만, 이 대시보드의 구성을 어떻게 하느냐에 따라 사용자의 의사 결정을 유도할 수도 있다. 따라서 대시보드에서 제공하는 데이터와 시각화 외에도 이들을 적절하게 구성하는 레이아웃도 매우 중요한 요소이다. 또한 사용자가 자신의 의사 결정을 하더라도 대시보드 작성자의 목적에 맞는 맥락을 제시하기 위한 요약 정보나 결론 과정을 담아주는 것도 좋은 방법이다.

14.4 간결한 시각화

"완성이란 더 이상 덧붙일 것이 없을 때가 아니라 더 이상 뺄 것이 없을 때 이루어진다."

《어린 왕자》로 유명한 생텍쥐페리가 《생텍쥐페리, 인생을 쓰다》(원앤원스타일, 2016년)에서 언급한 문장이다. 물론 데이터 시각화를 두고 한 말은 아니겠지만 데이터 시각화를 언급할 때 많이 거론되는 명언이다.

R이든 파이썬이든, 어떤 패키지나 라이브러리를 사용하더라도 데이터 시각화를 만드는 사용자들은 가끔 혹은 자주 시각화 테크닉을 최대한 사용하여 수려한 그래프를 만들기 위해 노력한다. 시각화를 만드는 사용자가 시각화에 대한 많은 기술을 가지고 있다면 자기 기술에 대해 부듯할지 모르지만, 대부분 화려한 기술로 인해 데이터가 말하려는 의미가 퇴색되는 경우가 종종 발생한다.

Plotly를 포함한 시각화 패키지나 시각화 프로그램들은 매우 다양한 시각화 요소들을 제공한다. 하지만 이 요소들을 최대한 사용하여 시각화를 만드는 것은 보는 이들의 주의를 흐트러뜨릴 수 있다. 또, 데이터 스토리텔링이 시각화 디자이너의 의도대로 흘러가지 않게 하고, 청중의 의도대로 흘러가버려 결국 시각화 디자이너가 원하는 대로 설명하는 데 장애가 될 수 있다. 예를 들어 막대 그래프의 막대가 많을 때는 굳이 모든 막대에 라벨을 붙일 필요가 없다. 특별히 강조해야 하는 곳에만 라벨을 붙임으로써 시각화 작성자의 의도대로 청중의 관심을 이끌 수 있다. 따라서 시각화의 스토리를 전달하기 위해 꼭 필요한 디자인 요소들만 사용하고 있는지, 청중의 주의를 분산시키는 디자인적 요소들을 얼마나 제거했는지 잘 분석해야 한다. 이렇게 차트의 의미 없는 그래픽 요소들을 **차트정크**chartjunk라고 한다.

간결한 시각화를 측정하는 방법으로 **데이터 잉크**data ink라는 것이 있다. 데이터 잉크는 통계학자로 유명한 에드워드 터프티Edward Tufte가 고안한 인덱스로 전체 데이터 시각화를 프린트할 때 사용되는 잉크 중에 데이터를 표현하는 데 꼭 필요한 잉크의 비율을 말한다. 에드워드 터프티는 가장 좋은 데이터 시각화는 데이터 잉크만으로 구성된 시각화라고 제시하였다. 결국 시각화는 데이터를 전달하는 데 불필요한 요소들은 제외하고 데이터를 설명하는 요소로만 구성해야 한다는 것이다. 다음 그림은 데이터 잉크가 낮은 그래프와 높은 그래프를 보여주고 있다.

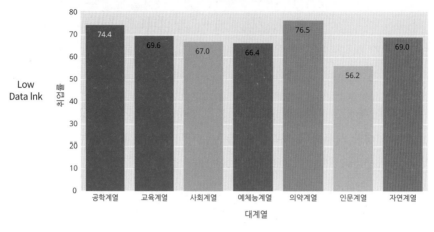

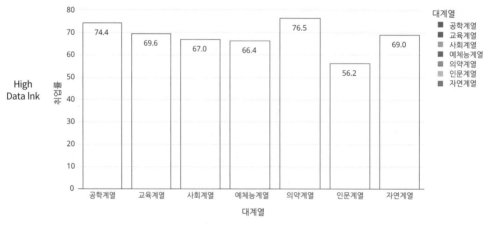

그림 14-4 데이터 잉크가 낮은 차트(위)와 데이터 잉크가 높은 차트(아래)

14.5 읽기 쉬운 라벨링

읽기 쉬운 제목과 텍스트는 시각화의 맥락을 사용자에게 가장 정확하게 전달하는 매우 강력한 시각화 요소 중의 하나이다. 사실 데이터 시각화에서 텍스트를 사용한 라벨링은 될 수 있는 대로 줄이는 게 좋다고 알려져 있다. 하지만 시각화를 만드는 사람들은 그래픽 요소만으로 데이터의 의미를 전달할 수 없다. 결국 꼭 필요한 텍스트는 사용해야 한다는 것이다.

텍스트는 무엇보다 읽기가 쉬워야 한다. 따라서 텍스트를 최소로 사용하면서 데이터의 의미를 최대한 전달하기 위해서는 텍스트의 폰트와 크기, 색상을 잘 선택해야 하고 텍스트의 위치와 사용 방법을 잘 결정해야 한다.

우선 폰트부터 생각해 보자. 영문 폰트의 경우 데이터 시각화에서는 'San Serif체'가 가장 잘 읽히는 글씨체라고 알려져 있다.[52] 그래서 대부분의 신문에서 많이 사용된다. 특히 영국의 이코노미스트나 미국 블룸버그의 데이터 시각화에 사용되고 있다. 한글 폰트의 경우는 여러 연구가 있었지만, 그 결과가 서로 달라 어떤 것이 더 가독성이 높은 서체인지는 명확히 밝혀진 바가 없다.[53] 다만 가독성이 가장 떨어지는 글꼴은 필기체 형태의 글꼴, 기울어진 글꼴, 크기가 일정치 않은 글꼴(탈네모형 글꼴)이라고 알려져 있다.

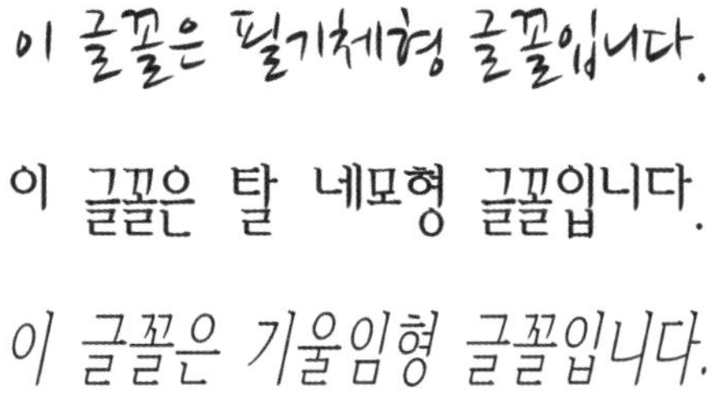

이 글꼴은 필기체형 글꼴입니다.

이 글꼴은 탈 네모형 글꼴입니다.

이 글꼴은 기울임형 글꼴입니다.

그림 14-5 인식이 어려운 글꼴의 예

다음으로 글꼴의 크기와 색상을 생각해보자. 글꼴의 크기는 대체로 청중이 텍스트를 읽는 순서를 정해주는 역할을 하게 된다. 글꼴의 색상은 글자가 눈에 잘 띄게 해주는 역할을 한다. 따라서 가장 중요하고 강조해야 하는 텍스트에 크기가 크고 굵으면서 배경과 대비가 되도록 글꼴의 크기와 색상을 설정해야 한다. 청중은 대체로 이 텍스트를 제일 먼저 보게 될 것이다. 그러나 이를 위해 과하게 글자의 크기를 달리 한다든지, 다양한 색상을 사용하는 것은 오히려 역효과가 나기 때문에 조심해서 사용해야 한다.

---

52 출처: https://blog.datawrapper.de/fonts-for-data-visualization/

53 출처: https://m.dongascience.com/news.php?idx=49775

🔲14.6 왜곡 방지

데이터를 시각화할 때 가장 주의해야 하는 것은 보여주지 말아야 하는 데이터를 보여준다거나 보여주어야 하는 데이터가 생략되는 것이다. 또 특정 부위의 시각화를 지나치게 강조한다거나 지나치게 축소하는 것도 주의해야 한다. 이러한 현상을 **데이터 왜곡**이라고 한다. 일례로 YTN에서 2019년 7월 8일 당시 대통령의 국정수행 평가에 대한 여론조사 결과를 보도했는데, 새벽 6시 4분에는 46.7%를 48.3%보다 높게 그린 잘못된 선 그래프를 보도하였다. 이에 대한 수정 그래프를 7시 9분에 보도하였는데 이 두 수치의 폭이 줄었을 뿐 여전히 잘못되어 있었고 결국 8시 12분에 정상적인 그래프가 보도되었다.[54]

이러한 데이터 왜곡은 여러 가지 원인이 있지만 다음의 몇 가지를 주의한다면 많은 왜곡은 제거될 수 있다.

첫 번째는 동일한 단위의 스케일은 가급적 일정하게 유지하는 것이다. 그래프에 있는 데이터를 크게 보이게 하거나 작게 보이게 하도록 특정 축의 스케일을 변경한다면 데이터를 보는 청중에게 왜곡이 발생할 가능성이 커지게 된다. 특히 서브플롯을 사용하는 경우 이런 현상들이 나타난다. 다음 그림을 보면 앞서 5장에서 그렸던 코로나19의 확진자수에 대한 한국과 각 대륙의 서브플롯이다. 이 그림을 보면 각 서브플롯들의 스케일이 전체적으로 공유되지 않고 세로 방향으로만 공유되기 때문에 서브플롯들 데이터가 유사한 범위를 보이는 것처럼 보인다. 그러나 유럽과 오세아니아의 Y축 스케일을 보면 유럽의 경우 0부터 500,000 사이의 범위이지만 오세아니아는 0부터 8,000 사이의 범위이다. 이 스케일의 차이로 인해 실제 데이터의 차이에 비해 시각화 결과에서 두 서브플롯은 유사한 범위인 것처럼 보인다.

---

54 YTN, 문재인 국정수행 그래프 두 번 걸쳐 잘못 보도, 미디어오늘, 2019.07.08, https://www.mediatoday.co.kr/news/articleView.html?idxno=201041

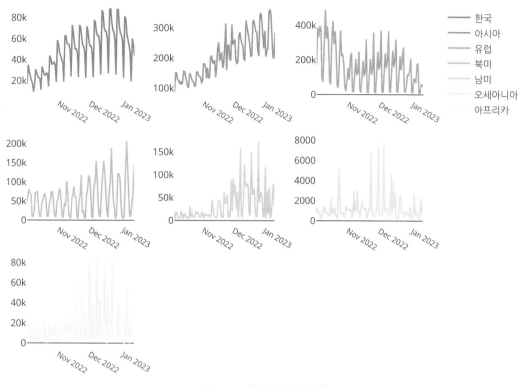

그림 14-6 **데이터 왜곡의 예 ①**

두 번째는 가급적 0부터 시작하는 기준선을 사용하는 것이다. 데이터의 차이를 두드러지게 하기 위해 기준선을 0보다 큰 숫자로 시작하고 싶을 수 있지만 왜곡의 소지가 있다. 다음 그림 14-7은 앞에서 그렸던 대계열별 취업률의 결과 중 공학, 교육 계열만을 그린 막대그래프이다. 이를 전체 데이터의 Y축 스케일로 그린 결과와 71.5-72.5%까지의 일부 Y축 스케일로 그린 결과를 보이고 있다. 이들 취업률의 차이는 0.5%p에 불과하다. 전체 스케일에서 그린 막대그래프는 취업률 간의 차이가 크지 않기 때문에 그 차이가 눈에 확 띄지 않는다. 만약 취업률 텍스트가 없다면 공학계열과 교육 계열 간의 취업률은 비교하기가 어려울 것이다. 하지만 일부 스케일로 그린 막대그래프에서는 그 차이가 확실히 눈에 띈다. 겨우 0.5%p 차이에 불과한 공학계열과 교육 계열의 취업률 차이가 매우 크게 느껴진다. 이렇게 일부 구간을 강조함으로써 데이터가 가진 특성들을 과도하게 드러내는 것도 데이터 왜곡으로 볼 수 있다.

이러한 왜곡을 방지하기 위해서는 가급적 0부터 시작하는 그래프를 그리는 게 좋다고 권고된다. 하지만 현실적으로 0부터의 시각화는 너무 엄격하고 차트의 가독성에 영향을 미치게 된다. 따라서 y축을 0부터 시작하는 전체 스케일을 사용하는 것이 좋은지, 아니면 데이터 간의 차이를 부각하기 위해 일부 구간을 사용하는 것이 좋은지를 결정하려면 장단점을 잘 고려해야 한다. 이럴 때는 전월 대비 비율이라든지 전체 대비 비율 등과 같이 값을 정규화normalization하는 방법도 고려할 만하다.

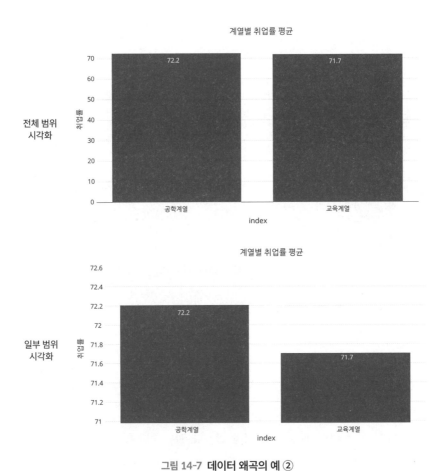

그림 14-7 데이터 왜곡의 예 ②

14.7 적절한 색상 사용

색상을 적절히 사용하면 차트의 특정 부분에 청중들의 주의를 끌 수 있다. 밝은 색상이나 다른 색상과의 대비가 큰 색상은 청중의 시선을 빠르게 집중시킬 수 있어 시각화가 전달하고자 하는 메시지를 효과적으로 전달할 수 있다. 하지만 무지개색과 같이 과도하게 많은 색상의 팔레트를 사용하는 것은 피해야 한다. 각각의 색상으로 보면 화려하고 예뻐 보일지 모르지만 시각화의 목적을 전달하는 데 효과적인지를 먼저 고려해야 한다.

Brewer 팔레트

데이터 시각화를 위한 패키지나 툴에서는 색상의 사용을 위해 자체적인 팔레트를 제공한다. R과 파이썬에서는 **Brewer 팔레트**Brewer palette를 많이 사용한다. 지도 제작자인 신디 브루어Cindy Brewer가 개발한 팔레트로 표현하고자 하는 데이터의 목적에 따라 다음과 같이 세 가지로 구분된다.

▶ **순차적 팔레트**

순차적 팔레트sequential palette는 두 개 혹은 세 개의 색조로 진행하는 색들로 구성된다. 따라서 시작색과 중간색, 최종색의 이름을 사용하여 팔레트 이름이 만들어진다. 예를 들어 Brewer 팔레트 중 YlOrRd는 Yellow, Orange, Red의 세 가지 색을 순차적으로 구성하는 팔레트로 구성된다. 이 순차적 팔레트는 보통 밝은색에서부터 시작하여 어두운색으로 진행되는데, 밝은색은 낮은 데이터값으로, 어두운 색은 높은 데이터값으로 매핑된다. 따라서 이 팔레트들은 보통 데이터값이 순서를 가지거나 값의 크기에 따른 비교가 가능한 데이터들의 색을 표시할 때 효과적으로 사용된다.

▶ **분기 팔레트**

분기 팔레트diverging palette는 보통 세 가지 색상을 사용하기 때문에 순차 팔레트와 유사하지만, 중간값을 밝은색으로 두고 양쪽 끝으로 갈수록 어두운색으로 퍼져나가는 방식이다. 즉 중간을 중심으로 양쪽으로 분기되는 형태의 팔레트이다. 이 팔레트의 이름도 순차 팔레트와 유사하게 팔레트를 구성하는 색 이름을 사용하여 만들어졌는데, 예를 들어 RdYlGn은 중간값을 Yellow로 두고 데이터값이 작을수록 Red가 점점 어두워지는 색, 데이터값이 커질수록 Green으로 퍼져나간다. 팔레트 이름에 색상이 두 개만 지정되어 있다면 중간 색이 흰색white으로 설정된 팔레트이다. 이 팔레트는 중간값을 기준으로 작은 값과 큰 값을 대조할 때나 0을 중심으로 +와 −를 구분할 때 효과적으로 사용된다.

▶ **질적 팔레트**

질적 팔레트qualitative palette는 앞에서 언급한 순차 팔레트나 분기 팔레트와는 달리 특정한 색조의 순서에 특별한 의미가 없다. 색상의 구성은 각각의 데이터값 간의 구분이 명확하도록 구성되어 있다. 즉 인접한 색들이 유사한 색으로 구성되지 않는다. 따라서 데이터를 구성하는 값이 순서와 관련 없는 범주형 변수인 경우 효과적으로 사용된다.

Viridis 팔레트

화려한 색상의 사용은 그래프를 시각적으로 예뻐 보이게 할 수 있겠지만 색상을 인식하는 데 장애가 있는 청중들에게는 데이터를 구분할 수 없다는 단점이 있다. 또 흑백 프린터를 사용하는 경우 화려한 색상은 출력물에서 구분하기가 어렵기 때문에 다시 시각화를 만들어야 하는 번거로움도 있다. 이러한 단점을 극복하기 위해 제공되는 팔레트가 **Viridis 팔레트**viridis palette이다.

Viridis 팔레트는 2015년 스테판 반 데르 발트Stéfan van der Walt와 너새니얼 스미스Nathaniel Smith가 파이썬 Matplotlib 패키지에 사용될 색상 팔레트로 설계했는데, 색상을 구분하기 어려운 사람들과 흑백으로 출력되는 출력물에서 색상들이 정확히 구분될 수 있도록 구성한 팔레트이다. 이 팔레트는 가장 기본적인 Viridis 팔레트를 비롯하여 magma, plasma, infermo, cividis, mako, rocket, turbo의 8가지 색상 팔레트로 구성된다.

Viridis와 magma 팔레트가 색맹이 있는 사람들에게 보여지고 흑백에서 출력되는 색상은 필자의 블로그를 참고하기 바란다.

이 책을 따라 여기까지 온 독자는 이제 Plotly를 사용하여 시각화할 수 있는 기초적인 경험을 한 것이라고 생각한다. 현재까지 Plotly와 관련한 국내외의 책들은 이 책에서 제시한 것보다 상세한 정보를 제공하지 못하고 있다. 하지만 Plotly의 홈페이지에서 제공하는 정보들을 보면 이 책보다 훨씬 더 많은 정보를 제공하고 있다. 따라서 이 책을 다 읽은 독자라면 Plotly 홈페이지에서 제공하는 더욱 다양한 시각화 방법을 통해 더 좋은 결과를 얻을 수 있다.

사실 데이터 시각화는 더 이상 데이터 분석의 기능적 영역이 아닌 미술적 감성이 가미된 예술적 영역으로 발전하고 있다. 미적 감각을 갖춘 독자라면 모르겠지만 이 책을 읽는 독자들 중에는 미적 감각보다는 코딩 감각이 좋은 데이터 사이언티스트, 데이터 엔지니어가 많을 것이다. 이들에게 더 나은 데이터 시각화를 만들기 위해서 데이터 시각화를 책으로 배우기보다는 지속적인 체감으로 많은 사람들과 교감해볼 것을 권한다. 따라서 이 책에서 제시한 많은 기능을 계속 사용하여 감을 잃지 않는 것이 필요하고 우수한 데이터 시각화 사례를 보고 따라 해보는 것도 좋은 방법이라 생각한다.

필자는 이 책을 마치고 난 후(언제가 될지는 아직 모르지만), Dash나 Shiny를 사용한 대시보드 설계와 구현에 관한 책을 기획하고 있다. 지금까지 대시보드는 대부분 자바나 자바스크립트를 통해 만들다 보니 데이터를 주로 만지는 데이터 사이언티스트나 데이터 엔지니어들에게는 다소 장벽이 있었을 것이다. 그러나 대시보드를 기능적 관점이 아닌 데이터 관점에서 다루기 위해서는 데이터 처리와 분석 결과에 우수한 성능을 보이는 R과 파이썬에서 직접 만드는 것이 더 효과적이지 않을까 생각한다. 따라서 이 책 이후의 학습을 원하는 독자라면 Dash나 Shiny를 사용하여 대시보드를 만드는 방법에 대해 살펴보면 도움이 되리라 생각한다.

여기까지 오느라 고생 많았겠지만 앞으로 갈 길이 더 멀다는 슬픈 이야기로 이 책을 맺고자 한다.

APPENDIX

R과 파이썬을 사용한
대시보드 만들기

A.1 Plotly와 파이썬을 사용한 Dash 앱 시작하기

부록 A.1에서는 Plotly에서 대시보드를 설계 및 제작하기 위해 제공하는 Dash 프레임워크의 사용 방법을 알아본다. Dash 프레임워크는 파이썬과 R에서 모두 제공하지만 R보다는 파이썬에서 더 잘 작동한다. 간단한 대시보드이지만 이 예제를 통해 Dash 프레임워크의 기본 구성과 작동 방식을 알아볼 수 있을 것이다.

Dash란?

Dash는 반응형 웹 기반 애플리케이션을 만들기 위해 Plotly에서 개발한 오픈소스 라이브러리이다. 2015년부터 개발이 시작되었는데 당시에는 깃허브를 통해 공개 개발 플랫폼으로 개발되다 2017년 부터 자체 개발 플랫폼으로 전환되었다. Dash는 파이썬, R, 줄리아 및 F#을 지원하는데 전체적으로 매월 800,000회 정도 다운로드되고 있다고 한다.

Dash는 Plotly 시각화를 만드는 plotly.js, 컴포넌트 간의 핸들링을 위해 메타(구 페이스북)에서 개발한 React.js, 앱 애플리케이션 구동 엔진으로 Flask를 사용하여 개발된 플랫폼으로, 데이터 앱을 구축하고 배포하는 데 활용하는 다양한 기능을 제공한다.

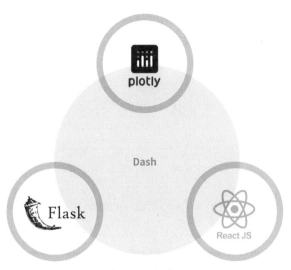

그림 A-1 **Dash의 구조**

Dash는 웹 브라우저에 렌더링되어 사용되기 때문에 OS의 영향을 덜 받고 모바일에서도 사용 가능하여 데이터 전용 앱 개발에 효과적인 플랫폼이다. Dash는 Tableau나 PowerBI와는 달리 무료로 사용할 수 있고 R과 파이썬 코딩만으로 자바스크립트를 제어할 수 있으며, Django와 같은 프레임워크와 비교해서도 매우 적은 코드로 웹 애플리케이션을 만들 수 있다는 장점이 있다.

❶ Dash 패키지 구성 및 설치

Dash 프레임워크를 사용하여 데이터 앱을 개발하기 위해서는 먼저 Dash 관련 패키지를 설치하여야 한다. Dash 프레임워크는 Dash 패키지를 중심으로 Dash Core Components, Dash HTML Components 등의 패키지가 사용된다. 다만 파이썬에서는 Dash Bootstrap Components가 추가된다. 다음은 Dash의 각 패키지에서 제공하는 주요 기능을 나타낸다.

- Dash: Dash로 대시보드 앱을 개발하기 위한 가장 메인 패키지로 dash.Dash 객체로 개발되는 앱의 백본 라이브러리이다. 대시보드 앱을 개발하기 위한 사용자 상호작용과 예외 처리의 필수적인 함수들을 제공한다.

- Dash Core Components: dropdown, date picker, slider 등 사용자와의 상호작용에 사용하는 컴포넌트들을 제공하는 라이브러리이다.

- Dash HTML Components: Dash에서 사용하는 모든 HTML 태그를 지원하는 패키지이다.

- Dash Bootstrap Components: Dash의 부트스트랩을 지원하는 파이썬 써드파티Third-Party 패키지이다. layout과 시각적 시그널에 관련된 다양한 컴포넌트들이 포함되어 있다.

파이썬에서 Dash 프레임워크를 사용하기 위해서는 Dash 라이브러리를 설치하여야 한다. Dash가 설치되면 Dash Core Components, Dash HTML Components, Dash Bootstrap Components세 개의 패키지가 같이 설치된다.

Dash는 pip를 사용하여 다음과 같이 설치할 수 있다.

```
pip install dash
```

만약 주피터 노트북Jupyter notebook이나 주피터랩JupyterLab을 사용한다면 jupyter-dash를 설치하는 것이 좋다.

```
pip install jupyter-dash
```

② Dash 앱의 구조

Dash 앱은 일반적으로 다음과 같이 5개의 부분으로 구성되어 있다.

표 A-1 **Dash 앱의 구조**

app parts	파이썬 호출 코드
패키지 및 라이브러리 로딩	import dash from dash import dcc from dash import html
앱 초기화	app = Dash(__name__)
앱 레이아웃(layout)	app.layout = html.Div()
콜백(callback)	@app.callback()
앱 실행	if __name__ == '__main__': app.run_server()

③ 패키지 및 라이브러리 로딩

Dash 앱을 만들기 위해서 가장 먼저 해야 하는 작업은 Dash 프레임워크를 사용하기 위한 패키지 와 라이브러리를 로딩하는 것이다.

파이썬에서는 Dash 라이브러리에서 Dash Core Components, Dash HTML Components를 한 꺼번에 임포트해줄 수 있다. 일반적으로 다음과 같은 클래스 별칭을 써서 임포트한다.

```
import dash
from dash import Dash, html, dcc, callback, Output, Input
```

❹ 앱 초기화

Dash 앱을 생성하기 위해서는 먼저 Dash 앱을 초기화하여야 한다. 초기화된 Dash 앱은 사용자가 원하는 레이아웃을 구성하고 Dash 앱에서 작동해야 하는 콜백 함수를 정의하기 위한 앱의 기본적인 틀로 사용된다.

파이썬에서 Dash 앱의 초기화는 다음과 같이 dash.Dash()를 사용한다. dash.Dash()는 Dash 객체 인스턴스를 생성하여 반환한다. 다음은 dash.Dash()를 사용하여 Dash 인스턴스를 생성하는 파이썬 코드이다.

```
app = dash.Dash(__name__)
```

dash.Dash()도 매개변수 없이 사용이 가능하다. 하지만 일반적으로 name 매개변수를 할당하는데, 이 매개변수는 Flask에서 해당 앱의 이름으로 사용된다. name 매개변수는 보통 환경변수인 __name__을 사용하도록 권고하고 있다. 환경변수 __name__은 인용부호 없이 사용되고, 특별한 설정이 없다면 dash.Dash()는 __name__ 변수에 __main__을 할당한다. 이 밖의 주요 매개변수는 다음과 같다.

```
Dash(name=None, server=True, assets_folder='assets', pages_folder='pages', use_pages=False,
assets_url_path='assets', assets_ignore='', assets_external_path=None, eager_loading=False,
include_assets_files=True, url_base_pathname=None, requests_pathname_prefix=None, routes_
pathname_prefix=None, serve_locally=True, compress=None, meta_tags=None, index_string='
<!DOCTYPE html>\n<html>\n    <head>\n        {%metas%}\n        <title>{%title%}</title>\n
{%favicon%}\n        {%css%}\n    </head>\n    <body>\n        <!--[if IE]><script>\n
alert("Dash v2.7+ does not support Internet Explorer. Please use a newer browser.");\n
</script><![endif]-->\n        {%app_entry%}\n        <footer>\n            {%config%}\n
{%scripts%}\n            {%renderer%}\n        </footer>\n    </body>\n</html>', external_
scripts=None, external_stylesheets=None, suppress_callback_exceptions=None, prevent_
initial_callbacks=False, show_undo_redo=False, extra_hot_reload_paths=None, plugins=None,
title='Dash', update_title='Updating...', long_callback_manager=None, background_callback_
manager=None, **obsolete)
```

- name: Flask 서버가 사용하는 앱의 이름
- server: Flask 서버의 설정을 위한 논릿값

- `serve_locally`: Dash 앱의 HTML이 local에서 호출될지, remote에서 호출될지를 설정하는 논릿값
- `compress`: Dash 앱이 압축될 것인지를 설정하는 논릿값
- `title`: Dash 앱의 브라우저 제목 설정
- `update_title`: Dash 앱의 콜백 함수가 실행될 때 표시되는 앱 브라우저 제목 설정

5 앱 레이아웃

앱 초기화가 끝나면 앱의 전체적인 형태를 만드는 레이아웃을 설정하게 된다. 앱 레이아웃은 앱에 표현되는 문자, 버튼, 그림, 텍스트, 링크 등을 적절하게 배치하는 작업이다. 레이아웃은 Dash HTML Components 라이브러리에서 제공되는 HTML 태그를 사용한 요소들과 Dash Core Components 라이브러리에서 제공되는 Plotly 시각화 객체 요소의 두 가지 요소를 사용하여 구성한다. 하지만 자신이 직접 작성한 자바스크립트나 React.js에서 제공하는 컴포넌트들을 요소로 사용할 수도 있다. Dash 앱 레이아웃은 전반적으로 HTML 구조를 사용하기 때문에 HTML을 만드는 방식과 유사하다. 하지만 HTML 태그를 직접 코딩하여 구조를 만드는 것이 아니라 Dash HTML Components 라이브러리에서 제공하는 약 130여 개의 HTML 태그 함수를 사용하여 HTML 구조를 만든다. 이렇게 HTML로 구성되는 앱 레이아웃에 포함되는 Plotly 객체는 Dash Core Components 라이브러리에서 제공하는 함수를 사용하여 삽입한다. 이를 통해서 전체 Dash 앱의 레이아웃을 구성하게 된다. Dash Core Components에는 사용자와의 상호작용을 위한 다양한 입력 컨트롤 컴포넌트, Plotly 그래프 객체의 출력을 위한 Plotly 그래프 컴포넌트 등 약 20여 개의 함수를 제공한다.

다음은 'Hello, Dash!'를 출력하는 Dash 앱을 만들기 위한 파이썬의 레이아웃 코드이다.

파이썬에서는 레이아웃을 설정하기 위해 앞의 초기화한 앱 객체의 `layout` 속성에 트리 형태의 HTML 태그 함수를 리스트로 구성하여 할당한다.

```
app.layout = html.Div(children=[
    html.H1(children='Hello Dash')])
```

6 콜백

Dash 앱은 사용자와의 상호작용을 통해 데이터의 결괏값을 산출하는 대시보드를 설계하는 것이

목적이다. 그렇다면 HTML 화면에 구성된 사용자 상호작용 컴포넌트에서 입력받은 값을 화면에 구성된 출력 요소들에게 전달하고 이에 따른 동작을 함수화하여 정의하여야 한다. 이와 같이 사용자의 상호작용에 따라 Dash 앱을 자동으로 호출하는 과정을 **콜백**callback이라고 한다.

콜백은 Dash 앱의 레이아웃에서 콜백을 정의하기 위한 콜백 데커레이터와 실제 콜백이 작동하는 코드가 기술되는 콜백 함수로 나눌 수 있다.

콜백 데커레이터는 Dash 앱에 필요한 콜백 함수와 각각의 콜백 함수에서 사용할 입력값이 들어오는 레이아웃 컨트롤의 ID, 해당 콜백의 결과가 출력되는 레이아웃 컨트롤의 ID를 매핑해주는 역할을 한다. 반면 콜백 함수는 콜백 데커레이터에서 정의된 입력값에 따라 해당 콜백이 작동해야 하는 코드를 함수로 만든 것이다.

파이썬에서 Dash 앱의 콜백 데커레이터는 `@app.callback()`을 사용하여 정의한다. 다음은 파이썬에서 `@app.callback()`을 사용하여 콜백 데커레이터를 사용하는 예이다. 파이썬의 콜백 데커레이터에는 `Input()`과 `Output()` 함수를 사용하여 정의한다. `Input()`에는 사용자가 입력을 받아들이는 컴포넌트 ID와 property를 설정하고, `Output()`에는 콜백의 결과로 업데이트되는 컴포넌트의 ID와 property를 설정한다. 콜백 데커레이터와 연계된 콜백 함수는 콜백 데커레이터 바로 아래에 정의되어야 하는데 `def`를 사용해 일반적인 파이썬 함수의 정의와 동일하게 생성한다. 여기서 하나 주의해야 하는 것은 콜백 데커레이션의 정의와 콜백 함수의 정의 사이에는 공백이 들어가서는 안 된다는 점이다.

```
@app.callback(
    Output(component_id='my-output', component_property='children'),
    Input(component_id='my-input', component_property='value')
)
def update_output_div(input_value):
    return f'Output: {input_value}'
```

7 앱 실행

레이아웃과 콜백이 구성된 Dash 앱은 웹 브라우저를 통해 실행되어야 한다. 앱이 실행되면 Dash에서 자체적인 localhost 웹 서비스가 구동되며, Dash에서 기본적으로 사용하는 localhhost 주소는 http://127.0.0.1:8050/이다. 웹 브라우저에서 해당 주소로 들어가면 웹에서 구동되는 Dash 앱을 볼 수 있다.

파이썬에서 Dash 앱을 실행하기 위해서는 먼저 Dash 앱이 만들어졌는지를 점검하여야 한다. Dash 앱이 만들어진 것은 앱을 초기화할 때 사용한 dash.Dash()에서 설정한 __name__에 __main__이 설정되었는지 확인함으로써 증명이 가능하다. 따라서 if를 사용하여 __name__에 __main__이 설정되어 있다면 앱 실행 함수를 사용하여 설정된 Dash 앱을 실행한다.

Dash 앱을 실행하는 파이썬 함수는 run_server()이다. run_server()에는 앱의 실행 환경을 추저하기 위한 다양한 옵션들을 사용할 수 있다.

debug 옵션은 앱 실행 시 오류가 발생한 경우 오류를 추적하기 위한 정보를 생성하는 옵션이다. 앱이 완성되어 최종 배포 시에는 가급적 False로 설정하는 것이 권장된다.

use_reloader 옵션은 앱이 초기화되어 다시 로딩될 때 Flask 엔진을 다시 로딩할지 결정하는 옵션이다. 이 옵션이 False로 설정되면 다시 로딩될 때 Flask 엔진이 다시 로딩되지 않는다. 만약 debug가 활성화되어 있다면, use_reloader가 활성화되므로 직접 비활성화해야 한다.

```python
if __name__ == '__main__':
    app.run_server(debug=True, use_reloader=False)
```

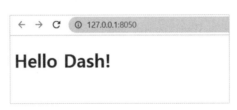

그림 A-2 'Hello Dash!' Dash 앱의 실행 결과

Dash 앱 만들기

Dash 프레임워크의 전반적인 기능을 살펴보기 위해 지금까지 사용했던 코로나19 데이터를 사용하여 Dash 앱을 만들어보겠다. 레이아웃 구성, 콜백 구현의 순서로 앱을 만드는 과정을 설명하는데, 데이터는 앞에서 사용했던 코로나 데이터셋을 사용한다.

코로나19 데이터를 활용한 Dash 앱은 크게 네 개의 부분으로 구성된다. 첫 번째 부분은 최상단의 제목이 보이는 div이고, 두 번째 부분은 두 번째 div의 좌측에 특정일의 코로나19 데이터를 선택하기 위한 dccDatePickerSingle 컨트롤을 위치시킨다. 세 번째는 두 번째 div의 우측에 앞의 5장에서 그렸던 주요 5개국의 선 그래프를 위치시키고, 네 번째는 마지막 div로 각 국가별 게이지 인디케이터를 5개 나란히 그린다.

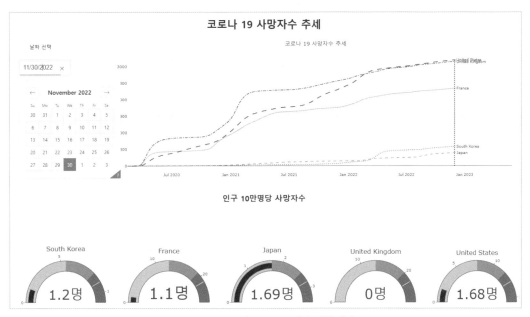

그림 A-3 코로나19 Dash 앱의 실행 결과

1 레이아웃의 구성

Dash 앱의 레이아웃은 크게 Dash HTML Components와 사용자와 데이터 간의 상호작용을 위한 Dash Core Components로 구성한다. Dash HTML Components는 Dash 앱 레이아웃 구성을 위한 HTML 구조를 만드는 컴포넌트로, HTML을 직접 코딩하지 않고 HTML 구조를 만들기 위해 Dash 패키지에서 제공하는 다양한 HTML 컴포넌트 생성 함수를 사용해 만든 컴포넌트를 말한다. Dash Core Components는 Dash 앱이 사용자와의 상호작용을 위해 사용하는 드롭다운, 버튼, 슬라이더 등의 컨트롤과 사용자와의 상호작용을 통해 갱신되는 Plotly 객체를 말한다.

Dash 앱은 dash.html 파일에 div 블록들로 구성된 다양한 컴포넌트들을 Dash HTML Components 모듈에서 제공하는 함수들을 사용하여 HTML 파일을 구성한다. 예를 들어 <h1>Hello, World!</h1>라는 HTML 코드를 직접 작성하는 것이 아니고 html.H1('Hello, World!')을 호출함으로써 HTML 파일에 해당 HTML 태그가 만들어진다. 레이아웃을 구성하는 모든 컴포넌트가 HTML 문법에 따른 컴포넌트는 아니다. 특히 Dash Core Components에는 React.js 라이브러리를 통해 자바스크립트, HTML 및 CSS로 생성되는 구성 요소가 포함되어 있다.

레이아웃을 구성하는 데 이해해야 하는 것이 `children` 키워드이다. Dash에서 제공하는 HTML 컴포넌트를 설정할 때 관례로 컴포넌트의 첫 번째 속성을 `children`으로 설정한다. 이것은 생략이 가능하다. 예를 들어 `html.H1('Hello, World!')`의 호출은 `html.H1(children = 'Hello, World!')`과 동일하다. `children`에는 문자열, 숫자, 단일 컴포넌트 또는 컴포넌트 리스트를 설정할 수 있다.

각각의 HTML 컴포넌트들에는 CSS 스타일로 지정이 가능한 스타일을 설정할 수 있다. 각각의 HTML 설정 함수에서 `style` 키워드에 CSS 스타일을 설정하는데, `style` 속성은 Plotly의 속성 설정과 유사하게 딕셔너리로 설정한다. CSS 스타일을 설정하기 위한 키워드는 CSS에서 사용하던 키워드를 사용하는 것이 아니고 카멜 표기법을 적용한 CSS 키워드를 사용한다. 카멜 표기법은 프로그래밍에서 파일, 변수, 함수 등 대상의 이름을 띄어쓰기 없이 만들기 위하여 따르는 관례로 네이밍컨벤션naming convention의 하나이다. 즉 CSS 키워드에서 띄어쓰기 대신 사용하는 '-'를 제거하고 붙여주는데, 붙여주는 키워드의 첫 문자를 대문자로 표기한다. 예를 들어 CSS 키워드인 'text-align'은 'textAlign'으로 바꾸어 사용한다. 또 HTML class 속성은 Dash에서 'className'으로 사용한다.

DCC 컴포넌트 모듈에는 Graph라고 불리는 컴포넌트가 포함되어 있다. Graph는 plotly.js를 사용하여 데이터 시각화를 렌더링한다. 이것은 플롯, 차트, 다이어그램, 그림 등과 같은 Plotly 기반의 시각화 요소를 표시할 수 있는 매우 중요한 구성 요소이다. Graph 컴포넌트의 `figure` 매개변수에 `plotly.graph_objects` 객체를 설정하게 된다.

각각의 컴포넌트는 고유한 id를 설정할 수 있다. 이 id는 생략이 가능하지만, 추후 콜백 함수에서 호출시에 사용되기 때문에 가급적 중요한 컴포넌트에는 설정해두는 것이 좋다.

파이썬에서 코로나19 Dash 앱의 레이아웃을 만들기 위해 HTML 컴포넌트 함수로 `html.Div()`, `html.H1()`, `html.Label()`을 사용했고 DCC 컴포넌트 함수로 `dcc.DatePickerSingle()`, `dcc.Graph()`를 사용했다.

- `html.Div()`: HTML5 요소 중 `<div>`를 만들어주는 HTML 컴포넌트 함수
- `html.H1()`: html의 첫 번째 레벨의 제목인 `<h1>`을 만들어주는 HTML 컴포넌트 함수
- `html.Label()`: HTML5 요소 중 `<Label>`을 만들어주는 HTML 컴포넌트 함수
- `dcc.DatePickerSingle()`: 달력에서 특정한 날을 선택할 수 있는 DCC 컴포넌트 함수
- `dcc.Graph()`: plotly.js 기반 데이터 시각화를 렌더링하는 DCC 컴포넌트 함수, 그래프의 호버링, 클릭, 셀렉트와 같은 사용자 상호 작용의 콜백 정의 단위로 사용됨

코로나19 Dash 앱의 구성을 위한 파이썬 코드는 다음과 같다.

```python
## 데이터 전처리를 위한 라이브러리 로딩
import pandas as pd
from datetime import datetime, timedelta

## 파이썬에서 Plotly 라이브러리 모듈 로딩
import plotly.graph_objects as go
## dash 앱의 구성을 위한 라이브러리 로딩
import dash
from dash import html, dcc, callback, Output, Input

## dash 앱의 구성을 위한 데이터 전처리
df_covid19 = pd.read_csv("./owid-covid-data.csv")

##df_covid19['date']를 datetime으로 변환
df_covid19['date'] = pd.to_datetime(df_covid19['date'], format="%Y-%m-%d")

total_deaths_5_nations_by_day = df_covid19.copy()
total_deaths_5_nations_by_day = total_deaths_5_nations_by_day[
  (total_deaths_5_nations_by_day['iso_code'].isin(
    ['KOR', 'USA', 'JPN', 'GBR', 'FRA']))].dropna(
      subset = ['total_deaths_per_million'])
nations = {'France':'0', 'Japan':'1', 'South Korea':'2',
  'United Kingdom':'3', 'United States':'4'}

## dash 앱에 들어갈 Plotly 선 그래프 생성
fig = go.Figure()
for location, group in total_deaths_5_nations_by_day.groupby('location'):
    fig.add_trace(go.Scatter(
        mode = 'lines', x = group['date'],
        y = group['total_deaths_per_million'],
        line = dict(dash = nations[location]),
        name = location, connectgaps = True, showlegend = False
    ))

fig.add_trace(go.Scatter(
    mode = 'text',
    x = group.loc[group['date'] == group['date'].max(), 'date'],
    y = group.loc[group['date'] == group['date'].max(), 'total_deaths_per_million'],
    text = group.loc[group['date'] == group['date'].max(), 'location'],
    showlegend = False, textposition = 'middle right'
    ))

fig.update_layout(title = dict(text = '코로나19 사망자수 추세', x = 0.5),
                xaxis = dict(title = '',
                                range = [total_deaths_5_nations_by_day['date'].min(),
```

```
                                      total_deaths_5_nations_by_day['date'].max()
                                      + timedelta(days=150)]),
                    yaxis = dict(title = '10만명당 사망자수 누계'))

## indicator 트레이스에서 사용할 각각의 국가별 최대 사망자 추출
deaths_per_million_in_lateast = total_deaths_5_nations_by_day[
total_deaths_5_nations_by_day['new_deaths_per_million'].isna() == False]

## indicator 트레이스에서 사용할 십만명당 사망자수 추출
deaths_per_million_in_lateast = pd.merge(
    deaths_per_million_in_lateast.groupby('location')['date'].max(),
    deaths_per_million_in_lateast,
    on = ("location", 'date'))[['iso_code', 'location', 'date', 'new_deaths_per_million']]

## indicator 트레이스에서 사용할 데이터 전처리
df_gauge = pd.merge(deaths_per_million_in_lateast,
                    total_deaths_5_nations_by_day.groupby('location')\
                    ['new_deaths_per_million'].max().reset_index(),
                    on = 'location').sort_values('location')

df_gauge.columns = ('iso_code', 'location', 'date', '최근사망자', '최대사망자')

## 한국 게이지 인디케이터 생성
fig_gauge_kor = go.Figure()

fig_gauge_kor.add_trace(go.Indicator(
    type = 'indicator', mode = "gauge+number", title = df_gauge.iloc[2, 1],
    value = df_gauge.iloc[2, 3],
    gauge = dict(axis = dict(
    range = (0, df_gauge.iloc[2, 4]*1.2)),
    steps = [
        dict(range = (0, (df_gauge.iloc[2, 4])*1.2*0.5), color = "lightgray"),
        dict(range = ((df_gauge.iloc[2, 4])*1.2*0.5,
                    (df_gauge.iloc[2, 4])*1.2*0.75), color = "darkgray"),
        dict(range = ((df_gauge.iloc[2, 4])*1.2*0.75, (df_gauge.iloc[2, 4])*1.2),
            color = "gray")],
    threshold = dict(
        line = dict(color = 'white'), value = df_gauge.iloc[2, 4]),
        bar = dict(color = "darkblue")),
    number = dict(suffix = '명')))

## 프랑스 게이지 인디케이터 생성
fig_gauge_fra = go.Figure()

fig_gauge_fra.add_trace(go.Indicator(
    type = 'indicator', mode = "gauge+number", title = df_gauge.iloc[0, 1],
    value = df_gauge.iloc[0, 3],
    gauge = dict(axis = dict(
```

```
    range = (0, df_gauge.iloc[0, 4]*1.2)),
    steps = [
        dict(range = (0, (df_gauge.iloc[0, 4])*1.2*0.5), color = "lightgray"),
        dict(range = ((df_gauge.iloc[0, 4])*1.2*0.5,
                    (df_gauge.iloc[0, 4])*1.2*0.75), color = "darkgray"),
        dict(range = ((df_gauge.iloc[0, 4])*1.2*0.75, (df_gauge.iloc[0, 4])*1.2),
            color = "gray")],
    threshold = dict(
        line = dict(color = 'white'), value = df_gauge.iloc[0, 4],
        bar = dict(color = "darkblue")),
    number = dict(suffix = '명')))

## 일본 게이지 인디케이터 생성
fig_gauge_jpn = go.Figure()

fig_gauge_jpn.add_trace(go.Indicator(
    type = 'indicator', mode = "gauge+number", title = df_gauge.iloc[1, 1],
    value = df_gauge.iloc[1, 3],
    gauge = dict(axis = dict(
    range = (0, df_gauge.iloc[1, 4]*1.2)),
    steps = [
        dict(range = (0, (df_gauge.iloc[1, 4])*1.2*0.5), color = "lightgray"),
        dict(range = ((df_gauge.iloc[1, 4])*1.2*0.5,
                    (df_gauge.iloc[1, 4])*1.2*0.75), color = "darkgray"),
        dict(range = ((df_gauge.iloc[1, 4])*1.2*0.75, (df_gauge.iloc[1, 4])*1.2),
            color = "gray")],
    threshold = dict(
        line = dict(color = 'white'), value = df_gauge.iloc[1, 4],
        bar = dict(color = "darkblue")),
    number = dict(suffix = '명')))

## 영국 게이지 인디케이터 생성
fig_gauge_gbr = go.Figure()

fig_gauge_gbr.add_trace(go.Indicator(
    type = 'indicator', mode = "gauge+number", title = df_gauge.iloc[3, 1],
    value = df_gauge.iloc[3, 3],
    gauge = dict(axis = dict(
    range = (0, df_gauge.iloc[3, 4]*1.2)),
    steps = [
        dict(range = (0, (df_gauge.iloc[3, 4])*1.2*0.5), color = "lightgray"),
        dict(range = ((df_gauge.iloc[3, 4])*1.2*0.5,
                    (df_gauge.iloc[3, 4])*1.2*0.75), color = "darkgray"),
        dict(range = ((df_gauge.iloc[3, 4])*1.2*0.75, (df_gauge.iloc[3, 4])*1.2),
            color = "gray")],
    threshold = dict(
        line = dict(color = 'white'), value = df_gauge.iloc[3, 4],
        bar = dict(color = "darkblue")),
```

```
        number = dict(suffix = '명')))

## 미국 게이지 인디케이터 생성
fig_gauge_usa = go.Figure()

fig_gauge_usa.add_trace(go.Indicator(
    type = 'indicator', mode = "gauge+number", title = df_gauge.iloc[4, 1],
    value = df_gauge.iloc[4, 3],
    gauge = dict(axis = dict(
    range = (0, df_gauge.iloc[4, 4]*1.2)),
    steps = [
        dict(range = (0, (df_gauge.iloc[4, 4])*1.2*0.5), color = "lightgray"),
        dict(range = ((df_gauge.iloc[4, 4])*1.2*0.5,
                    (df_gauge.iloc[4, 4])*1.2*0.75), color = "darkgray"),
        dict(range = ((df_gauge.iloc[4, 4])*1.2*0.75, (df_gauge.iloc[4, 4])*1.2),
            color = "gray")],
    threshold = dict(
        line = dict(color = 'white'), value = df_gauge.iloc[4, 4]),
        bar = dict(color = "darkblue")),
    number = dict(suffix = '명')))

## Dash 앱의 초기화
app = dash.Dash(__name__)

## Dash 앱 레이아웃 설정
app.layout = html.Div(children = [
    ## 첫 번째 div 설정
    html.Div(id = 'header', children = [
    html.H1('코로나19 사망자수 추세', style = dict(
        textAlign = 'center', color = 'darkblue'))],
    ),
    ## 두 번째 div 설정
    html.Div(id = 'second block', children = [
    ## 두 번째 좌측 div 설정
    html.Div(children = [
        html.Label('날짜 선택', style = dict(
            position = 'absolute', top = '10%', left = '5%')),
        dcc.DatePickerSingle(id = 'picker',
                            date = total_deaths_5_nations_by_day['date'].max(),
                            placeholder='Select a date', clearable=True,
                            style = dict(position = 'absolute', top = '15%',
                                        left = '3%', width = '10px'))],
        style = dict(width = '20%', display = 'inline-block')),
        ## 두 번째 우측 div 설정
        html.Div(
            dcc.Graph(id = 'line_5_nations', figure=fig),
            style = dict(width = '80%', display = 'inline-block'))
    ]),
```

```
    ## 세 번째 div 설정
    html.Div(id = 'third block', children = [
        dcc.Graph(id = 'indicator_kor',figure = fig_gauge_kor,
                  style = dict(width = '20%', display = 'inline-block')),
        dcc.Graph(id = 'indicator_fra',figure = fig_gauge_fra,
                  style = dict(width = '20%', display = 'inline-block')),
        dcc.Graph(id = 'indicator_jpn',figure = fig_gauge_jpn,
                  style = dict(width = '20%', display = 'inline-block')),
        dcc.Graph(id = 'indicator_gbr',figure = fig_gauge_gbr,
                  style = dict(width = '20%', display = 'inline-block')),
        dcc.Graph(id = 'indicator_usa',figure = fig_gauge_usa,
                  style = dict(width = '20%', display = 'inline-block'))
    ]),
    html.Div(id='output-container-date-picker-single')
])


####################################################
## 콜백 추가 부분
####################################################
app.run_server(debug=True, use_reloader = False)
```

콜백 구현

콜백은 Dash 앱에 구성된 DCC 컴포넌트가 업데이트되면 이에 연관된 컴포넌트를 변경하기 위해 Dash가 수행해야 하는 작업을 정의한 것이다.

앞서 설명한 바와 같이 콜백은 콜백 데커레이터와 콜백 함수의 두 부분으로 구성된다.

콜백 데커레이터는 Input과 Output의 매개변수를 가지는데, 이 매개변수는 Input()과 Output() 함수로 호출하며 input()과 output() 함수는 컴포넌트 id와 property를 매개변수로 호출한다. id 는 레이아웃에서 구성한 다양한 컴포넌트에 설정된 컴포넌트 중에서 해당 콜백의 입력이나 출력 으로 사용될 컴포넌트 id를 설정하고, 해당 id로 전달되는 컴포넌트의 타입을 property로 설정한 다. input()과 output()에서 사용되는 주요 property는 다음과 같다.

표 A-2 **주요 property 종류**

property	설명
children	해당 컴포넌트 전체를 업데이트 대상으로 사용
figure	Plotly 객체를 업데이트 대상으로 사용
value	수치나 문자열을 업데이트 대상으로 사용
date	날짜를 업데이트 대상으로 사용

콜백에 전달되는 input()과 output()이 설정되면 실제 수행되는 콜백 함수를 정의한다. 파이썬에서는 콜백 데커레이터에 콜백 함수를 매개변수로 설정하지 않고 해당 콜백 데커레이터에 매핑되는 콜백 함수를 콜백 데커레이터의 바로 다음에 정의한다. 콜백 함수에 정의되는 매개변수는 어떠한 이름이라도 관계없으나 콜백 함수내에서 사용되는 이름으로 정의한다.

여기서 하나 주의해야 하는 것은 Input과 Output이 여러 개 정의될 때 콜백 매개변수의 순서와 리턴 순서이다. Input이 여러 개일 경우 콜백 함수의 정의에서 선언한 순서대로 콜백의 입력 매개변수와 1:1로 매칭된다. 또 Output이 여러 개일 경우 콜백 함수의 지정된 순서대로 리턴해준다.

다음의 파이썬 코드는 앞에서 만든 레이아웃의 콜백이다. 이 콜백은 DatePickerSingle 컴포넌트에서 선택된 날짜를 input()으로 설정하고 5개의 인디케이터 컴포넌트와 주요 5개국 선 그래프를 output()으로 설정하였다. input()의 DatePickerSingle 컴포넌트 property는 date로, output()의 컴포넌트 property는 모두 figure로 설정되었다.

다음으로 설정한 콜백 함수의 매개변수는 input()으로 설정했던 DatePickerSingle 컴포넌트의 날짜를 date_value로 매핑했고, 콜백 함수의 리턴값은 콜백 함수의 output() 설정 순서인 indicator_kor, indicator_fra, indicator_jpn, indicator_gbr, indicator_usa, line_5_nations의 순서대로 리턴하도록 설정했다. 콜백 함수에서는 DatePickerSingle 컴포넌트로 선택된 날짜에 해당하는 주요 5개국의 인구 10만 명당 사망자수를 사용하여 인디케이터 트레이스로 만들어진 5개의 게이지 인디케이터를 업데이트하고, 선 그래프에 해당일을 표시해주기 위한 세로선을 표기해준다.

다음 그림은 레이아웃과 콜백이 상호작용하는 과정을 도식화한 것이다.

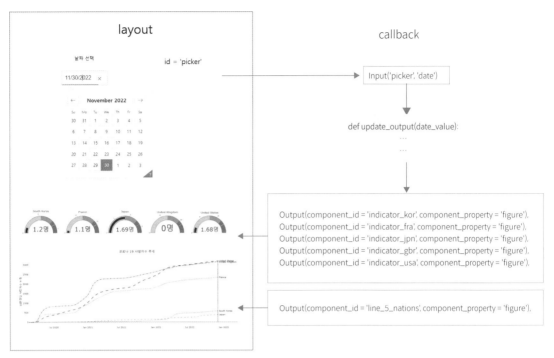

그림 A-4 코로나19 Dash 앱 콜백의 실행 순서

파이썬에서 콜백을 정의하기 위한 콜백 데커레이터는 Dash(__name__)으로 생성된 Dash 앱 객체에 callback() 데커레이션을 사용하여 Input()과 Output()을 설정한다. 하나 주의해야 할 것은 콜백 데커레이터 앞에 '@'를 붙여주어야 한다는 것이다. 콜백 데커레이터 정의 다음에는 콜백 함수를 정의한다. 콜백 함수는 콜백 데커레이터 안에 콜백 함수를 정의하지 않고 해당 콜백 데커레이터에 매핑되는 콜백 함수를 콜백 데커레이터 바로 다음에 함수로 정의해준다. 콜백 함수의 매개변수로는 Input()과 1:1로 매핑되는 id를 설정해주고 이 id를 콜백 함수에서 사용하게 된다. 또 콜백 함수의 종료시 Output()과 1:1로 매핑되는 객체를 순서대로 리턴해주어야 한다. 다음 코드에서 보면 콜백 데커레이터에는 Input()으로 ID가 'picker', property로 'date'를 설정했기 때문에 콜백 함수인 update_output()의 매개변수를 'date_value' 하나만 설정한다. 반면 콜백 함수의 마지막에 리턴값은 콜백 데커레이터에서 Output()으로 정의한 여섯 개의 컴포넌트 순서에 대응되는 Plotly 객체를 설정하여 해당 Plotly 객체가 업데이트되도록 코딩되었다.

```
@app.callback(
    Output(component_id = 'indicator_kor', component_property = 'figure'),
    Output(component_id = 'indicator_fra', component_property = 'figure'),
    Output(component_id = 'indicator_jpn', component_property = 'figure'),
```

```
        Output(component_id = 'indicator_gbr', component_property = 'figure'),
        Output(component_id = 'indicator_usa', component_property = 'figure'),
        Output(component_id = 'line_5_nations', component_property = 'figure'),
        Input(component_id = 'picker', component_property = 'date'))

def update_output(date_value):
    total_deaths_5_nations_update = total_deaths_5_nations_by_day.loc[
        total_deaths_5_nations_by_day['date'] == date_value,
        ['date', 'iso_code', 'new_deaths_per_million']].sort_values(by = 'iso_code')

    ## 한국 게이지 인디케이터 생성
    fig_gauge_kor = go.Figure()
    fig_gauge_kor.add_trace(go.Indicator(
        type = 'indicator', mode = "gauge+number", title = df_gauge.iloc[2, 1],
        value = total_deaths_5_nations_update.iloc[2, 2],
        gauge = dict(axis = dict(
            range = (0, df_gauge.iloc[2, 4]*1.2)),
                    steps = [
                        dict(range = (0, (df_gauge.iloc[2, 4])*1.2*0.5),
                            color = "lightgray"),
                        dict(range = ((df_gauge.iloc[2, 4])*1.2*0.5,
                                    (df_gauge.iloc[2, 4])*1.2*0.75),
                            color = "darkgray"),
                        dict(range = ((df_gauge.iloc[2, 4])*1.2*0.75,
                                    (df_gauge.iloc[2, 4])*1.2),
                            color = "gray")],
                    threshold = dict(
                        line = dict(color = 'white'), value = df_gauge.iloc[2, 4]),
                    bar = dict(color = "darkblue")),
        number = dict(suffix = '명')))

    ## 프랑스 게이지 인디케이터 생성
    fig_gauge_fra = go.Figure()
    fig_gauge_fra.add_trace(go.Indicator(
        type = 'indicator', mode = "gauge+number", title = df_gauge.iloc[0, 1],
        value = total_deaths_5_nations_update.iloc[0, 2],
        gauge = dict(axis = dict(
            range = (0, df_gauge.iloc[0, 4]*1.2)),
                    steps = [
                        dict(range = (0, (df_gauge.iloc[0, 4])*1.2*0.5),
                            color = "lightgray"),
                        dict(range = ((df_gauge.iloc[0, 4])*1.2*0.5,
                                    (df_gauge.iloc[0, 4])*1.2*0.75),
                            color = "darkgray"),
                        dict(range = ((df_gauge.iloc[0, 4])*1.2*0.75,
                                    (df_gauge.iloc[0, 4])*1.2),
                            color = "gray")],
                    threshold = dict(
                        line = dict(color = 'white'), value = df_gauge.iloc[0, 4]),
```

```
                    bar = dict(color = "darkblue")),
        number = dict(suffix = '명')))

## 일본 게이지 인디케이터 생성
fig_gauge_jpn = go.Figure()

fig_gauge_jpn.add_trace(go.Indicator(
    type = 'indicator', mode = "gauge+number", title = df_gauge.iloc[1, 1],
    value = total_deaths_5_nations_update.iloc[1, 2],
    gauge = dict(axis = dict(
        range = (0, df_gauge.iloc[1, 4]*1.2)),
                steps = [
                    dict(range = (0, (df_gauge.iloc[1, 4])*1.2*0.5),
                        color = "lightgray"),
                    dict(range = ((df_gauge.iloc[1, 4])*1.2*0.5,
                                (df_gauge.iloc[1, 4])*1.2*0.75),
                        color = "darkgray"),
                    dict(range = ((df_gauge.iloc[1, 4])*1.2*0.75,
                                (df_gauge.iloc[1, 4])*1.2),
                        color = "gray")],
                threshold = dict(
                    line = dict(color = 'white'), value = df_gauge.iloc[1, 4]),
                bar = dict(color = "darkblue")),
        number = dict(suffix = '명')))

## 영국 게이지 인디케이터 생성
fig_gauge_gbr = go.Figure()

fig_gauge_gbr.add_trace(go.Indicator(
    type = 'indicator', mode = "gauge+number", title = df_gauge.iloc[3, 1],
    value = total_deaths_5_nations_update.iloc[3, 2],
    gauge = dict(axis = dict(
        range = (0, df_gauge.iloc[3, 4]*1.2)),
                steps = [
                    dict(range = (0, (df_gauge.iloc[3, 4])*1.2*0.5),
                        color = "lightgray"),
                    dict(range = ((df_gauge.iloc[3, 4])*1.2*0.5,
                                (df_gauge.iloc[3, 4])*1.2*0.75),
                        color = "darkgray"),
                    dict(range = ((df_gauge.iloc[3, 4])*1.2*0.75,
                                (df_gauge.iloc[3, 4])*1.2),
                        color = "gray")],
                threshold = dict(
                    line = dict(color = 'white'), value = df_gauge.iloc[3, 4]),
                bar = dict(color = "darkblue")),
        number = dict(suffix = '명')))

## 미국 게이지 인디케이터 생성
fig_gauge_usa = go.Figure()
```

```
fig_gauge_usa.add_trace(go.Indicator(
    type = 'indicator', mode = "gauge+number", title = df_gauge.iloc[4, 1],
    value = total_deaths_5_nations_update.iloc[4, 2],
    gauge = dict(axis = dict(
        range = (0, df_gauge.iloc[4, 4]*1.2)),
                steps = [
                    dict(range = (0, (df_gauge.iloc[4, 4])*1.2*0.5),
                        color = "lightgray"),
                    dict(range = ((df_gauge.iloc[4, 4])*1.2*0.5,
                                    (df_gauge.iloc[4, 4])*1.2*0.75),
                        color = "darkgray"),
                    dict(range = ((df_gauge.iloc[4, 4])*1.2*0.75,
                                    (df_gauge.iloc[4, 4])*1.2),
                        color = "gray")],
                threshold = dict(
                    line = dict(color = 'white'), value = df_gauge.iloc[4, 4]),
                bar = dict(color = "darkblue")),
    number = dict(suffix = '명')))

fig_temp = go.Figure(fig)

fig_temp = fig_temp.add_shape(
    type = 'line', yref = "y", y0 = 0,
    y1 = total_deaths_5_nations_by_day['total_deaths_per_million'].max(),
    x0 = date_value, x1 = date_value, line = dict(color = 'black', dash="dot"))

return fig_gauge_kor, fig_gauge_fra, fig_gauge_jpn, fig_gauge_gbr, \
        fig_gauge_usa, fig_temp
```

A.2 Plotly와 R을 사용한 Shiny 앱 시작하기

R은 많은 사용자에게 통계 패키지로 알려져 있다. 하지만 통계 분석, 빅데이터 분석 기능을 포함하여 대시보드의 설계와 실행까지 할 수 있는 프로그래밍 언어의 기능도 있다. 이러한 프로그래밍 언어의 기능을 구현해주는 패키지가 Shiny 패키지다. Shiny 패키지로 만드는 대시보드는 정적 시각화 패키지인 ggplot2를 사용해서 만들 수 있지만, 동적 시각화 패키지인 Plotly로 만들 때 더 우수해진다. Shiny와 Plotly를 사용하여 대시보드를 만들어보자.

Shiny란?

Shiny는 반응형 웹 기반 애플리케이션을 만들기 위해 R스튜디오에서 개발하여 배포하는 오픈소스 패키지이다. Shiny는 Shiny 패키지에서 자체적으로 제공하는 다양한 컨트롤 인터페이스가 있지만 Shiny를 더 강력하게 만드는 것은 dplyr나 ggplot2와 같은 R 패키지에서 제공하는 다양한 시각화 결과를 포함시켜서 대시보드를 만들 수 있다는 것이 매우 큰 장점이다. dplyr나 ggplot2외에도 Shiny가 지원하는 패키지는 표를 시각화하기 위한 DT, 지도를 시각화하기 위한 leaflet, 그리고 이 책에서 중점적으로 다루고 있는 사용자 반응형 시각화인 Plotly 등을 지원한다. 특히 Plotly는 최근 Shiny로 제작하는 대시보드 웹 애플리케이션에서 사용자 반응형 그래프를 지원하기 위해 많이 사용되고 있다. 또한 Shiny는 대시보드 앱의 스타일을 꾸미기 위해 CSS 및 자바스크립트와 같은 웹 개발 언어와 같이 결합하여 사용할 수 있다. 여기에 Power BI 대시보드와 같은 강력한 시각화 대시보드를 생성할 수 있는 방법도 제공한다.

사실 그동안 R은 통계 및 빅데이터 분석 툴로 인식되었고 애플리케이션을 만들기 위한 프로그래밍 언어로 인식되지 못했다. 하지만 Shiny의 등장은 R을 기존의 분석 툴에서 대시보드 설계 프레임워크로 일종의 프로그래밍 언어의 역할도 가능하도록 만들었다. 게다가 R스튜디오는 단순한 데이터 분석용 툴에서 종합적 데이터 분석 생태계를 지원하는 툴로 발전하기 위해 이름도 Posit_{propose an idea or theory}로 바꾸고 파이썬 유저를 흡수하기 위한 다양한 지원 기능을 제공하고 있다. 이 차원에서 Shiny도 그동안 R 패키지만으로 제공되던 것에서 파이썬 라이브러리를 제공함으로써 파이썬까지 지원하고 있다.

1 Shiny의 구조

Shiny 앱은 기본적으로 사용자와 Shiny 간의 인터페이스를 정의하는 프런트엔드_{frontend}인 ui와 Shiny 앱이 사용자 간의 상호작용을 통해 작동하는 백엔드_{backend} 엔진인 server의 두 부분으로 구성된다. 즉, Shiny 앱을 구성하는 코드의 한 부분은 Shiny 앱의 레이아웃을 구성하는 코드이고, 다른 한 부분은 사용자의 반응에 따른 데이터 분석과 시각화를 표현하는 데 사용된다. 이 두 부분은 하나의 파일로 구성할 수도 있고 각각의 ui.R과 server.R로 구성할 수도 있다.

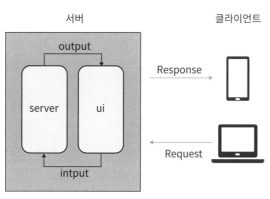

그림 A-5 **Shiny 앱의 구조**

따라서 Shiny 앱을 만들기 위해서는 먼저 Shiny 패키지 설치 및 로딩하고, ui와 server 객체를 생성한 후 이들 객체를 실행시키는 코드로 구성된다.

❷ Shiny 패키지 설치와 로딩

Shiny 앱을 코딩하기 위해서는 먼저 Shiny 패키지를 설치하여야 한다. Shiny 패키지는 R의 공식 패키지 저장소repository인 CRAN에 등록되어 있기 때문에 `install.packages()`로 설치할 수 있다. 또 Shiny 앱을 코딩하기 위해서는 Shiny 패키지를 로딩하여야 하는데 다음 코드는 설치부터 로딩까지를 수행하는 코드이다.

```
if(!require(shiny)) {
  install.packages('shiny')
  library(shiny)
}
```

❸ Shiny의 시작

앞서 언급한 바와 같이 Shiny 앱을 만들기 위해서는 웹 애플리케이션의 전체적인 레이아웃을 정의하는 ui 객체와 해당 웹 애플리케이션이 사용자와의 상호작용을 통해 작동하는 코드인 server를 정의하여야 하고 최종적으로 이 두 객체를 호출하여 Shiny 앱으로 실행시켜 주는 코드가 필요하다. 이 코드는 R이나 R스튜디오의 빈 파일에서부터 코딩이 가능하다. 하지만 Shiny 앱을 만들기 위해서 많이 사용하는 방법은 R스튜디오에서 생성해주는 **스켈레톤 코드**skeleton code를 사용하는 것이다.

이 스켈레톤 코드를 만드는 방법은 R Shiny 프로젝트를 만드는 방법과 R 코드 파일로 만드는 방법의 두 가지가 있다. 이 중 R Shiny 프로젝트를 통해 스켈레톤 코드를 만드는 방법에 대해 소개한다.

먼저 R Shiny 프로젝트를 만들기 위해서는 먼저 R스튜디오의 **[File]** 메뉴에서 **[New Project]**를 선택한다.

그림 A-6 **R Shiny의 New Project 메뉴**

[New Project] 메뉴를 실행하면 그림 A-7의 왼쪽 창이 나타나는데 새로운 프로젝트를 생성하기 위해서는 [New Directory]를 선택한다. 그러면 프로젝트 타입 설정 창이 나타나는데, 이 프로젝트 타입 설정 창에서 [Shiny Application]을 선택해주면 R Shiny 애플리케이션을 위한 프로젝트가 생성된다. 다음으로 나타나는 Create Shiny Application 창에서 프로젝트 이름과 해당 프로젝트 파일들이 생성될 디렉토리를 설정하면 해당 디렉토리에 App.R 파일이 생성된다.

그림 A-7 R Shiny의 App.R 파일 생성 과정

이 프로젝트에서 생성된 App.R 파일에 다음과 같이 R Shiny 애플리케이션을 생성하기 위한 스켈레톤 코드가 생성된다. 이렇게 생성된 스켈레톤 코드는 앞서 설명한 바와 같은 ui 객체 정의 부분, server 객체 정의 부분, R Shiny 애플리케이션 실행 부분의 세 부분으로 구성되어 있다. ui와 server 정의 부분에는 미국 옐로스톤 국립공원의 올드 페이스풀 간헐천 데이터의 히스토그램 간격을 설정하는 R Shiny 애플리케이션 코드가 담겨 있다. 자신의 R Shiny 애플리케이션을 생성하려면 이 샘플 코드를 제거하고 사용하면 된다.

```
#
# This is a Shiny web application. You can run the application by clicking
# the 'Run App' button above.
#
# Find out more about building applications with Shiny here:
#
#    http://shiny.rstudio.com/
#

library(shiny)

# Define UI for application that draws a histogram
ui <- fluidPage(

    ##   ui 객체 정의 부분

)
```

```
# Define server logic required to draw a histogram
server <- function(input, output) {

##   server 객체 정의 부분

}

# Run the application
shinyApp(ui = ui, server = server)   ##  R Shiny 애플리케이션 실행 부분
```

❹ ui의 정의

ui는 앱의 레이아웃과 디자인을 구성하고, 사용자와의 상호작용을 위한 버튼, 슬라이더, 텍스트 상자 등의 위치를 설정하는 객체를 의미한다. ui는 일반적으로 다음과 같은 함수를 사용하여 정의 하게 된다.

표 A-3 ui 정의

ui 함수	설명
fluidPage()	브라우저의 크기에 따라 유동적으로 변동되는 ui 페이지
fillPage()	높이와 너비가 항상 브라우저 창의 사용 가능한 영역을 채우는 ui 페이지
fixedPage()	크기가 고정된 ui 페이지
navbarPage()	상단에 패널 간의 이동을 위한 내비게이션 메뉴를 포함하는 ui 페이지

이들 페이지 설정 중에 R Shiny 웹 애플리케이션에서 많이 사용되는 페이지는 `fluidPage()`이다. 이 페이지 레이아웃은 전체 페이지를 행과 열로 구성한다. 기본 배치 구성은 먼저 전체 레이아웃의 행을 `fluidRow()`를 사용하여 정의하고 각각의 행에 포함되는 열을 `column()`을 사용하여 정의한다. 하나의 행은 총 12단위의 너비를 가지는데 이 12단위의 행에 포함된 열의 너비의 합은 12가 되어야 한다. 이 너비는 정수 크기만을 할당할 수 있고 소수점 단위의 크기를 설정할 수 없다.

`fluidPage()`와 `column()`으로 구성하는 레이아웃을 그리드 레이아웃이라고 한다. 하지만 R Shiny 에는 많이 사용되는 레이아웃을 쉽게 설정할 수 있는 방법도 제공하는데 다음과 같은 레이아웃 함수를 사용하여 사전 정의된 레이아웃을 사용할 수 있다.

레이아웃 함수	설명
sidebarLayout()	브라우저 왼쪽에 사이드바 패널을 배치하고 오른쪽에 메인 패널을 배치하는 레이아웃
flowLayout()	배치되는 객체를 왼쪽에서 오른쪽으로, 위에서 아래로 배치하는 레이아웃
splitLayout()	배치되는 객체를 왼쪽에서 오른쪽으로 동일한 크기로 나누어 배치하는 레이아웃
verticalLayout()	배치되는 객체를 행의 방향으로 배치하는 레이아웃

입력 컨트롤이나 출력 객체를 매핑하는 것은 그리드 레이아웃을 사용하는지, 아니면 사전 정의된 레이아웃을 사용하는지에 따라 다소 차이가 있다. 그리드 레이아웃을 사용할 때는 `fluidRow()` 안에 정의되는 `column()`에 매핑하고자 하는 입력 컨트롤이나 출력 객체를 배치한다. 입력 컨트롤의 경우는 입력 컨트롤을 직접 매핑할 수도 있지만 입력 컨트롤이 포함될 패널panel을 컨테이너로 사용해 매핑할 수도 있다. 그러나 사전 정의된 레이아웃을 사용하는 경우는 보통 사전 정의된 레이아웃에 적절한 패널을 먼저 매핑하고 이 패널을 구성하는 방법으로 설정한다.

다음은 `fluidPage()`를 사용하여 레이아웃을 구성하는 예를 보이고 있다. 먼저 `fluidPage()`를 사용하여 유동 페이지를 만든다. 이 유동 페이지는 두 개의 행을 가지기 때문에 `fluidPage()`의 매개변수는 두 개의 `fluidRow()`를 설정하게 된다. 첫 번째 행에는 두 개의 열을 가지기 때문에 첫 번째 `fluidRow()`에는 두 개의 `column()`이 사용된다. 첫 번째 열의 너비는 3이고, 두 번째 열의 너비는 2로 설정하였지만 두 번째 열의 오프셋offset을 3으로 설정하였기 때문에 앞뒤로 3만큼의 너비를 가진 공백이 들어간다. 그래서 전체 너비는 4(첫 번째 열의 너비)+3(두 번째 열의 좌측 오프셋)+2(두 번째 열의 너비)+3(두 번째 열의 우측 오프셋)으로 12가 된다. 다음 두 번째 행은 하나의 열로만 구성된 행이기 때문에 하나의 `column()`을 사용하고 그 너비를 12로 설정하였다.

```
ui <- fluidPage(
  fluidRow(column(width = 4),
    column(width = 2, offset = 3)),
  fluidRow(column(width = 12))
)
```

그림 A-8 R Shiny의 그리드 레이아웃 구성 예[55]

55 출처: Shiny::CHEATSHEET(CC BY SA Posit Software, PBC · info@posit.co · posit.co)

앞의 그림 A-8과 같은 그리드 레이아웃이 정의된 ui 객체를 프린트해보면 다음과 같은 HTML 태그로 구성된 객체임을 확인할 수 있다.

```
ui <- fluidPage(
  fluidRow(column(width = 4),
           column(width = 2, offset = 3)),
  fluidRow(column(width = 12))
)

print(ui)

<div class="container-fluid">
  <div class="row">
    <div class="col-sm-4"></div>
    <div class="col-sm-2 offset-md-3 col-sm-offset-3"></div>
  </div>
  <div class="row">
    <div class="col-sm-12"></div>
  </div>
</div>
```

이렇게 레이아웃을 구성하면 해당 레이아웃에 위치할 입력 컨트롤 위젯이나 출력 객체를 매핑해야 한다.

입력 컨트롤 위젯은 Shiny에서 제공하는 입력 컨트롤 위젯 함수를 사용하여 정의한다. 다음은 Shiny에서 제공하는 주요 입력 컨트롤 위젯과 입력 컨트롤 위젯 함수이다.

표 A-5 **주요 입력 컨트롤 위젯과 입력 컨트롤 위젯 함수**

입력 위젯	입력 위젯 함수	설명
액션 제출	actionButton()	액션 버튼 위젯
☑ 선택 A	checkboxInput()	싱글 체크 박스 위젯
☑ 선택 1 ☐ 선택 2 ☐ 선택 3	checkboxGroupInput()	그룹 체크 박스 위젯

입력 위젯	입력 위젯 함수	설명
2023-01-01 January 2023 Su Mo Tu We Th Fr Sa 25 26 27 28 29 30 31 1 2 3 4 5 6 7 8 9 10 11 12 13 14 15 16 17 18 19 20 21 22 23 24 25 26 27 28 29 30 31 1 2 3 4	dateInput()	날짜 입력 위젯
2023-06-08 to 2023-06-08	dateRangeInput()	날짜 범위 입력 위젯
1	numericInput()	숫자 입력 위젯
Enter text..	textInput()	문자 입력 위젯
● 선택 1 ○ 선택 2 ○ 선택 3	radioButtons()	라디오 버튼 위젯
선택 1 ▲ 선택 1 선택 2 선택 3	selectInput()	드롭다운 선택 입력 위젯
0 50 100 0 10 20 30 40 50 60 70 80 90 100	sliderInput()	슬라이더 선택 위젯

출력 객체는 사용자의 입력 컨트롤 위젯과의 상호작용에 따라 갱신되는 대시보드의 객체를 말하는데 출력되는 객체의 종류에 따라 출력 함수를 사용하여 정의한다. 다음은 Shiny에서 기본적으로 지원하는 출력 객체 함수이다.

표 A-6 Shiny에서 제공하는 출력 객체 함수

출력 객체 함수	설명
dataTableOutput()	데이터 표를 출력하기 위한 출력 객체 함수
htmlOutput()	HTML을 출력하기 위한 출력 객체 함수
imageOutput()	이미지를 출력하기 위한 출력 객체 함수
plotOutput()	ggplot2 그래프를 출력하기 위한 출력 객체 함수
textOutput()	텍스트를 출력하기 위한 출력 객체 함수
plotly::plotlyOutput()	Plotly 객체를 출력하기 위한 출력 객체 함수(Plotly 패키지에서 지원)

ui에 설정되는 입력 컨트롤 위젯 함수와 출력 객체 함수에는 다음에 설명할 server와 매핑할 id를 반드시 설정하여야 한다. 입력 컨트롤 위젯 함수와 출력 객체 함수 모두 첫 번째 매개변수는 해당 객체의 고유 id이다.

5 server의 정의

R Shiny 애플리케이션의 또 하나의 요소인 server는 ui에서 정의한 사용자 인터페이스의 반응에 따라 동작하는 백엔드 함수를 말한다. 앞서 정의한 ui는 fluidPage()와 같은 페이지 정의 함수를 사용하여 전체 구조를 HTML 태그로 구성한 객체이지만 server는 ui에서 정의된 입력 컨트롤들이 작동되었을 때 실행되는 함수를 정의한다. 따라서 R의 함수 생성 방법을 사용하여 server 함수를 만들어주는데, 다만 이 함수는 반드시 input과 output의 두 개의 매개변수를 가져야 한다. input은 ui에서 정의한 입력 컨트롤 위젯의 값이 server 함수로 들어오는 값, 즉 사용자가 입력 컨트롤 위젯을 사용하여 입력하거나 선택한 값은 input$입력컨트롤위젯ID로 값을 액세스할 수 있고, 이 값은 server 함수 내에서 사용된다. output은 거꾸로 server 함수에서 ui로 보내지는 결괏값, 즉 업데이트되는 그래프 등을 갱신하는 데 사용한다. 이 output도 $를 사용하여 ui에 정의된 해당 객체 ID를 참조하게 되는데 output$출력객체ID에 갱신되는 객체를 설정함으로써 해당 객체가 갱신된다. 이 server 함수에서 정의하는 객체는 출력 객체를 표시하기 위한 출력 객체별 렌더render 함수 객체와 리액티비티reactivity 객체로 구성된다.

출력 객체별 렌더 함수는 ui 객체에서 정의된 출력 객체 함수의 id와 1:1로 매핑되는 객체를 정의하기 위해 사용된다. 따라서 ui 객체에서 정의된 객체의 종류에 맞는 렌더 함수를 사용해야 한다. 다음은 Shiny에서 지원되는 주요 렌더 함수들이다.

표 A-7 **Shiny에서 제공하는 출력 객체 렌더 함수**

출력 객체 렌더 함수	설명
renderDataTable()	데이터 표를 출력하기 위한 출력 객체 렌더 함수
renderUI()	HTML을 출력하기 위한 출력 객체 렌더 함수
renderImage()	이미지를 출력하기 위한 출력 객체 렌더 함수
renderPlot()	ggplot2 그래프를 출력하기 위한 출력 객체 렌더 함수
renderText()	텍스트를 출력하기 위한 출력 객체 렌더 함수
plotly::renderPlotly()	Plotly 객체를 출력하기 위한 출력 객체 렌더 함수(Plotly 패키지에서 지원)

server 함수의 출력 객체와 ui 입력 컨트롤 위젯, 출력 객체 함수와의 매핑 관계를 살펴보면 다음 그림과 같이 표현할 수 있다.

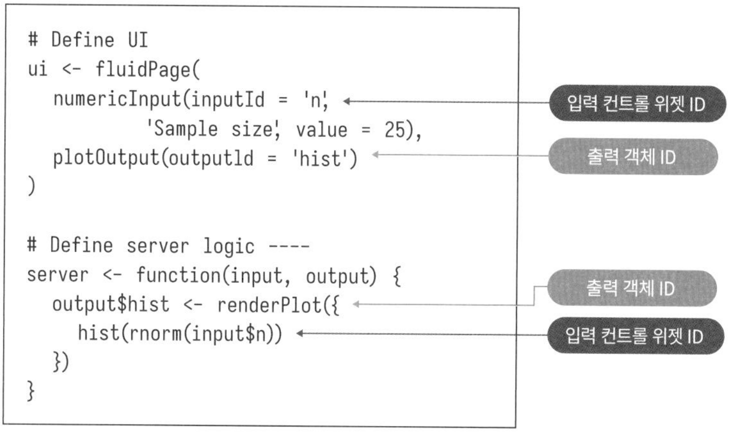

```
# Define UI
ui <- fluidPage(
    numericInput(inputId = 'n',          ← [입력 컨트롤 위젯 ID]
             'Sample size', value = 25),
    plotOutput(outputId = 'hist')        ← [출력 객체 ID]
)

# Define server logic ----
server <- function(input, output) {
    output$hist <- renderPlot({           ← [출력 객체 ID]
        hist(rnorm(input$n))              ← [입력 컨트롤 위젯 ID]
    })
}
```

그림 A-9 **R Shiny의 ui 객체와 server 함수 내 객체 간의 매핑 관계 표현**

Shiny 앱 애플리케이션은 ui에 정의된 입력 컨트롤 위젯에 특정 변경이 가해지면 server 함수를 실행시킨다. 이 함수 중에 변경이 가해진 컨트롤 위젯의 ID가 포함된 렌더 함수들이 모두 실행되어 해당 출력 객체를 렌더링하게 된다. 이러한 형태의 프로그래밍을 Shiny에서 리액티비티 프로그래밍이라고 한다. 리액티비티 프로그래밍은 리액티비티 소스와 리액티비티 엔드포인트의 두 가지 객체가 필수적으로 필요하다. 리액티비티 소스는 ui에서 생성한 입력 컨트롤 위젯을 위한 코드를 말한다. 또 리액티비티 엔드포인트는 리액티비티 소스에 영향을 받아 갱신되는 출력 객체를 말한다. 하지만 하나 또는 다수의 리액티비티 소스는 하나 이상의 리액티비티 엔드포인트를 실행시킬 수 있는데 만약 이들 리액티비티 엔드포인트 중에 공통적으로 실행되는 코드가 존재한다면 이들 코드들이 중복적으로 실행됨에 따라 Shiny 앱의 전반적인 실행 속도가 저하되게 된다. 따라서 각각의 리액티비티 엔드포인트 함수의 공통적인 부분이 한 번만 실행되도록 코딩한 것이 리액티비티 컨덕터conductor이다. 리액티비티 컨덕터는 함수가 아닌 리액티비티 표현법을 사용한다. 리액티비티 표현법은 함수의 정의와 매우 유사하지만 function 키워드 대신 reactive 키워드를 사용하여 정의한다. 그리고 정의된 리액티비티 컨덕터는 함수의 호출 방식처럼 리액티비티 컨덕터 이름에 ()를 붙여서 호출하고, 호출되면 해당 리액티비티 컨덕터 실행 결과로 치환된다. 다음은 그림 A-9의 server 함수에 리액티비티 컨덕터를 사용한 예를 보이고 있다.

```
# Define server logic ----
server <- function(input, output)
  react <- reactive({            ## 리액티비티 컨덕터 정의
    input$n * 2
  })

  output$hist <- renderPlot({
    hist(rnorm(react()))          ## 리액티비티 컨덕터 사용
  })
}
```

❻ Shiny 앱 실행

Shiny를 위한 ui와 server를 모두 작성하였다면 이제 Shiny 앱을 실행시켜야 한다. Shiny 앱은 웹서버에 올려서 온라인 웹 서비스를 하는 것이 목적이겠지만, 여기서는 R스튜디오에서 자체 로컬 웹서버를 띄워서 실행시키는 방법을 소개한다.

R스튜디오에서 Shiny 앱을 실행시키기 위해서는 ui와 server 함수를 지정하고 실행시키기 위한 함수인 shinyApp()을 다음과 같이 호출하는 코드가 포함되어야 한다.

```
shinyApp(ui = ui, server = server)
```

이렇게 Shiny 패키지 로딩, ui 객체 생성, server 함수 생성, ShinyApp 호출 코드가 완성되면 실제 코드를 실행시켜야 한다. Shiny 프로젝트를 선택하여 만들어진 스켈레톤 코드가 담긴 R 스튜디오의 코드 패널 우측 상단을 보면 그림 A-10과 같은 [Run App] 메뉴가 생겼음을 볼 수 있다. 이 메뉴의 좌측 삼각형을 클릭하면 해당 코드 패널에 작성된 Shiny 앱이 실행되게 된다. R 스튜디오에서 Shiny 앱을 실행하면 해당 PC에 자체 웹서버가 실행되는데 웹 브라우저에서 http://127.0.0.1:4736의 주소를 사용하여 접근이 가능하다.

그림 A-10 **R스튜디오 코드 패널의 Run App 실행 메뉴 버튼**

Shiny 앱 만들기

Shiny 프레임워크의 전반적인 기능을 살펴보기 위해 지금까지 사용했던 코로나19 데이터를 사용하여 Shiny 앱을 만들어보겠다. ui 객체 생성, server 함수 생성의 순서로 앱을 만드는 과정을 설

명하는데, 데이터는 앞에서 사용했던 코로나 데이터셋을 사용한다.

코로나19 데이터를 활용한 Shiny 앱은 앞서 Dash를 사용한 앱과 동일한 레이아웃을 가지는데, 그림 A-11과 같은 레이아웃을 가진다.

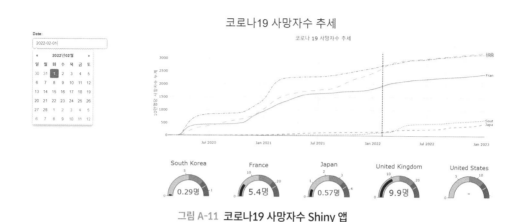

그림 A-11 코로나19 사망자수 Shiny 앱

❶ Shiny 패키지 로딩과 데이터 전처리

Shiny 앱 애플리케이션을 만들기 위해서는 먼저 Shiny 패키지를 로딩하여야 한다. 앞서 살펴본 바와 같이 Shiny 스켈레톤 코드를 만들면 Shiny 패키지를 로딩하는 코드가 자동으로 들어가기 때문에 신경쓰지 않아도 되지만 스켈레톤 코드를 사용하지 않으면 library()를 사용하여 로딩하여야 한다.

다음으로 Shiny 앱에서 사용해야 할 데이터를 로딩하고 적절한 전처리 과정을 거친다. 이 전처리 과정은 앞서 Dash에서 사용하는 것과 동일한 전처리 과정을 거친다. 이 전처리 과정에 대한 코드는 다음과 같다.

```
if(!require(shiny)) {
  install.packages('shiny')
  library(shiny) }

if(!require(tidyverse)) {
  install.packages('tidyverse')
  library(tidyverse) }

if(!require(readxl)) {
  install.packages('readxl')
  library(readxl) }
```

```
if(!require(readr)) {
  install.packages('readr')
  library(readr) }

if(!require(lubridate)) {
  install.packages('lubridate')
  library(lubridate) }

if(!require(plotly)) {
  install.packages('plotly')
  library(plotly)
}

## covid19 데이터 로딩(파일을 다운로드 받은 경우)
df_covid19 <- read_csv(file = "데이터파일저장경로/owid-covid-data.csv",
                       col_types = cols(date = col_date(format = "%Y-%m-%d")
                       )
)

## 여백 설정을 위한 변수 설정
margins_R <- list(t = 50, b = 25, l = 25, r = 25)

## dash 앱의 구성을 위한 데이터 전처리
total_deaths_5_nations_by_day <- df_covid19 |>
  filter((iso_code %in% c('KOR', 'USA', 'JPN', 'GBR', 'FRA'))) |>
  filter(!is.na(total_deaths_per_million))
last_day = max(distinct(total_deaths_5_nations_by_day, date) |> pull())

## indicator 트레이스에서 사용할 각각의 국가별 최대 사망자 추출
max_deaths_per_million_by_day <- total_deaths_5_nations_by_day |>
  group_by(location) |>
  summarise(최대사망자 = max(new_deaths_per_million, na.rm = TRUE))

## indicator 트레이스에서 사용할 십만명당 사망자수 추출
deaths_per_million_in_lateast <- total_deaths_5_nations_by_day |>
  group_by(location) |>
  filter(is.na(new_deaths_per_million) == FALSE) |>
  filter(date == max(date)) |>
  select(iso_code, date, new_deaths_per_million)

## indicator 트레이스에서 사용할 데이터 전처리
df_gauge <- left_join(max_deaths_per_million_by_day,
                      deaths_per_million_in_lateast, by = 'location') |>
  arrange(location)
```

❷ ui 객체 생성

다음으로 ui 객체를 생성하는데 두 개의 fluidRow()로 구성된다. 첫 번째 fluidRow()는 최상단의 제목이 보이는 행으로 하나의 칼럼이고, 두 번째 fluidRow()는 두 개의 열로 구성되는데 좌측열은 특정일의 코로나19 데이터를 선택하기 위한 dateInput 컨트롤 위젯을 위치시킨다. 우측 열은다시 두 개의 fluidRow()를 내포한 두 개의 행으로 구성하는데, 첫 번째 fluidRow()는 5장에서그렸던 주요 5개국의 선 그래프를 배치하고 두 번째 fluidRow()는 각 국가별 게이지 인디케이터를5개 나란히 그린다. 이 과정에서 앞서 언급한 바와 같이 각각의 fluidRow()는 너비가 12로 한정되기 때문에 첫 번째 fluidRow() 선 그래프는 너비가 10, 앞뒤로 오프셋이 1씩 설정하였고, 두 번째fluidRow()는 다섯 개의 인디케이터 각각 2씩 너비를 설정하고 앞뒤에 너비 1씩의 빈 열을 배치하여 두 fluidRow() 간의 간격을 맞춰주었다. 이들 열들에는 각각 배치되어야 할 출력 객체를 정의하는데 모두 Plotly 객체이기 때문에 Plotly 패키지에서 제공하는 plotlyOutput()을 사용하여 출력 객체를 매핑하였다.

이러한 레이아웃을 가지는 ui는 다음과 같이 정의할 수 있다.

```
ui <- fluidPage(
  fluidRow(                      ## 첫 번째 행의 정의
    column(12,
          titlePanel(h1("코로나19 사망자수 추세", align = "center"))
    )    ## 첫 번째 행은 길이 12의 단일 칼럼
  ),
  fluidRow(                      ## 두 번째 행의 정의
    column(2,
          dateInput("date1", "Date:", value = last_day, language = 'ko', autoclose = FALSE)
    ),
    column(10,
          fluidRow(              ## 두 번째 행의 우측 열에 첫 번째 행의 정의
            column(10, plotly::plotlyOutput('plot_trendy_names'), offset = 1)
          ),
          fluidRow(              ## 두 번째 행의 우측 열에 두 번째 행의 정의
            column(1),
            column(2, plotly::plotlyOutput('plot_trendy_kor')),
            column(2, plotly::plotlyOutput('plot_trendy_fra')),
            column(2, plotly::plotlyOutput('plot_trendy_jpn')),
            column(2, plotly::plotlyOutput('plot_trendy_gbr')),
            column(2, plotly::plotlyOutput('plot_trendy_usa')),
            column(1)
          )
    )
```

```
    )
  )
```

❸ server 함수 생성

코로나 Shiny 앱의 server 함수는 ui에서 ID가 date1으로 정의된 날짜 입력 위젯의 선택된 날짜에 따라 ID가 plot_trendy_names인 Plotly 선 그래프, ID가 plot_trendy_kor, plot_trendy_fra, plot_trendy_jpn, plot_trendy_gbr, plot_trendy_usa인 Plotly 인디케이터가 갱신되어야 한다. 따라서 이들 객체들마다 renderPlotly()를 사용하여 각각의 객체를 갱신하는 리액티비티 엔드포인트 함수를 작성하였다. 또 이들 리액티비티 엔드포인트에서 공통적으로 사용되는 기능, date1에서 정의된 날짜를 받아서 Plotly 객체의 갱신에 사용할 데이터프레임을 만들어주는 기능은 리액티비티 컨덕터로 생성하였다.

Shiny 코로나 앱의 server 함수는 다음과 같이 정의할 수 있다.

```
server = function(input, output) {
  dataInput <- reactive({
    deaths_per_million_update <- total_deaths_5_nations_by_day |>
      filter(is.na(new_deaths_per_million) == FALSE) |>
      filter(date == input$date1) |>
      select(location, new_deaths_per_million) |> arrange(location)
  })

  output$plot_trendy_names <- plotly::renderPlotly({
    total_deaths_5_nations_by_day |>
      plot_ly() |>
      add_trace(type = 'scatter', mode = 'lines',
                x = ~date, y = ~total_deaths_per_million , linetype = ~location,
                connectgaps = T, color = ~location) |>
      add_annotations(
        x =~ (total_deaths_5_nations_by_day |> filter(date == max(date)) |>
              select(date) |> pull()),
        y = ~(total_deaths_5_nations_by_day |> filter(date == max(date)) |>
              select(total_deaths_per_million) |> pull()),
        text = ~(total_deaths_5_nations_by_day |> filter(date == max(date)) |>
                 select(location) |> pull()),
        textposition = 'middle right', xanchor = 'left', showarrow = FALSE
      ) |>
      layout(title = '코로나 19 사망자수 추세',
             xaxis = list(title = '',
             range = c('2020-02-15', format(last_day, format="%Y-%m-%d"))),
             yaxis = list(title = '10만명당 사망자수 누계'),
```

```
            margin = margins_R,
            showlegend = FALSE) |>
    layout(shapes = list(type = 'line', y0 = 0,
                         y1 = max(total_deaths_5_nations_by_day$total_deaths_per_million),
                         yref = "y", x0 = input$date1, x1 = input$date1,
                         line = list(color = 'black', dash="dot")))
})


output$plot_trendy_kor <- plotly::renderPlotly({
  df_gauge |> plot_ly() |>
    add_trace(type = 'indicator', mode = "gauge+number",
              title = pull(df_gauge[3, 1]),
              value = pull(dataInput()[3, 2]),
              gauge = list(axis = list(
                range = list(NULL, pull(df_gauge[3, 2])*1.2)),
                steps = list(
                  list(range = c(0, pull(df_gauge[3, 2])*1.2*0.5),
                       color = "lightgray"),
                  list(range = c(pull(df_gauge[3, 2])*1.2*0.5,
                                 pull(df_gauge[3, 2])*1.2*0.75),
                       color = "darkgray"),
                  list(range = c(pull(df_gauge[3, 2])*1.2*0.75,
                                 pull(df_gauge[3, 2])*1.2),
                       color = "gray")),
                threshold = list(line = list(color = 'white'),
                                 value = pull(df_gauge[3, 2])),
                bar = list(color = "darkblue")),
              number = list(suffix = '명'),
              domain = list(x = c(0, 1), y = c(0.5, 1)))
})


output$plot_trendy_fra <- plotly::renderPlotly({
  df_gauge |> plot_ly() |>
    add_trace(type = 'indicator', mode = "gauge+number",
              title = pull(df_gauge[1, 1]),
              value = pull(dataInput()[1, 2]),
              gauge = list(axis = list(
                range = list(NULL, pull(df_gauge[1, 2])*1.2)),
                steps = list(
                  list(range = c(0, pull(df_gauge[1, 2])*1.2*0.5),
                       color = "lightgray"),
                  list(range = c(pull(df_gauge[1, 2])*1.2*0.5,
                                 pull(df_gauge[1, 2])*1.2*0.75),
                       color = "darkgray"),
                  list(range = c(pull(df_gauge[1, 2])*1.2*0.75,
                                 pull(df_gauge[1, 2])*1.2),
                       color = "gray")),
                threshold = list(line = list(color = 'white'),
```

```
                                    value = pull(df_gauge[1, 2])),
                       bar = list(color = "darkblue")),
                number = list(suffix = '명'),
                domain = list(x = c(0, 1), y = c(0.5, 1)))
})

output$plot_trendy_jpn <- plotly::renderPlotly({
  df_gauge |> plot_ly() |>
  add_trace(type = 'indicator', mode = "gauge+number",
            title = pull(df_gauge[2, 1]),
            value = pull(dataInput()[2, 2]),
            gauge = list(axis = list(
              range = list(NULL, pull(df_gauge[2, 2])*1.2)),
              steps = list(
                list(range = c(0, pull(df_gauge[2, 2])*1.2*0.5),
                     color = "lightgray"),
                list(range = c(pull(df_gauge[2, 2])*1.2*0.5,
                              pull(df_gauge[2, 2])*1.2*0.75),
                     color = "darkgray"),
                list(range = c(pull(df_gauge[2, 2])*1.2*0.75,
                              pull(df_gauge[2, 2])*1.2),
                     color = "gray")),
              threshold = list(line = list(color = 'white'),
                              value = pull(df_gauge[2, 2])),
              bar = list(color = "darkblue")),
            number = list(suffix = '명'),
            domain = list(x = c(0, 1), y = c(0.5, 1)))
})

output$plot_trendy_gbr <- plotly::renderPlotly({
  df_gauge |> plot_ly() |>
    add_trace(type = 'indicator', mode = "gauge+number",
              title = pull(df_gauge[4, 1]),
              value = pull(dataInput()[4, 2]),
              gauge = list(axis = list(
                range = list(NULL, pull(df_gauge[4, 2])*1.2)),
                steps = list(
                  list(range = c(0, pull(df_gauge[4, 2])*1.2*0.5),
                       color = "lightgray"),
                  list(range = c(pull(df_gauge[4, 2])*1.2*0.5,
                                pull(df_gauge[4, 2])*1.2*0.75),
                       color = "darkgray"),
                  list(range = c(pull(df_gauge[4, 2])*1.2*0.75,
                                pull(df_gauge[4, 2])*1.2),
                       color = "gray")),
                threshold = list(line = list(color = 'white'),
                                value = pull(df_gauge[4, 2])),
                bar = list(color = "darkblue")),
```

```
                    number = list(suffix = '명'),
                    domain = list(x = c(0, 1), y = c(0.5, 1)))
    })

    output$plot_trendy_usa <- plotly::renderPlotly({
      df_gauge |> plot_ly() |>
        add_trace(type = 'indicator', mode = "gauge+number",
                  title = pull(df_gauge[5, 1]),
                  value = pull(dataInput()[5, 2]),
                  gauge = list(axis = list(
                    range = list(NULL, pull(df_gauge[5, 2])*1.2)),
                    steps = list(
                      list(range = c(0, pull(df_gauge[5, 2])*1.2*0.5),
                           color = "lightgray"),
                      list(range = c(pull(df_gauge[5, 2])*1.2*0.5,
                                     pull(df_gauge[5, 2])*1.2*0.75),
                           color = "darkgray"),
                      list(range = c(pull(df_gauge[5, 2])*1.2*0.75,
                                     pull(df_gauge[5, 2])*1.2),
                           color = "gray")),
                    threshold = list(line = list(color = 'white'),
                                     value = pull(df_gauge[5, 2])),
                    bar = list(color = "darkblue")),
                  number = list(suffix = '명'),
                  domain = list(x = c(0, 1), y = c(0.5, 1)))
    })
}
```

❹ 앱 실행

마지막으로 앞에서 작성한 Shiny 앱을 실행할 실행 코드를 작성해준다. ui와 server라는 이름으로 ui 객체와 server 함수를 만들었기 때문에 shinyApp()은 다음과 같이 호출해준다.

```
shinyApp(ui, server)
```

B

APPENDIX

plotly.express

plotly.express

Plotly는 JSON 형태의 트리 구조로 구현되기 때문에 자칫 트리 구조의 설정에 오류가 발생하면 원하는 시각화를 만들 수 없다. 이러한 경험은 앞선 장들의 예제를 코딩할 때 한 번쯤 겪어봤을 것이다. 이렇게 구성하는 데 어려움을 겪는 사용자들을 위해 Plotly는 다른 시각화 패키지들과 유사한 형태의 함수로 Plotly 시각화를 만드는 방법을 제공한다. 이것이 **plotly.express**다.

plotly.express란?

파이썬에서 Plotly를 만드는 데에는 Plotly 라이브러리 plotly.graph_objects 모듈을 사용하는 방법과 plotly.express 모듈을 사용하는 두 가지 방법이 있다. Plotly 제작사에서도 Plotly의 생성 원리를 파악하고 상세한 기능을 사용하기 위해서는 graph_objects를 사용할 것을 권고하고 있다. 하지만 graph_objects 모듈을 사용하여 Plotly를 만들다 보면 코드도 매우 길어지고 어디 한 군데 괄호가 빠지는 경우나 잘못 표시되는 경우 매우 혼란스러워진다. 그래서 Plotly를 보다 쉽게 만들 수 있는 express 모듈을 제공한다.

plotly.graph_objects는 몇 개의 필수 함수(Figure(), add_trace(), update_layout())와 속성값들의 딕셔너리로 사용하지만 plotly.express는 각각의 트레이스에 대한 함수들로만 사용이 가능하다. 따라서 plotly.express는 만들고자 하는 트레이스의 함수와 해당 함수에서 제공하는 매개변수의 리스트를 잘 알아두는 것이 핵심이다.

plotly.express 함수는 시각화를 위한 함수와 데이터, 색상, 추세선을 위한 서브모듈 함수로 구성되어 있다.

plotly.express의 장단점

Plotly 홈페이지를 보면 plotly.express는 plotly.graph_objects에 비해 다음과 같은 장점이 있다고 나와 있다.

1. **하나의 함수에서 `data`와 `layout`을 모두 설정**: plotly.graph_objects에서 전체 Plotly 시각화를 완성하기 위해 `add_trace()`와 `update_layout()`라는 두 개의 함수를 사용해야 했지만 plotly. express에서는 하나의 함수에서 `data` 속성과 `layout` 속성을 모두 설정할 수 있다.

2. **활용성 높은 기본값 설정**: plotly.express 함수에서 설정된 기본값들은 사용자에게 적절한 기본값들로 설정되어 있다.

3. **다양한 입력 형태 가능**: plotly.express 함수는 리스트나 딕셔너리, 긴 형식이나 넓은 형식의 Pandas DataFrames, numpy 배열, GeoPandas, GeoDataFrames에 이르기까지 다양한 형식의 입력이 가능하다.

4. **트레이스와 레이아웃의 자동 연결**: plotly.express 함수는 트레이스가 만들어질 때 그 색상, 라인 타입 등에 적절한 범례나 색상 등을 자동으로 설정해준다.

5. **자동 라벨링과 호버**: plotly.express 함수는 입력 데이터인 DataFrame이나 xarray를 기반으로 축, 범례, 컬러 바 등의 라벨과 호버를 자동으로 설정한 다음 추가로 설정이 필요한 라벨이나 호버들을 설정할 수 있도록 해주는 기능을 제공한다.

6. **스타일링**: plotly.express 함수는 기본으로 제공되는 템플릿에 정의된 스타일을 통해 기본 스타일을 결정하고, category_orders 및 color_discrete_map과 같은 이산형 변수를 사용하여 시각화를 꾸미는 데 필요한 컨트롤을 지원한다.

7. **일관된 색상 처리**: plotly.express 함수는 입력값에 따라 자동으로 연속형 또는 범주형 색상 팔레트를 설정한다.

8. **패싯 기능**: plotly.express 함수는 row, facet_col, facet_col_wrap 매개변수를 사용하여 열 방향, 행 방향, 행렬 방향의 패싯(서브플롯)을 생성한다.

9. **팬더스 백엔드**: plotly.express 함수는 Matplotlib의 `plot()`과 같이 팬더스의 백엔드 함수로서의 기능을 수행할 수 있다.

10. **추세선 기능**: plotly.express 함수는 내장된 기능을 사용하여 다양한 추세선을 자동적으로 그려준다.

그러나 필자의 생각으로 plotly.express의 가장 큰 특징은 다음과 같다.

첫 번째는 Plotly 시각화에서 사용할 데이터를 미리 바인딩해서 열 이름으로 사용하기 쉽다는 점이 가장 큰 특징이다. 이는 R에서 Plotly를 사용하는 것과 매우 유사한데 각각의 plotly.express의 함수에서 사용하는 데이터프레임이나 팬더스 시리즈를 미리 설정해주고 이 데이터프레임의 열을 해당 Plotly 객체에서 사용할 때는 단순히 열 이름만을 설정함으로써 사용이 가능하다는 점이다.

두 번째는 Plotly 시각화에서 데이터의 시각적 구분이 필요한 색상, 심벌, 라인타입 등의 시각적 요소들의 매핑을 매우 직관적이고 간편하게 설정할 수 있다는 것이다. 특히 plotly.graph_objects에서 데이터의 그룹에 따른 색상의 설정에 사용하는 `color` 속성은 배열 형태의 데이터 설정이 불가능해서 `for` 루프를 사용해야 하지만 plotly.express에서는 배열 형태의 데이터 설정이 가능해 데이터를 그룹화하는 열만 매핑해주면 해당 그룹별로 색상 설정이 가능하다.

세 번째는 서브플롯을 바로 설정할 수 있다는 것이다. 이것은 plotly.express에서는 패싯이라는 이름으로 설정하는데 패싯으로 서브플롯화하기 위한 변수를 설정해주면 서브플롯들을 하나하나 만들지 않아도 자동으로 만들어진다는 것이다.

네 번째는 plotly.express는 초기화 과정이 포함되어 있다는 것이다. plotly.graph_objects는 반드시 처음에 `Figure()`를 사용하여 초기화해서 Plotly 객체를 생성하고 여기에 트레이스들을 추가하는 형태로 사용하지만 plotly.express는 초기화 과정을 포함하기 때문에 `Figure()`를 사용하지 않고 바로 사용할 수 있다.

다섯 번째는 `data` 속성과 `layout` 속성을 하나의 함수에서 설정이 가능하다는 것이다. plotly.graph_objects는 `add_trace()`와 `update_layout()`의 두 개의 함수를 사용해야 전체 시각화를 완성할 수 있지만 plotly.express는 그 함수의 매개변수에 `data` 속성에 해당하는 매개변수와 `layout` 속성에 해당하는 매개변수를 모두 포함하고 있다.

이러한 장점과 함께 몇 가지 단점이 존재한다.

첫 번째 단점은 모든 트레이스를 제공하지 않는다는 것이다. plotly.graph_objects에서는 40여 개의 트레이스를 제공하지만 plotly.express는 이 모든 트레이스를 다 지원하지는 않는다.

현재(버전 5.11.0) plotly.express에서 생성할 수 있는 트레이스는 다음과 같다.

- Basics: scatter, line, area, bar, funnel, timeline
- Part-of-Whole: pie, sunburst, treemap, icicle, funnel_area
- 1D Distributions: histogram, box, violin, strip, ecdf
- 2D Distributions: density_heatmap, density_contour
- Matrix or Image Input: imshow
- 3-Dimensional: scatter_3d, line_3d
- Multidimensional: scatter_matrix, parallel_coordinates, parallel_categories
- Tile Maps: scatter_mapbox, line_mapbox, choropleth_mapbox, density_mapbox
- Outline Maps: scatter_geo, line_geo, choropleth
- Polar Charts: scatter_polar, line_polar, bar_polar
- Ternary Charts: scatter_ternary, line_ternary

두 번째 단점은 `data`와 `layout`에서 제공하는 모든 속성들을 설정할 수 없다는 것이다. 이것이 저자가 느끼기에 가장 큰 단점인데 plotly.express에서 제공하는 `layout` 속성은 약 10개 정도에 불과하여 시각화를 정교하게 꾸미는 데는 매우 제한점이 있다. 그래서 어쩔 수 없이 `update_layout()`과 병행하여 사용할 수밖에 없다.

세 번째 단점은 서브플롯의 구성에 문제가 있다는 것이다. 물론 패싯 기능을 사용하여 서브플롯을 만드는 것은 plotly.graph_objects보다는 쉽지만 패싯은 가로와 세로로 동일한 크기의 행렬형 구조로만 만들어지기 때문에 서브플롯에서 사용했던 다양한 구성 기능이나 여러 트레이스를 병합해서 사용하는 기능 등은 구현할 수 없다.

plotly.express 설치와 로딩

plotly.express 모듈은 Plotly 라이브러리에 포함되었기 때문에 따로 설치할 필요는 없고 파이썬에서 'px'라는 별칭으로 임포트시키는 것이 일반적이다.

plotly.express는 다음과 같이 로딩할 수 있다.

```
import plotly.express as px
```

B.2 함수 설명, 주요 매개변수와 사용 예[56]

앞서 설명한 바와 같이 plolty.express는 특정 트레이스에 사용하는 전용 함수를 제공하고, 트레이스에서 주로 많이 사용되는 속성들을 매개변수 형태로 설정하도록 설계되어 있다. 따라서 plotly.express는 함수 특성을 잘 이해하는 것이 매우 중요하다. 여기서는 plotly.express의 주요 함수와 매개변수를 소개하고 사용 방법을 예제로 살펴보겠다.

plotly.express.scatter: 2차원 scatter 트레이스 생성

```
plotly.express.scatter(data_frame=None, x=None, y=None, color=None, symbol=None, size=None,
hover_name=None, hover_data=None, custom_data=None, text=None, facet_row=None, facet_
col=None, facet_col_wrap=0, facet_row_spacing=None, facet_col_spacing=None, error_
x=None, error_x_minus=None, error_y=None, error_y_minus=None, animation_frame=None,
animation_group=None, category_orders=None, labels=None, orientation=None, color_discrete_
sequence=None, color_discrete_map=None, color_continuous_scale=None, range_color=None,
color_continuous_midpoint=None, symbol_sequence=None, symbol_map=None, opacity=None,
size_max=None, marginal_x=None, marginal_y=None, trendline=None, trendline_options=None,
trendline_color_override=None, trendline_scope='trace', log_x=False, log_y=False,
range_x=None, range_y=None, render_mode='auto', title=None, template=None, width=None,
height=None)
```

표 B-1 주요 매개변수

매개변수	매개변수 타입	설명
data_frame	DataFrame, array 유형 객체, dict	트레이스 생성에 사용되는 dataframe, pandas Series 또는 array와 유사한 오브젝트 설정. 여기에 설정된 데이터 열을 사용할 때는 열 이름만으로 사용 가능
x, y	str, int, Series, array 유형 객체	X, Y축 매핑에 사용될 배열이나 data_frame으로 설정된 dataframe, pandas Series의 열 이름
color, symbol, size	str, int, Series, array 유형 객체	색상, 심벌, 크기 매핑에 사용될 배열이나 data_frame으로 설정된 dataframe, pandas Series의 열 이름
hover_name	str, int, Series, array 유형 객체	호버에 볼드체로 표현되는 호버 이름으로 매핑될 배열, data_frame으로 설정된 dataframe, pandas Series의 열 이름

---

56 중복되는 매개변수 설명은 생략한다.

매개변수	매개변수 타입	설명
hover_data	str list, int Series, array 유형 객체, dict	호버를 표시할지 여부, 호버에 표시되는 d3 format 문자열 등 호버에 표현할 데이터와 관련된 데이터
text	str, int, Series, array 유형 객체	시각화의 text로 매핑될 배열이나 data_frame으로 설정된 dataframe, pandas Series의 열 이름
facet_row, facet_col	str, int, Series, array 유형 객체	행 방향, 열 방향의 패싯 개수로 사용될 정수나 문자열
facet_col_wrap	int	열 방향 패싯의 최대 개수로 사용될 정수
facet_row_spacing, facet_col_spacing	0에서 1 사이의 float	패싯의 행 방향, 열 방향의 간격으로 사용될 0부터 1 사이의 수치
category_orders	str 키와 str값 list로 구성된 dict	이산형 변수의 순서를 설정하는 딕셔너리나 리스트
labels	str 키와 str값으로 구성된 dict	축 제목, 범례 항목, 호버에 사용되는 라벨 설정
orientation	h나 v	시각화의 방향을 설정하는 v 또는 h
color_discrete_sequence	str list	이산형 색상의 리스트
color_discrete_map	str 키와 str값으로 구성된 dict	이산형 변수와 색상이 매핑되는 변숫값과 색상의 딕셔너리
color_continuous_scale	str list	연속형 색상 스케일
symbol_sequence	str list	심벌값에 매핑될 샘볼 리스트
opacity	float	투명도를 설정하는 0과 1 사이의 수치
trendline	'ols', 'lowess', 'rolling', 'expanding', 'ewm'	추세선을 그리는 방식의 문자열
range_x, range_y	두 수치를 가지는 list	X, Y축의 범위 설정
template	str, dict, plotly.graph_objects.layout.Template 인스턴스	적용할 템플릿 이름
title	str	시각화 제목으로 설정할 문자열
width, height	int	시각화의 전체 너비, 높이를 설정할 정수

- 기본 scatter plot

```
import plotly.express as px
df = px.data.gapminder()
fig = px.scatter(df.query("year==2007"), x="gdpPercap", y="lifeExp",
                 size="pop", color="continent", hover_name="country",
                 size_max=60)
fig.show()
```

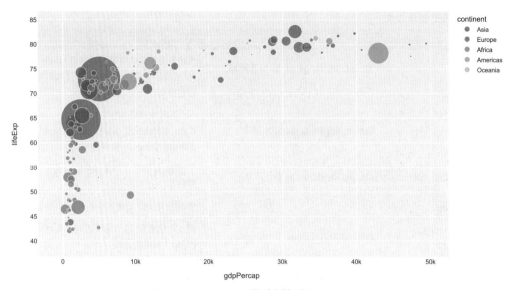

그림 B-1 plotly.express를 사용한 기본 scatter plot

- **facet**

```
import plotly.express as px
df = px.data.tips()
fig = px.scatter(df, x="total_bill", y="tip", color="smoker", facet_col="sex", facet_row="time")
fig.show()
```

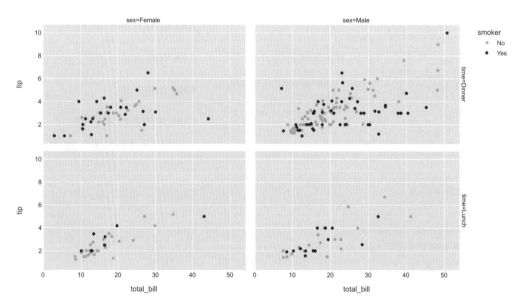

그림 B-2 plotly.express의 facet 사용

- **trendline, marginal 설정**

```
import plotly.express as px
df = px.data.iris()
fig = px.scatter(df, x="sepal_width", y="sepal_length", color="species", marginal_y="violin",
                 marginal_x="box", trendline="ols", template="simple_white")
fig.show()
```

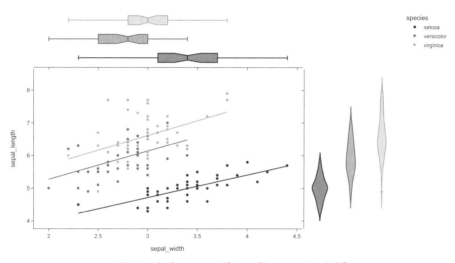

그림 B-3 plotly.express의 trendline, marginal 사용

plotly.express.scatter_polar: 레이더 차트 등에서 사용하는 극좌표계 scatter 트레이스 생성

```
plotly.express.scatter_polar(data_frame=None, r=None, theta=None, color=None, symbol=None,
size=None, hover_name=None, hover_data=None, custom_data=None, text=None, animation_
frame=None, animation_group=None, category_orders=None, labels=None, color_discrete_
sequence=None, color_discrete_map=None, color_continuous_scale=None, range_color=None,
color_continuous_midpoint=None, symbol_sequence=None, symbol_map=None, opacity=None,
direction='clockwise', start_angle=90, size_max=None, range_r=None, range_theta=None, log_
r=False, render_mode='auto', title=None, template=None, width=None, height=None)
```

표 B-2 주요 매개변수

매개변수	매개변수 타입	설명
r	str, int, Series, array 유형 객체	표시되는 데이터의 반지름으로 사용될 배열이나 data_frame으로 설정된 dataframe, pandas Series의 열 이름
theta	str, int, Series, array 유형 객체	표시되는 데이터의 각도로 사용될 배열이나 data_frame으로 설정된 dataframe, pandas Series의 열 이름
direction	'counterclockwise'나 'clockwise'	각도 축이 표시되는 방향 설정
start_angle	int	각도 축이 시작되는 각도 설정
range_r	두 수치를 가지는 list	r의 범위 설정
range_theta	두 수치를 가지는 list	theta의 범위 설정

- **기본 scatter_polar plot**

```
import plotly.express as px
df = px.data.wind()
fig = px.scatter_polar(df, r="frequency", theta="direction",
                       color="strength", symbol="strength", size="frequency")
fig.show()
```

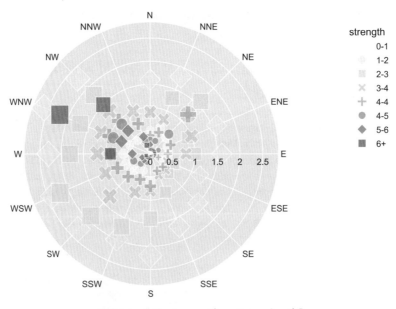

그림 B-4 plotly.express의 scatter polar 사용

plotly.express.line: 선 그래프를 위한 scatter 트레이스 생성

```
plotly.express.line(data_frame=None, x=None, y=None, line_group=None, color=None, line_
dash=None, symbol=None, hover_name=None, hover_data=None, custom_data=None, text=None,
facet_row=None, facet_col=None, facet_col_wrap=0, facet_row_spacing=None, facet_col_
spacing=None, error_x=None, error_x_minus=None, error_y=None, error_y_minus=None, animation_
frame=None, animation_group=None, category_orders=None, labels=None, orientation=None,
color_discrete_sequence=None, color_discrete_map=None, line_dash_sequence=None, line_dash_
map=None, symbol_sequence=None, symbol_map=None, markers=False, log_x=False, log_y=False,
range_x=None, range_y=None, line_shape=None, render_mode='auto', title=None, template=None,
width=None, height=None)
```

표 B-3 주요 매개변수

매개변수	매개변수 타입	설명
line_group	str, int, Series, array 유형 객체	같은 라인으로 그려질 데이터 그룹화 변수
line_dash	str, int, Series, array 유형 객체	라인의 대시 패턴 설정
line_dash_sequence	str list	라인의 대시 순차 리스트
line_dash_map	str 키와 str값으로 구성된 dict	라인의 대시 매핑 리스트
markers	boolean	라인에 마커를 표시할지 여부 설정
line_shape	linear이나 spline	꺾이는 부분을 직선과 곡선 여부 설정

- 기본 line plot

```
import plotly.express as px
df = px.data.gapminder().query("continent == 'Oceania'")
fig = px.line(df, x='year', y='lifeExp', color='country', markers=True)
fig.show()
```

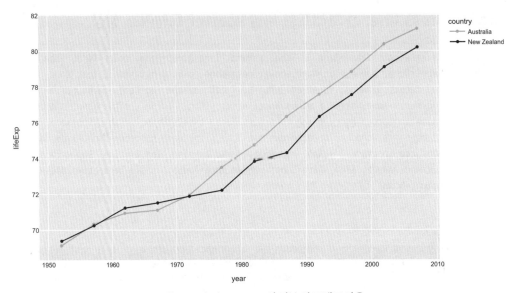

그림 B-5 plotly.express의 기본 선 그래프 사용

- **범위 설정**

```
import plotly.express as px
df = px.data.stocks()
fig = px.line(df, x='date', y="GOOG", range_x=['2018-07-01','2019-06-30'])
fig.show()
```

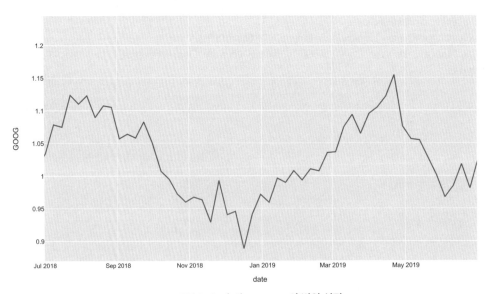

그림 B-6 plotly.express의 범위 설정

plotly.express.bar: 막대그래프를 위한 bar 트레이스 생성

```
plotly.express.bar(data_frame=None, x=None, y=None, color=None, pattern_shape=None, facet_
row=None, facet_col=None, facet_col_wrap=0, facet_row_spacing=None, facet_col_spacing=None,
hover_name=None, hover_data=None, custom_data=None, text=None, base=None, error_x=None,
error_x_minus=None, error_y=None, error_y_minus=None, animation_frame=None, animation_
group=None, category_orders=None, labels=None, color_discrete_sequence=None, color_
discrete_map=None, color_continuous_scale=None, pattern_shape_sequence=None, pattern_shape_
map=None, range_color=None, color_continuous_midpoint=None, opacity=None, orientation=None,
barmode='relative', log_x=False, log_y=False, range_x=None, range_y=None, text_auto=False,
title=None, template=None, width=None, height=None)
```

표 B-4 주요 매개변수

매개변수	매개변수 타입	설명
pattern_shape	str, int, Series, array 유형 객체	막대에 표시할 패턴 설정
base	str, int, Series, array 유형 객체	막대의 기촛값 설정
pattern_shape_sequence	str의 list	패턴의 순차 리스트
pattern_shape_map	str 키와 str값으로 구성된 dict	패턴의 매핑 리스트
barmode	'group', 'overlay', 'relative'	막대 표현 모드 설정
text_auto	boolean이나 str	텍스트의 표현 방법 설정

* 기본 bar plot

```
import plotly.express as px
df = px.data.gapminder().query("continent == 'Europe' and year == 2007 and pop > 2.e6")
fig = px.bar(df, y='pop', x='country', text_auto='.2s',
            title="Default: various text sizes, positions and angles")
fig.show()
```

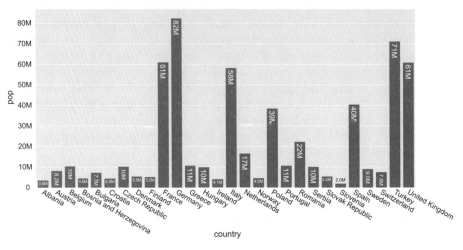

Default: various text sizes, positions and angles

그림 B-7 plotly.express의 막대그래프 사용

• order, map 설정

```
import plotly.express as px
df = px.data.tips()
fig = px.histogram(df, x="day", y="total_bill", color="sex",
            title="Receipts by Payer Gender and Day of Week",
            width=600, height=400,
            labels={ # replaces default labels by column name
                "sex": "Payer Gender",  "day": "Day of Week", "total_bill": "Receipts"
            },
            category_orders={ # replaces default order by column name
                "day": ["Thur", "Fri", "Sat", "Sun"], "sex": ["Male", "Female"]
            })
fig.show()
```

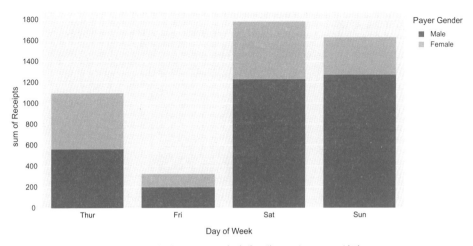

그림 B-8 plotly.express의 막대그래프 order, map 설정

- 넓은 형태 데이터프레임 사용

```python
import plotly.express as px
wide_df = px.data.medals_wide()
fig = px.bar(wide_df, x="nation", y=["gold", "silver", "bronze"], title="Wide-Form Input")
fig.show()
```

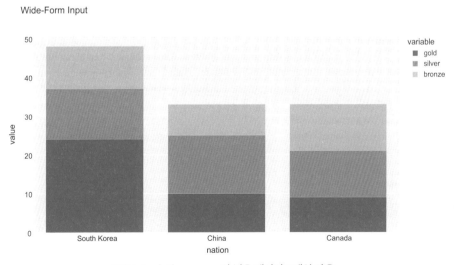

그림 B-9 plotly.express의 넓은 데이터프레임 사용

• 패턴 설정

```
import plotly.express as px
df = px.data.medals_long()
fig = px.bar(df, x="medal", y="count", color="nation",
             pattern_shape="nation", pattern_shape_sequence=[".", "x", "+"])
fig.show()
```

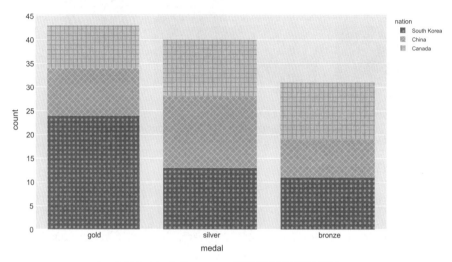

그림 B-10 plotly.express의 막대그래프 패턴 사용

plotly.express.violin: 바이올린 플롯을 위한 violin 트레이스 생성

```
plotly.express.violin(data_frame=None, x=None, y=None, color=None, facet_row=None, facet_
col=None, facet_col_wrap=0, facet_row_spacing=None, facet_col_spacing=None, hover_
name=None, hover_data=None, custom_data=None, animation_frame=None, animation_group=None,
category_orders=None, labels=None, color_discrete_sequence=None, color_discrete_map=None,
orientation=None, violinmode=None, log_x=False, log_y=False, range_x=None, range_y=None,
points=None, box=False, title=None, template=None, width=None, height=None)
```

표 B-5 주요 매개변수

매개변수	매개변수 타입	설명
violinmode	'group', 'overlay'	바이올린 표시 모드 설정
points	'outliers', 'suspectedoutliers', 'all', 'False'	아웃라이어 표시 모드 설정
box	boolean	바이올린 내부의 박스 표시 설정

- 기본 violin plot

```
import plotly.express as px
df = px.data.tips()
fig = px.violin(df, y="total_bill")
fig.show()
```

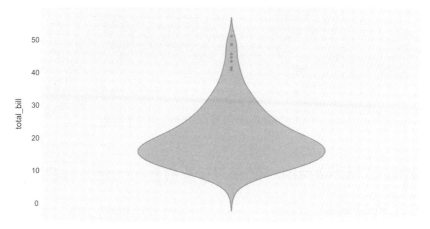

그림 B-11 plotly.express의 기본 바이올린 플롯 사용

- 다중 violin plot

```
import plotly.express as px
df = px.data.tips()
fig = px.violin(df, y="tip", x="smoker", color="sex", box=True, points="all",
                hover_data=df.columns)
fig.show()
```

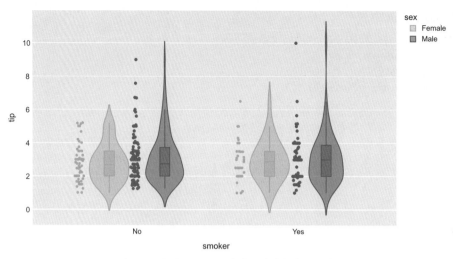

그림 B-12 plotly.express의 다중 바이올린 플롯 사용

plotly.express.histogram: 히스토그램을 위한 histogram 트레이스 생성

```
plotly.express.histogram(data_frame=None, x=None, y=None, color=None, pattern_shape=None,
facet_row=None, facet_col=None, facet_col_wrap=0, facet_row_spacing=None, facet_col_
spacing=None, hover_name=None, hover_data=None, animation_frame=None, animation_group=None,
category_orders=None, labels=None, color_discrete_sequence=None, color_discrete_map=None,
pattern_shape_sequence=None, pattern_shape_map=None, marginal=None, opacity=None,
orientation=None, barmode='relative', barnorm=None, histnorm=None, log_x=False, log_y=False,
range_x=None, range_y=None, histfunc=None, cumulative=None, nbins=None, text_auto=False,
title=None, template=None, width=None, height=None)
```

표 B-6 주요 매개변수

매개변수	매개변수 타입	설명
marginal	'rug', 'box', 'violin', 'histogram'	메인플롯 옆에 표시되는 서브플롯 모드의 설정
barnorm	'fraction', 'percent'	막대의 표준화 방법 설정
histnorm	'percent', 'probability', 'density', or 'probability density'	히스토그램 표준화 방법 설정
histfunc	'count', 'sum', 'avg', 'min', or 'max'	히스토그램 함수 설정
cumulative	boolean	누적값 적용 여부 설정
nbins	int	bins의 개수 설정

- 기본 histogram plot

```
import plotly.express as px
df = px.data.tips()
fig = px.histogram(df, x="total_bill", nbins=20)
fig.show()
```

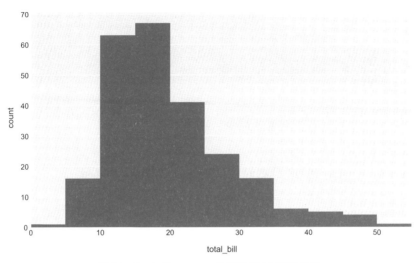

그림 B-13 plotly.express의 기본 히스토그램 사용

- text가 표시된 평균 histogram

```
import plotly.express as px
df = px.data.tips()
fig = px.histogram(df, x="total_bill", y="tip", histfunc="avg", nbins=8, text_auto=True)
fig.show()
```

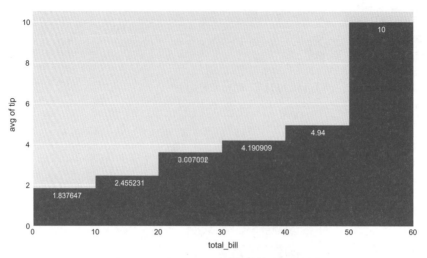

그림 B-14 plotly.express의 평균 히스토그램 사용

plotly.express.pie: 파이 차트를 위한 pie 트레이스 생성

```
plotly.express.pie(data_frame=None, names=None, values=None, color=None, facet_row=None,
facet_col=None, facet_col_wrap=0, facet_row_spacing=None, facet_col_spacing=None, color_
discrete_sequence=None, color_discrete_map=None, hover_name=None, hover_data=None, custom_
data=None, category_orders=None, labels=None, title=None, template=None, width=None,
height=None, opacity=None, hole=None)
```

표 B-7 주요 매개변수

매개변수	매개변수 타입	설명
values	str, int, Series, array 유형 객체	섹터와 관련한 값 설정
hole	float	원 내부의 잘라낼 반지름 설정

- 기본 pie plot

```
import plotly.express as px
df = px.data.tips()
fig = px.pie(df, values='tip', names='day')
fig.show()
```

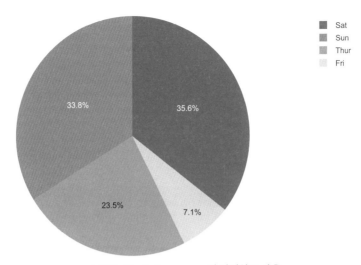

그림 B-15 **plotly.express의 파이차트 사용**

- 도넛 pie

```
import plotly.express as px
df = px.data.tips()
px.pie(df, values='tip', names='day', hole = 0.3)
fig.show()
```

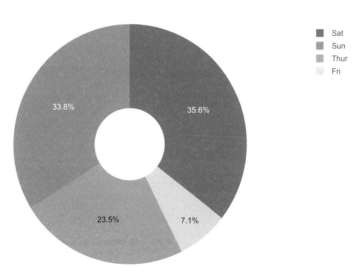

그림 B-16 **plotly.express의 도넛 차트 사용**

plotly.express.treemap: 트리맵을 위한 treemap 트레이스 생성

```
plotly.express.treemap(data_frame=None, names=None, values=None, parents=None, ids=None,
path=None, color=None, color_continuous_scale=None, range_color=None, color_continuous_
midpoint=None, color_discrete_sequence=None, color_discrete_map=None, hover_name=None,
hover_data=None, custom_data=None, labels=None, title=None, template=None, width=None,
height=None, branchvalues=None, maxdepth=None)
```

표 B-8 주요 매개변수

매개변수	매개변수 타입	설명
parents	str, int, Series, array 유형 객체	선버스트와 트리맵의 부모노드 설정
path	str이나 int의 list, Series, array 유형 객체	루트로부터 리프까지의 섹터 구조 설정
branchvalues	'total', 'remainder'	브랜치 표시 모드 설정
maxdepth	int	섹터의 최대 깊이 설정

• 기본 treemap plot

```
import plotly.express as px
df = px.data.tips()
fig = px.treemap(df, path=[px.Constant("all"), 'sex', 'day', 'time'],
                 values='total_bill', color='day')
fig.show()
```

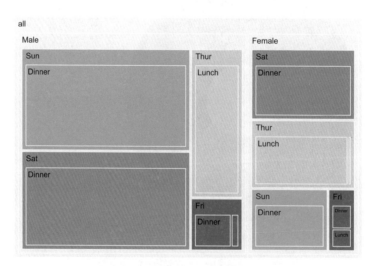

그림 B-17 plotly.express의 트리맵 사용

```python
import plotly.express as px
df = px.data.tips()
fig = px.treemap(df, path=[px.Constant("all"), 'sex', 'day', 'time'],
                 values='total_bill', color='time',
                  color_discrete_map={'(?)':'lightgrey', 'Lunch':'gold',
                  'Dinner':'darkblue'})
fig.show()
```

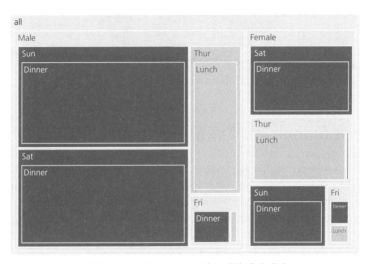

그림 B-18 plotly.express의 트리맵 컬러 매핑

plotly.express.sunburst: 선버스트를 위한 sunburst 트레이스 생성

```python
plotly.express.sunburst(data_frame=None, names=None, values=None, parents=None, path=None,
ids=None, color=None, color_continuous_scale=None, range_color=None, color_continuous_
midpoint=None, color_discrete_sequence=None, color_discrete_map=None, hover_name=None,
hover_data=None, custom_data=None, labels=None, title=None, template=None, width=None,
height=None, branchvalues=None, maxdepth=None)
```

• 기본 sunburst plot

```python
import plotly.express as px
df = px.data.tips()
fig = px.sunburst(df, path=['day', 'time', 'sex'], values='total_bill')
fig.show()
```

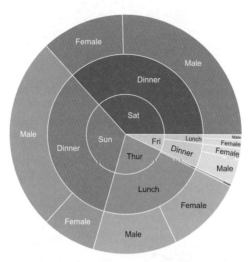

그림 B-19 plotly.express의 선버스트 사용

plotly.express.funnel: 퍼널 차트를 위한 funnel 트레이스 생성

```
plotly.express.funnel(data_frame=None, x=None, y=None, color=None, facet_row=None, facet_
col=None, facet_col_wrap=0, facet_row_spacing=None, facet_col_spacing=None, hover_name=None,
hover_data=None, custom_data=None, text=None, animation_frame=None, animation_group=None,
category_orders=None, labels=None, color_discrete_sequence=None, color_discrete_map=None,
opacity=None, orientation=None, log_x=False, log_y=False, range_x=None, range_y=None,
title=None, template=None, width=None, height=None)
```

- 기본 funnel plot

```
import plotly.express as px
data = dict(
    number=[39, 27.4, 20.6, 11, 2],
    stage=["Website visit", "Downloads", "Potential customers", "Requested price",
    "invoice sent"])
fig = px.funnel(data, x='number', y='stage')
fig.show()
```

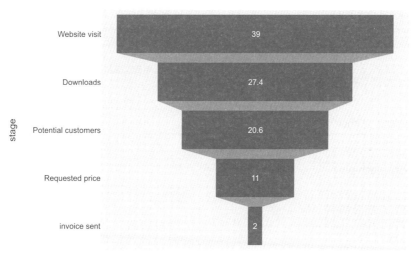

그림 B-20 plotly.express의 퍼널 차트 사용

plotly.express.choropleth: 단계 구분도를 위한 choropleth 트레이스 생성

```
plotly.express.choropleth(data_frame=None, lat=None, lon=None, locations=None,
locationmode=None, geojson=None, featureidkey=None, color=None, facet_row=None, facet_
col=None, facet_col_wrap=0, facet_row_spacing=None, facet_col_spacing=None, hover_name=None,
hover_data=None, custom_data=None, animation_frame=None, animation_group=None, category_
orders=None, labels=None, color_discrete_sequence=None, color_discrete_map=None, color_
continuous_scale=None, range_color=None, color_continuous_midpoint=None, projection=None,
scope=None, center=None, fitbounds=None, basemap_visible=None, title=None, template=None,
width=None, height=None)
```

표 B-9 주요 매개변수

매개변수	매개변수 타입	설명
lat, lon	str, int, Series, array 유형 객체	마크가 위치할 위도, 경도 설정
locations	str, int, Series, array 유형 객체	location mode에 의해 결정되는 위도, 경도 매핑값
locationmode	'ISO-3 ', 'USA-states', 'country names'	locations의 위도, 경도를 해석할 방법 설정
geojson	GeoJSON 포맷의 dict	ID를 포함한 Polygon feature collection
featureidkey	str	GeoJSON feature object에서의 locations에 전달되어 매칭될 경로 필드 설정
projection	'equirectangular', 'mercator', 'orthographic', 'natural earth', …	프로젝션 방법의 설정

매개변수	매개변수 타입	설명
scope	'world', 'usa', 'europe', 'asia', 'africa', 'north america', or 'south america'	지도에 표시될 범위 설정
center	dict	지도의 중심 위도, 경도 설정
basemap_visible	bool	기본 맵 표시 여부 설정

- 기본 choropleth plot

```
import plotly.express as px
fig = px.choropleth(locations=["CA", "TX", "NY"], locationmode="USA-states", color=[1,2,3], scope="usa")
fig.show()
```

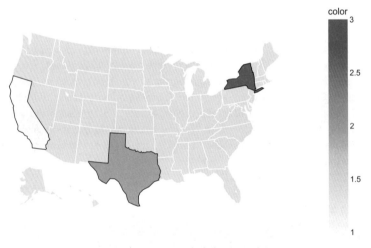

그림 B-21 plotly.express의 단계 구분도 사용